Manfred Kuntz
Die Psalmen

Die Psalmen

in Strophen übersetzt von Manfred Kuntz

Mit dem hebräischen Text
und der Lutherübersetzung

Calwer Verlag Stuttgart

Gedruckt mit freundlicher Unterstützung
der Calwer Verlag-Stiftung

Bibliografische Information der Deutschen Bibliothek

Die Deutsche Bibliothek verzeichnet diese Publikation
in der Deutschen Nationalbibliografie; detaillierte
bibliografische Daten sind im Internet über
http://dnb.ddb.de abrufbar.

ISBN 978–3–7668–4064–6

Umschlaggestaltung: Karin Klopfer, Calwer Verlag
Druck und Verarbeitung: Druck Partner Rübelmann, Hemsbach

E-mail: info@calwer.com
Internet: www.calwer.com

Für Ulrike

Einleitung

Wo findet man feinere Worte von Freuden, denn die Lobpsalmen oder Dankpsalmen haben? Da siehst du allen Heiligen ins Herz wie in schöne lustige Gärten, ja wie in den Himmel, wie feine, herzliche, lustige Blumen darinnen aufgehen von allerlei schönen, fröhlichen Gedanken gegen Gott um seiner Wohltat willen. Wiederum, wo findest du tiefere, klägliche, jämmerlichere Worte von Traurigkeit, denn die Klagepsalmen haben? Da siehst du abermals allen Heiligen ins Herz wie in den Tod, ja wie in die Hölle ...

(Aus Martin Luthers Vorrede auf den Psalter)

... allen Heiligen ins Herz ... – da mag mir ein Wort wie Psalm 137,9 nach rund zweieinhalb Jahrtausenden noch einen Einblick geben in die Erfahrungen der nach Babel verschleppten Menschen aus Judäa; doch weh mir, es verschlägt mir nicht die Sprache beim naiven „Nachbeten" eines solchen Satzes, womöglich unter Berufung auf „Gottes Wort"! *... allen Heiligen ins Herz ...* – es darf aber auch nicht unterschlagen werden, wie es da drinnen aussieht; denn das geht Gott ja auch an, was der Mensch, von Gott so wunderbar umfangen, am Ende von Psalm 139 noch herauslässt. *... allen Heiligen ins Herz ...* – und wie alltäglich es da wird, wie lebensnah, wenn in dem tröstlichsten der Psalmen, im Psalm 23, auch von meinen Feinden, die mir auf den Fersen sind, die Rede ist und nicht zuletzt von der Bedrohung durch den Tod, das Thema von Psalm 90, dessen Zeugnis vom Zorn Gottes, ohne Kommentar am Grab eines geliebten Menschen vorgetragen, missverständlich sein kann, wenn das alles tragende Vertrauenswort verklungen ist: *Herr, du bist unsre Zuflucht für und für.*

Luthers Sprache bleibt trotz aller anderen Versuche unerreicht. Das gilt besonders für die Psalmen, viele ihrer Einzelworte, nahrhaft, kräftig, wie sie uns, zum Leben und zum Sterben eingeprägt in Kopf und Herz, begleiten können. Doch gerade in der Psalmenübersetzung bleibt es nicht verborgen, wie der Priester, Mönch bei allem Mühen ums Hebräische auch immer den lateinischen Vulgatatext in sich bewegte; Hieronymus hatte einst bei seiner Übersetzung aus dem Urtext auch die griechische Septuaginta gegenwärtig. Das bringt gerade auch den Freund der Lutherbibel dazu, sie am Original zu prüfen. Die dabei erkannten Gliederungen unserer Psalmen lassen manches Einzelwort durch den Zusammenhang erst klar heraustreten; zum Verstehen kann auch lautes Lesen einer ganzen Strophe beitragen.

In einem langen Lernprozess wurden Kommentare, Einzeluntersuchungen und Übersetzungen immer wieder neu befragt, wurden eigene Versuche hinterfragt und korrigiert, bis es nach manchem Durchgang zur hier vorgelegten Übersetzung kam. An Literatur genannt sei hier nur eine Auswahl: neben den jüdischen Übersetzungen von Samson Raphael Hirsch, Leopold Zunz, Naftali Herz Tur-Sinai und Martin Buber die katholische Einheitsübersetzung mit den Erläuterungen von Erich Zenger und Frank-Lothar Hossfeld, die alte und die neue

Zürcher Bibel, die Kommentare von Artur Weiser, Hans-Joachim Kraus und Klaus Seybold und nicht zuletzt das Hebräische und Aramäische Lexikon zum Alten Testament von Ludwig Koehler und Walter Baumgartner in dritter Auflage wie das Hebräische und Aramäische Handwörterbuch über das Alte Testament von Wilhelm Gesenius, Rudolf Meyer und Herbert Donner.

Für die ungezählten Pfarrerinnen und Pfarrer, die mich bei unseren gemeinsamen Psalmenstudien im Freudenstädter Pastoralkolleg über viele Jahre hin durch eigene Beobachtungen unterstützt und mit besonnener Kritik ermutigt haben, für die Freunde und Verwandten, die sich bis heute immer wieder über Stunden oder Tage mit mir zusammen an den Psalmen freuen, nenne ich hier Werner Grimm, der, beglückend kompetent und unverdrossen einfühlsam, die ganzen Texte mit mir kritisch durchgegangen ist. Mein besonderer Dank gilt Herrn Dr. Berthold Brohm, dem Geschäftsführer, der für die Zusage des Calwer Verlags steht, und nicht zuletzt der Calwer Verlag-Stiftung für ihren spürbaren Zuschuss.

Was ich den jahrelangen Begegnungen mit der Synagoge und jüdischen Freunden vor allem in Straßburg verdanke, ist der Verzicht auch auf alle noch so einleuchtenden Eingriffe in den überlieferten hebräischen Text wie beispielsweise bei den Psalmen 22,17.22.30.31; 42,6.7; 46,4 – abgesehen von bereits durch die jüdische Überlieferung als Ketib („das Geschriebene") und Qere („das zu Lesende") mitgeteilten Varianten, wo es etwa in Psalm 100,3 gegenüber dem gewohnten Wortlaut zu einer besonders tröstlichen Wendung kommt; daneben wird wie in Psalm 102,24 durch den massoretischen Hinweis überhaupt erst Klarheit geschaffen. Die Textausgabe des Stuttgarter Bibelwerks, die ich dankbar verarbeiten konnte, markiert diese hebräischen Varianten konsequent. Im Übrigen hat es sich gezeigt, dass der ganze Psalter ohne unsere Veränderungen übersetzbar bleibt. Dabei lässt gerade die penible Beachtung der überlieferten Punktation oft erst die wunderbare Pointe des Textes heraustreten, wie etwa bei Psalm 131,2; und was da über das eigene Herz herauskommt, wenn man bei Psalm 36,2 auf dem vorgegebenen Text beharrt! Und doch können kontroverse Einzelstellen bleiben, deren Sinn aber durch die Beachtung des erarbeiteten Zusammenhangs deutlicher werden mag, wie beispielsweise bei Psalm 141,6.7; dem Gesamtverständnis eines hintergründigen Textes wie des 87. Psalms dürfte man durch eine klare Gliederung erstaunlich nahe kommen.

Zum Übersetzen überhaupt finden sich einige Überlegungen im Anhang: „Übersetzen – kann man das?" Vorweg aber ist noch Rechenschaft zu geben über die ungewohnte Wiedergabe des Gottesnamens, der nicht auszusprechen ist. Wie will man die vier Konsonanten *JHWH* denn zur Sprache bringen, zumal in Psalmen, die sich auch im lauten Sprechen zu bewähren haben? Die in Theologenkreisen übliche, für schriftgelehrte Juden unerträgliche Benennung, die aus griechischen Vokalen abgeleitet ist, kann nicht in Frage kommen, so wenig wie die Lesung von Jehovas Zeugen. Neben jener Überlieferung der Massoreten, die den Unaussprechlichen mit den Vokalen der Bezeichnung *`ădōnāj* versehen und so die Lesung *HERR* ermöglicht hatten, steht die andere, in der Handschrift unserer Biblia Hebraica gegebene Vokalisation nach dem aramäischen *šĕmā`, der Name,* was mit der Sprache der persönlichen Gebete und Bekenntnistexte in der Übersetzung nicht zu vereinbaren ist.

Doch was spricht dagegen, dass wir uns den Inhalt dieses Namens, der dem Wortlaut nach nicht auszusprechen ist, aus den zentralen Bibelstellen selbst erschließen? Da stellt der Heilige sich Mose vor mit einem Namen, den er ihm zugleich entfaltet (2. Mose 3,13.14); doch was besagen die drei schlichten Wörter: *`ähjäh `ăšär `ähjäh: Ich bin, der ich bin?* Der Name *JHWH*, der hier deutlich anklingt, wird dann ausgelegt (2. Mose 33,19): *Wem ich gnädig bin, dem bin ich gnädig, und wessen ich mich erbarme, dessen erbarme ich mich.* Die Bibel redet von dem Gott, der, unterwegs mit seinem Volk, als der Gnädige und der Barmherzige derselbe war und ist und bleiben wird: *Ich bin, der ich bin, Ich bin mir treu, Ich bin euch treu* – das ist mein Name: *der TREUE.*

Sterben wir mit,
so werden wir mit leben;
dulden wir,
so werden wir mit herrschen;
verleugnen wir,
so wird er uns auch verleugnen;
sind wir untreu –
so bleibt er doch treu;
denn er kann sich selbst nicht verleugnen.

(2. Timotheus 2,11–13)

Neuweiler, im Herbst 2008 *Manfred Kuntz*

Die Psalmen

Psalm 1

Wohl dem, der	אַשְׁרֵי הָאִישׁ אֲשֶׁר ׀
nicht wandelt im Rat der Gottlosen	לֹא הָלַךְ בַּעֲצַת רְשָׁעִים
noch tritt auf den Weg der Sünder	וּבְדֶרֶךְ חַטָּאִים לֹא עָמָד
noch sitzt, wo die Spötter sitzen,	וּבְמוֹשַׁב לֵצִים לֹא יָשָׁב׃
sondern hat Lust am Gesetz des HERRN	כִּי אִם בְּתוֹרַת יְהוָה חֶפְצוֹ
und sinnt über seinem Gesetz Tag und Nacht!	וּבְתוֹרָתוֹ יֶהְגֶּה יוֹמָם וָלָיְלָה׃
Der ist wie ein Baum, gepflanzt an den Wasserbächen,	וְהָיָה כְּעֵץ שָׁתוּל עַל־פַּלְגֵי מָיִם
der seine Frucht bringt zu seiner Zeit, und seine [Blätter verwelken nicht.	אֲשֶׁר פִּרְיוֹ ׀ יִתֵּן בְּעִתּוֹ וְעָלֵהוּ לֹא־יִבּוֹל
Und was er macht, das gerät wohl.	וְכֹל אֲשֶׁר־יַעֲשֶׂה יַצְלִיחַ׃
Aber so sind die Gottlosen nicht,	לֹא־כֵן הָרְשָׁעִים
sondern wie Spreu,	כִּי אִם־כַּמֹּץ
die der Wind verstreut.	אֲשֶׁר־תִּדְּפֶנּוּ רוּחַ׃
Darum bestehen die Gottlosen nicht im Gericht	עַל־כֵּן ׀ לֹא־יָקֻמוּ רְשָׁעִים בַּמִּשְׁפָּט
noch die Sünder in der Gemeinde der Gerechten.	וְחַטָּאִים בַּעֲדַת צַדִּיקִים׃
Denn der HERR kennt den Weg der Gerechten,	כִּי־יוֹדֵעַ יְהוָה דֶּרֶךְ צַדִּיקִים
aber der Gottlosen Weg vergeht.	וְדֶרֶךְ רְשָׁעִים תֹּאבֵד׃

Glücklich ist der Mensch, der so dasteht: 1
  Nicht ist er im Rat von Schurken aus und ein gegangen,
und auf dem Weg von Sündern ist er nicht gestanden,
  und auf dem Sitz von Spöttern ist er nicht gesessen.

Vielmehr an des TREUEN Weisung hat er seine Freude, 2
  und über seine Weisung meditiert er Tag und Nacht;
und so ist er wie ein Baum, gepflanzt an Wasserläufen, 3
  der seine Frucht zu ihrer Zeit bringt, und sein Laub welkt nicht.

Alles nämlich, was er tut, gelingt –
  nicht so die Schurken, 4
vielmehr sind sie wie die Spreu,
  die der Wind verweht.

Darum werden Schurken nicht bestehen im Gericht 5
  und Sünder nicht in der Gemeinde von Gerechten;
ist der TREUE mit dem Wege von Gerechten ja vertraut, 6
  doch der Weg von Schurken wird vergehen.

Psalm 2

Warum toben die Heiden	לָמָּה רָגְשׁוּ גוֹיִם
und murren die Völker so vergeblich?	וּלְאֻמִּים יֶהְגּוּ־רִיק׃
Die Könige der Erde lehnen sich auf,	יִתְיַצְּבוּ ׀ מַלְכֵי־אֶרֶץ
und die Herren halten Rat miteinander	וְרוֹזְנִים נוֹסְדוּ־יָחַד
wider den HERRN und seinen Gesalbten:	עַל־יְהוָה וְעַל־מְשִׁיחוֹ׃
„Lasset uns zerreißen ihre Bande	נְנַתְּקָה אֶת־מוֹסְרוֹתֵימוֹ
und von uns werfen ihre Stricke!“	וְנַשְׁלִיכָה מִמֶּנּוּ עֲבֹתֵימוֹ׃
Aber der im Himmel wohnt, lachet ihrer,	יוֹשֵׁב בַּשָּׁמַיִם יִשְׂחָק
und der Herr spottet ihrer.	אֲדֹנָי יִלְעַג־לָמוֹ׃
Einst wird er mit ihnen reden in seinem Zorn,	אָז יְדַבֵּר אֵלֵימוֹ בְאַפּוֹ
und mit seinem Grimm wird er sie schrecken:	וּבַחֲרוֹנוֹ יְבַהֲלֵמוֹ׃
„Ich aber habe meinen König eingesetzt	וַאֲנִי נָסַכְתִּי מַלְכִּי
auf meinem heiligen Berg Zion.“	עַל־צִיּוֹן הַר־קָדְשִׁי׃
Kundtun will ich den Ratschluss des HERRN.	אֲסַפְּרָה אֶל חֹק יְהוָה
Er hat zu mir gesagt: „Du bist mein Sohn,	אָמַר אֵלַי בְּנִי אַתָּה
heute habe ich dich gezeugt.	אֲנִי הַיּוֹם יְלִדְתִּיךָ׃
Bitte mich,	שְׁאַל מִמֶּנִּי
so will ich dir Völker zum Erbe geben	וְאֶתְּנָה גוֹיִם נַחֲלָתֶךָ
und der Welt Enden zum Eigentum.	וַאֲחֻזָּתְךָ אַפְסֵי־אָרֶץ׃
Du sollst sie mit einem eisernen Zepter zerschlagen,	תְּרֹעֵם בְּשֵׁבֶט בַּרְזֶל
wie Töpfe sollst du sie zerschmeißen.“	כִּכְלִי יוֹצֵר תְּנַפְּצֵם׃
So seid nun verständig, ihr Könige,	וְעַתָּה מְלָכִים הַשְׂכִּילוּ
und lasst euch warnen, ihr Richter auf Erden!	הִוָּסְרוּ שֹׁפְטֵי אָרֶץ׃
Dienet dem HERRN mit Furcht	עִבְדוּ אֶת־יְהוָה בְּיִרְאָה
und küsst seine Füße mit Zittern,	וְגִילוּ בִּרְעָדָה׃ נַשְּׁקוּ־בַר
dass er nicht zürne und ihr umkommt auf dem Wege;	פֶּן־יֶאֱנַף ׀ וְתֹאבְדוּ דֶרֶךְ
denn sein Zorn wird bald entbrennen.	כִּי־יִבְעַר כִּמְעַט אַפּוֹ
Wohl allen, die auf ihn trauen!	אַשְׁרֵי כָּל־חוֹסֵי בוֹ׃

2

Warum rasen denn die Völker 1
und begehren die Nationen sinnlos auf,
erheben sich die Könige der Erde 2
und rotten sich die Machthaber zusammen
gegen den TREUEN und gegen seinen Gesalbten:
„Lasst uns ihre Fesseln doch zerreißen, 3
und lasst uns ihre Stricke von uns werfen!“

Der im Himmel thront, der lacht, 4
der Herr, der spottet über sie,
der einst zu ihnen sprach in seinem Zorn, 5
und der sie in seinem Grimm aufschreckte:
„Ich selber habe meinen König doch gesalbt 6
auf Zion, meinem heiligen Berg!“

Berichten will ich vom Beschluss des TREUEN: 7

Er hat zu mir gesagt: „Mein Sohn bist du,
ich selber habe dich heute gezeugt!
Erbitte es von mir, 8
und die Völker will ich dir zum Erbe geben
und dir zum Besitz die Enden der Erde.
Zerschlagen wirst du sie mit einem Eisenzepter, 9
wie ein Gefäß des Töpfers wirst du sie zertrümmern.“

Und nun, ihr Könige, seid klug, 10
lasst euch, ihr Richter auf der Erde, warnen,
dient dem TREUEN doch mit Furcht, 11
und jubiliert mit Zittern, | küsst den Sohn, 12
damit er nicht erzürnt, und ihr müsst unterwegs vergehen;
denn sein Zorn kann leicht entbrennen.

Glücklich alle, die sich in ihm bergen!

Psalm 3

Ein Psalm Davids,	מִזְמוֹר לְדָוִד
als er vor seinem Sohn Absalom floh.	בְּבָרְחוֹ מִפְּנֵי ׀ אַבְשָׁלוֹם בְּנוֹ׃
Ach HERR, wie sind meiner Feinde so viel	יְהוָה מָה־רַבּוּ צָרָי
und erheben sich so viele gegen mich!	רַבִּים קָמִים עָלָי׃
Viele sagen von mir:	רַבִּים אֹמְרִים לְנַפְשִׁי
Er hat keine Hilfe bei Gott. Sela.	אֵין יְשׁוּעָתָה לּוֹ בֵאלֹהִים סֶלָה׃
Aber du, HERR, bist der Schild für mich,	וְאַתָּה יְהוָה מָגֵן בַּעֲדִי
du bist meine Ehre und hebst mein Haupt empor.	כְּבוֹדִי וּמֵרִים רֹאשִׁי׃
Ich rufe mit meiner Stimme zum HERRN,	קוֹלִי אֶל־יְהוָה אֶקְרָא
so erhört er mich von seinem heiligen Berge. Sela.	וַיַּעֲנֵנִי מֵהַר קָדְשׁוֹ סֶלָה׃
Ich liege und schlafe	אֲנִי שָׁכַבְתִּי וָאִישָׁנָה
und erwache; denn der HERR hält mich.	הֱקִיצוֹתִי כִּי יְהוָה יִסְמְכֵנִי׃
Ich fürchte mich nicht vor vielen Tausenden,	לֹא־אִירָא מֵרִבְבוֹת עָם
die sich ringsum wider mich legen.	אֲשֶׁר סָבִיב שָׁתוּ עָלָי׃
Auf, HERR,	קוּמָה יְהוָה ׀
und hilf mir, mein Gott!	הוֹשִׁיעֵנִי אֱלֹהַי
Denn du schlägst alle meine Feinde auf die Backe	כִּי־הִכִּיתָ אֶת־כָּל־אֹיְבַי לֶחִי
und zerschmetterst der Gottlosen Zähne.	שִׁנֵּי רְשָׁעִים שִׁבַּרְתָּ׃
Bei dem HERRN findet man Hilfe.	לַיהוָה הַיְשׁוּעָה
Dein Segen komme über dein Volk! Sela.	עַל־עַמְּךָ בִרְכָתֶךָ סֶּלָה׃

Ein Psalm Davids. 1
Als er vor seinem Sohn Absalom auf der Flucht war.

Du TREUER, wie zahlreich sind meine Bedränger, 2
viele sind es, die sich gegen mich erheben,
viele sind es, die von mir behaupten: 3
„Gar keine Hilfe gibt es für den bei Gott!“ Sälah

Du aber, TREUER, bist der Schild um mich her, 4
bist der, der mir Gewicht verleiht und mir das Haupt erhebt;
da rufe ich mit lauter Stimme zu dem TREUEN, 5
und schon hat er mich erhört von seinem heiligen Berg. Sälah

Ich, ich konnte mich hinlegen, und ich konnte schlafen, 6
ich bin wieder aufgewacht, weil mich der TREUE stützt;
so fürchte ich mich nicht vor ungezählten Leuten, 7
die sich ringsum gegen mich aufgepflanzt haben.

Erheb dich doch, du TREUER, 8
befreie mich, mein Gott!
Du hast sie, alle meine Feinde, auf das Kinn geschlagen,
die Zähne der Schurken hast du ausgebrochen.

Bei dem TREUEN ist die Freiheit; 9
auf dein Volk dein Segen! Sälah

Psalm 4

Ein Psalm Davids,	לַמְנַצֵּחַ בִּנְגִינוֹת
vorzusingen, beim Saitenspiel.	מִזְמוֹר לְדָוִד׃
Erhöre mich, wenn ich rufe,	בְּקָרְאִי עֲנֵנִי ׀
Gott meiner Gerechtigkeit,	אֱלֹהֵי צִדְקִי
der du mich tröstest in Angst;	בַּצָּר הִרְחַבְתָּ לִּי
sei mir gnädig und erhöre mein Gebet!	חָנֵּנִי וּשְׁמַע תְּפִלָּתִי׃
Ihr Herren, wie lange soll meine Ehre geschändet werden?	בְּנֵי אִישׁ עַד־מֶה כְבוֹדִי לִכְלִמָּה
Wie habt ihr das Eitle so lieb und die Lüge so gern! Sela.	תֶּאֱהָבוּן רִיק תְּבַקְשׁוּ כָזָב סֶלָה׃
Erkennet doch, dass der HERR seine Heiligen wunderbar	וּדְעוּ כִּי־הִפְלָה יְהוָה חָסִיד לוֹ
der HERR hört, wenn ich ihn anrufe. [führt;	יְהוָה יִשְׁמַע בְּקָרְאִי אֵלָיו׃
Zürnet ihr, so sündiget nicht;	רִגְזוּ וְאַל־תֶּחֱטָאוּ
redet in eurem Herzen auf eurem Lager und	אִמְרוּ בִלְבַבְכֶם עַל־מִשְׁכַּבְכֶם וְדֹמּוּ סֶלָה׃
Opfert, was recht ist, [seid stille. Sela.	זִבְחוּ זִבְחֵי־צֶדֶק
und hoffet auf den HERRN.	וּבִטְחוּ אֶל־יְהוָה׃
Viele sagen: „Wer wird uns Gutes sehen lassen?“	רַבִּים אֹמְרִים מִי־יַרְאֵנוּ טוֹב
HERR, lass leuchten über uns das Licht deines Antlitzes!	נְסָה־עָלֵינוּ אוֹר פָּנֶיךָ יְהוָה׃
Du erfreust mein Herz,	נָתַתָּה שִׂמְחָה בְלִבִּי
ob jene auch viel Wein und Korn haben.	מֵעֵת דְּגָנָם וְתִירוֹשָׁם רָבּוּ׃
Ich liege und schlafe	בְּשָׁלוֹם יַחְדָּו
ganz mit Frieden;	אֶשְׁכְּבָה וְאִישָׁן
denn allein du, HERR, hilfst mir,	כִּי־אַתָּה יְהוָה לְבָדָד
dass ich sicher wohne.	לָבֶטַח תּוֹשִׁיבֵנִי׃

Dem Chorleiter: Mit Saitenspiel. 1
Ein Psalm Davids.

Bei meinem Rufen gib mir Antwort, 2
Gott, der mir mein Recht verschafft!
In der Angst hast du mir weiten Raum gegeben,
bleib mir doch zugetan und höre mein Gebet!

Wie lange noch, ihr Leute, soll meine Ehre in den Schmutz gezogen werden, 3
liebt ihr leere Worte, seid ihr auf Lügenmärchen aus! Sälah
Erkennt doch, dass der TREUE Wunder tat an dem, der ihm die Treue hält, 4
der TREUE hört es, wenn ich zu ihm rufe!

Erregt euch, doch versündigt euch nur nicht, 5
denkt in eurem Herzen nach auf eurem Bett und werdet still! Sälah
Opfert rechte Opfer 6
und vertraut dem TREUEN!

Viele sagen: „Wer lässt uns schon Gutes sehen?“ 7
Erheb doch, TREUER, über uns dein lichtes Angesicht!
Du hast mir eine Freude in das Herz gegeben, 8
die größer ist als jene zu der Zeit, als es ihr Korn und ihren Most in Hülle und Fülle gab.

Im Frieden ganz gesammelt, 9
kann ich mich legen, und ich schlafe;
denn du, TREUER, bist es ganz alleine,
der mich sicher wohnen lässt.

Psalm 5

Ein Psalm Davids,	לַמְנַצֵּחַ אֶל־הַנְּחִילוֹת
vorzusingen, zum Flötenspiel.	מִזְמוֹר לְדָוִד׃
HERR, höre meine Worte,	אֲמָרַי הַאֲזִינָה ׀ יְהוָה
merke auf mein Reden!	בִּינָה הֲגִיגִי׃
Vernimm mein Schreien,	הַקְשִׁיבָה ׀ לְקוֹל שַׁוְעִי
mein König und mein Gott;	מַלְכִּי וֵאלֹהָי
denn ich will zu dir beten.	כִּי־אֵלֶיךָ אֶתְפַּלָּל׃
HERR, frühe	יְהוָה בֹּקֶר
wollest du meine Stimme hören,	תִּשְׁמַע קוֹלִי
frühe will ich mich zu dir wenden und aufmerken.	בֹּקֶר אֶעֱרָךְ־לְךָ וַאֲצַפֶּה׃
Denn du bist nicht ein Gott, dem gottloses Wesen gefällt;	כִּי ׀ לֹא אֵל־חָפֵץ רֶשַׁע ׀ אָתָּה
wer böse ist, bleibt nicht vor dir.	לֹא יְגֻרְךָ רָע׃
Die Ruhmredigen bestehen nicht	לֹא־יִתְיַצְּבוּ הוֹלְלִים
vor deinen Augen;	לְנֶגֶד עֵינֶיךָ
du bist feind allen Übeltätern.	שָׂנֵאתָ כָּל־פֹּעֲלֵי אָוֶן׃
Du bringst die Lügner um;	תְּאַבֵּד דֹּבְרֵי כָזָב
dem HERRN sind ein Gräuel	אִישׁ־דָּמִים וּמִרְמָה
die Blutgierigen und Falschen.	יְתָעֵב ׀ יְהוָה׃
Ich aber darf in dein Haus gehen	וַאֲנִי בְּרֹב חַסְדְּךָ
durch deine große Güte	אָבוֹא בֵיתֶךָ
und anbeten vor deinem heiligen Tempel	אֶשְׁתַּחֲוֶה אֶל־הֵיכַל־קָדְשְׁךָ
in deiner Furcht.	בְּיִרְאָתֶךָ׃
HERR, leite mich	יְהוָה ׀ נְחֵנִי
in deiner Gerechtigkeit	בְצִדְקָתֶךָ
um meiner Feinde willen;	לְמַעַן שׁוֹרְרָי
ebne vor mir deinen Weg!	הוֹשַׁר לְפָנַי דַּרְכֶּךָ׃
Denn in ihrem Munde ist nichts Verlässliches;	כִּי אֵין בְּפִיהוּ נְכוֹנָה
ihr Inneres ist Bosheit.	קִרְבָּם הַוּוֹת
Ihr Rachen ist ein offenes Grab;	קֶבֶר־פָּתוּחַ גְּרוֹנָם
mit ihren Zungen heucheln sie.	לְשׁוֹנָם יַחֲלִיקוּן׃
Sprich sie schuldig, Gott,	הַאֲשִׁימֵם ׀ אֱלֹהִים
dass sie zu Fall kommen durch ihre Ränke.	יִפְּלוּ מִמֹּעֲצוֹתֵיהֶם
Stoße sie aus um ihrer vielen Übertretungen willen;	בְּרֹב פִּשְׁעֵיהֶם הַדִּיחֵמוֹ
denn sie sind widerspenstig gegen dich.	כִּי־מָרוּ בָךְ׃
Lass sich freuen alle, die auf dich trauen;	וְיִשְׂמְחוּ כָל־חוֹסֵי בָךְ
ewiglich lass sie rühmen, denn du beschirmst sie.	לְעוֹלָם יְרַנֵּנוּ וְתָסֵךְ עָלֵימוֹ
Fröhlich lass sie sein in dir,	וְיַעְלְצוּ בְךָ
die deinen Namen lieben!	אֹהֲבֵי שְׁמֶךָ׃
Denn du, HERR,	כִּי־אַתָּה
segnest die Gerechten,	תְּבָרֵךְ צַדִּיק
du deckest sie mit Gnade	יְהוָה כַּצִּנָּה
wie mit einem Schilde.	רָצוֹן תַּעְטְרֶנּוּ׃

Dem Chorleiter: Zum Flötenspiel. 1
Ein Psalm Davids.

Lass dir meine Worte doch zu Ohren kommen, TREUER, 2
nimm doch mein Seufzen wahr,
achte doch auf meinen lauten Hilfeschrei, 3
mein König und mein Gott;
wenn ich zu dir flehe,
TREUER, schon am Morgen, 4
möchtest du doch meine Stimme hören,
am Morgen schon bereite ich mich vor für dich und spähe!

Ein Gott, der Freude hat an Schurkerei, bist du doch nicht, 5
bei dir kann ja ein Bösewicht nicht bleiben,
Prahler dürfen sich doch nicht aufspielen 6
vor deinen Augen;
alle Übeltäter sind dir ja verhasst,
Lügenmäuler richtest du zu Grunde, 7
Bluttäter und Betrüger
sind dem TREUEN widerwärtig.

Ich jedoch, durch deine große Güte, 8
komme in dein Haus,
ich will vor deinem Heiligtum anbetend niederfallen
in Ehrfurcht vor dir;
TREUER, gib mir das Geleit 9
durch dein gerechtes Tun,
als Antwort denen, die mich in Verruf gebracht,
ebne vor mir deinen Weg!

Es gibt ja nichts Beständiges in seinem Mund, 10
Frevel ist ihr Innerstes,
ihr Rachen ist ein offenes Grab,
glatte Reden führen sie mit ihrer Zunge;
lass sie büßen, Gott, 11
sie sollen ihrer Pläne wegen fallen,
bei der Menge ihrer Freveltaten treib sie auseinander,
denn sie haben sich ja gegen dich empört!

Sich freuen aber können alle, die sich in dir bergen, 12
sie sollen ohne Ende jubeln, da du sie umhegst,
so dass sie in dir jauchzen,
die deinen Namen lieben;
denn du bist es ja, 13
der den Gerechten segnet,
du TREUER bist ja wie ein Schild,
krönst ihn mit Huld.

Psalm 6

Ein Psalm Davids,	לַמְנַצֵּחַ בִּנְגִינוֹת עַל־הַשְּׁמִינִית
vorzusingen, beim Saitenspiel auf acht Saiten.	מִזְמוֹר לְדָוִד׃
Ach HERR, strafe mich nicht in deinem Zorn	יְהוָה אַל־בְּאַפְּךָ תוֹכִיחֵנִי
und züchtige mich nicht in deinem Grimm!	וְאַל־בַּחֲמָתְךָ תְיַסְּרֵנִי׃
HERR, sei mir gnädig, denn ich bin schwach;	חָנֵּנִי יְהוָה כִּי אֻמְלַל אָנִי
heile mich, HERR, denn meine Gebeine sind erschrocken	רְפָאֵנִי יְהוָה כִּי נִבְהֲלוּ עֲצָמָי׃
und meine Seele ist sehr erschrocken.	וְנַפְשִׁי נִבְהֲלָה מְאֹד
Ach du, HERR, wie lange!	ואת יְהוָה עַד־מָתָי׃
Wende dich, HERR, und errette mich,	שׁוּבָה יְהוָה חַלְּצָה נַפְשִׁי
hilf mir um deiner Güte willen!	הוֹשִׁיעֵנִי לְמַעַן חַסְדֶּךָ׃
Denn im Tode gedenkt man deiner nicht;	כִּי אֵין בַּמָּוֶת זִכְרֶךָ
wer wird dir bei den Toten danken?	בִּשְׁאוֹל מִי יוֹדֶה־לָּךְ׃
Ich bin so müde vom Seufzen;	יָגַעְתִּי ׀ בְּאַנְחָתִי
ich schwemme mein Bett die ganze Nacht	אַשְׂחֶה בְכָל־לַיְלָה מִטָּתִי
und netze mit meinen Tränen mein Lager.	בְּדִמְעָתִי עַרְשִׂי אַמְסֶה׃
Mein Auge ist trübe geworden vor Gram	עָשְׁשָׁה מִכַּעַס עֵינִי
und matt, weil meiner Bedränger so viele sind.	עָתְקָה בְּכָל־צוֹרְרָי׃
Weichet von mir, alle Übeltäter;	סוּרוּ מִמֶּנִּי כָּל־פֹּעֲלֵי אָוֶן
denn der HERR hört mein Weinen.	כִּי־שָׁמַע יְהוָה קוֹל בִּכְיִי׃
Der HERR hört mein Flehen;	שָׁמַע יְהוָה תְּחִנָּתִי
mein Gebet nimmt der HERR an. [erschrecken;	יְהוָה תְּפִלָּתִי יִקָּח׃
Es sollen alle meine Feinde zuschanden werden und sehr	יֵבֹשׁוּ ׀ וְיִבָּהֲלוּ מְאֹד כָּל־אֹיְבָי
sie sollen umkehren und zuschanden werden plötzlich.	יָשֻׁבוּ יֵבֹשׁוּ רָגַע׃

Dem Chorleiter: Mit Saitenspiel nach der Oktave. 1
Ein Psalm Davids.

Du TREUER, strafe mich doch nicht in deinem Zorn 2
und züchtige mich nicht in deinem Grimm,
neige dich mir zu, du TREUER, bin ich doch schon ganz verfallen, 3
heile mich, du TREUER, sind doch meine Glieder ganz erstarrt,
und mein Inneres ist tief verstört! – 4
doch du, wie lange noch, du TREUER?
Kehre doch, du TREUER, um, reiß mein Leben doch heraus, 5
befreie mich entsprechend deiner Treue!
Denn im Tod denkt man nicht mehr an dich, 6
und in der Totenwelt, wer wird da für dich sprechen?

Vor lauter Stöhnen bin ich matt geworden. 7

Die ganze Nacht schon feuchte ich mein Bett,
mit meinen Tränen weiche ich mein Lager auf,
vor Kummer ist mein Auge trüb geworden, 8
im Blick auf alle meine Halsabschneider ist's gealtert.
Weicht von mir, ihr Übeltäter alle! – 9
denn der TREUE hat mein lautes Weinen schon gehört,
der TREUE hat mein Bitten um Begnadigung gehört, 10
der TREUE nimmt mein Flehen an,
ganz und gar vor Scham vergehen werden alle meine Feinde, 11
umkehren werden sie, beschämt, im Nu.

Psalm 7

Ein Klagelied Davids,	שִׁגָּיוֹן לְדָוִד
das er dem HERRN sang	אֲשֶׁר־שָׁר לַיהוָה
wegen der Worte des Kusch, des Benjaminiters.	עַל־דִּבְרֵי־כוּשׁ בֶּן־יְמִינִי׃

Auf dich, HERR, mein Gott, traue ich!	יְהוָה אֱלֹהַי בְּךָ חָסִיתִי
Hilf mir von allen meinen Verfolgern und errette mich,	הוֹשִׁיעֵנִי מִכָּל־רֹדְפַי וְהַצִּילֵנִי׃
dass sie nicht wie Löwen mich packen	פֶּן־יִטְרֹף כְּאַרְיֵה נַפְשִׁי
und zerreißen, weil kein Retter da ist.	פֹּרֵק וְאֵין מַצִּיל׃
HERR, mein Gott, hab ich solches getan	יְהוָה אֱלֹהַי אִם־עָשִׂיתִי זֹאת
und ist Unrecht an meinen Händen,	אִם־יֶשׁ־עָוֶל בְּכַפָּי׃
hab ich Böses vergolten denen, die friedlich mit mir lebten,	אִם־גָּמַלְתִּי שׁוֹלְמִי רָע
oder geschädigt, die mir ohne Ursache Feind waren,	וָאֲחַלְּצָה צוֹרְרִי רֵיקָם׃
so verfolge mich der Feind	יִרַדֹּף אוֹיֵב ׀
und ergreife mich	נַפְשִׁי וְיַשֵּׂג
und trete mein Leben zu Boden	וְיִרְמֹס לָאָרֶץ חַיָּי
und lege meine Ehre in den Staub. Sela.	וּכְבוֹדִי ׀ לֶעָפָר יַשְׁכֵּן סֶלָה׃

Steh auf, HERR, in deinem Zorn,	קוּמָה יְהוָה ׀ בְּאַפֶּךָ
erhebe dich wider den Grimm meiner Feinde!	הִנָּשֵׂא בְּעַבְרוֹת צוֹרְרָי
Wache auf, mir zu helfen, der du Gericht verordnet hast,	וְעוּרָה אֵלַי מִשְׁפָּט צִוִּיתָ׃
so werden die Völker sich um dich sammeln;	וַעֲדַת לְאֻמִּים תְּסוֹבְבֶךָּ
du aber throne über ihnen in der Höhe!	וְעָלֶיהָ לַמָּרוֹם שׁוּבָה׃
Der HERR ist Richter über die Völker.	יְהוָה יָדִין עַמִּים
Schaffe mir Recht, HERR,	שָׁפְטֵנִי יְהוָה
nach meiner Gerechtigkeit und Unschuld!	כְּצִדְקִי וּכְתֻמִּי עָלָי׃
Lass der Gottlosen Bosheit ein Ende nehmen,	יִגְמָר־נָא רַע ׀ רְשָׁעִים
aber die Gerechten lass bestehen;	וּתְכוֹנֵן צַדִּיק
denn du, gerechter Gott,	וּבֹחֵן לִבּוֹת וּכְלָיוֹת
prüfest Herzen und Nieren.	אֱלֹהִים צַדִּיק׃
Gott ist der Schild über mir,	מָגִנִּי עַל־אֱלֹהִים
er, der den frommen Herzen hilft.	מוֹשִׁיעַ יִשְׁרֵי־לֵב׃

Gott ist ein gerechter Richter	אֱלֹהִים שׁוֹפֵט צַדִּיק
und ein Gott, der täglich strafen kann.	וְאֵל זֹעֵם בְּכָל־יוֹם׃
Wahrlich, wieder hat einer sein Schwert gewetzt	אִם־לֹא יָשׁוּב חַרְבּוֹ יִלְטוֹשׁ
und seinen Bogen gespannt und zielt.	קַשְׁתּוֹ דָרַךְ וַיְכוֹנְנֶהָ׃
Doch sich selber hat er tödliche Waffen gerüstet	וְלוֹ הֵכִין כְּלֵי־מָוֶת
und feurige Pfeile bereitet.	חִצָּיו לְדֹלְקִים יִפְעָל׃
Siehe, er hat Böses im Sinn,	הִנֵּה יְחַבֶּל־אָוֶן
mit Unrecht ist er schwanger und wird Lüge gebären.	וְהָרָה עָמָל וְיָלַד שָׁקֶר׃
Er hat eine Grube gegraben und ausgehöhlt –	בּוֹר כָּרָה וַיַּחְפְּרֵהוּ
und ist in die Grube gefallen, die er gemacht hat.	וַיִּפֹּל בְּשַׁחַת יִפְעָל׃
Sein Unrecht wird auf seinen Kopf kommen	יָשׁוּב עֲמָלוֹ בְרֹאשׁוֹ
und sein Frevel auf seinen Scheitel fallen.	וְעַל קָדְקֳדוֹ חֲמָסוֹ יֵרֵד׃

Ich danke dem HERRN um seiner Gerechtigkeit willen	אוֹדֶה יְהוָה כְּצִדְקוֹ
und will loben den Namen des HERRN, des Allerhöchsten.	וַאֲזַמְּרָה שֵׁם־יְהוָה עֶלְיוֹן׃

Ein Klagelied Davids, 1
das er dem TREUEN gesungen hat
wegen des Benjaminiters Kusch.

TREUER, mein Gott, Zuflucht habe ich bei dir gefunden, 2
befreie mich von allen, die mich jagen, und reiß mich heraus,
damit man mich nicht wie der Löwe packt, 3
der mich hinwegreißt, und ist keiner, der mich rettet!
TREUER, mein Gott, hätte ich so etwas je getan, 4
klebte je an meinen Händen Frevel,
hätte ich womöglich Böses dem vergolten, der mit mir im Frieden lebte, 5
und dabei gar grundlos den geschädigt, der mich jetzt bedrängt –
dann soll mich der Feind verfolgen, 6
mir ans Leben gehen kann er dann,
dann mag er mein Leben am Boden zerstören,
und meine Ehre ziehe er dann in den Schmutz! Sälah

Steh doch, TREUER, auf mit deinem Zorn, 7
erheb dich bei den Wutausbrüchen meiner Widersacher,
und erwache doch für mich, der du ein Gerichtsurteil befohlen hast,
und die Gemeinschaft der Nationen soll sich um dich scharen, 8
und dann kehre über sie zurück nach oben,
TREUER, der die Völker richtet! 9
Schaff mir, TREUER, Recht
nach dem, was für mich richtig ist und was mir ganz entspricht!
Die Buberei der Schurken nehme doch ein Ende, 10
den Gerechten aber solltest du aufrichten,
der du doch Herzen prüfst und Nieren,
du gerechter Gott,
mein Schild, der Götter Höchster, 11
du Befreier derer, die aufrichtig sind im Herzen!

Gott ist es, der dem Gerechten Recht schafft – 12
und er lässt als starker Gott auch jeden Tag Zorn fühlen:
Falls einer es nicht lässt, er schmiedet sich sein Schwert, 13
hat seinen Bogen schon gespannt und ihn auch angelegt –
dann hat er gegen sich die Todeswaffen hergerichtet, 14
macht er seine Pfeile glühend gegen sich;
ja, er kreißt mit Frevel, 15
und mit Unheil geht er schwanger und gebiert dann Tücke,
eine Grube hat er ausgegraben, und er hat sie ausgehöhlt – 16
und dann ist er in den Schacht gefallen, als er ihn gerade ausgrub:
Sein übles Werk kehrt auf sein eigenes Haupt zurück, 17
und herab auf seinen eigenen Scheitel kommt sein Unrecht.

Ich will dem TREUEN danken, wie es seiner Gerechtigkeit gebührt, 18
und ich will des TREUEN Namen, will dem Höchsten singen!

Psalm 8

Ein Psalm Davids,	לַמְנַצֵּ֥חַ עַֽל־הַגִּתִּ֗ית
vorzusingen, auf der Gittit.	מִזְמ֥וֹר לְדָוִֽד׃
HERR, unser Herrscher,	יְהוָ֤ה אֲדֹנֵ֗ינוּ
wie herrlich ist dein Name	מָֽה־אַדִּ֣יר שִׁ֭מְךָ
in allen Landen,	בְּכָל־הָאָ֑רֶץ
der du zeigst deine Hoheit am Himmel!	אֲשֶׁ֥ר תְּנָ֥ה ה֝וֹדְךָ֗ עַל־הַשָּׁמָֽיִם׃
Aus dem Munde der jungen Kinder und Säuglinge	מִפִּ֤י עֽוֹלְלִ֨ים ׀ וְֽיֹנְקִים֮
hast du eine Macht zugerichtet um deiner Feinde willen,	יִסַּ֪דְתָּ֫ עֹ֥ז לְמַ֥עַן צוֹרְרֶ֑יךָ
dass du vertilgest den Feind und den Rachgierigen.	לְהַשְׁבִּ֥ית א֝וֹיֵ֗ב וּמִתְנַקֵּֽם׃
Wenn ich sehe die Himmel, deiner Finger Werk,	כִּֽי־אֶרְאֶ֣ה שָׁ֭מֶיךָ מַעֲשֵׂ֣י אֶצְבְּעֹתֶ֑יךָ
den Mond und die Sterne, die du bereitet hast:	יָרֵ֥חַ וְ֝כוֹכָבִ֗ים אֲשֶׁ֣ר כּוֹנָֽנְתָּה׃
was ist der Mensch, dass du seiner gedenkst,	מָֽה־אֱנ֥וֹשׁ כִּֽי־תִזְכְּרֶ֑נּוּ
und des Menschen Kind, dass du dich seiner annimmst?	וּבֶן־אָ֝דָ֗ם כִּ֣י תִפְקְדֶֽנּוּ׃
Du hast ihn wenig niedriger gemacht als Gott,	וַתְּחַסְּרֵ֣הוּ מְּ֭עַט מֵאֱלֹהִ֑ים
mit Ehre und Herrlichkeit hast du ihn gekrönt.	וְכָב֖וֹד וְהָדָ֣ר תְּעַטְּרֵֽהוּ׃
Du hast ihn zum Herrn gemacht über deiner Hände Werk,	תַּ֭מְשִׁילֵהוּ בְּמַעֲשֵׂ֣י יָדֶ֑יךָ
alles hast du unter seine Füße getan:	כֹּ֝ל שַׁ֣תָּה תַֽחַת־רַגְלָֽיו׃
Schafe und Rinder allzumal,	צֹנֶ֣ה וַאֲלָפִ֣ים כֻּלָּ֑ם
dazu auch die wilden Tiere,	וְ֝גַ֗ם בַּהֲמ֥וֹת שָׂדָֽי׃
die Vögel unter dem Himmel und die Fische im Meer	צִפּ֣וֹר שָׁ֭מַיִם וּדְגֵ֣י הַיָּ֑ם
und alles, was die Meere durchzieht.	עֹ֝בֵ֗ר אָרְח֥וֹת יַמִּֽים׃
HERR, unser Herrscher,	יְהוָ֥ה אֲדֹנֵ֑ינוּ
wie herrlich ist dein Name	מָֽה־אַדִּ֥יר שִׁ֝מְךָ֗
in allen Landen!	בְּכָל־הָאָֽרֶץ׃

8

Dem Chorleiter: Auf der Gittit. 1
Ein Psalm Davids.

Du TREUER, unser Vater, 2
wie herrlich ist dein Name
auf der ganzen Erde!

Da ertönt dein Lob, du Höchster des Himmels,
aus dem Mund der kleinen Kinder und der Säuglinge: 3
„Gegründet hast du eine Feste, deinen Widersachern trotzend,
um den Feind und den, der Rache sinnt, zur Ruhe zu bringen.“

Wenn ich deinen Himmel sehe, deiner Finger Werke, 4
den Mond mitsamt den Sternen, die du festgemacht hast:
Was ist ein Menschlein, dass du daran denkst, 5
und ein Menschenkind, dass du dich darum kümmerst!

Dabei hast du es so geschaffen, dass ihm wenig fehlt zu Gott, 6
und mit Herrlichkeit und Schönheit krönst du es;
du betraust es mit der Herrschaft über deiner Hände Werke, 7
alles hast du seinen Füßen unterstellt:

Die Schafe und die Rinder allesamt 8
und selbst das Wild des Feldes,
des Himmels Vögel und des Meeres Fische, 9
was die Meeresströmungen durchzieht.

Du TREUER, unser Vater, 10
wie herrlich ist dein Name
auf der ganzen Erde!

Psalm 9/10

Ein Psalm Davids, vorzusingen, nach der Weise „Schöne Jugend“.	לַמְנַצֵּחַ עַלְמוּת לַבֵּן מִזְמוֹר לְדָוִד׃
Ich danke dem HERRN von ganzem Herzen	אוֹדֶה יְהוָה בְּכָל־לִבִּי
und erzähle alle deine Wunder.	אֲסַפְּרָה כָּל־נִפְלְאוֹתֶיךָ׃
Ich freue mich und bin fröhlich in dir	אֶשְׂמְחָה וְאֶעֶלְצָה בָךְ
und lobe deinen Namen, du Allerhöchster,	אֲזַמְּרָה שִׁמְךָ עֶלְיוֹן׃
dass meine Feinde zurückweichen mussten;	בְּשׁוּב־אוֹיְבַי אָחוֹר
sie sind gestürzt und umgekommen vor dir.	יִכָּשְׁלוּ וְיֹאבְדוּ מִפָּנֶיךָ׃
Denn du führst mein Recht und meine Sache,	כִּי־עָשִׂיתָ מִשְׁפָּטִי וְדִינִי
du sitzest auf dem Thron, ein rechter Richter.	יָשַׁבְתָּ לְכִסֵּא שׁוֹפֵט צֶדֶק׃
Du schiltst die Heiden und bringst die Gottlosen um;	גָּעַרְתָּ גוֹיִם אִבַּדְתָּ רָשָׁע
ihren Namen vertilgst du auf immer und ewig.	שְׁמָם מָחִיתָ לְעוֹלָם וָעֶד׃
Der Feind ist vernichtet, zertrümmert für immer, [vergangen.	הָאוֹיֵב ׀ תַּמּוּ חֳרָבוֹת לָנֶצַח
die Städte hast du zerstört; jedes Gedenken an sie ist	וְעָרִים נָתַשְׁתָּ אָבַד זִכְרָם
Der HERR aber bleibt ewiglich;	הֵמָּה׃ וַיהוָה לְעוֹלָם יֵשֵׁב
er hat seinen Thron bereitet zum Gericht,	כּוֹנֵן לַמִּשְׁפָּט כִּסְאוֹ׃
er wird den Erdkreis richten mit Gerechtigkeit	וְהוּא יִשְׁפֹּט־תֵּבֵל בְּצֶדֶק
und die Völker regieren, wie es recht ist.	יָדִין לְאֻמִּים בְּמֵישָׁרִים׃
Der HERR ist des Armen Schutz,	וִיהִי יְהוָה מִשְׂגָּב לַדָּךְ
ein Schutz in Zeiten der Not.	מִשְׂגָּב לְעִתּוֹת בַּצָּרָה׃
Darum hoffen auf dich, die deinen Namen kennen;	וְיִבְטְחוּ בְךָ יוֹדְעֵי שְׁמֶךָ
denn du verlässest nicht, die dich, HERR, suchen.	כִּי לֹא־עָזַבְתָּ דֹרְשֶׁיךָ יְהוָה׃
Lobet den HERRN, der zu Zion wohnt;	זַמְּרוּ לַיהוָה יֹשֵׁב צִיּוֹן
verkündigt unter den Völkern sein Tun!	הַגִּידוּ בָעַמִּים עֲלִילוֹתָיו׃
Denn der nach Blutschuld fragt, gedenkt der Elenden	כִּי־דֹרֵשׁ דָּמִים אוֹתָם זָכָר
und vergisst nicht ihr Schreien.	לֹא־שָׁכַח צַעֲקַת עניים׃
HERR, sei mir gnädig; sieh an mein Elend unter meinen	חָנְנֵנִי יְהוָה רְאֵה עָנְיִי מִשֹּׂנְאָי
der du mich erhebst aus den Toren des Todes, [Feinden,	מְרוֹמְמִי מִשַּׁעֲרֵי מָוֶת׃
dass ich erzähle all deinen Ruhm, [Hilfe.	לְמַעַן אֲסַפְּרָה כָּל־תְּהִלָּתֶיךָ
in den Toren der Tochter Zion fröhlich sei über deine	בְּשַׁעֲרֵי בַת־צִיּוֹן אָגִילָה בִּישׁוּעָתֶךָ׃
Die Heiden sind versunken in der Grube, die sie gegraben,	טָבְעוּ גוֹיִם בְּשַׁחַת עָשׂוּ
ihr Fuß ist gefangen in dem Netz, das sie gestellt hatten.	בְּרֶשֶׁת־זוּ טָמָנוּ נִלְכְּדָה רַגְלָם׃
Der HERR hat sich kundgetan und Gericht gehalten.	נוֹדַע ׀ יְהוָה מִשְׁפָּט עָשָׂה
Der Gottlose ist verstrickt in dem Werk seiner Hände. Zwischenspiel. Sela.	בְּפֹעַל כַּפָּיו נוֹקֵשׁ רָשָׁע הִגָּיוֹן סֶלָה׃
Die Gottlosen sollen zu den Toten fahren,	יָשׁוּבוּ רְשָׁעִים לִשְׁאוֹלָה
alle Heiden, die Gott vergessen!	כָּל־גּוֹיִם שְׁכֵחֵי אֱלֹהִים׃
Denn er wird den Armen nicht für immer vergessen;	כִּי לֹא לָנֶצַח יִשָּׁכַח אֶבְיוֹן
die Hoffnung der Elenden wird nicht ewig verloren sein.	תִּקְוַת עניים תֹּאבַד לָעַד׃
HERR, steh auf, dass nicht Menschen die Oberhand gewinnen;	קוּמָה יְהוָה אַל־יָעֹז אֱנוֹשׁ
lass alle Heiden vor dir gerichtet werden!	יִשָּׁפְטוּ גוֹיִם עַל־פָּנֶיךָ׃
Lege, HERR, einen Schrecken auf sie,	שִׁיתָה יְהוָה מוֹרָה לָהֶם
dass die Heiden erkennen, dass sie Menschen sind. Sela.	יֵדְעוּ גוֹיִם אֱנוֹשׁ הֵמָּה סֶּלָה׃

Dem Chorleiter: Nach ‚Stirb für den Sohn'. Ein Psalm Davids. 1

Ich will von ganzem Herzen danken, TREUER, 2
ich will erzählen alle deine Wundertaten,
ich will fröhlich sein, und ich will in dir jauchzen, 3
ich will deinem Namen singen, Höchster!

Weichen meine Feinde rückwärts, 4
straucheln sie und kommen um vor deinem Angesicht;
denn mein Recht und Urteil hast du mir verschafft, 5
du hast dich auf den Thron gesetzt als ein gerechter Richter.

Bedroht hast du die Völker, hast die Schurken untergehen lassen, 6
ihre Namen hast du ausgetilgt für immer und auf ewig,
der Feind – erledigt sind sie, Trümmerfeld für alle Zeit, 7
und Städte hast du ausgerottet, die Erinnerung an sie ist ausgelöscht.

So geht es denen – | doch für immer wird der TREUE thronen, 8
er hat seinen Thron errichtet zum Gericht,
und er, er wird den Erdkreis richten nach gerechter Ordnung, 9
den Nationen wird er unbeirrt das Urteil sprechen.

Doch der TREUE will eine feste Burg sein für die Unterdrückten, 10
eine feste Burg für Zeiten in der Not,
und vertrauen sollen dir, die deinen Namen kennen, 11
hast du doch die, die nach dir fragen, nicht im Stich gelassen, TREUER.

Singt dem TREUEN, der auf Zion thront, 12
stellt den Völkerscharen seine Taten vor,
dass, der Blutvergießen ahndet, sie gerade im Gedächtnis festgehalten hat, 13
nicht vergessen hat er das Geschrei der Unterdrückten!

Sei mir gnädig, TREUER, sieh mein Elend an von denen, die mich hassen, 14
der du mich von den Todespforten auf die Höhe bringst –
alle deine Ruhmestaten will ich dafür auch erzählen, 15
in den Toren Tochter Zions will ich über deine Rettung jubeln!

Völker sind hineingesunken in den Schacht, den sie gegraben haben, 16
in dem Netz, das sie verborgen haben, hat sich ihr eigener Fuß verfangen;
daran ist herausgekommen, dass der TREUE hier Gericht gehalten hat, 17
wenn er den Schurken im Gewirke seiner Hände fängt. Zwischenspiel. Sälah

Die Schurken werden sich zur Hölle kehren, 18
alle Völker, die sich gottvergessen zeigen,
da der Arme nicht für immer in Vergessenheit gerät, 19
die Hoffnung für die Gebeugten nicht auf ewig schwindet.

Erheb dich doch, du TREUER, dass die Menschen nicht zu mächtig werden, 20
zurechtgerückt vor deinem Angesicht die Völker,
lehre sie, du TREUER, doch das Fürchten, 21
die Völker sollen merken, dass sie Menschen sind! Sälah

Psalm 9/10

HERR, warum stehst du so ferne,
verbirgst dich zur Zeit der Not?
Weil der Gottlose Übermut treibt, müssen die Elenden leiden;
sie werden gefangen in den Ränken, die er ersann.

לָמָה יְהוָה תַּעֲמֹד בְּרָחוֹק
תַּעְלִים לְעִתּוֹת בַּצָּרָה׃
בְּגַאֲוַת רָשָׁע יִדְלַק עָנִי
יִתָּפְשׂוּ ׀ בִּמְזִמּוֹת זוּ חָשָׁבוּ׃

Denn der Gottlose rühmt sich seines Mutwillens,
und der Habgierige sagt dem HERRN ab und lästert ihn.
Der Gottlose meint in seinem Stolz, Gott frage nicht danach.
„Es ist kein Gott“, sind alle seine Gedanken.

כִּי־הִלֵּל רָשָׁע עַל־תַּאֲוַת נַפְשׁוֹ
וּבֹצֵעַ בֵּרֵךְ נִאֵץ ׀ יְהוָה׃
רָשָׁע כְּגֹבַהּ אַפּוֹ בַּל־יִדְרֹשׁ
אֵין אֱלֹהִים כָּל־מְזִמּוֹתָיו׃

Er fährt fort in seinem Tun immerdar.
Deine Gerichte sind ferne von ihm,
er handelt gewaltsam an allen seinen Feinden.
Er spricht in seinem Herzen: “Ich werde nimmermehr wanken,

יָחִילוּ דרכו ׀ בְּכָל־עֵת
מָרוֹם מִשְׁפָּטֶיךָ מִנֶּגְדּוֹ
כָּל־צוֹרְרָיו יָפִיחַ בָּהֶם׃
אָמַר בְּלִבּוֹ בַּל־אֶמּוֹט

es wird für und für keine Not haben.“
Sein Mund ist voll Fluchens,
voll Lug und Trug;
seine Zunge richtet Mühsal und Unheil an.

לְדֹר וָדֹר אֲשֶׁר לֹא־בְרָע׃
אָלָה פִּיהוּ מָלֵא
וּמִרְמוֹת וָתֹךְ
תַּחַת לְשׁוֹנוֹ עָמָל וָאָוֶן׃

Er sitzt und lauert in den Höfen,
er mordet die Unschuldigen heimlich,
seine Augen spähen nach den Armen.
Er lauert im Verborgenen wie ein Löwe im Dickicht,
er lauert, dass er den Elenden fange;
er fängt ihn und zieht ihn in sein Netz.

יֵשֵׁב ׀ בְּמַאְרַב חֲצֵרִים
בַּמִּסְתָּרִים יַהֲרֹג נָקִי
עֵינָיו לְחֵלְכָה יִצְפֹּנוּ׃
יֶאֱרֹב בַּמִּסְתָּר ׀ כְּאַרְיֵה בְסֻכֹּה
יֶאֱרֹב לַחֲטוֹף עָנִי
יַחְטֹף עָנִי בְּמָשְׁכוֹ בְרִשְׁתּוֹ׃

Er duckt sich, kauert nieder,
und durch seine Gewalt fallen die Unglücklichen.
Er spricht in seinem Herzen: „Gott hat’s vergessen, [sehen.“
er hat sein Antlitz verborgen, er wird’s nimmermehr

ודכה יָשֹׁחַ
וְנָפַל בַּעֲצוּמָיו חלכאים׃
אָמַר בְּלִבּוֹ שָׁכַח אֵל
הִסְתִּיר פָּנָיו בַּל־רָאָה לָנֶצַח׃

Steh auf, HERR! Gott, erhebe deine Hand!
Vergiss die Elenden nicht!
Warum soll der Gottlose lästern [danach“?
und in seinem Herzen sprechen: „Du fragst doch nicht

קוּמָה יְהוָה אֵל נְשָׂא יָדֶךָ
אַל־תִּשְׁכַּח עניים׃
עַל־מֶה ׀ נִאֵץ רָשָׁע ׀ אֱלֹהִים
אָמַר בְּלִבּוֹ לֹא תִּדְרֹשׁ׃

Du siehst es doch, denn du schaust das Elend
und den Jammer; es steht in deinen Händen.
Die Armen befehlen es dir;
du bist der Waisen Helfer.

רָאִתָה כִּי־אַתָּה ׀ עָמָל
וָכַעַס ׀ תַּבִּיט לָתֵת בְּיָדֶךָ
עָלֶיךָ יַעֲזֹב חֵלֶכָה
יָתוֹם אַתָּה ׀ הָיִיתָ עוֹזֵר׃

Zerbrich den Arm des Gottlosen und Bösen [davon finde.
und suche seine Bosheit heim, dass man nichts mehr
Der HERR ist König immer und ewig;
die Heiden sollen aus seinem Lande verschwinden.

שְׁבֹר זְרוֹעַ רָשָׁע וָרָע
תִּדְרוֹשׁ־רִשְׁעוֹ בַל־תִּמְצָא׃
יְהוָה מֶלֶךְ עוֹלָם וָעֶד
אָבְדוּ גוֹיִם מֵאַרְצוֹ׃

Das Verlangen der Elenden hörst du, HERR;
du machst ihr Herz gewiss, dein Ohr merkt darauf,
dass du Recht schaffest den Waisen und Armen,
dass der Mensch nicht mehr trotze auf Erden.

תַּאֲוַת עֲנָוִים שָׁמַעְתָּ יְהוָה
תָּכִין לִבָּם תַּקְשִׁיב אָזְנֶךָ׃
לִשְׁפֹּט יָתוֹם וָדָךְ
בַּל־יוֹסִיף עוֹד לַעֲרֹץ אֱנוֹשׁ מִן־הָאָרֶץ׃

Warum, TREUER, stehst du denn so fern, 1
verhüllst du dich in Zeiten der Bedrängnis?
In seinem Hochmut setzt der Schurke dem Elenden hitzig zu, 2
die sollen sich im Ränkespiel, das jene sich ersonnen haben, fangen.

Ja, der Schurke prahlte mit der Habgier seines Rachens, 3
und als Gewinnler lästerte er, schmähte er den TREUEN,
hochnäsig, wie er ist, der Schurke: „Er fragt nicht nach, 4
Gott gibt es nicht!" – das ist sein ganzes Denken.

Seine Wege haben allezeit Erfolg, 5
himmelweit von ihm entfernt deine Gerichte,
alle, die ihn in die Enge treiben, faucht er an,
hat er sich doch gesagt: „Mich kann nichts erschüttern!" 6

Seit Generationen schon ist er verschont vom Unglück,
obwohl sein Mund doch voll von Flüchen ist 7
und von Betrügerei und von Bedrückung,
auf seiner Zunge nichts als Quälerei und Niedertracht.

Er hockt im Hinterhalt der Höfe, 8
heimlich schlägt er den tot, der ihm nichts getan hat,
seine Augen spähen nach dem Unglücksmenschen aus,
hinterhältig lauert er in seiner Deckung wie ein Löwe im Gestrüpp, 9
hinterhältig lauert er darauf, den Elenden zu schnappen,
er schnappt den Elenden, indem er ihn hineinzerrt in sein Netz.

Und um zuzuschlagen, duckt er sich, 10
und schon sind die Unglücksmenschen unter seiner Übermacht zu Fall gekommen;
hat er sich doch gesagt: „Gott hat das vergessen, 11
der hat sein Angesicht verborgen, nie und nimmer hat der das gesehen!"

Erheb dich doch, du TREUER, starker Gott, erheb doch deine Hand, 12
du kannst die Elenden doch nicht vergessen!
Weshalb durfte denn der Schurke Gott verachten, 13
konnte der in seinem Herzen sagen: „Du fragst nicht nach"?

Du, ja, du hast doch die Qual gesehen, 14
und den Kummer schaust du an, um ihn in deine Hand zu legen,
dir überlässt es ja der Unglücksmensch,
die Waise, du, du warst ihr Beistand.

Zerbrich den Arm des Schurken und des Bösen, 15
ahnde seine Schurkerei, dass du ihn nicht mehr findest,
TREUER, König immerfort und ewig, 16
verschwunden ist aus seinem Land dann die Bevölkerung.

Du hast vernommen, was die Demütigen wünschen, TREUER, 17
fest machst du ihr Herz, dein Ohr merkt auf,
den Waisen und Geschlagenen Recht zu schaffen,
dass kein Mensch mehr von der Erde aus den Terror fortsetzt.

Psalm 11

Von David,	לַמְנַצֵּחַ
vorzusingen.	לְדָוִד
Ich traue auf den HERRN.	בַּיהוָה ׀ חָסִיתִי
Wie sagt ihr denn zu mir:	אֵיךְ תֹּאמְרוּ לְנַפְשִׁי
„Flieh wie ein Vogel auf die Berge!	נודו הַרְכֶם צִפּוֹר׃
Denn siehe, die Gottlosen spannen den Bogen	כִּי הִנֵּה הָרְשָׁעִים יִדְרְכוּן קֶשֶׁת
und legen ihre Pfeile auf die Sehnen,	כּוֹנְנוּ חִצָּם עַל־יֶתֶר
damit heimlich zu schießen auf die Frommen.	לִירוֹת בְּמוֹ־אֹפֶל לְיִשְׁרֵי־לֵב׃
Ja, sie reißen die Grundfesten um;	כִּי הַשָּׁתוֹת יֵהָרֵסוּן
was kann da der Gerechte ausrichten?“	צַדִּיק מַה־פָּעָל׃
Der HERR ist in seinem heiligen Tempel,	יְהוָה בְּהֵיכַל קָדְשׁוֹ
des HERRN Thron ist im Himmel.	יְהוָה בַּשָּׁמַיִם כִּסְאוֹ
Seine Augen sehen herab,	עֵינָיו יֶחֱזוּ
seine Blicke prüfen die Menschenkinder.	עַפְעַפָּיו יִבְחֲנוּ בְּנֵי אָדָם׃
Der HERR prüft den Gerechten und den Gottlosen;	יְהוָה צַדִּיק יִבְחָן וְרָשָׁע
wer Unrecht liebt, den hasst seine Seele. [Schwefel	וְאֹהֵב חָמָס שָׂנְאָה נַפְשׁוֹ׃
Er wird regnen lassen über die Gottlosen Feuer und	יַמְטֵר עַל־רְשָׁעִים פַּחִים אֵשׁ וְגָפְרִית
und Glutwind ihnen zum Lohne geben.	וְרוּחַ זִלְעָפוֹת מְנָת כּוֹסָם׃
Denn der HERR ist gerecht und hat Gerechtigkeit lieb.	כִּי־צַדִּיק יְהוָה צְדָקוֹת אָהֵב
Die Frommen werden schauen sein Angesicht.	יָשָׁר יֶחֱזוּ פָנֵימוֹ׃

Für den Chorleiter. 1
Von David.

Im TREUEN habe ich mich geborgen –
wie könnt ihr da zu mir sagen:
„Flieht, ihr Vögel, doch in eure Berge;
denn sieh, die Schurken spannen schon den Bogen, 2
sie haben ihren Pfeil schon auf der Sehne angelegt,
von Herzen Ehrliche im Dunkeln zu beschießen!“ –
wenn die Fundamente eingerissen werden, 3
der Gerechte, was kann der dafür?

Der TREUE ist in seinem heiligen Tempel, 4
der TREUE, im Himmel ist sein Thron!

Seine Augen schauen,
seine Blicke prüfen die Menschen,
der TREUE prüft den Gerechten wie den Schurken, 5
und wer Gewalttat liebt, ist ihm im Innersten verhasst.
Lass auf die Schurken Pech, Feuer und Schwefel regnen, 6
und Wirbelsturm sei ihr Geschick!
Ist der TREUE doch gerecht, er liebt Gerechtes, 7
Ehrliche, die schauen sein Gesicht.

Psalm 12

Ein Psalm Davids,	לַמְנַצֵּחַ עַל־הַשְּׁמִינִית
vorzusingen, auf acht Saiten.	מִזְמוֹר לְדָוִד׃

Hilf, HERR! Die Heiligen haben abgenommen,	הוֹשִׁיעָה יְהוָה כִּי־גָמַר חָסִיד
und gläubig sind wenige unter den Menschenkindern.	כִּי־פַסּוּ אֱמוּנִים מִבְּנֵי אָדָם׃
Einer redet mit dem andern Lug und Trug,	שָׁוְא ׀ יְדַבְּרוּ אִישׁ אֶת־רֵעֵהוּ
sie heucheln und reden aus zwiespältigem Herzen.	שְׂפַת חֲלָקוֹת בְּלֵב וָלֵב יְדַבֵּרוּ׃

Der HERR wolle ausrotten alle Heuchelei	יַכְרֵת יְהוָה כָּל־שִׂפְתֵי חֲלָקוֹת
und die Zunge, die hoffärtig redet,	לָשׁוֹן מְדַבֶּרֶת גְּדֹלוֹת׃
die da sagen: „Durch unsere Zunge sind wir mächtig,	אֲשֶׁר אָמְרוּ ׀ לִלְשֹׁנֵנוּ נַגְבִּיר
uns gebührt zu reden! Wer ist unser Herr?“	שְׂפָתֵינוּ אִתָּנוּ מִי אָדוֹן לָנוּ׃

„Weil die Elenden Gewalt leiden	מִשֹּׁד עֲנִיִּים
und die Armen seufzen,	מֵאַנְקַת אֶבְיוֹנִים
will ich jetzt aufstehen“, spricht der HERR,	עַתָּה אָקוּם יֹאמַר יְהוָה
„ich will Hilfe schaffen dem, der sich danach sehnt.“	אָשִׁית בְּיֵשַׁע יָפִיחַ לוֹ׃

Die Worte des HERRN	אִמֲרוֹת יְהוָה
sind lauter wie Silber,	אֲמָרוֹת טְהֹרוֹת
im Tiegel geschmolzen,	כֶּסֶף צָרוּף בַּעֲלִיל
geläutert siebenmal.	לָאָרֶץ מְזֻקָּק שִׁבְעָתָיִם׃

Du, HERR, wollest sie bewahren	אַתָּה־יְהוָה תִּשְׁמְרֵם
und uns behüten vor diesem Geschlecht ewiglich!	תִּצְּרֶנּוּ ׀ מִן־הַדּוֹר זוּ לְעוֹלָם׃
Denn Gottlose gehen allenthalben einher,	סָבִיב רְשָׁעִים יִתְהַלָּכוּן
weil Gemeinheit herrscht unter den Menschenkindern.	כְּרֻם זֻלּוּת לִבְנֵי אָדָם׃

12

Für den Chorleiter: Nach der Oktave. 1
Ein Psalm Davids.

Hilf doch, TREUER – denn mit dem Getreuen ist es aus, 2
denn unter den Menschen sind die Zuverlässigen dahin,
falsch reden sie, der eine mit dem andern, 3
zwiespältigen Herzens reden sie mit heuchlerischer Lippe!

Beschneiden soll der TREUE alle heuchlerischen Lippen, 4
die Zunge, die so große Reden führt,
die sich eingeredet haben: „Mit unserer Zunge sind wir überlegen, 5
unsere Lippen mit uns, wer will uns da meistern?“

„Der Vergewaltigung der Unterdrückten wegen, 6
des Stöhnens der Verarmten wegen
werde ich mich jetzt erheben,“ spricht der TREUE,
„ich werde den in Freiheit setzen, gegen den man schnaubt.“

Des TREUEN Worte, 7
reine Worte sind es,
Silber, im Tiegel geläutert,
zur Erde siebenfach gefiltert.

Du, TREUER, du wirst sie behüten, 8
du wirst ihn vor dem Geschlecht, das so ist, bis in Ewigkeit bewahren –
mögen rings umher die Schurken auch lustwandeln, 9
wie sich ja Gemeinheit bei den Menschen brüstet!

Psalm 13

Ein Psalm Davids,	לַמְנַצֵּ֗חַ
vorzusingen.	מִזְמ֥וֹר לְדָוִֽד׃
HERR, wie lange willst du mich so ganz vergessen?	עַד־אָ֣נָה יְ֭הוָה תִּשְׁכָּחֵ֣נִי נֶ֑צַח
Wie lange verbirgst du dein Antlitz vor mir?	עַד־אָ֓נָה ׀ תַּסְתִּ֖יר אֶת־פָּנֶ֣יךָ מִמֶּֽנִּי׃
Wie lange soll ich sorgen in meiner Seele	עַד־אָ֨נָה אָשִׁ֪ית עֵצ֡וֹת בְּנַפְשִׁ֗י
und mich ängsten in meinem Herzen täglich?	יָג֣וֹן בִּלְבָבִ֣י יוֹמָ֑ם
Wie lange soll sich mein Feind über mich erheben?	עַד־אָ֓נָה ׀ יָר֖וּם אֹיְבִ֣י עָלָֽי׃
Schaue doch und erhöre mich, HERR, mein Gott! [schlafe,	הַבִּ֣יטָֽה עֲ֭נֵנִי יְהוָ֣ה אֱלֹהָ֑י
Erleuchte meine Augen, dass ich nicht im Tode ent-	הָאִ֥ירָה עֵ֝ינַ֗י פֶּן־אִישַׁ֥ן הַמָּֽוֶת׃
dass nicht mein Feind sich rühme, er sei meiner mächtig ge-	פֶּן־יֹאמַ֣ר אֹיְבִ֣י יְכָלְתִּ֑יו
und meine Widersacher sich freuen, dass ich wanke. [worden,	צָרַ֥י יָ֝גִ֗ילוּ כִּ֣י אֶמּֽוֹט׃
Ich aber traue darauf, dass du so gnädig bist;	וַאֲנִ֤י ׀ בְּחַסְדְּךָ֣ בָטַחְתִּי֮
mein Herz freut sich, dass du so gerne hilfst.	יָ֤גֵ֥ל לִבִּ֗י בִּֽישׁוּעָ֫תֶ֥ךָ
Ich will dem HERRN singen,	אָשִׁ֥ירָה לַיהוָ֑ה
dass er so wohl an mir tut.	כִּ֖י גָמַ֣ל עָלָֽי׃

13

Für den Chorleiter. 1
Ein Psalm Davids.

Bis wann denn willst du mich, du TREUER, immerfort vergessen, 2
bis wann denn willst du dein Gesicht vor mir verbergen,
bis wann denn muss ich mir in meiner Seele Sorgen machen, 3
tagaus, tagein in meinem Herzen Kummer,
bis wann denn soll mein Feind sich gegen mich aufspielen?

So schaue her, antworte mir, du TREUER, du mein Gott, 4
so mache meine Augen hell, damit ich nicht dem Todesschlaf verfalle,
damit mein Feind nicht sagen kann: „Ich wurde mit ihm fertig!“ 5
und meine Bedränger nicht vor Freude springen, weil ich ohne Halt bin!

Aber ich, in deiner Treue aufgehoben, konnte ich Vertrauen fassen, 6
vor Freude hüpfen soll mein Herz in der Befreiung, die ich dir verdanke,
singen will ich für den TREUEN,
hat er doch so wohl an mir getan!

Psalm 14

Von David,	לַמְנַצֵּחַ
vorzusingen.	לְדָוִד
Die Toren sprechen in ihrem Herzen:	אָמַר נָבָל בְּלִבּוֹ
„Es ist kein Gott."	אֵין אֱלֹהִים
Sie taugen nichts; ihr Treiben ist ein Gräuel;	הִשְׁחִיתוּ הִתְעִיבוּ עֲלִילָה
da ist keiner, der Gutes tut.	אֵין עֹשֵׂה־טוֹב׃
Der HERR schaut vom Himmel	יְהוָה מִשָּׁמַיִם הִשְׁקִיף
auf die Menschenkinder,	עַל־בְּנֵי־אָדָם
dass er sehe, ob jemand klug sei	לִרְאוֹת הֲיֵשׁ מַשְׂכִּיל
und nach Gott frage.	דֹּרֵשׁ אֶת־אֱלֹהִים׃
Aber sie sind alle abgewichen	הַכֹּל סָר
und allesamt verdorben;	יַחְדָּו נֶאֱלָחוּ
da ist keiner, der Gutes tut,	אֵין עֹשֵׂה־טוֹב
auch nicht einer.	אֵין גַּם־אֶחָד׃
Will denn das keiner	הֲלֹא יָדְעוּ
der Übeltäter begreifen,	כָּל־פֹּעֲלֵי אָוֶן
die mein Volk fressen, dass sie sich nähren,	אֹכְלֵי עַמִּי אָכְלוּ לֶחֶם
aber den HERRN rufen sie nicht an?	יְהוָה לֹא קָרָאוּ׃
Da erschrecken sie sehr;	שָׁם ׀ פָּחֲדוּ פָחַד
denn Gott ist bei dem Geschlecht der Gerechten.	כִּי־אֱלֹהִים בְּדוֹר צַדִּיק׃
Euer Anschlag wider den Armen wird zuschanden werden;	עֲצַת־עָנִי תָבִישׁוּ
denn der HERR ist seine Zuversicht.	כִּי יְהוָה מַחְסֵהוּ׃
Ach dass die Hilfe aus Zion	מִי יִתֵּן מִצִּיּוֹן
über Israel käme	יְשׁוּעַת יִשְׂרָאֵל
und der HERR sein gefangenes Volk erlöste!	בְּשׁוּב יְהוָה שְׁבוּת עַמּוֹ
So würde Jakob fröhlich sein und Israel sich freuen.	יָגֵל יַעֲקֹב יִשְׂמַח יִשְׂרָאֵל׃

Für den Chorleiter. 1
Von David.

In seinem Herzen sagte sich der Tor:
„Kein Gott ist da!“
Verderblich haben sie gehandelt, abscheulich haben sie’s getrieben:
Keiner da, der Gutes tut!

Der TREUE hat herabgeschaut vom Himmel 2
auf die Menschen,
um zu sehen, ob es einen gibt, der klug ist,
der nach ihm, nach Gott fragt.

Abgefallen allesamt, 3
verdorben miteinander,
keiner da, der Gutes tut,
keiner, auch nicht einer!

Haben sie denn nichts begriffen, 4
alle diese Missetäter,
die als Vertilger meines Volkes Brot vertilgten? –
den TREUEN haben sie natürlich nicht geladen.

Dort gerieten sie in große Panik, 5
denn Gott ist bei dem Geschlecht des Gerechten;
mit dem Anschlag gegen den Bedrückten bringt ihr euch in Schande, 6
denn der TREUE ist ja seine Zuflucht.

Wer leitet von Zion aus 7
Israels Befreiung ein?
Wenn der TREUE seines Volkes Schicksal wenden wird,
dann soll Jakob jubeln, Israel sich freuen!

Psalm 15

Ein Psalm Davids.	מִזְמוֹר לְדָוִד
HERR, wer darf weilen in deinem Zelt?	יְהוָה מִי־יָגוּר בְּאָהֳלֶךָ
Wer darf wohnen auf deinem heiligen Berge?	מִי־יִשְׁכֹּן בְּהַר קָדְשֶׁךָ
Wer untadelig lebt	הוֹלֵךְ תָּמִים
und tut, was recht ist,	וּפֹעֵל צֶדֶק
und die Wahrheit redet von Herzen,	וְדֹבֵר אֱמֶת בִּלְבָבוֹ׃
wer mit seiner Zunge nicht verleumdet,	לֹא־רָגַל ׀ עַל־לְשֹׁנוֹ
wer seinem Nächsten nichts Arges tut	לֹא־עָשָׂה לְרֵעֵהוּ רָעָה
und seinen Nachbarn nicht schmäht;	וְחֶרְפָּה לֹא־נָשָׂא עַל־קְרֹבוֹ׃
wer die Verworfenen für nichts achtet,	נִבְזֶה ׀ בְּעֵינָיו נִמְאָס
aber ehrt die Gottesfürchtigen;	וְאֶת־יִרְאֵי יְהוָה יְכַבֵּד
wer seinen Eid hält,	נִשְׁבַּע לְהָרַע
auch wenn es ihm schadet;	וְלֹא יָמִר׃
wer sein Geld nicht auf Zinsen gibt	כַּסְפּוֹ ׀ לֹא־נָתַן בְּנֶשֶׁךְ
und nimmt nicht Geschenke wider den Unschuldigen.	וְשֹׁחַד עַל־נָקִי לֹא לָקָח
Wer das tut,	עֹשֵׂה־אֵלֶּה
wird nimmermehr wanken.	לֹא יִמּוֹט לְעוֹלָם׃

Ein Psalm Davids. 1

TREUER, wer darf sich in deinem Zelt aufhalten,
wer darf sich auf deinem heiligen Berg niederlassen?

Wer seinen Weg ganz zielgerichtet geht, 2
und wer das Gerechte tut:

Und zwar, wer wahrhaftig ist im Herzen, wenn er redet,
nicht umhergelaufen ist er mit Verleumdungen auf seiner Zunge; 3
nichts Böses hat er seinem Nächsten angetan,
und keine Schmähung hat er gegen seinen Nachbarn vorgebracht;
zu verachten ist in seinen Augen der Verworfene, 4
und die vor allem, die in Ehrfurcht vor dem TREUEN leben, achtet er;
geschworen hat er selbst zum eigenen Schaden,
und verdrehen wird er nichts;
sein Geld, das hat er nicht auf Wucher ausgeliehen, 5
und Bestechung gegen einen schuldlos Angeklagten hat er nicht genommen.

Wer sich daran hält,
der wird nie und nimmer aus der Bahn geworfen.

Psalm 16

Ein güldenes Kleinod Davids.	מִכְתָּם לְדָוִד
Bewahre mich, Gott; denn ich traue auf dich.	שָׁמְרֵנִי אֵל כִּי־חָסִיתִי בָךְ׃
Ich habe gesagt zu dem HERRN: Du bist ja der Herr!	אָמַרְתְּ לַיהוָה אֲדֹנָי אָתָּה
Ich weiß von keinem Gut außer dir. | An den Heiligen,	טוֹבָתִי בַּל־עָלֶיךָ׃ לִקְדוֹשִׁים
die auf der Erde sind,	אֲשֶׁר־בָּאָרֶץ הֵמָּה
an den Herrlichen hab ich all mein Gefallen.	וְאַדִּירֵי כָּל־חֶפְצִי־בָם׃
Aber jene, die einem andern nachlaufen, werden viel	יִרְבּוּ עַצְּבוֹתָם אַחֵר מָהָרוּ
Ich will das Blut ihrer Trankopfer nicht opfern [Herzeleid haben.	בַּל־אַסִּיךְ נִסְכֵּיהֶם מִדָּם
noch ihren Namen in meinem Munde führen.	וּבַל־אֶשָּׂא אֶת־שְׁמוֹתָם עַל־שְׂפָתָי׃
Der HERR ist mein Gut und mein Teil;	יְהוָה מְנָת־חֶלְקִי וְכוֹסִי
du erhältst mir mein Erbteil.	אַתָּה תּוֹמִיךְ גּוֹרָלִי׃
Das Los ist mir gefallen auf liebliches Land;	חֲבָלִים נָפְלוּ־לִי בַּנְּעִמִים
mir ist ein schönes Erbteil geworden.	אַף־נַחֲלָת שָׁפְרָה עָלָי׃
Ich lobe den HERRN, der mich beraten hat;	אֲבָרֵךְ אֶת־יְהוָה אֲשֶׁר יְעָצָנִי
auch mahnt mich mein Herz des Nachts.	אַף־לֵילוֹת יִסְּרוּנִי כִלְיוֹתָי׃
Ich habe den HERRN allezeit vor Augen;	שִׁוִּיתִי יְהוָה לְנֶגְדִּי תָמִיד
steht er mir zur Rechten, so werde ich festbleiben.	כִּי מִימִינִי בַּל־אֶמּוֹט׃
Darum freut sich mein Herz und meine Seele ist fröhlich;	לָכֵן שָׂמַח לִבִּי וַיָּגֶל כְּבוֹדִי
auch mein Leib wird sicher liegen.	אַף־בְּשָׂרִי יִשְׁכֹּן לָבֶטַח׃
Denn du wirst mich nicht dem Tode überlassen	כִּי לֹא־תַעֲזֹב נַפְשִׁי לִשְׁאוֹל
und nicht zugeben, dass dein Heiliger die Grube sehe.	לֹא־תִתֵּן חֲסִידְךָ לִרְאוֹת שָׁחַת׃
Du tust mir kund den Weg zum Leben:	תּוֹדִיעֵנִי אֹרַח חַיִּים
Vor dir ist Freude die Fülle	שֹׂבַע שְׂמָחוֹת אֶת־פָּנֶיךָ
und Wonne zu deiner Rechten ewiglich.	נְעִמוֹת בִּימִינְךָ נֶצַח׃

Ein Goldenes Wort Davids. 1

Behüte mich, du starker Gott, habe ich mich doch in dir geborgen! 2
Zu dem TREUEN habe ich gesagt: „Mein Vater bist du,
bist das Beste, was ich habe, geht über dich ja keiner | von den Heiligen, 3
die doch nur auf der Erde sind!“

Auch die Mächtigen, an denen ich schon meine ganze Freude hatte,
viele Schmerzen fügen sie sich zu, sind sie doch einem andern nachgeeilt – 4
ich opfere nicht mit bei ihren Trankopfern von Blut,
und selbst ihre Götternamen bringe ich nicht über meine Lippen.

Du TREUER, Anteil meines Glücks und mein Pokal, 5
du bist es, der mein Schicksal in der Hand hält,
das Los ist mir auf Liebliches gefallen, 6
ja, ein solches Erbe hat mich angestrahlt!

Nun preise ich den TREUEN, ihn, der mich beraten hat, 7
ja, als in den Nächten meine Nieren mich zurechtgewiesen haben,
hielt ich mir den TREUEN stets vor Augen, 8
denn ihn zu meiner Rechten, werde ich nie wanken.

Daher ist mein Herz so froh geworden, und mein ganzes Wesen ist vor Freude außer sich, 9
auch mein Leib kann sich beruhigt niederlassen,
denn du überlässt mein Leben nicht der Todeswelt, 10
und du gibst den, der dir treu ist, nicht dahin, das Grab zu sehen.

Du tust mir kund den Weg des Lebens, 11
Freudenfülle kommt mit deinem Angesicht,
Kostbarkeiten sind in deiner Rechten immerdar.

Psalm 17

Ein Gebet Davids.	תְּפִלָּה לְדָוִד
HERR, höre die gerechte Sache,	שִׁמְעָה יְהוָה ׀ צֶדֶק
merk auf mein Schreien,	הַקְשִׁיבָה רִנָּתִי
vernimm mein Gebet	הַאֲזִינָה תְפִלָּתִי
von Lippen, die nicht trügen.	בְּלֹא שִׂפְתֵי מִרְמָה׃
Sprich du in meiner Sache;	מִלְּפָנֶיךָ מִשְׁפָּטִי יֵצֵא
deine Augen sehen, was recht ist.	עֵינֶיךָ תֶּחֱזֶינָה מֵישָׁרִים׃
Du prüfst mein Herz	בָּחַנְתָּ לִבִּי ׀
und suchst es heim bei Nacht;	פָּקַדְתָּ לַּיְלָה
du läuterst mich und findest nichts.	צְרַפְתַּנִי בַל־תִּמְצָא
Ich habe mir vorgenommen, dass mein Mund sich nicht vergehe.	זַמֹּתִי בַּל־יַעֲבָר־פִּי׃
Im Treiben der Menschen	לִפְעֻלּוֹת אָדָם
bewahre ich mich	בִּדְבַר שְׂפָתֶיךָ
vor gewaltsamen Wegen	אֲנִי שָׁמַרְתִּי
durch das Wort deiner Lippen.	אָרְחוֹת פָּרִיץ׃
Erhalte meinen Gang auf deinen Wegen,	תָּמֹךְ אֲשֻׁרַי בְּמַעְגְּלוֹתֶיךָ
dass meine Tritte nicht gleiten.	בַּל־נָמוֹטּוּ פְעָמָי׃
Ich rufe zu dir,	אֲנִי־קְרָאתִיךָ
denn du, Gott, wirst mich erhören;	כִי־תַעֲנֵנִי אֵל
neige deine Ohren zu mir,	הַט־אָזְנְךָ לִי
höre meine Rede! [vertrauen	שְׁמַע אִמְרָתִי׃
Beweise deine wunderbare Güte, du Heiland derer, die dir	הַפְלֵה חֲסָדֶיךָ מוֹשִׁיעַ חוֹסִים
gegenüber denen, die sich gegen deine rechte Hand erheben.	מִמִּתְקוֹמְמִים בִּימִינֶךָ׃
Behüte mich wie einen Augapfel im Auge,	שָׁמְרֵנִי כְּאִישׁוֹן בַּת־עָיִן
beschirme mich unter dem Schatten deiner Flügel	בְּצֵל כְּנָפֶיךָ תַּסְתִּירֵנִי׃
vor den Gottlosen, die mir Gewalt antun, [trachten.	מִפְּנֵי רְשָׁעִים זוּ שַׁדּוּנִי
vor meinen Feinden, die mir von allen Seiten nach dem Leben	אֹיְבַי בְּנֶפֶשׁ יַקִּיפוּ עָלָי׃
Ihr Herz haben sie verschlossen,	חֶלְבָּמוֹ סָּגְרוּ
mit ihrem Munde reden sie stolz.	פִּימוֹ דִּבְּרוּ בְגֵאוּת׃
Wo wir auch gehen, da umgeben sie uns;	אַשֻּׁרֵינוּ עַתָּה סבבוני °
ihre Augen richten sie darauf, dass sie uns zu Boden	עֵינֵיהֶם יָשִׁיתוּ לִנְטוֹת בָּאָרֶץ׃
gleichwie ein Löwe, der nach Raub lechzt, [stürzen,	דִּמְיֹנוֹ כְּאַרְיֵה יִכְסוֹף לִטְרוֹף
wie ein junger Löwe, der im Versteck sitzt.	וְכִכְפִיר יֹשֵׁב בְּמִסְתָּרִים׃
HERR, mache dich auf,	קוּמָה יְהוָה
tritt ihm entgegen und demütige ihn!	קַדְּמָה פָנָיו הַכְרִיעֵהוּ
Errette mich vor dem Gottlosen mit deinem Schwert,	פַּלְּטָה נַפְשִׁי מֵרָשָׁע חַרְבֶּךָ׃
vor den Leuten, HERR, mit deiner Hand, vor den Leuten	מְמִתִים יָדְךָ ׀ יְהוָה מְמִתִים
dieser Welt, die ihr Teil haben schon im Leben,	מֵחֶלֶד חֶלְקָם בַּחַיִּים
denen du den Bauch füllst mit deinen Gütern,	וצפינך ° תְּמַלֵּא בִטְנָם
deren Söhne auch noch satt werden	יִשְׂבְּעוּ בָנִים
und ihren Kindern ein Übriges hinterlassen.	וְהִנִּיחוּ יִתְרָם לְעוֹלְלֵיהֶם׃
Ich aber will schauen dein Antlitz in Gerechtigkeit,	אֲנִי בְּצֶדֶק אֶחֱזֶה פָנֶיךָ
ich will satt werden, wenn ich erwache, an deinem Bilde.	אֶשְׂבְּעָה בְהָקִיץ תְּמוּנָתֶךָ׃

Ein Gebet Davids. 1

Höre doch, du TREUER, die gerechte Sache,
horche doch auf meinen Klageruf,
nimm mein Flehen doch zu Ohren
von Lippen ohne Trug!
Von deinem Angesicht ergeht das Urteil über mich, 2
deine Augen schauen nach dem Rechten,
du hast mein Herz geprüft, 3
du hast es besucht bei Nacht.

Du hast mich erprobt, nichts findest du,
was ich ersonnen haben soll, nichts davon kommt über meinen Mund,
was das Tun und Treiben unter Menschen anbelangt, 4
es richtete sich nach dem Wort von deinen Lippen;
ich nämlich, ich gab Acht
auf räuberische Schliche,
meine Schritte blieben fest in deinen Bahnen, 5
meine Tritte wankten nicht.

So habe ich dich angerufen, 6
dass du mir Antwort gibst, du starker Gott,
neige mir dein Ohr zu,
höre meine Rede;
gib die wunderbaren Zeichen deiner Treue, Retter derer, die nach Zuflucht suchen 7
vor den Aufgebrachten gegen deine rechte Hand,
behüte mich wie die Pupille des Augapfels, 8
im Schatten deiner Flügel schütze mich!

Vor den Schurken, die mir schaden wollten, 9
meinen Feinden, die sich gierig um mich drängen,
die ihr feistes Herz verschlossen haben, 10
mit ihrem Mund hochfahrend Reden führten:
„Unsere Schritte!“ – jetzt haben sie mich eingekreist, 11
ihre Augen richten sie darauf, mich auf den Boden hinzustrecken,
man gleicht einem Löwen, der nach Raub verlangt, 12
einem Löwenjungen, lauernd im Versteck.

Steh auf, du TREUER, 13
widersteh ihm doch ins Angesicht und zwing ihn in die Knie,
rette doch mein Leben vor dem Schurken durch dein Schwert,
vor dem Männerklan durch deine Hand, du TREUER, vor dem Männerklan; 14
ohne Dauer sei ihr Teil am Leben,
und mit dem, was du ihnen zugedacht hast, magst du ihren Bauch anfüllen,
satt davon dann werden auch die Söhne werden,
und sie sollen ihren Rest noch ihren Kindern hinterlassen!

Doch ich, ich werde in Gerechtigkeit dein Antlitz schauen, 15
ich will mich beim Erwachen sättigen an deiner Erscheinung.

Psalm 18

Von David, dem Knecht des HERRN,	לַמְנַצֵּחַ ׀
der zum HERRN die Worte dieses Liedes redete,	לְעֶבֶד יְהוָה לְדָוִד
als ihn der HERR errettet hatte	אֲשֶׁר דִּבֶּר ׀ לַיהוָה אֶת־דִּבְרֵי הַשִּׁירָה הַזֹּאת
von der Hand aller seiner Feinde und von der Hand Sauls;	בְּיוֹם הִצִּיל־יְהוָה אוֹתוֹ
vorzusingen.	מִכַּף כָּל־אֹיְבָיו וּמִיַּד שָׁאוּל׃

Und er sprach:	וַיֹּאמַר

Herzlich lieb habe ich dich, HERR, meine Stärke!	אֶרְחָמְךָ יְהוָה חִזְקִי׃
HERR, mein Fels, meine Burg, mein Erretter;	יְהוָה ׀ סַלְעִי וּמְצוּדָתִי וּמְפַלְטִי
mein Gott, mein Hort, auf den ich traue,	אֵלִי צוּרִי אֶחֱסֶה־בּוֹ
mein Schild und Berg meines Heiles und mein Schutz!	מָגִנִּי וְקֶרֶן־יִשְׁעִי מִשְׂגַּבִּי׃
Ich rufe an den HERRN, den Hochgelobten,	מְהֻלָּל אֶקְרָא יְהוָה
so werde ich vor meinen Feinden errettet.	וּמִן־אֹיְבַי אִוָּשֵׁעַ׃
Es umfingen mich des Todes Bande,	אֲפָפוּנִי חֶבְלֵי־מָוֶת
und die Fluten des Verderbens erschreckten mich.	וְנַחֲלֵי בְלִיַּעַל יְבַעֲתוּנִי׃
Des Totenreichs Bande umfingen mich,	חֶבְלֵי שְׁאוֹל סְבָבוּנִי
und des Todes Stricke überwältigten mich.	קִדְּמוּנִי מוֹקְשֵׁי מָוֶת׃
Als mir angst war, rief ich den HERRN an	בַּצַּר־לִי ׀ אֶקְרָא יְהוָה
und schrie zu meinem Gott.	וְאֶל־אֱלֹהַי אֲשַׁוֵּעַ

18

Für den Chorleiter. 1
Von dem Knecht des TREUEN, von David,
der zu dem TREUEN sie, die Worte dieses Liedes, redete
an dem Tage, als der TREUE gerade ihn herausgerissen hatte
aus dem Zugriff aller seiner Feinde und aus Sauls Gewalt.

Da sagte er: 2

„Ich will dich herzlich lieben, TREUER, meine Stärke,
TREUER, du mein Felsennest und meine Festung und mein Retter, 3
mein starker Gott, du meine Felsenfeste, in der ich meine Zuflucht finde,
du mein Schild und Gipfel meiner Rettung, du meine Hochburg –
den Hochgelobten rufe ich, den TREUEN, 4
und schon bin ich von meinen Feinden frei.

Todesstricke haben mich umschlungen, 5
und mich erschrecken Fluten des Verderbens,
mich umfingen Höllenbande, 6
Todesfallen kamen auf mich zu –
den TREUEN rufe ich in meiner Angst, 7
und um Hilfe schreie ich zu meinem Gott.

Psalm 18

Da erhörte er meine Stimme von seinem Tempel,	יִשְׁמַע מֵהֵיכָלוֹ קוֹלִי
und mein Schreien kam vor ihn zu seinen Ohren.	וְשַׁוְעָתִי לְפָנָיו ׀ תָּבוֹא בְאָזְנָיו׃
Die Erde bebte und wankte,	וַתִּגְעַשׁ וַתִּרְעַשׁ ׀ הָאָרֶץ
und die Grundfesten der Berge bewegten sich	וּמוֹסְדֵי הָרִים יִרְגָּזוּ
und bebten, da er zornig war.	וַיִּתְגָּעֲשׁוּ כִּי־חָרָה לוֹ׃
Rauch stieg auf von seiner Nase	עָלָה עָשָׁן ׀ בְּאַפּוֹ
und verzehrend Feuer aus seinem Munde;	וְאֵשׁ־מִפִּיו תֹּאכֵל
Flammen sprühten von ihm aus.	גֶּחָלִים בָּעֲרוּ מִמֶּנּוּ׃
Er neigte den Himmel und fuhr herab,	וַיֵּט שָׁמַיִם וַיֵּרַד
und Dunkel war unter seinen Füßen.	וַעֲרָפֶל תַּחַת רַגְלָיו׃
Und er fuhr auf dem Cherub und flog daher,	וַיִּרְכַּב עַל־כְּרוּב וַיָּעֹף
er schwebte auf den Fittichen des Windes.	וַיֵּדֶא עַל־כַּנְפֵי־רוּחַ׃
Er machte Finsternis ringsum zu seinem Zelt;	יָשֶׁת חֹשֶׁךְ ׀ סִתְרוֹ סְבִיבוֹתָיו סֻכָּתוֹ
in schwarzen, dicken Wolken war er verborgen.	חֶשְׁכַת־מַיִם עָבֵי שְׁחָקִים׃
Aus dem Glanz vor ihm zogen seine Wolken dahin	מִנֹּגַהּ נֶגְדּוֹ עָבָיו עָבְרוּ
mit Hagel und Blitzen.	בָּרָד וְגַחֲלֵי־אֵשׁ׃
Der HERR donnerte im Himmel, [Hagel und Blitzen.	וַיַּרְעֵם בַּשָּׁמַיִם ׀ יְהוָה
und der Höchste ließ seine Stimme erschallen mit	וְעֶלְיוֹן יִתֵּן קֹלוֹ בָּרָד וְגַחֲלֵי־אֵשׁ׃
Er schoss seine Pfeile und streute sie aus,	וַיִּשְׁלַח חִצָּיו וַיְפִיצֵם
sandte Blitze in Menge und jagte sie dahin.	וּבְרָקִים רָב וַיְהֻמֵּם׃
Da sah man die Tiefen der Wasser,	וַיֵּרָאוּ ׀ אֲפִיקֵי מַיִם
und des Erdbodens Grund ward aufgedeckt	וַיִּגָּלוּ מוֹסְדוֹת תֵּבֵל
vor deinem Schelten, HERR,	מִגַּעֲרָתְךָ יְהוָה
vor dem Odem und Schnauben deines Zornes.	מִנִּשְׁמַת רוּחַ אַפֶּךָ׃
Er streckte seine Hand aus von der Höhe und fasste mich	יִשְׁלַח מִמָּרוֹם יִקָּחֵנִי
und zog mich aus großen Wassern.	יַמְשֵׁנִי מִמַּיִם רַבִּים׃
Er errettete mich von meinen starken Feinden,	יַצִּילֵנִי מֵאֹיְבִי עָז
von meinen Hassern, die mir zu mächtig waren;	וּמִשֹּׂנְאַי כִּי־אָמְצוּ מִמֶּנִּי׃
sie überwältigten mich zur Zeit meines Unglücks;	יְקַדְּמוּנִי בְיוֹם־אֵידִי
aber der HERR ward meine Zuversicht.	וַיְהִי־יְהוָה לְמִשְׁעָן לִי׃
Er führte mich hinaus ins Weite,	וַיּוֹצִיאֵנִי לַמֶּרְחָב
er riss mich heraus; denn er hatte Lust zu mir.	יְחַלְּצֵנִי כִּי חָפֵץ בִּי׃
Der HERR tut wohl an mir nach meiner Gerechtigkeit,	יִגְמְלֵנִי יְהוָה כְּצִדְקִי
er vergilt mir nach der Reinheit meiner Hände.	כְּבֹר יָדַי יָשִׁיב לִי׃
Denn ich halte die Wege des HERRN	כִּי־שָׁמַרְתִּי דַּרְכֵי יְהוָה
und bin nicht gottlos wider meinen Gott.	וְלֹא־רָשַׁעְתִּי מֵאֱלֹהָי׃
Denn alle seine Rechte habe ich vor Augen,	כִּי כָל־מִשְׁפָּטָיו לְנֶגְדִּי
und seine Gebote werfe ich nicht von mir,	וְחֻקֹּתָיו לֹא־אָסִיר מֶנִּי׃
sondern ich bin ohne Tadel vor ihm	וָאֱהִי תָמִים עִמּוֹ
und hüte mich vor Schuld.	וָאֶשְׁתַּמֵּר מֵעֲוֹנִי׃

Er hört von seinem Tempel meine Stimme,
und mein Hilfeschrei vor seinem Angesicht kommt ihm zu Ohren,
und schon fing die Erde an zu wanken und zu schwanken, 8
so dass auch Fundamente von Gebirgen beben;
und sie wankten hin und her, weil er vor Zorn erglühte,
Rauch stieg durch seine Nase auf, 9
und fressendes Feuer geht aus von seinem Mund,
Feuerkohlen brennen von ihm her.

Und da neigte er den Himmel, und da stieg er herab, 10
und es war Wolkendunkel unter seinen Füßen,
und er fuhr auf einem Cherub, und er flog, 11
und er schwebte her auf Windesflügeln;
er macht Finsternis zu seiner Hülle, was ihn umgibt, zu seiner Hütte, 12
dunkle Wasser, dichte Wolken,
von dem Glanz vor ihm vergingen seine Wolken, 13
Hagelschlag und Feuerkohlen.

Da ließ der TREUE es im Himmel donnern, 14
und seine Donnerstimme ließ der Höchste grollen – Hagelschlag und Feuerkohlen –,
und er sandte seine Pfeile und zerstreute sie, 15
und Blitze zahllos, und er ließ sie zucken;
da wurden Wassergräben sichtbar, 16
und der Erde Fundamente wurden bloßgelegt
von deinem Drohen, TREUER,
von dem Atemsturmwind deines Zorns.

Aus der Höhe streckt er seine Hand aus und ergreift mich, 17
aus den Wassermassen zieht er mich heraus,
er reißt mich weg von meinem Feind, wie mächtig der auch ist, 18
und von denen, die mich hassen, denn die waren mir zu stark;
sie treten mir an meinem Unglückstag entgegen, 19
doch der TREUE wurde mir zur Stütze,
und er führte mich heraus ins Weite, 20
er errettet mich, weil er Freude an mir hat.

Der TREUE handelt gut an mir nach meiner Gerechtigkeit, 21
nach der Reinheit meiner Hände gibt er mir zurück,
denn des TREUEN Wege habe ich beachtet, 22
und von meinem Gott bin ich nicht abgefallen;
denn es stehen alle seine Rechtsentscheide vor mir, 23
und seine Grundgesetze schiebe ich nicht von mir weg,
war ich ja Schritt für Schritt mit ihm verbunden, 24
und ich habe mich davor gehütet, Schuld auf mich zu laden.

Psalm 18

Darum vergilt mir der HERR nach meiner Gerechtigkeit,	וַיָּשֶׁב־יְהוָה לִי כְצִדְקִי
nach der Reinheit meiner Hände vor seinen Augen.	כְּבֹר יָדַי לְנֶגֶד עֵינָיו׃
Gegen die Heiligen bist du heilig,	עִם־חָסִיד תִּתְחַסָּד
und gegen die Treuen bist du treu,	עִם־גְּבַר תָּמִים תִּתַּמָּם׃
gegen die Reinen bist du rein,	עִם־נָבָר תִּתְבָּרָר
und gegen die Verkehrten bist du verkehrt.	וְעִם־עִקֵּשׁ תִּתְפַּתָּל׃
Denn du hilfst dem elenden Volk,	כִּי־אַתָּה עַם־עָנִי תוֹשִׁיעַ
aber stolze Augen erniedrigst du.	וְעֵינַיִם רָמוֹת תַּשְׁפִּיל׃

Ja, du machst hell meine Leuchte,	כִּי־אַתָּה תָּאִיר נֵרִי
der HERR, mein Gott, macht meine Finsternis licht.	יְהוָה אֱלֹהַי יַגִּיהַּ חָשְׁכִּי׃
Denn mit dir kann ich Kriegsvolk zerschlagen	כִּי־בְךָ אָרֻץ גְּדוּד
und mit meinem Gott über Mauern springen.	וּבֵאלֹהַי אֲדַלֶּג־שׁוּר׃
Gottes Wege sind vollkommen,	הָאֵל תָּמִים דַּרְכּוֹ
die Worte des HERRN sind durchläutert.	אִמְרַת־יְהוָה צְרוּפָה
Er ist ein Schild allen,	מָגֵן הוּא לְכֹל
die ihm vertrauen.	הַחֹסִים בּוֹ׃

Denn wer ist Gott, wenn nicht der HERR,	כִּי מִי אֱלוֹהַּ מִבַּלְעֲדֵי יְהוָה
oder ein Fels, wenn nicht unser Gott?	וּמִי צוּר זוּלָתִי אֱלֹהֵינוּ׃
Gott rüstet mich mit Kraft	הָאֵל הַמְאַזְּרֵנִי חָיִל
und macht meine Wege ohne Tadel.	וַיִּתֵּן תָּמִים דַּרְכִּי׃
Er macht meine Füße gleich den Hirschen	מְשַׁוֶּה רַגְלַי כָּאַיָּלוֹת
und stellt mich auf meine Höhen.	וְעַל בָּמֹתַי יַעֲמִידֵנִי׃
Er lehrt meine Hände streiten	מְלַמֵּד יָדַי לַמִּלְחָמָה
und meinen Arm den ehernen Bogen spannen.	וְנִחֲתָה קֶשֶׁת־נְחוּשָׁה זְרוֹעֹתָי׃

Du gibst mir den Schild deines Heils,	וַתִּתֶּן־לִי מָגֵן יִשְׁעֶךָ
und deine Rechte stärkt mich, und deine Huld macht	וִימִינְךָ תִסְעָדֵנִי וְעַנְוַתְךָ תַרְבֵּנִי׃
Du gibst meinen Schritten weiten Raum, [mich groß.	תַּרְחִיב צַעֲדִי תַחְתָּי
dass meine Knöchel nicht wanken.	וְלֹא מָעֲדוּ קַרְסֻלָּי׃
Ich will meinen Feinden nachjagen und sie ergreifen	אֶרְדּוֹף אוֹיְבַי וְאַשִּׂיגֵם
und nicht umkehren, bis ich sie umgebracht habe.	וְלֹא־אָשׁוּב עַד־כַּלּוֹתָם׃
Ich will sie zerschmettern, dass sie nicht mehr aufstehen können;	אֶמְחָצֵם וְלֹא־יֻכְלוּ קוּם
sie müssen unter meine Füße fallen.	יִפְּלוּ תַּחַת רַגְלָי׃

Du rüstest mich mit Stärke zum Streit;	וַתְּאַזְּרֵנִי חַיִל לַמִּלְחָמָה
du wirfst unter mich, die sich gegen mich erheben.	תַּכְרִיעַ קָמַי תַּחְתָּי׃
Du treibst meine Feinde in die Flucht,	וְאֹיְבַי נָתַתָּה לִּי עֹרֶף
dass ich vernichte, die mich hassen.	וּמְשַׂנְאַי אַצְמִיתֵם׃
Sie rufen – aber da ist kein Helfer –	יְשַׁוְּעוּ וְאֵין־מוֹשִׁיעַ
zum HERRN, aber er antwortet ihnen nicht.	עַל־יְהוָה וְלֹא עָנָם׃
Ich will sie zerstoßen zu Staub vor dem Winde,	וְאֶשְׁחָקֵם כְּעָפָר עַל־פְּנֵי־רוּחַ
ich werfe sie weg wie Unrat auf die Gassen.	כְּטִיט חוּצוֹת אֲרִיקֵם׃

So gab der TREUE mir zurück nach meiner Gerechtigkeit, 25
nach der Reinheit meiner Hände, wie er sie vor Augen hatte,
bei dem, der treu ist, bewährst du dich als treu, 26
bei dem Mann, der zielgerichtet bleibt, erweist du dich als zielgerichtet;
bei dem, der sich rein hält, offenbarst du dich als rein, 27
bei dem jedoch, der krumme Wege geht, erscheinst du als verdreht,
ja, du, bedrückte Leute, die führst du in die Freiheit, 28
doch stolze Augen, die lässt du sich senken.

Ja, du, ein Licht steckst du mir auf, 29
TREUER, du mein Gott, der meine Finsternis erhellt,
ja, mit dir, da kann ich gegen einen Wall angehen, 30
und mit meinem Gott, da kann ich eine Mauer überspringen;
der starke Gott, sein Weg führt bis zum Ziel, 31
das Wort des TREUEN, es ist lauter,
ein Schutzschild ist er allen,
die sich in ihm bergen.

Ja, wer ist Gott, wenn nicht der TREUE, 32
und wer ist der Felsenfeste, außer unserem Gott? –
der starke Gott, der mich mit Macht ausrüstet 33
und der meinem Weg ein Ziel gibt;
er schafft mir gerade Beine wie den Hinden, 34
und auf meinen Höhen macht er mich standfest,
meine Hände lehrt er, wie man kämpft, 35
und meine Arme, wie man einen Bronzebogen spannt.

So gabst du mir den Schutzschild deiner Hilfe, 36
wobei mich deine Rechte unterstützt und deine Fürsorge mich reich ausstattet,
weit lässt du meinen Schritt ausholen unter mir, 37
und meine Knöchel kamen nicht ins Wanken;
ich bleibe meinen Feinden auf den Fersen, und ich kriege sie, 38
und ich werde nicht aufgeben, bis ich fertig bin mit ihnen,
ich schlage sie, und nicht mehr können sie aufstehen, 39
sie fallen unter meine Füße.

Du hast mich ja mit Macht zum Kampf gerüstet, 40
dabei beugst du meine Widersacher unter mich,
und du ließest meine Feinde mir den Rücken kehren, 41
so dass ich, die mich hassen, mundtot machen konnte;
zwar schreien sie um Hilfe, doch ein Helfer ist nicht da, 42
nach oben zu dem TREUEN, doch erhörte er sie nicht,
und ich zerreibe sie wie Staub vor einem Sturmwind, 43
wie Gassenkehricht leere ich sie aus.

Psalm 18

Du hilfst mir aus dem Streit des Volkes	תְּפַלְּטֵנִי מֵרִיבֵי עָם
und machst mich zum Haupt über Heiden;	תְּשִׂימֵנִי לְרֹאשׁ גּוֹיִם
ein Volk, das ich nicht kannte, dient mir.	עַם לֹא־יָדַעְתִּי יַעַבְדוּנִי׃
Es gehorcht mir mit gehorsamen Ohren;	לְשֵׁמַע אֹזֶן יִשָּׁמְעוּ לִי
Söhne der Fremde müssen mir huldigen.	בְּנֵי־נֵכָר יְכַחֲשׁוּ־לִי׃
Die Söhne der Fremde verschmachten	בְּנֵי־נֵכָר יִבֹּלוּ
und kommen mit Zittern aus ihren Burgen.	וְיַחְרְגוּ מִמִּסְגְּרוֹתֵיהֶם׃
Der HERR lebt! Gelobt sei mein Fels!	חַי־יְהוָה וּבָרוּךְ צוּרִי
Der Gott meines Heils sei hoch erhoben,	וְיָרוּם אֱלוֹהֵי יִשְׁעִי׃
der Gott, der mir Vergeltung schafft	הָאֵל הַנּוֹתֵן נְקָמוֹת לִי
und zwingt die Völker unter mich,	וַיַּדְבֵּר עַמִּים תַּחְתָּי׃
der mich errettet von meinen Feinden.	מְפַלְּטִי מֵאֹיְבָי
Du erhöhst mich über die, die sich gegen mich erheben;	אַף מִן־קָמַי תְּרוֹמְמֵנִי
du hilfst mir von den Frevlern.	מֵאִישׁ חָמָס תַּצִּילֵנִי׃
Darum will ich dir danken, HERR, unter den Heiden	עַל־כֵּן ׀ אוֹדְךָ בַגּוֹיִם ׀ יְהוָה
und deinem Namen lobsingen,	וּלְשִׁמְךָ אֲזַמֵּרָה׃
der seinem Könige großes Heil gibt	מגדל ° יְשׁוּעוֹת מַלְכּוֹ
und Gnade erweist seinem Gesalbten,	וְעֹשֶׂה חֶסֶד ׀ לִמְשִׁיחוֹ
David, und seinem Hause ewiglich.	לְדָוִד וּלְזַרְעוֹ עַד־עוֹלָם׃

Aus dem Gezänk des Volkes lässt du mich entrinnen, 44
setzt mich zum Haupt von Völkerschaften ein,
Leute, die ich gar nicht kannte, dienen mir,
sobald sie mich nur hören, sind sie mir gehorsam; 45
fremde Menschen schmeicheln mir,
fremde Menschen, die hinfällig sind, 46
da kommen sie verstört aus ihren Schlupflöchern hervor!

Lebendig ist der TREUE, und voll Segen ist mein Fels, 47
und überlegen ist der Gott meiner Befreiung,
der starke Gott, der mir Vergeltung überließ, 48
als er die Völker unter meine Füße zwang;
vor meinen Feinden mein Erretter, 49
ja, über solche, die sich gegen mich erhoben, machst du mich erhaben,
vor den Leuten, die Gewalttat üben, bringst du mich in Sicherheit.

Darum bekenne ich dich bei den Völkerschaften, TREUER, 50
und deinem Namen will ich singen,
dem, der die Siege seines Königs auftürmt 51
und seinem Gesalbten die Treue hält,
David wie auch seinem Nachwuchs bis in Ewigkeit.“

Psalm 19

Ein Psalm Davids,	לַמְנַצֵּחַ
vorzusingen.	מִזְמוֹר לְדָוִד׃

Die Himmel erzählen die Ehre Gottes,	הַשָּׁמַיִם מְסַפְּרִים כְּבוֹד־אֵל
und die Feste verkündet seiner Hände Werk.	וּמַעֲשֵׂה יָדָיו מַגִּיד הָרָקִיעַ׃
Ein Tag sagt's dem andern,	יוֹם לְיוֹם יַבִּיעַ אֹמֶר
und eine Nacht tut's kund der andern,	וְלַיְלָה לְּלַיְלָה יְחַוֶּה־דָּעַת׃
ohne Sprache und ohne Worte;	אֵין־אֹמֶר וְאֵין דְּבָרִים
unhörbar ist ihre Stimme.	בְּלִי נִשְׁמָע קוֹלָם׃
Ihr Schall geht aus in alle Lande	בְּכָל־הָאָרֶץ ׀ יָצָא קַוָּם
und ihr Reden bis an die Enden der Welt.	וּבִקְצֵה תֵבֵל מִלֵּיהֶם

Er hat der Sonne ein Zelt am Himmel gemacht;	לַשֶּׁמֶשׁ שָׂם־אֹהֶל בָּהֶם׃
sie geht heraus wie ein Bräutigam aus seiner Kammer	וְהוּא כְּחָתָן יֹצֵא מֵחֻפָּתוֹ
und freut sich wie ein Held, zu laufen ihre Bahn.	יָשִׂישׂ כְּגִבּוֹר לָרוּץ אֹרַח׃
Sie geht auf an einem Ende des Himmels	מִקְצֵה הַשָּׁמַיִם ׀ מוֹצָאוֹ
und läuft um bis wieder an sein Ende,	וּתְקוּפָתוֹ עַל־קְצוֹתָם
und nichts bleibt vor ihrer Glut verborgen.	וְאֵין נִסְתָּר מֵחַמָּתוֹ׃

Das Gesetz des HERRN ist vollkommen	תּוֹרַת יְהוָה תְּמִימָה
und erquickt die Seele.	מְשִׁיבַת נָפֶשׁ
Das Zeugnis des HERRN ist gewiss	עֵדוּת יְהוָה נֶאֱמָנָה
und macht die Unverständigen weise.	מַחְכִּימַת פֶּתִי׃
Die Befehle des HERRN sind richtig	פִּקּוּדֵי יְהוָה יְשָׁרִים
und erfreuen das Herz.	מְשַׂמְּחֵי־לֵב
Die Gebote des HERRN sind lauter	מִצְוַת יְהוָה בָּרָה
und erleuchten die Augen.	מְאִירַת עֵינָיִם׃

Die Furcht des HERRN ist rein	יִרְאַת יְהוָה ׀ טְהוֹרָה
und bleibt ewiglich.	עוֹמֶדֶת לָעַד
Die Rechte des HERRN sind Wahrheit,	מִשְׁפְּטֵי־יְהוָה אֱמֶת
allesamt gerecht.	צָדְקוּ יַחְדָּו׃
Sie sind köstlicher als Gold	הַנֶּחֱמָדִים מִזָּהָב
und viel feines Gold,	וּמִפַּז רָב
sie sind süßer als Honig	וּמְתוּקִים מִדְּבַשׁ
und Honigseim.	וְנֹפֶת צוּפִים׃

Auch lässt dein Knecht sich durch sie warnen;	גַּם־עַבְדְּךָ נִזְהָר בָּהֶם
und wer sie hält, der hat großen Lohn.	בְּשָׁמְרָם עֵקֶב רָב׃
Wer kann merken, wie oft er fehlet?	שְׁגִיאוֹת מִי־יָבִין
Verzeihe mir die verborgenen Sünden!	מִנִּסְתָּרוֹת נַקֵּנִי׃
Bewahre auch deinen Knecht vor den Stolzen,	גַּם מִזֵּדִים ׀ חֲשֹׂךְ עַבְדֶּךָ
dass sie nicht über mich herrschen;	אַל־יִמְשְׁלוּ־בִי
so werde ich ohne Tadel sein	אָז אֵיתָם
und rein bleiben von großer Missetat.	וְנִקֵּיתִי מִפֶּשַׁע רָב׃

Lass dir wohlgefallen die Rede meines Mundes	יִהְיוּ לְרָצוֹן ׀ אִמְרֵי־פִי
und das Gespräch meines Herzens vor dir,	וְהֶגְיוֹן לִבִּי לְפָנֶיךָ
HERR, mein Fels und mein Erlöser.	יְהוָה צוּרִי וְגֹאֲלִי׃

19

Für den Chorleiter. 1
Ein Psalm Davids.

Die Himmel, sie erzählen immer von der Herrlichkeit des starken Gottes, 2
und von den Werken seiner Hände kündet stets das Firmament,
ein Tag lässt zu dem andern den Gedanken strömen, 3
und eine Nacht gibt an die andere die Erkenntnis weiter;
kein Gedanke, keine Sprachen, 4
in denen ihre Stimme nicht zu hören wäre,
auf die ganze Erde ist ihr Klang hinausgedrungen, 5
und bis zum Rand der Welt gelangen ihre Worte:

Dem Sonnenball hat er durch sie ein Zelt gebaut,
und er, so wie ein Bräutigam tritt er heraus aus seinem Brautgemach, 6
er freut sich wie ein Held, die Bahn zu laufen;
vom Rand der Himmel kommt sein Auszug her, 7
und sein Umlauf führt auf deren Ränder zu,
und nichts kann sich vor seiner Glut verbergen.

Die Wegweisung des TREUEN ist aufs Ziel gerichtet, 8
sie lässt die Seele wieder zu sich kommen;
die Versicherung des TREUEN ist verlässlich,
sie macht den jungen Menschen weise;
die Warnungen des TREUEN zeigen eine klare Richtung, 9
sie machen das Herz froh;
das Gebot des TREUEN ist glasklar,
es macht die Augen hell.

Die Ehrfurcht vor dem TREUEN bleibe ungetrübt, 10
sie bestehe immerfort! –
des TREUEN Rechtsentscheide treffen ja die Wahrheit,
sie sind allesamt gerecht;
sie sind begehrenswerter noch als Gold, 11
ja, als viel feines Gold,
und süßer gar als Honig,
ja, als Wabenseim.

So lässt sich auch dein Knecht von ihnen warnen; 12
wer sie bewahrt, hat reichen Lohn.
Versehentliche Sünden, wer wird sie bemerken? 13
Mache mich von den verborgenen frei!
So verschone deinen Knecht auch vor den Übermütigen, 14
sie sollen nicht bestimmen über mich!
Dann bin ich auf dem Weg zum Ziel
und freigemacht von großer grober Sünde.

Möchten doch die Worte meines Mundes Wohlgefallen finden 15
und das Sinnen meines Herzens vor dich kommen,
TREUER, du mein Fels und mein Erlöser!

Psalm 20

Ein Psalm Davids,	לַמְנַצֵּחַ
vorzusingen.	מִזְמוֹר לְדָוִד׃

Der HERR erhöre dich in der Not,	יַעַנְךָ יְהוָה בְּיוֹם צָרָה
der Name des Gottes Jakobs schütze dich!	יְשַׂגֶּבְךָ שֵׁם ׀ אֱלֹהֵי יַעֲקֹב׃
Er sende dir Hilfe vom Heiligtum	יִשְׁלַח־עֶזְרְךָ מִקֹּדֶשׁ
und stärke dich aus Zion!	וּמִצִּיּוֹן יִסְעָדֶךָּ׃
Er gedenke all deiner Speisopfer,	יִזְכֹּר כָּל־מִנְחֹתֶךָ
und dein Brandopfer sei ihm angenehm! Sela.	וְעוֹלָתְךָ יְדַשְּׁנֶה סֶלָה׃
Er gebe dir, was dein Herz begehrt,	יִתֶּן־לְךָ כִלְבָבֶךָ
und erfülle alles, was du vorhast!	וְכָל־עֲצָתְךָ יְמַלֵּא׃

Dann wollen wir jubeln, weil er dir hilft;	נְרַנְּנָה ׀ בִּישׁוּעָתֶךָ
im Namen unsres Gottes erheben wir das Banner.	וּבְשֵׁם־אֱלֹהֵינוּ נִדְגֹּל
Der HERR gewähre dir alle deine Bitten!	יְמַלֵּא יְהוָה כָּל־מִשְׁאֲלוֹתֶיךָ׃

Nun weiß ich,	עַתָּה יָדַעְתִּי
dass der HERR seinem Gesalbten hilft	כִּי הוֹשִׁיעַ ׀ יְהוָה מְשִׁיחוֹ
und ihn erhört von seinem heiligen Himmel,	יַעֲנֵהוּ מִשְּׁמֵי קָדְשׁוֹ
seine rechte Hand hilft mit Macht.	בִּגְבֻרוֹת יֵשַׁע יְמִינוֹ׃
Jene verlassen sich auf Wagen und Rosse;	אֵלֶּה בָרֶכֶב וְאֵלֶּה בַסּוּסִים
wir aber denken an den Namen des HERRN,	וַאֲנַחְנוּ ׀ בְּשֵׁם־יְהוָה אֱלֹהֵינוּ נַזְכִּיר׃
Sie sind niedergestürzt und gefallen, [unsres Gottes.	הֵמָּה כָּרְעוּ וְנָפָלוּ
wir aber stehen und halten stand.	וַאֲנַחְנוּ קַּמְנוּ וַנִּתְעוֹדָד׃

Hilf, HERR,	יְהוָה הוֹשִׁיעָה
du König! Er wird uns erhören,	הַמֶּלֶךְ יַעֲנֵנוּ
wenn wir rufen.	בְיוֹם־קָרְאֵנוּ׃

Für den Chorleiter. 1
Ein Psalm Davids.

Der TREUE erhöre dich am Tage der Bedrängnis, 2
Jakobs Gott – sein Name schütze dich auf einer Felsenburg,
Beistand sende er für dich vom Heiligtum, 3
und von Zion bringe er dir Unterstützung;
er gedenke aller deiner Gaben, 4
und erkenne deine Opfer an – Sälah –,
er gebe dir nach deinem Herzenswunsch, 5
und alles, was du planst, erfülle er!

Wir wollen unserer Freude Ausdruck geben über deinen Sieg, 6
und im Namen unseres Gottes heben wir die Fahne,
alle deine Wünsche soll der TREUE dir erfüllen!

Jetzt habe ich erkannt, 7
dass der TREUE den von ihm Gesalbten siegen ließ,
er erhört ihn aus dem Himmel seines Heiligtums
durch die starken Siegestaten seiner Rechten;
die einen durch die Wagen und die andern durch die Rosse, 8
doch wir, wir halten im Gedächtnis fest des TREUEN, unseres Gottes, Namen,
jene gingen in die Knie, und sie sind gefallen, 9
doch wir, wir haben uns erhoben, und wir konnten aufrecht bleiben.

Du TREUER, so verleih doch Sieg, 10
o König, der uns Antwort gibt
am Tage, da wir rufen!

Psalm 21

Ein Psalm Davids,	לַמְנַצֵּחַ
vorzusingen.	מִזְמוֹר לְדָוִד׃
Herr, der König freut sich in deiner Kraft,	יְהוָה בְּעָזְּךָ יִשְׂמַח־מֶלֶךְ
und wie sehr fröhlich ist er über deine Hilfe!	וּבִישׁוּעָתְךָ מַה־יָּגֶיל מְאֹד׃
Du erfüllst ihm seines Herzens Wunsch	תַּאֲוַת לִבּוֹ נָתַתָּה לּוֹ
und verweigerst nicht, was sein Mund bittet. Sela.	וַאֲרֶשֶׁת שְׂפָתָיו בַּל־מָנַעְתָּ סֶּלָה׃
Denn du überschüttest ihn mit gutem Segen,	כִּי־תְקַדְּמֶנּוּ בִּרְכוֹת טוֹב
du setzest eine goldene Krone auf sein Haupt.	תָּשִׁית לְרֹאשׁוֹ עֲטֶרֶת פָּז׃
Er bittet dich um Leben; du gibst es ihm,	חַיִּים ׀ שָׁאַל מִמְּךָ נָתַתָּה לּוֹ
langes Leben für immer und ewig.	אֹרֶךְ יָמִים עוֹלָם וָעֶד׃
Er hat große Herrlichkeit durch deine Hilfe;	גָּדוֹל כְּבוֹדוֹ בִּישׁוּעָתֶךָ
Pracht und Hoheit legst du auf ihn.	הוֹד וְהָדָר תְּשַׁוֶּה עָלָיו׃
Denn du setzest ihn zum Segen ewiglich,	כִּי־תְשִׁיתֵהוּ בְרָכוֹת לָעַד
du erfreust ihn mit Freude vor deinem Antlitz.	תְּחַדֵּהוּ בְשִׂמְחָה אֶת־פָּנֶיךָ׃
Denn der König hofft auf den HERRN	כִּי־הַמֶּלֶךְ בֹּטֵחַ בַּיהוָה
und wird durch die Güte des Höchsten festbleiben.	וּבְחֶסֶד עֶלְיוֹן בַּל־יִמּוֹט׃
Deine Hand wird finden alle deine Feinde,	תִּמְצָא יָדְךָ לְכָל־אֹיְבֶיךָ
deine Rechte wird finden, die dich hassen.	יְמִינְךָ תִּמְצָא שֹׂנְאֶיךָ׃
Du wirst es mit ihm machen wie im Feuerofen,	תְּשִׁיתֵמוֹ ׀ כְּתַנּוּר אֵשׁ
wenn du erscheinen wirst.	לְעֵת פָּנֶיךָ
Der HERR wird sie verschlingen in seinem Zorn;	יְהוָה בְּאַפּוֹ יְבַלְּעֵם
Feuer wird sie fressen.	וְתֹאכְלֵם אֵשׁ׃
Ihre Nachkommen wirst du tilgen vom Erdboden	פִּרְיָמוֹ מֵאֶרֶץ תְּאַבֵּד
und ihre Kinder aus der Zahl der Menschen.	וְזַרְעָם מִבְּנֵי אָדָם׃
Denn sie gedachten dir Übles zu tun,	כִּי־נָטוּ עָלֶיךָ רָעָה
und machten Anschläge, die sie nicht ausführen konnten.	חָשְׁבוּ מְזִמָּה בַּל־יוּכָלוּ׃
Denn du wirst machen, dass sie den Rücken kehren;	כִּי תְּשִׁיתֵמוֹ שֶׁכֶם
mit deinem Bogen wirst du auf ihr Antlitz zielen.	בְּמֵיתָרֶיךָ תְּכוֹנֵן עַל־פְּנֵיהֶם׃
HERR, erhebe dich in deiner Kraft,	רוּמָה יְהוָה בְעֻזֶּךָ
so wollen wir singen und loben deine Macht.	נָשִׁירָה וּנְזַמְּרָה גְּבוּרָתֶךָ׃

Für den Chorleiter. 1
Ein Psalm Davids.

Du TREUER, über deine Kraft freut sich der König, 2
und über deinen Sieg, wie mächtig jubelt er darüber,
was sein Herz begehrte, hast du ihm gegeben, 3
und was seine Lippen sich ersehnten, hast du ihm nicht vorenthalten – Sälah – ;
denn du begegnest ihm mit Glück und Segen, 4
du setzt ihm eine Krone auf von reinem Gold.

Leben, das er sich von dir erbeten hat, das hast du ihm gegeben, 5
lange Lebenstage noch und noch,
groß ist sein Ruhm durch deinen Sieg, 6
Pracht und Glanz legst du auf ihn;
denn du setzt ihn ein zu dauerhaftem Segen, 7
du beglückst ihn mit der Lust an deiner Gegenwart.

Ja, der König, der sein Vertrauen auf den TREUEN setzt 8
und auf des Höchsten Liebe, der wankt nicht.

Deine Hand reicht bis zu allen deinen Feinden, 9
deine Rechte, die erreicht sie, die dich hassen,
du machst es mit ihnen wie ein Feuerofen 10
zu der Zeit, da du erscheinst;
der TREUE, der wird sie in seinem Zorn verschlingen,
und sie verzehren wird das Feuer.

Ihre Frucht, die wirst du von der Erde tilgen 11
und ihren Nachwuchs aus dem menschlichen Geschlecht,
haben sie doch Böses gegen dich gerichtet, 12
einen Anschlag haben sie sich ausgedacht, doch ohne es zu schaffen;
ja, du wirst sie dazu bringen, dass sie den Rücken zeigen, 13
wenn du mit deinen Bogensehnen zielen wirst auf ihr Gesicht.

Erheb dich doch in deiner Kraft, du TREUER, 14
deine Stärke wollen wir besingen und ihr spielen!

Psalm 22

Ein Psalm Davids,	לַמְנַצֵּחַ עַל־אַיֶּלֶת הַשַּׁחַר
vorzusingen, nach der Weise „Die Hirschkuh, die früh gejagt wird“.	מִזְמוֹר לְדָוִד׃
Mein Gott, mein Gott,	אֵלִי אֵלִי
warum hast du mich verlassen?	לָמָה עֲזַבְתָּנִי
Ich schreie,	רָחוֹק מִישׁוּעָתִי
aber meine Hilfe ist ferne.	דִּבְרֵי שַׁאֲגָתִי׃
Mein Gott, des Tages rufe ich, doch antwortest du nicht,	אֱלֹהַי אֶקְרָא יוֹמָם וְלֹא תַעֲנֶה
und des Nachts, doch finde ich keine Ruhe.	וְלַיְלָה וְלֹא־דוּמִיָּה לִי׃
Du aber bist heilig,	וְאַתָּה קָדוֹשׁ
der du thronst über den Lobgesängen Israels.	יוֹשֵׁב תְּהִלּוֹת יִשְׂרָאֵל׃
Unsere Väter hofften auf dich;	בְּךָ בָּטְחוּ אֲבֹתֵינוּ
und da sie hofften, halfst du ihnen heraus.	בָּטְחוּ וַתְּפַלְּטֵמוֹ׃
Zu dir schrien sie und wurden errettet,	אֵלֶיךָ זָעֲקוּ וְנִמְלָטוּ
sie hofften auf dich und wurden nicht zuschanden.	בְּךָ בָטְחוּ וְלֹא־בוֹשׁוּ׃
Ich aber bin ein Wurm und kein Mensch,	וְאָנֹכִי תוֹלַעַת וְלֹא־אִישׁ
ein Spott der Leute und verachtet vom Volke.	חֶרְפַּת אָדָם וּבְזוּי עָם׃
Alle, die mich sehen, verspotten mich,	כָּל־רֹאַי יַלְעִגוּ לִי
sperren das Maul auf und schütteln den Kopf:	יַפְטִירוּ בְשָׂפָה יָנִיעוּ רֹאשׁ׃
„Er klage es dem HERRN, der helfe ihm heraus	גֹּל אֶל־יְהוָה יְפַלְּטֵהוּ
und rette ihn, hat er Gefallen an ihm.“	יַצִּילֵהוּ כִּי חָפֵץ בּוֹ׃
Du hast mich aus meiner Mutter Leibe gezogen;	כִּי־אַתָּה גֹחִי מִבָּטֶן
du ließest mich geborgen sein an der Brust meiner Mutter.	מַבְטִיחִי עַל־שְׁדֵי אִמִּי׃
Auf dich bin ich geworfen von Mutterleib an,	עָלֶיךָ הָשְׁלַכְתִּי מֵרָחֶם
du bist mein Gott von meiner Mutter Schoß an.	מִבֶּטֶן אִמִּי אֵלִי אָתָּה׃
Sei nicht ferne von mir,	אַל־תִּרְחַק מִמֶּנִּי
denn Angst ist nahe; denn es ist hier kein Helfer.	כִּי־צָרָה קְרוֹבָה כִּי־אֵין עוֹזֵר׃
Gewaltige Stiere haben mich umgeben,	סְבָבוּנִי פָּרִים רַבִּים
mächtige Büffel haben mich umringt.	אַבִּירֵי בָשָׁן כִּתְּרוּנִי׃
Ihren Rachen sperren sie gegen mich auf	פָּצוּ עָלַי פִּיהֶם
wie ein brüllender und reißender Löwe.	אַרְיֵה טֹרֵף וְשֹׁאֵג׃
Ich bin ausgeschüttet wie Wasser,	כַּמַּיִם נִשְׁפַּכְתִּי
alle meine Knochen haben sich voneinander gelöst;	וְהִתְפָּרְדוּ כָּל־עַצְמוֹתָי
mein Herz ist in meinem Leibe	הָיָה לִבִּי כַּדּוֹנָג
wie zerschmolzenes Wachs.	נָמֵס בְּתוֹךְ מֵעָי׃
Meine Kräfte sind vertrocknet wie eine Scherbe,	יָבֵשׁ כַּחֶרֶשׂ ׀ כֹּחִי
und meine Zunge klebt mir am Gaumen,	וּלְשׁוֹנִי מֻדְבָּק מַלְקוֹחָי
und du legst mich	וְלַעֲפַר־מָוֶת
in des Todes Staub.	תִּשְׁפְּתֵנִי׃

Für den Chorleiter: Nach ‚Hinde der Morgenröte'. 1
Ein Psalm Davids.

Mein starker Gott, mein starker Gott, 2
warum hast du mich denn verlassen,
so fern von meiner Rettung,
von den Worten meines Schreiens?
Mein Gott, rufe ich am Tag, so gibst du keine Antwort, 3
und bei Nacht, so finde ich doch keine Ruhe!

Du aber, du bist heilig, 4
thronend auf den Lobgesängen Israels!
Auf dich vertrauten unsere Väter, 5
sie vertrauten, und du ließest sie entkommen,
zu dir schrieen sie und sind entronnen, 6
auf dich vertrauten sie und wurden nicht beschämt.

Ich aber bin nur noch ein Wurm, kein Mensch mehr, 7
nur noch das Gespött der Menschen und verachtet von den Leuten,
alle, die mich sehen, lachen über mich, 8
verziehen bloß die Lippen, schütteln nur den Kopf:
„Wälze er es auf den TREUEN, lasse der ihn doch entkommen, 9
reiße der ihn doch heraus, wenn er Freude an ihm hat!"

Doch du bist es, der mich aus dem Mutterleib herausgezogen hat, 10
der mir Vertrauen eingeflößt hat an den Brüsten meiner Mutter,
auf dich bin ich vom Mutterschoße an geworfen, 11
von meiner Mutter Leibe an bist du mein starker Gott –
halte dich nicht fern von mir, 12
Bedrängnis ist ja nahe, keiner aber, der mir beisteht!

Viele Farren haben mich umringt, 13
die Gewaltigen vom Basan haben mich umstellt;
es haben vor mir ihren Rachen aufgerissen 14
Löwen, beutegierig brüllend.

Wie Wasser bin ich ausgeschüttet, 15
und alle meine Knochen haben sich gelöst;
wie Wachs geworden ist mein Herz,
in meinen Eingeweiden drin ist es zerflossen.

Vertrocknet ist wie eine Scherbe meine Kraft, 16
und meine Zunge klebt mir fest am Gaumen,
und in den Staub des Todes
setzt du mich hinein.

Psalm 22

Denn Hunde haben mich umgeben,	כִּי סְבָבוּנִי כְּלָבִים
und der Bösen Rotte hat mich umringt;	עֲדַת מְרֵעִים הִקִּיפוּנִי
sie haben meine Hände und Füße durchgraben.	כָּאֲרִי יָדַי וְרַגְלָי׃
Ich kann alle meine Knochen zählen;	אֲסַפֵּר כָּל־עַצְמוֹתָי
sie aber schauen zu	הֵמָּה יַבִּיטוּ
und sehen auf mich herab.	יִרְאוּ־בִי׃
Sie teilen meine Kleider unter sich	יְחַלְּקוּ בְגָדַי לָהֶם
und werfen das Los um mein Gewand.	וְעַל־לְבוּשִׁי יַפִּילוּ גוֹרָל׃
Aber du, HERR, sei nicht ferne;	וְאַתָּה יְהוָה אַל־תִּרְחָק
meine Stärke, eile, mir zu helfen!	אֱיָלוּתִי לְעֶזְרָתִי חוּשָׁה׃
Errette meine Seele vom Schwert,	הַצִּילָה מֵחֶרֶב נַפְשִׁי
mein Leben von den Hunden!	מִיַּד־כֶּלֶב יְחִידָתִי׃
Hilf mir aus dem Rachen des Löwen	הוֹשִׁיעֵנִי מִפִּי אַרְיֵה
und vor den Hörnern wilder Stiere –	וּמִקַּרְנֵי רֵמִים
du hast mich erhört!	עֲנִיתָנִי׃
Ich will deinen Namen kundtun meinen Brüdern,	אֲסַפְּרָה שִׁמְךָ לְאֶחָי
ich will dich in der Gemeinde rühmen:	בְּתוֹךְ קָהָל אֲהַלְלֶךָּ׃
Rühmet den HERRN, die ihr ihn fürchtet;	יִרְאֵי יְהוָה ׀ הַלְלוּהוּ
ehret ihn, ihr alle vom Hause Jakob,	כָּל־זֶרַע יַעֲקֹב כַּבְּדוּהוּ
und vor ihm scheuet euch, ihr alle vom Hause Israel!	וְגוּרוּ מִמֶּנּוּ כָּל־זֶרַע יִשְׂרָאֵל׃
Denn er hat nicht verachtet noch verschmäht das Elend	כִּי לֹא־בָזָה וְלֹא שִׁקַּץ עֱנוּת עָנִי
und sein Antlitz vor ihm nicht verborgen; [des Armen	וְלֹא־הִסְתִּיר פָּנָיו מִמֶּנּוּ
und als er zu ihm schrie, hörte er's.	וּבְשַׁוְּעוֹ אֵלָיו שָׁמֵעַ׃
Dich will ich preisen in der großen Gemeinde,	מֵאִתְּךָ תְּהִלָּתִי בְּקָהָל רָב
ich will mein Gelübde erfüllen vor denen, die ihn fürchten.	נְדָרַי אֲשַׁלֵּם נֶגֶד יְרֵאָיו׃
Die Elenden sollen essen, dass sie satt werden;	יֹאכְלוּ עֲנָוִים ׀ וְיִשְׂבָּעוּ
und die nach dem HERRN fragen, werden ihn preisen;	יְהַלְלוּ יְהוָה דֹּרְשָׁיו
euer Herz soll ewig leben. [bekehren aller Welt Enden	יְחִי לְבַבְכֶם לָעַד׃
Es werden gedenken und sich zum HERRN	יִזְכְּרוּ ׀ וְיָשֻׁבוּ אֶל־יְהוָה כָּל־אַפְסֵי־אָרֶץ
und vor ihm anbeten alle Geschlechter der Heiden.	וְיִשְׁתַּחֲווּ לְפָנֶיךָ כָּל־מִשְׁפְּחוֹת גּוֹיִם׃
Denn des HERRN ist das Reich,	כִּי לַיהוָה הַמְּלוּכָה
und er herrscht unter den Heiden.	וּמֹשֵׁל בַּגּוֹיִם׃
Ihn allein werden anbeten alle, die in der Erde schlafen;	אָכְלוּ וַיִּשְׁתַּחֲווּ ׀ כָּל־דִּשְׁנֵי־אֶרֶץ
vor ihm werden die Knie beugen alle, die zum Staube	לְפָנָיו יִכְרְעוּ כָּל־יוֹרְדֵי עָפָר
und ihr Leben nicht konnten erhalten. [hinabfuhren	וְנַפְשׁוֹ לֹא חִיָּה׃
Er wird Nachkommen haben, die ihm dienen;	זֶרַע יַעַבְדֶנּוּ
vom HERRN wird man verkündigen Kind und Kindeskind.	יְסֻפַּר לַאדֹנָי לַדּוֹר׃
Sie werden kommen und seine Gerechtigkeit predigen	יָבֹאוּ וְיַגִּידוּ צִדְקָתוֹ
dem Volk, das geboren wird.	לְעַם נוֹלָד
Denn er hat's getan.	כִּי עָשָׂה׃

Denn Hunde haben mich umringt, 17
eine Rotte böser Leute hat mich eingekreist,
wie der Löwe sind sie aus auf meine Hände und auf meine Füße,
ich kann alle meine Knochen zählen. 18

Die, die schauen zu,
sie nehmen mich aufs Korn,
sie teilen meine Hüllen unter sich, 19
und über meine Kleider werfen sie das Los.

Du aber, TREUER, halt dich nicht fern, 20
meine Stärke, eile doch, mir beizustehen,
reiß doch mein Leben weg vom Schwert, 21
mein Einziges weg von den Hundeklauen,
befreie mich doch von dem Löwenrachen 22
und vor den Hörnern wilder Stiere –

du hast mich erhört!

Erzählen will ich deinen Namen meinen Anverwandten, 23
mitten in der Gemeinde will ich dich loben:
Die ihr den TREUEN fürchtet, lobt ihn, 24
ihr alle, Nachwuchs Jakobs, gebt doch ihm die Ehre
und fürchtet euch vor ihm, ihr alle, Nachwuchs Israels;
denn nicht verachtet, nicht verabscheut hat er die Bedrängnis der Bedrängten, 25
und nicht hat er sein Angesicht vor ihm verborgen,
und als der zu ihm um Hilfe schrie, hat er gehört.

Von dir her kommt mein Lobpreis in der großen Festgemeinde, 26
und das, was ich versprochen hatte, das löse ich vor denen, die ihn fürchten, ein:
Essen sollen die Benachteiligten und satt werden, 27
loben sollen sie den TREUEN, die ihn suchen –
lebe euer Herz für immer auf! – ,
sich erinnern und umkehren zu dem TREUEN sollen alle Enden der Erde, 28
und vor deinem Angesicht anbeten sollen alle Sippen der Völker;
denn dem TREUEN gehört die Königsherrschaft, 29
und er hat das Sagen bei den Völkern.

Gegessen haben sie und angebetet, alle Mächtigen des Landes, 30
vor seinem Angesicht sich beugen sollen alle, die auf dem Weg hinab zum Staub sind,
und weil keiner sich am Leben halten kann,
soll ihm der Nachwuchs dienen: 31
Erzählt vom Herrn wird der Familie,
sie kommen und verkünden seine Heilstat 32
für das Volk, das erst geboren wird,
dass er es vollbracht hat.

Psalm 23

Ein Psalm Davids.	מִזְמ֥וֹר לְדָוִ֑ד
Der HERR ist mein Hirte,	יְהוָ֥ה רֹ֝עִ֗י
mir wird nichts mangeln.	לֹ֣א אֶחְסָֽר׃
Er weidet mich auf einer grünen Aue	בִּנְא֣וֹת דֶּ֭שֶׁא יַרְבִּיצֵ֑נִי
und führet mich zum frischen Wasser.	עַל־מֵ֖י מְנֻח֣וֹת יְנַהֲלֵֽנִי׃
Er erquicket meine Seele.	נַפְשִׁ֥י יְשׁוֹבֵ֑ב
Er führet mich auf rechter Straße	יַֽנְחֵ֥נִי בְמַעְגְּלֵי־צֶ֝֗דֶק
um seines Namens willen.	לְמַ֣עַן שְׁמֽוֹ׃
Und ob ich schon wanderte im finstern Tal,	גַּ֤ם כִּֽי־אֵלֵ֨ךְ בְּגֵ֪יא צַלְמָ֡וֶת
fürchte ich kein Unglück;	לֹא־אִ֘ירָ֤א רָ֗ע
denn du bist bei mir,	כִּי־אַתָּ֥ה עִמָּדִ֑י
dein Stecken und Stab	שִׁבְטְךָ֥ וּ֝מִשְׁעַנְתֶּ֗ךָ
trösten mich.	הֵ֣מָּה יְנַֽחֲמֻֽנִי׃
Du bereitest vor mir einen Tisch	תַּעֲרֹ֬ךְ לְפָנַ֨י ׀ שֻׁלְחָ֗ן
im Angesicht meiner Feinde.	נֶ֥גֶד צֹרְרָ֑י
Du salbest mein Haupt mit Öl	דִּשַּׁ֖נְתָּ בַשֶּׁ֥מֶן רֹ֝אשִׁ֗י
und schenkest mir voll ein.	כּוֹסִ֥י רְוָיָֽה׃
Gutes und Barmherzigkeit	אַ֤ךְ ׀ ט֤וֹב וָחֶ֣סֶד
werden mir folgen mein Leben lang,	יִ֭רְדְּפוּנִי כָּל־יְמֵ֣י חַיָּ֑י
und ich werde bleiben im Hause des HERRN	וְשַׁבְתִּ֥י בְּבֵית־יְ֝הוָ֗ה
immerdar.	לְאֹ֣רֶךְ יָמִֽים׃

Ein Psalm Davids. 1

Der TREUE ist mein Hirte,
mir wird nichts mangeln.

Er lässt mich auf grünen Auen lagern, 2
behutsam führt er mich zum Wasser der Oase –
er lässt mich wieder zu mir kommen; 3
er lenkt mich auf rechten Bahnen,
seinem Namen treu.

Und wenn ich auch im Tal des Todesschattens wandern muss, 4
so fürchte ich kein Unglück –
du bist ja bei mir;
dein Stab und deine Stütze,
sie, sie trösten mich.

Du richtest vor mir einen Tisch her 5
vor den Augen derer, die mich in die Enge treiben –
mit Öl hast du mein Haupt gesalbt,
mein Becher übervoll!

Nur Gutes und nur Treue 6
werden mich verfolgen alle Tage meines Lebens –
und ich kehre heim ins Haus des TREUEN
für alle Zeiten.

Psalm 24

Ein Psalm Davids.	לְדָוִד מִזְמוֹר
Die Erde ist des HERRN und was darinnen ist,	לַיהוָה הָאָרֶץ וּמְלוֹאָהּ
der Erdkreis und die darauf wohnen.	תֵּבֵל וְיֹשְׁבֵי בָהּ׃
Denn er hat ihn über den Meeren gegründet	כִּי־הוּא עַל־יַמִּים יְסָדָהּ
und über den Wassern bereitet.	וְעַל־נְהָרוֹת יְכוֹנְנֶהָ׃
Wer darf auf des HERRN Berg gehen,	מִי־יַעֲלֶה בְהַר־יְהוָה
und wer darf stehen an seiner heiligen Stätte?	וּמִי־יָקוּם בִּמְקוֹם קָדְשׁוֹ׃
Wer unschuldige Hände hat	נְקִי כַפַּיִם
und reinen Herzens ist,	וּבַר־לֵבָב
wer nicht bedacht ist auf Lug und Trug	אֲשֶׁר ׀ לֹא־נָשָׂא לַשָּׁוְא נַפְשִׁי
und nicht falsche Eide schwört:	וְלֹא נִשְׁבַּע לְמִרְמָה׃
der wird den Segen vom HERRN empfangen	יִשָּׂא בְרָכָה מֵאֵת יְהוָה
und Gerechtigkeit von dem Gott seines Heiles.	וּצְדָקָה מֵאֱלֹהֵי יִשְׁעוֹ׃
Das ist das Geschlecht, das nach ihm fragt,	זֶה דּוֹר דרשו
das da sucht dein Antlitz, Gott Jakobs. Sela.	מְבַקְשֵׁי פָנֶיךָ יַעֲקֹב סֶלָה׃
Machet die Tore weit	שְׂאוּ שְׁעָרִים ׀ רָאשֵׁיכֶם
und die Türen in der Welt hoch,	וְהִנָּשְׂאוּ פִּתְחֵי עוֹלָם
dass der König der Ehre einziehe!	וְיָבוֹא מֶלֶךְ הַכָּבוֹד׃
Wer ist	מִי זֶה
der König der Ehre?	מֶלֶךְ הַכָּבוֹד
Es ist der HERR, stark und mächtig,	יְהוָה עִזּוּז וְגִבּוֹר
der HERR, mächtig im Streit.	יְהוָה גִּבּוֹר מִלְחָמָה׃
Machet dir Tore weit	שְׂאוּ שְׁעָרִים ׀ רָאשֵׁיכֶם
und die Türen in der Welt hoch,	וּשְׂאוּ פִּתְחֵי עוֹלָם
dass der König der Ehre einziehe!	וְיָבֹא מֶלֶךְ הַכָּבוֹד׃
Wer ist	מִי הוּא זֶה
der König der Ehre?	מֶלֶךְ הַכָּבוֹד
Es ist der HERR Zebaoth;	יְהוָה צְבָאוֹת
er ist der König der Ehre. Sela.	הוּא מֶלֶךְ הַכָּבוֹד סֶלָה׃

Von David. Ein Psalm. 1

Dem TREUEN gehört die Erde mit ihrer Fülle,
das Festland mit seinen Bewohnern;
denn er, er hat es auf den Meeren gegründet, 2
und über den Strömen macht er es fest.

Wer darf hinauf zum Berg des TREUEN ziehen, 3
und wer wird an der Stätte seines Heiligtums bestehen?

Wer beide Hände frei hat, 4
und wer reinen Herzens ist:
der mein Wesen nicht zum falschen Eid missbraucht hat,
und der nicht zum Betrug geschworen hat;
er trägt Segen von ihm, dem TREUEN, davon 5
und Gerechtigkeit von Gott, der seine Rettung ist.
Dies ist das Geschlecht, das ständig nach ihm fragt, 6
die auf der Suche sind nach deinem Gegenüber, Jakob. Sälah

Erhebt, ihr Tore, eure Flügel, 7
ja, erhebt euch, ihr uralten Pforten,
damit der König der Herrlichkeit einzieht!

Wer ist das denn, 8
der König der Herrlichkeit?

Der TREUE, stark und mächtig,
der TREUE, mächtig im Kampf.

Erhebt, ihr Tore, eure Flügel, 9
ja, erhebt sie, ihr uralten Pforten,
damit der König der Herrlichkeit einzieht!

Wer ist der denn, 10
der König der Herrlichkeit?

Der TREUE der Heerscharen,
der ist der König der Herrlichkeit. Sälah

Psalm 25 Von David.	לְדָוִד

Nach dir, HERR,	אֵלֶיךָ יְהוָה
verlanget mich. | Mein Gott,	נַפְשִׁי אֶשָּׂא׃ אֱלֹהַי
ich hoffe auf dich; lass mich nicht zuschanden werden,	בְּךָ בָטַחְתִּי אַל־אֵבוֹשָׁה
dass meine Feinde nicht frohlocken über mich.	אַל־יַעַלְצוּ אֹיְבַי לִי׃
Denn keiner wird zuschanden, der auf dich harret;	גַּם כָּל־קֹוֶיךָ לֹא יֵבֹשׁוּ
aber zuschanden werden die leichtfertigen Verächter.	יֵבֹשׁוּ הַבּוֹגְדִים רֵיקָם׃

HERR, zeige mir deine Wege	דְּרָכֶיךָ יְהוָה הוֹדִיעֵנִי
und lehre mich deine Steige!	אֹרְחוֹתֶיךָ לַמְּדֵנִי׃
Leite mich in deiner Wahrheit	הַדְרִיכֵנִי בַאֲמִתֶּךָ ׀
und lehre mich!	וְלַמְּדֵנִי
Denn du bist der Gott, der mir hilft;	כִּי־אַתָּה אֱלֹהֵי יִשְׁעִי
täglich harre ich auf dich.	אוֹתְךָ קִוִּיתִי כָּל־הַיּוֹם׃

Gedenke, HERR, an deine Barmherzigkeit und an deine Güte,	זְכֹר־רַחֲמֶיךָ יְהוָה וַחֲסָדֶיךָ
die von Ewigkeit her gewesen sind. [Übertretungen,	כִּי מֵעוֹלָם הֵמָּה׃
Gedenke nicht der Sünden meiner Jugend und meiner	חַטֹּאות נְעוּרַי ׀ וּפְשָׁעַי אַל־תִּזְכֹּר
gedenke aber meiner nach deiner Barmherzig-	כְּחַסְדְּךָ זְכָר־לִי־אַתָּה לְמַעַן טוּבְךָ יְהוָה׃
Der HERR ist gut und gerecht; [keit, HERR, um deiner Güte willen!	טוֹב־וְיָשָׁר יְהוָה
darum weist er Sündern den Weg.	עַל־כֵּן יוֹרֶה חַטָּאִים בַּדָּרֶךְ׃

Er leitet die Elenden recht	יַדְרֵךְ עֲנָוִים בַּמִּשְׁפָּט
und lehrt die Elenden seinen Weg.	וִילַמֵּד עֲנָוִים דַּרְכּוֹ׃
Die Wege des HERRN sind lauter Güte und Treue	כָּל־אָרְחוֹת יְהוָה חֶסֶד וֶאֱמֶת
für alle, die seinen Bund und seine Gebote halten.	לְנֹצְרֵי בְרִיתוֹ וְעֵדֹתָיו׃
Um deines Namens willen, HERR,	לְמַעַן־שִׁמְךָ יְהוָה
vergib mir meine Schuld, die so groß ist!	וְסָלַחְתָּ לַעֲוֺנִי כִּי רַב־הוּא׃

Wer ist der Mann, der den HERRN fürchtet?	מִי־זֶה הָאִישׁ יְרֵא יְהוָה
Er wird ihm den Weg weisen, den er wählen soll.	יוֹרֶנּוּ בְּדֶרֶךְ יִבְחָר׃
Er wird im Guten wohnen,	נַפְשׁוֹ בְּטוֹב תָּלִין
und sein Geschlecht wird das Land besitzen.	וְזַרְעוֹ יִירַשׁ אָרֶץ׃
Der HERR ist denen Freund, die ihn fürchten;	סוֹד יְהוָה לִירֵאָיו
und seinen Bund lässt er sie wissen.	וּבְרִיתוֹ לְהוֹדִיעָם׃

Meine Augen sehen stets auf den HERRN;	עֵינַי תָּמִיד אֶל־יְהוָה
denn er wird meinen Fuß aus dem Netze ziehen.	כִּי הוּא־יוֹצִיא מֵרֶשֶׁת רַגְלָי׃
Wende dich zu mir und sei mir gnädig;	פְּנֵה־אֵלַי וְחָנֵּנִי
denn ich bin einsam und elend.	כִּי־יָחִיד וְעָנִי אָנִי׃
Die Angst meines Herzens ist groß;	צָרוֹת לְבָבִי הִרְחִיבוּ
führe mich aus meinen Nöten!	מִמְּצוּקוֹתַי הוֹצִיאֵנִי׃

Sieh an meinen Jammer und mein Elend	רְאֵה עָנְיִי וַעֲמָלִי
und vergib mir alle meine Sünden!	וְשָׂא לְכָל־חַטֹּאותָי׃
Sieh, wie meiner Feinde so viel sind	רְאֵה־אוֹיְבַי כִּי־רָבּוּ
und zu Unrecht mich hassen.	וְשִׂנְאַת חָמָס שְׂנֵאוּנִי׃
Bewahre meine Seele und errette mich;	שָׁמְרָה נַפְשִׁי וְהַצִּילֵנִי
lass mich nicht zuschanden werden, denn ich traue auf dich!	אַל־אֵבוֹשׁ כִּי־חָסִיתִי בָךְ׃

Unschuld und Redlichkeit mögen mich behüten;	תֹּם־וָיֹשֶׁר יִצְּרוּנִי
denn ich harre auf dich.	כִּי קִוִּיתִיךָ׃

Gott, erlöse Israel	פְּדֵה אֱלֹהִים אֶת־יִשְׂרָאֵל
aus aller seiner Not!	מִכֹּל צָרוֹתָיו׃

Von David. **25**

Zu dir, du TREUER,
schwinge ich mich auf, | mein Gott, 2
in dir fasste ich Vertrauen, möge ich doch nicht beschämt dastehen,
mögen meine Feinde doch nicht triumphieren über mich!
Auch alle, die auf dich gespannt sind, müssen sich nicht schämen; 3
schämen werden sich nur die, die ohne Grund abtrünnig sind.

Du TREUER, mache mich vertraut mit deinen Wegen, 4
deine Pfade lehre mich,
lass mich den Weg in deiner Wahrheit gehen 5
und lehre mich;
bist doch du der Gott, der mich ins Weite führt,
dich habe ich den ganzen Tag ersehnt!

Denk, du TREUER, doch an dein Erbarmen und an die Erweise deiner Liebe, 6
kommen sie doch schon von Urzeit her;
an meine Jugendsünden und Vergehen mögest du nicht denken, 7
entsprechend deiner Liebe denk doch du an mich, um deiner Güte willen, TREUER!
Der TREUE weicht nicht von der Güte ab, 8
darum weist er, die daneben treten, auf den Weg.

Er lasse die Benachteiligten auf dem Weg des Rechtes gehen, 9
und er lehre die Benachteiligten seinen Weg;
alle Pfade des TREUEN zeugen von der Liebe, von der Treue 10
zu denen, die seinen Bund und seine Zusagen bewahren –
um deines Namens willen, TREUER, 11
vergib mir meine Schuld, denn sie ist groß!

Wer ist ein solcher Mensch, der Ehrfurcht vor dem TREUEN zeigt? – 12
er weist ihn auf den Weg, den er zu wählen hat;
seine Seele wohnt im Glück, 13
und sein Nachwuchs erbt das Land.
Ein Austausch im Vertrauen ist der TREUE für die, die ihn fürchten, 14
und sein Bund ist da, sie damit vertraut zu machen.

Meine Augen richten sich beständig auf den TREUEN; 15
ist er es doch, der meine Füße aus dem Netz zieht:
Wende dich zu mir und neige dich mir zu, 16
denn einsam und bedrückt bin ich,
die Ängste haben sich in meinem Herzen breitgemacht, 17
führe mich aus meinen Drangsalen heraus!

Sieh meinen Druck und meine Qual 18
und trag alle meine Sünden weg,
sieh meine Feinde, viele sind es ja, 19
und sie hassen mich mit mörderischem Hass;
bewahre doch mein Leben und errette mich! – 20
ich kann ja nicht zuschanden werden, denn ich habe mich zu dir geflüchtet.

Zielstrebigkeit und Redlichkeit, die sollen mich bewahren; 21
denn ich habe mich ja ausgestreckt nach dir.

Erlöse, Gott, doch Israel 22
aus allen seinen Ängsten!

Psalm 26

Von David.	לְדָוִד ׀
HERR, schaffe mir Recht,	שָׁפְטֵנִי יְהוָה
denn ich bin unschuldig!	כִּי־אֲנִי בְּתֻמִּי הָלַכְתִּי
Ich hoffe auf den HERRN,	וּבַיהוָה בָּטַחְתִּי
darum werde ich nicht fallen.	לֹא אֶמְעָד׃
Prüfe mich, HERR, und erprobe mich,	בְּחָנֵנִי יְהוָה וְנַסֵּנִי
erforsche meine Nieren und mein Herz!	צרופה כִלְיוֹתַי וְלִבִּי׃
Denn deine Güte ist mir vor Augen,	כִּי־חַסְדְּךָ לְנֶגֶד עֵינָי
und ich wandle in deiner Wahrheit.	וְהִתְהַלַּכְתִּי בַּאֲמִתֶּךָ׃
Ich sitze nicht bei heillosen Leuten	לֹא־יָשַׁבְתִּי עִם־מְתֵי־שָׁוְא
und habe nicht Gemeinschaft mit den Falschen.	וְעִם נַעֲלָמִים לֹא אָבוֹא׃
Ich hasse die Versammlung der Boshaften	שָׂנֵאתִי קְהַל מְרֵעִים
und sitze nicht bei den Gottlosen.	וְעִם־רְשָׁעִים לֹא אֵשֵׁב׃
Ich wasche meine Hände in Unschuld	אֶרְחַץ בְּנִקָּיוֹן כַּפָּי
und halte mich, HERR, zu deinem Altar,	וַאֲסֹבְבָה אֶת־מִזְבַּחֲךָ יְהוָה׃
dir zu danken mit lauter Stimme	לַשְׁמִעַ בְּקוֹל תּוֹדָה
und zu verkündigen alle deine Wunder.	וּלְסַפֵּר כָּל־נִפְלְאוֹתֶיךָ׃
HERR, ich habe lieb die Stätte deines Hauses	יְהוָה אָהַבְתִּי מְעוֹן בֵּיתֶךָ
und den Ort, da deine Ehre wohnt.	וּמְקוֹם מִשְׁכַּן כְּבוֹדֶךָ׃
Raffe meine Seele nicht hin mit den Sündern	אַל־תֶּאֱסֹף עִם־חַטָּאִים נַפְשִׁי
noch mein Leben mit den Blutdürstigen,	וְעִם־אַנְשֵׁי דָמִים חַיָּי׃
an deren Händen Schandtat klebt	אֲשֶׁר־בִּידֵיהֶם זִמָּה
und die gern Geschenke nehmen.	וִימִינָם מָלְאָה שֹּׁחַד׃
Ich aber gehe meinen Weg in Unschuld.	וַאֲנִי בְּתֻמִּי אֵלֵךְ
Erlöse mich und sei mir gnädig!	פְּדֵנִי וְחָנֵּנִי׃
Mein Fuß steht fest auf rechtem Grund.	רַגְלִי עָמְדָה בְמִישׁוֹר
Ich will den HERRN loben in den Versammlungen.	בְּמַקְהֵלִים אֲבָרֵךְ יְהוָה׃

Von David. 1

Schaff mir, du TREUER, Recht! –
denn ich, zielstrebig bin ich meinen Weg gegangen;
ich fasste doch Vertrauen in den TREUEN,
so werde ich nicht wanken.
Prüfe mich, du TREUER, und stelle mich auf die Probe, 2
durchforsche doch meine Nieren und mein Herz! –
stand mir ja deine Gnade klar vor Augen, 3
und in deiner Wahrheit bin ich meinen Weg gegangen.

Mit falschen Kerlen habe ich mich nicht an einen Tisch gesetzt, 4
und ich kehre nicht mit Dunkelmännern ein,
die Zusammenkunft von Unheilstiftern habe ich gemieden, 5
und ich setze mich mit Schurken nicht an einen Tisch;
meine Hände wasche ich in Unschuld – 6
und so kann ich, du TREUER, selbst deinen Altar umrunden,
um laut ein Bekenntnis zu Gehör zu bringen 7
und alle deine Wundertaten zu erzählen:
Du TREUER, liebgewonnen habe ich die Stätte deines Hauses 8
und den Ort, an dem deine Herrlichkeit wohnt.

Raffe mich doch nicht mit Sündern hin 9
und mein Leben nicht mit Männern, die auf Mord aus sind,
an deren Händen Schandtat haftet 10
und deren Rechte voll ist von Bestechung!
Doch ich, ich werde meinen Weg zielstrebig gehen – 11
befreie mich und neige dich mir zu!
Hat mein Fuß auf ebenem Boden wieder Stand gewonnen, 12
werde ich den TREUEN in den Gottesdiensten preisen.

Psalm 27

Von David.	לְדָוִד ׀
Der HERR ist mein Licht und mein Heil;	יְהוָה ׀ אוֹרִי וְיִשְׁעִי
vor wem sollte ich mich fürchten?	מִמִּי אִירָא
Der HERR ist meines Lebens Kraft;	יְהוָה מָעוֹז־חַיַּי
vor wem sollte mir grauen?	מִמִּי אֶפְחָד׃
Wenn die Übeltäter an mich wollen,	בִּקְרֹב עָלַי ׀ מְרֵעִים
um mich zu verschlingen,	לֶאֱכֹל אֶת־בְּשָׂרִי
meine Widersacher und Feinde,	צָרַי וְאֹיְבַי לִי
sollen sie selber straucheln und fallen.	הֵמָּה כָשְׁלוּ וְנָפָלוּ׃
Wenn sich auch ein Heer wider mich lagert,	אִם־תַּחֲנֶה עָלַי ׀ מַחֲנֶה
so fürchtet sich dennoch mein Herz nicht;	לֹא־יִירָא לִבִּי
wenn sich Krieg wider mich erhebt,	אִם־תָּקוּם עָלַי מִלְחָמָה
so verlasse ich mich auf ihn.	בְּזֹאת אֲנִי בוֹטֵחַ׃
Eines bitte ich vom HERRN,	אַחַת ׀ שָׁאַלְתִּי מֵאֵת־יְהוָה
das hätte ich gerne:	אוֹתָהּ אֲבַקֵּשׁ
dass ich im Hause des HERRN bleiben könne	שִׁבְתִּי בְּבֵית־יְהוָה
mein Leben lang,	כָּל־יְמֵי חַיַּי
zu schauen die schönen Gottesdienste des HERRN	לַחֲזוֹת בְּנֹעַם־יְהוָה
und seinen Tempel zu betrachten.	וּלְבַקֵּר בְּהֵיכָלוֹ׃
Denn er deckt mich in seiner Hütte	כִּי יִצְפְּנֵנִי ׀ בְּסֻכֹּה
zur bösen Zeit,	בְּיוֹם רָעָה
er birgt mich im Schutz seines Zeltes	יַסְתִּרֵנִי בְּסֵתֶר אָהֳלוֹ
und erhöht mich auf einen Felsen.	בְּצוּר יְרוֹמְמֵנִי׃
Und nun erhebt sich mein Haupt	וְעַתָּה יָרוּם רֹאשִׁי
über meine Feinde, die um mich her sind;	עַל אֹיְבַי סְבִיבוֹתַי
darum will ich Lob opfern in seinem Zelt,	וְאֶזְבְּחָה בְאָהֳלוֹ זִבְחֵי תְרוּעָה
ich will singen und Lob sagen dem HERRN.	אָשִׁירָה וַאֲזַמְּרָה לַיהוָה׃

Von David. 1

Der TREUE ist mein Licht und mein Heil –
vor wem sollte ich mich fürchten?
Der TREUE ist der Schutzraum meines Lebens –
vor wem sollte ich erschrecken?

Gehen Übeltäter auf mich los, 2
um mich mit Haut und Haaren zu vertilgen,
meine Widersacher, die mir Feind sind –
die, die sind bereits gestrauchelt und gefallen.

Wenn sich gegen mich ein Heer versammelt – 3
mein Herz wird sich nicht fürchten,
wenn sich gegen mich ein Krieg erhebt –
darin halte ich fest am Vertrauen.

Eins habe ich erbeten von dem TREUEN, 4
darauf bin ich aus:

Dass ich im Haus des TREUEN bleibe
alle Tage meines Lebens,
um die Lieblichkeit des TREUEN wahrzunehmen
und mich in seinen Tempel zu vertiefen.

Er verbirgt mich ja in seiner Hütte 5
am Tag des Unglücks,
er versteckt mich in der Hülle seines Zelts,
hoch auf einen Felsen stellt er mich.

Jetzt aber ragt mein Haupt empor 6
über meine Feinde rings um mich –
und ich will in seinem Zelt mit lautem Jubel Opfer bringen,
ich will singen und will spielen für den TREUEN!

Psalm 27

HERR, höre meine Stimme, wenn ich rufe;	שְׁמַע־יְהוָה קוֹלִי אֶקְרָא
sei mir gnädig und erhöre mich!	וְחָנֵּנִי וַעֲנֵנִי׃
Mein Herz hält dir vor dein Wort:	לְךָ ׀ אָמַר לִבִּי
„Ihr sollt mein Antlitz suchen."	בַּקְּשׁוּ פָנָי
Darum suche ich auch, HERR, dein Antlitz.	אֶת־פָּנֶיךָ יְהוָה אֲבַקֵּשׁ׃
Verbirg dein Antlitz nicht vor mir,	אַל־תַּסְתֵּר פָּנֶיךָ ׀ מִמֶּנִּי
verstoße nicht im Zorn deinen Knecht!	אַל־תַּט־בְּאַף עַבְדֶּךָ
Denn du bist meine Hilfe;	עֶזְרָתִי הָיִיתָ
verlass mich nicht und tu die Hand nicht von mir ab,	אַל־תִּטְּשֵׁנִי וְאַל־תַּעַזְבֵנִי
Gott, mein Heil!	אֱלֹהֵי יִשְׁעִי׃
Denn mein Vater und meine Mutter verlassen mich,	כִּי־אָבִי וְאִמִּי עֲזָבוּנִי
aber der HERR nimmt mich auf.	וַיהוָה יַאַסְפֵנִי׃
HERR, weise mir deinen Weg	הוֹרֵנִי יְהוָה דַּרְכֶּךָ
und leite mich auf ebener Bahn	וּנְחֵנִי בְּאֹרַח מִישׁוֹר
um meiner Feinde willen.	לְמַעַן שׁוֹרְרָי׃
Gib mich nicht preis dem Willen meiner Feinde!	אַל־תִּתְּנֵנִי בְּנֶפֶשׁ צָרָי
Denn es stehen falsche Zeugen wider mich auf	כִּי קָמוּ־בִי עֵדֵי־שֶׁקֶר
und tun mir Unrecht ohne Scheu.	וִיפֵחַ חָמָס׃
Ich glaube aber doch,	לוּלֵא הֶאֱמַנְתִּי
dass ich sehen werde die Güte des HERRN	לִרְאוֹת בְּטוּב־יְהוָה
im Lande der Lebendigen.	בְּאֶרֶץ חַיִּים׃
Harre des HERRN!	קַוֵּה אֶל־יְהוָה
Sei getrost und unverzagt	חֲזַק וְיַאֲמֵץ לִבֶּךָ
und harre des HERRN!	וְקַוֵּה אֶל־יְהוָה׃

„Höre, TREUER“, rufe ich mit lauter Stimme, 7
  “und wende dich mir zu und gib mir Antwort!“
Das hat sich mein Herz von dir gemerkt: 8
  „Sucht mein Angesicht!“
Dein Angesicht gerade suche ich, du TREUER –
  verbirg dein Angesicht doch nicht vor mir! 9

Weis deinen Knecht nicht ab im Zorn,
  mein Beistand bist du doch geworden!
Verstoß mich nicht, verlass mich nicht,
  Gott meines Heils!
Ja, mein Vater, meine Mutter haben mich verlassen – 10
  der TREUE aber nimmt mich auf.

Weis mir, TREUER, deinen Weg 11
  und führe mich auf dem geraden Pfad
    als Antwort denen, die mich in Verruf gebracht!
Liefere mich nicht dem Rachen meiner Widersacher aus, 12
  denn Lügenzeugen haben sich erhoben gegen mich
    und einer, der bedrohlich schnaubt!

Was wäre, hätte ich nicht meinen festen Glauben, 13
  die Schönheit des TREUEN zu sehen
    im Land des Lebens!
Auf den TREUEN sei gespannt, 14
  sei stark, und mutig sei dein Herz,
    und auf den TREUEN sei gespannt!

Psalm 28

Von David.	לְדָוִד
Wenn ich rufe zu dir, HERR,	אֵלֶיךָ יְהוָה ׀ אֶקְרָא
mein Fels, so schweige doch nicht,	צוּרִי אַל־תֶּחֱרַשׁ מִמֶּנִּי
dass ich nicht, wenn du schweigst,	פֶּן־תֶּחֱשֶׁה מִמֶּנִּי
gleich werde denen, die in die Grube fahren.	וְנִמְשַׁלְתִּי עִם־יוֹרְדֵי בוֹר׃
Höre die Stimme meines Flehens,	שְׁמַע קוֹל תַּחֲנוּנַי
wenn ich zu dir schreie,	בְּשַׁוְּעִי אֵלֶיךָ
wenn ich meine Hände aufhebe	בְּנָשְׂאִי יָדַי
zu deinem heiligen Tempel.	אֶל־דְּבִיר קָדְשֶׁךָ׃
Raffe mich nicht hin mit den Gottlosen	אַל־תִּמְשְׁכֵנִי עִם־רְשָׁעִים
und mit den Übeltätern,	וְעִם־פֹּעֲלֵי אָוֶן
die freundlich reden mit ihrem Nächsten	דֹּבְרֵי שָׁלוֹם עִם־רֵעֵיהֶם
und haben Böses im Herzen.	וְרָעָה בִּלְבָבָם׃
Gib ihnen nach ihrem Tun	תֶּן־לָהֶם כְּפָעֳלָם
und nach ihren bösen Taten;	וּכְרֹעַ מַעַלְלֵיהֶם
gib ihnen nach den Werken ihrer Hände;	כְּמַעֲשֵׂה יְדֵיהֶם תֵּן לָהֶם
vergilt ihnen, wie sie es verdienen.	הָשֵׁב גְּמוּלָם לָהֶם׃
Denn sie wollen nicht achten	כִּי לֹא יָבִינוּ
auf das Tun des HERRN	אֶל־פְּעֻלֹּת יְהוָה
noch auf die Werke seiner Hände;	וְאֶל־מַעֲשֵׂה יָדָיו
darum wird er sie niederreißen und nicht wieder aufbauen.	יֶהֶרְסֵם וְלֹא יִבְנֵם׃
Gelobt sei der HERR;	בָּרוּךְ יְהוָה
denn er hat erhört die Stimme meines Flehens.	כִּי־שָׁמַע קוֹל תַּחֲנוּנָי׃
Der HERR ist meine Stärke und mein Schild;	יְהוָה ׀ עֻזִּי וּמָגִנִּי
auf ihn hofft mein Herz	בּוֹ בָטַח לִבִּי
und mir ist geholfen. Nun ist mein Herz fröhlich,	וְנֶעֱזָרְתִּי וַיַּעֲלֹז לִבִּי
und ich will ihm danken mit meinem Lied.	וּמִשִּׁירִי אֲהוֹדֶנּוּ׃
Der HERR ist seines Volkes Stärke,	יְהוָה עֹז־לָמוֹ
Hilfe und Stärke für seinen Gesalbten.	וּמָעוֹז יְשׁוּעוֹת מְשִׁיחוֹ הוּא׃
Hilf deinem Volk	הוֹשִׁיעָה ׀ אֶת־עַמֶּךָ
und segne dein Erbe	וּבָרֵךְ אֶת־נַחֲלָתֶךָ
und weide und trage sie	וּרְעֵם וְנַשְּׂאֵם
ewiglich!	עַד־הָעוֹלָם׃

Von David. 1

Zu dir, du TREUER, rufe ich,
mein Fels, so stelle dich vor mir nicht taub,
dass du dich doch nicht vor mir in Schweigen hüllst,
und ich gleich werde denen, die schon auf dem Weg zum Grabe sind!
Höre doch auf meine flehentliche Stimme, 2
wenn ich zu dir um Hilfe schreie,
wenn ich meine Hände hebe
zu deinem Heiligsten!

Raffe mich nicht mit den Schurken hin 3
und mit den Übeltätern,
die mit ihren Freunden freundlich reden,
aber Böses sitzt in ihrem Herzen drin!
Gib es ihnen doch nach ihrem Tun 4
und nach der Bosheit ihrer Taten,
nach den Machenschaften ihrer Hände gib es ihnen,
gib ihnen, was sie angestellt, zurück!

Weil sie nicht achten 5
auf des TREUEN Walten
und auf seiner Hände Werk,
reißt er sie ab und baut sie nicht mehr auf.

Gepriesen sei der TREUE, 6
hat er meine flehentliche Stimme doch gehört!
Der TREUE ist mein Schutz und ist mein Schild, 7
in ihm gewann mein Herz Vertrauen,
und mir ist geholfen worden, dass mein Herz frohlocken konnte,
und aus meinem Liede will ich ein Bekenntnis zu ihm machen:
„Der TREUE ist ihr Schutz, 8
und die Freiheit gewährende Burg seines Gesalbten ist er!"

Hilf ihm doch, deinem Volk, zum Heil 9
und bring ihm, deinem Erbe, Segen
und weide sie und trage sie
bis in die Ewigkeit!

Psalm 29

Ein Psalm Davids.	מִזְמוֹר לְדָוִד

Bringet dar dem HERRN, ihr Himmlischen,	הָבוּ לַיהוָה בְּנֵי אֵלִים
bringet dar dem HERRN Ehre und Stärke!	הָבוּ לַיהוָה כָּבוֹד וָעֹז׃
Bringet dar dem HERRN die Ehre seines Namens,	הָבוּ לַיהוָה כְּבוֹד שְׁמוֹ
betet an den HERRN in heiligem Schmuck!	הִשְׁתַּחֲווּ לַיהוָה בְּהַדְרַת־קֹדֶשׁ׃

Die Stimme des HERRN erschallt über den Wassern,	קוֹל יְהוָה עַל־הַמָּיִם
der Gott der Ehre donnert,	אֵל־הַכָּבוֹד הִרְעִים
der HERR, über großen Wassern.	יְהוָה עַל־מַיִם רַבִּים׃
Die Stimme des HERRN ergeht mit Macht,	קוֹל־יְהוָה בַּכֹּחַ
die Stimme des HERRN ergeht herrlich.	קוֹל יְהוָה בֶּהָדָר׃

Die Stimme des HERRN zerbricht die Zedern,	קוֹל יְהוָה שֹׁבֵר אֲרָזִים
der HERR zerbricht die Zedern des Libanon.	וַיְשַׁבֵּר יְהוָה אֶת־אַרְזֵי הַלְּבָנוֹן׃
Er lässt hüpfen wie ein Kalb	וַיַּרְקִידֵם כְּמוֹ־עֵגֶל
den Libanon, den Sirjon wie einen jungen Wildstier.	לְבָנוֹן וְשִׂרְיוֹן כְּמוֹ בֶן־רְאֵמִים׃

Die Stimme des HERRN sprüht Feuerflammen;	קוֹל־יְהוָה חֹצֵב לַהֲבוֹת אֵשׁ׃
die Stimme des HERRN lässt die Wüste erbeben;	קוֹל יְהוָה יָחִיל מִדְבָּר
der HERR lässt erbeben die Wüste Kadesch.	יָחִיל יְהוָה מִדְבַּר קָדֵשׁ׃
Die Stimme des HERRN lässt Eichen wirbeln	קוֹל יְהוָה ׀ יְחוֹלֵל אַיָּלוֹת
und reißt Wälder kahl.	וַיֶּחֱשֹׂף יְעָרוֹת

In seinem Tempel ruft alles: „Ehre!“	וּבְהֵיכָלוֹ כֻּלּוֹ אֹמֵר כָּבוֹד׃

Der HERR hat seinen Thron über der Flut;	יְהוָה לַמַּבּוּל יָשָׁב
der HERR bleibt ein König in Ewigkeit.	וַיֵּשֶׁב יְהוָה מֶלֶךְ לְעוֹלָם׃
Der HERR wird seinem Volk Kraft geben;	יְהוָה עֹז לְעַמּוֹ יִתֵּן
der HERR wird sein Volk segnen mit Frieden.	יְהוָה יְבָרֵךְ אֶת־עַמּוֹ בַשָּׁלוֹם׃

Ein Psalm Davids. 1

Gebt dem TREUEN doch, ihr Göttersöhne,
gebt dem TREUEN Glanz und Macht,
gebt dem TREUEN seines Namens Glanz, 2
fallt nieder vor dem TREUEN in der Pracht des Heiligtums!

Des TREUEN Grollen über den Gewässern, 3
gedonnert hat der starke Gott der Herrlichkeit,
der TREUE über großen Wassern,
des TREUEN Grollen in der Kraft, 4
des TREUEN Grollen in der Pracht.

Des TREUEN Grollen zerbricht Zedern, 5
ließ doch der TREUE des Libanon Zedern zerbrechen,
ließ er sie doch hüpfen wie ein Kalb, 6
den Libanon und den Sirjon wie einen jungen Büffel.

Des TREUEN Grollen spaltet Feuerflammen, 7
des TREUEN Grollen lässt die Wüste beben, 8
der TREUE lässt beben die Wüste Kadesch,
des TREUEN Grollen wirbelt Eichen um, 9
und es hat Wälder kahl gerissen.

Und in seinem Heiligtum ruft alles, was es fasst: „Herrlichkeit!“

Der TREUE, er hat sich schon der Urflut gegenüber auf den Thron gesetzt, 10
ja, auf den Thron gesetzt hat sich der TREUE als König für ewig,
der TREUE, er wird seinem Volk zu Macht verhelfen, 11
der TREUE, er wird sein Volk besonders mit dem Frieden segnen.

Psalm 30

Ein Psalm	מִזְמוֹר
Davids,	שִׁיר־חֲנֻכַּת הַבַּיִת
ein Lied zur Einweihung des Tempels.	לְדָוִד׃

Ich preise dich, HERR; denn du hast mich aus der Tiefe gezo-	אֲרוֹמִמְךָ יְהוָה כִּי דִלִּיתָנִי
und lässest meine Feinde sich nicht über mich freuen. [gen	וְלֹא־שִׂמַּחְתָּ אֹיְבַי לִי׃
HERR, mein Gott,	יְהוָה אֱלֹהָי
als ich schrie zu dir, da machtest du mich gesund.	שִׁוַּעְתִּי אֵלֶיךָ וַתִּרְפָּאֵנִי׃
HERR, du hast mich von den Toten heraufgeholt;	יְהוָה הֶעֱלִיתָ מִן־שְׁאוֹל נַפְשִׁי
du hast mich am Leben erhalten, aber sie mussten in die Grube [fahren.	חִיִּיתַנִי מיורדי־בּוֹר׃
Lobsinget dem HERRN, ihr seine Heiligen,	זַמְּרוּ לַיהוָה חֲסִידָיו
und preiset seinen heiligen Namen!	וְהוֹדוּ לְזֵכֶר קָדְשׁוֹ׃
Denn sein Zorn währet einen Augenblick	כִּי רֶגַע ׀ בְּאַפּוֹ
und lebenslang seine Gnade.	חַיִּים בִּרְצוֹנוֹ
Den Abend lang währet das Weinen,	בָּעֶרֶב יָלִין בֶּכִי
aber des Morgens ist Freude.	וְלַבֹּקֶר רִנָּה׃

Ich aber sprach, als es mir gut ging:	וַאֲנִי אָמַרְתִּי בְשַׁלְוִי
Ich werde nimmermehr wanken.	בַּל־אֶמּוֹט לְעוֹלָם׃
Denn, HERR, durch dein Wohlgefallen	יְהוָה בִּרְצוֹנְךָ
hattest du mich auf einen hohen Fels gestellt.	הֶעֱמַדְתָּה לְהַרְרִי עֹז
Aber als du dein Angesicht verbargest,	הִסְתַּרְתָּ פָנֶיךָ
erschrak ich.	הָיִיתִי נִבְהָל׃

Zu dir, HERR, rief ich,	אֵלֶיךָ יְהוָה אֶקְרָא
und zum Herrn flehte ich:	וְאֶל־אֲדֹנָי אֶתְחַנָּן׃
Was nützt dir mein Blut, wenn ich zur Grube fahre?	מַה־בֶּצַע בְּדָמִי בְּרִדְתִּי אֶל־שָׁחַת
Wird dir auch der Staub danken und deine Treue ver-	הֲיוֹדְךָ עָפָר הֲיַגִּיד אֲמִתֶּךָ׃
HERR, höre und sei mir gnädig! [kündigen?	שְׁמַע־יְהוָה וְחָנֵּנִי
HERR, sei mein Helfer!	יְהוָה הֱיֵה־עֹזֵר לִי׃

Du hast mir meine Klage verwandelt in einen Reigen,	הָפַכְתָּ מִסְפְּדִי לְמָחוֹל לִי
und hast mir den Sack der Trauer ausgezogen und mich [mit Freude gegürtet,	פִּתַּחְתָּ שַׂקִּי וַתְּאַזְּרֵנִי שִׂמְחָה׃
dass ich dir lobsinge	לְמַעַן ׀ יְזַמֶּרְךָ כָבוֹד
und nicht stille werde.	וְלֹא יִדֹּם
HERR, mein Gott,	יְהוָה אֱלֹהַי
ich will dir danken in Ewigkeit.	לְעוֹלָם אוֹדֶךָּ׃

Ein Psalm. 1
Ein Lied zur Tempelweihe.
Von David.

Erheben will ich dich, du TREUER, denn du hast mich heraufgezogen, 2
und du hast meine Feinde sich nicht freuen lassen über mich;
du TREUER, du mein Gott, 3
um Hilfe habe ich zu dir geschrieen, und du hast mich geheilt,
du TREUER, du hast mein Leben aus der Totenwelt heraufgeführt, 4
ins Leben hast du mich geholt von denen, die mit einem Fuße schon im Grabe standen!

Spielt dem TREUEN, seine Frommen, 5
und dankt im Gedenken an seine Heiligkeit;
denn nur einen Augenblick steht man in seinem Zorn, 6
ein Leben lang jedoch in seinem Wohlgefallen,
am Abend stellt sich Weinen ein,
zum Morgen aber Jubel!

Doch ich, ich hatte ja in meiner Sicherheit gedacht: 7
„Ich lasse mich in Ewigkeit von nichts erschüttern!“ –
in deinem Wohlgefallen, TREUER, 8
hast du meinem Berg Standfestigkeit verliehen;
hättest du dein Angesicht verborgen,
verzweifelt wäre ich gewesen!

Zu dir, du TREUER, rufe ich, 9
und zu meinem Schöpfer flehe ich um Gnade:
„Was hast du denn von meinem Blut, von meinem Abgang in die Gruft, 10
dankt dir der Staub, erzählt er denn von deiner Treue?
Höre, TREUER, doch und neige dich mir zu, 11
du TREUER, sei mein Beistand!“

Meine Klage hast du mir in Tanz verwandelt, 12
meinen Trauersack hast du geöffnet, und mit Freude hast du mich umgürtet,
damit die Seele dich besinge 13
und nicht mehr verstumme;
du TREUER, du mein Gott,
in Ewigkeit will ich dir danken!

Psalm 31

Ein Psalm Davids,	לַמְנַצֵּחַ
vorzusingen.	מִזְמוֹר לְדָוִד׃

HERR, auf dich traue ich,	בְּךָ יְהוָה חָסִיתִי
lass mich nimmermehr zuschanden werden,	אַל־אֵבוֹשָׁה לְעוֹלָם
errette mich durch deine Gerechtigkeit!	בְּצִדְקָתְךָ פַלְּטֵנִי׃
Neige deine Ohren zu mir,	הַטֵּה אֵלַי ׀ אָזְנְךָ
hilf mir eilends!	מְהֵרָה הַצִּילֵנִי
Sei mir ein starker Fels	הֱיֵה לִי ׀ לְצוּר־מָעוֹז
und eine Burg, dass du mir helfest!	לְבֵית מְצוּדוֹת לְהוֹשִׁיעֵנִי׃

Denn du bist mein Fels und meine Burg,	כִּי־סַלְעִי וּמְצוּדָתִי אָתָּה
und um deines Namens willen wollest du mich leiten und [führen.	וּלְמַעַן שִׁמְךָ תַּנְחֵנִי וּתְנַהֲלֵנִי׃
Du wollest mich aus dem Netze ziehen,	תּוֹצִיאֵנִי מֵרֶשֶׁת
das sie mir heimlich stellten;	זוּ טָמְנוּ לִי
denn du bist meine Stärke.	כִּי־אַתָּה מָעוּזִּי׃
In deine Hände befehle ich meinen Geist;	בְּיָדְךָ אַפְקִיד רוּחִי
du hast mich erlöst, HERR, du treuer Gott.	פָּדִיתָה אוֹתִי יְהוָה אֵל אֱמֶת׃

Ich hasse, die sich halten an nichtige Götzen;	שָׂנֵאתִי הַשֹּׁמְרִים הַבְלֵי־שָׁוְא
ich aber hoffe auf den HERRN.	וַאֲנִי אֶל־יְהוָה בָּטָחְתִּי׃
Ich freue mich und bin fröhlich über deine Güte,	אָגִילָה וְאֶשְׂמְחָה בְּחַסְדֶּךָ
dass du mein Elend ansiehst	אֲשֶׁר רָאִיתָ אֶת־עָנְיִי
und nimmst dich meiner an in Not	יָדַעְתָּ בְּצָרוֹת נַפְשִׁי׃
und übergibst mich nicht in die Hände des Feindes;	וְלֹא הִסְגַּרְתַּנִי בְּיַד־אוֹיֵב
du stellst meine Füße auf weiten Raum.	הֶעֱמַדְתָּ בַמֶּרְחָב רַגְלָי׃

Für den Chorleiter. 1
Ein Psalm Davids.

Bei dir, du TREUER, fand ich Zuflucht – 2
nie mehr möchte ich beschämt dastehen!
Durch deine Gerechtigkeit lass mich entrinnen,
sei ganz Ohr für mich, 3
hole mich doch schnell heraus!
Werd mir zu einer Felsenfeste,
zu einem sicheren Haus, mir Freiheit zu gewähren!

Bist doch du mein fester Boden und mein sicherer Ort, 4
und treu deinem Namen lenkst du mich und führst du mich behutsam.
Du befreist mich aus der Falle, 5
die sie mir heimlich stellten,
bist du doch meine feste Burg!
Deiner Hand vertraue ich mein ganzes Leben an, 6
hast du mich ja, mich freigekauft, du TREUER, starker Gott, auf den Verlass ist.

Ich habe sie noch nie gemocht, die sich mit leerem Wahn abgeben – 7
ich aber, auf den TREUEN ausgerichtet, ich habe fest vertraut.
Ich will vor Freude springen, und ich will in deiner Treue glücklich sein, 8
weil du mein Elend angesehen,
dich auf die Ängste meiner Seele eingelassen hast!
Und nicht hast du mich in die Hand des Feindes ausgeliefert, 9
meine Füße hast du in den weiten Raum gestellt.

Psalm 31

HERR, sei mir gnädig, denn mir ist angst! [Seele und mein Leib.	חָנֵּנִי יְהוָה כִּי צַר־לִי
Mein Auge ist trübe geworden vor Gram, matt meine	עָשְׁשָׁה בְכַעַס עֵינִי נַפְשִׁי וּבִטְנִי׃
Denn mein Leben ist hingeschwunden in Kummer	כִּי כָלוּ בְיָגוֹן חַיַּי
und meine Jahre in Seufzen.	וּשְׁנוֹתַי בַּאֲנָחָה
Meine Kraft ist verfallen durch meine Missetat,	כָּשַׁל בַּעֲוֺנִי כֹחִי
und meine Gebeine sind verschmachtet.	וַעֲצָמַי עָשֵׁשׁוּ׃
Vor all meinen Bedrängern	מִכָּל־צֹרְרַי
bin ich ein Spott geworden,	הָיִיתִי חֶרְפָּה
eine Last meinen Nachbarn	וְלִשְׁכֵנַי ׀ מְאֹד
und ein Schrecken meinen Bekannten.	וּפַחַד לִמְיֻדָּעָי
Die mich sehen auf der Gasse,	רֹאַי בַּחוּץ
fliehen vor mir.	נָדְדוּ מִמֶּנִּי׃
Ich bin vergessen in ihrem Herzen wie ein Toter;	נִשְׁכַּחְתִּי כְּמֵת מִלֵּב
ich bin geworden wie ein zerbrochenes Gefäß.	הָיִיתִי כִּכְלִי אֹבֵד׃
Denn ich höre, wie viele über mich lästern:	כִּי שָׁמַעְתִּי ׀ דִּבַּת רַבִּים
Schrecken ist um und um!	מָגוֹר מִסָּבִיב
Sie halten Rat miteinander über mich	בְּהִוָּסְדָם יַחַד עָלַי
und trachten danach, mir das Leben zu nehmen.	לָקַחַת נַפְשִׁי זָמָמוּ׃
Ich aber, HERR, hoffe auf dich	וַאֲנִי ׀ עָלֶיךָ בָטַחְתִּי יְהוָה
und spreche: Du bist mein Gott!	אָמַרְתִּי אֱלֹהַי אָתָּה׃
Meine Zeit steht in deinen Händen. [die mich verfolgen.	בְּיָדְךָ עִתֹּתָי
Errette mich von der Hand meiner Feinde und von denen,	הַצִּילֵנִי מִיַּד־אוֹיְבַי וּמֵרֹדְפָי׃
Lass leuchten dein Antlitz über deinem Knecht;	הָאִירָה פָנֶיךָ עַל־עַבְדֶּךָ
hilf mir durch deine Güte!	הוֹשִׁיעֵנִי בְחַסְדֶּךָ׃
HERR, lass mich nicht zuschanden werden;	יְהוָה אַל־אֵבוֹשָׁה
denn ich rufe dich an.	כִּי קְרָאתִיךָ
Die Gottlosen sollen zuschanden werden	יֵבֹשׁוּ רְשָׁעִים
und hinabfahren zu den Toten und schweigen.	יִדְּמוּ לִשְׁאוֹל׃
Verstummen sollen die Lügenmäuler,	תֵּאָלַמְנָה שִׂפְתֵי שָׁקֶר
die da reden wider den Gerechten frech,	הַדֹּבְרוֹת עַל־צַדִּיק עָתָק
stolz und höhnisch.	בְּגַאֲוָה וָבוּז׃

Sei mir gnädig, TREUER, denn ich habe Angst, 10
vor Kummer ist mein Auge angeschwollen, meine Kehle und mein Bauch!
Ja, mein Leben ist durch Gram am Ende, 11
und meine Jahre sind es durch Gestöhn;
durch meine Schuld ist meine Kraft verfallen,
und meine Glieder, die sind angeschwollen.

Durch alle meine Gegner 12
wurde ich zum Schandfleck,
besonders meinen Mitbewohnern,
und ein Schreck meinen Bekannten;
die mich auf der Gasse sehen,
sind schon weg, mir aus dem Weg gegangen!

Vergessen bin ich wie ein Toter ohne Puls, 13
wie ein zerfallendes Gerät bin ich geworden,
habe ich doch das Geflüster vieler mitbekommen, 14
ringsum nichts als Grauen;
wenn sie sich gegen mich zusammentaten,
hatten sie nur dies im Sinn, wie sie mir das Leben nehmen könnten.

Ich aber habe mein Vertrauen ganz auf dich gesetzt, du TREUER, 15
ich sprach es aus: „Mein Gott bist du!“
In deiner Hand sind meine Zeiten; 16
reiß mich aus der Hand meiner Feinde und meiner Verfolger heraus,
lass doch über deinem Knecht dein Antlitz leuchten, 17
befreie mich in deiner Treue!

Du TREUER, möchte ich doch nicht beschämt dastehen, 18
wenn ich dich angerufen habe;
schämen sollen sich die Schurken,
sprachlos sollen sie zur Hölle fahren,
verstummen sollen diese Lügenlippen, 19
die gegen den Gerechten Freches reden,
voller Hochmut und Verachtung!

Psalm 31

Wie groß ist deine Güte, HERR,	מָה רַב־טוּבְךָ
die du bewahrt hast denen, die dich fürchten,	אֲשֶׁר־צָפַנְתָּ לִּירֵאֶיךָ
und erweisest vor den Leuten	פָּעַלְתָּ לַחֹסִים בָּךְ
denen, die auf dich trauen!	נֶגֶד בְּנֵי אָדָם׃
Du birgst sie in deinem Schutz	תַּסְתִּירֵם ׀ בְּסֵתֶר פָּנֶיךָ
vor den Rotten der Leute,	מֵרֻכְסֵי אִישׁ
du deckst sie in der Hütte	תִּצְפְּנֵם בְּסֻכָּה
vor den zänkischen Zungen.	מֵרִיב לְשֹׁנוֹת׃
Gelobt sei der HERR;	בָּרוּךְ יְהוָה
denn er hat seine wunderbare Güte mir erwiesen	כִּי הִפְלִיא חַסְדּוֹ לִי
in einer festen Stadt.	בְּעִיר מָצוֹר׃
Ich sprach wohl in meinem Zagen:	וַאֲנִי אָמַרְתִּי בְחָפְזִי
Ich bin von deinen Augen verstoßen.	נִגְרַזְתִּי מִנֶּגֶד עֵינֶיךָ
Doch du hörtest	אָכֵן שָׁמַעְתָּ
die Stimme meines Flehens,	קוֹל תַּחֲנוּנַי
als ich zu dir schrie.	בְּשַׁוְּעִי אֵלֶיךָ׃
Liebet den HERRN,	אֶהֱבוּ אֶת־יְהוָה
alle seine Heiligen!	כָּל־חֲסִידָיו
Die Gläubigen behütet der HERR	אֱמוּנִים נֹצֵר יְהוָה
und vergilt reichlich dem, der Hochmut übt.	וּמְשַׁלֵּם עַל־יֶתֶר עֹשֵׂה גַאֲוָה׃
Seid getrost und unverzagt	חִזְקוּ וְיַאֲמֵץ לְבַבְכֶם
alle, die ihr des HERRN harret!	כָּל־הַמְיַחֲלִים לַיהוָה׃

Wie groß ist deine Güte, 20
die du für die verwahrt hast, die dich fürchten,
die du denen, die sich bei dir bergen, zubereitet hast
den Menschen gegenüber!
Im Schutze deines Angesichts verbirgst du sie 21
vor den Verleumdungen der Leute,
in der Hütte lässt du sie gut aufgehoben sein
vor der Streiterei der Zungen.

Gepriesen sei der TREUE, 22
denn er hat mir seine Treue wunderbar erwiesen
in der festen Stadt!
Ich hatte ja in meiner Angst gesagt:
„Verstoßen bin ich weg aus deinen Augen!" 23
Doch du hast gehört
auf mein lautes Flehen um Begnadigung,
als ich zu dir um Hilfe schrie.

Liebt ihn, den TREUEN, 24
alle seine Frommen!
Die Beständigen bewahrt der TREUE,
doch er zahlt es heim bis auf den letzten Rest dem, der sich groß aufspielt.
Seid stark, und euer Herz sei mutig, 25
ihr alle, die ihr beharrlich auf den TREUEN hofft!

Psalm 32

Eine Unterweisung	לְדָוִד
Davids.	מַשְׂכִּיל

Wohl dem, dem die Übertretungen vergeben sind,	אַשְׁרֵי נְשׂוּי־פֶּשַׁע
dem die Sünde bedeckt ist!	כְּסוּי חֲטָאָה׃
Wohl dem Menschen, dem der HERR die Schuld	אַשְׁרֵי אָדָם לֹא יַחְשֹׁב יְהוָה לוֹ עָוֹן
in dessen Geist kein Trug ist! [nicht zurechnet,	וְאֵין בְּרוּחוֹ רְמִיָּה׃

Denn als ich es wollte verschweigen, verschmachteten meine	כִּי־הֶחֱרַשְׁתִּי בָּלוּ עֲצָמָי
durch mein tägliches Klagen. [Gebeine	בְּשַׁאֲגָתִי כָּל־הַיּוֹם׃
Denn deine Hand lag Tag und Nacht	כִּי ׀ יוֹמָם וָלַיְלָה
schwer auf mir,	תִּכְבַּד עָלַי יָדֶךָ
dass mein Saft vertrocknete,	נֶהְפַּךְ לְשַׁדִּי
wie es im Sommer dürre wird. Sela.	בְּחַרְבֹנֵי קַיִץ סֶלָה׃

Darum bekannte ich dir meine Sünde,	חַטָּאתִי אוֹדִיעֲךָ
und meine Schuld verhehlte ich nicht.	וַעֲוֺנִי לֹא־כִסִּיתִי
Ich sprach: Ich will dem HERRN	אָמַרְתִּי אוֹדֶה
meine Übertretungen bekennen.	עֲלֵי פְשָׁעַי לַיהוָה
Da vergabst du mir	וְאַתָּה נָשָׂאתָ
die Schuld meiner Sünde. Sela.	עֲוֺן חַטָּאתִי סֶלָה׃

Deshalb werden alle Heiligen zu dir beten	עַל־זֹאת יִתְפַּלֵּל כָּל־חָסִיד ׀ אֵלֶיךָ
zur Zeit der Angst.	לְעֵת מְצֹא רַק
Darum, wenn große Wasserfluten kommen,	לְשֵׁטֶף מַיִם רַבִּים
werden sie nicht an sie gelangen.	אֵלָיו לֹא יַגִּיעוּ׃
Du bist mein Schirm, du wirst mich vor Angst behüten,	אַתָּה ׀ סֵתֶר לִי מִצַּר תִּצְּרֵנִי
dass ich errettet gar fröhlich rühmen kann. Sela.	רָנֵּי פַלֵּט תְּסוֹבְבֵנִי סֶלָה׃

„Ich will dich unterweisen und dir den Weg zeigen, den	אַשְׂכִּילְךָ ׀ וְאוֹרְךָ בְּדֶרֶךְ־זוּ תֵלֵךְ
ich will dich mit meinen Augen leiten.“ [gehen sollst;	אִיעֲצָה עָלֶיךָ עֵינִי׃
Seid nicht wie Rosse	אַל־תִּהְיוּ ׀ כְּסוּס
und Maultiere, die ohne Verstand sind,	כְּפֶרֶד אֵין הָבִין
denen man Zaum und Gebiss anlegen muss;	בְּמֶתֶג־וָרֶסֶן עֶדְיוֹ לִבְלוֹם
sie werden sonst nicht zu dir kommen.	בַּל קְרֹב אֵלֶיךָ׃

Der Gottlose hat viel Plage; [umfangen.	רַבִּים מַכְאוֹבִים לָרָשָׁע
wer aber auf den HERRN hofft, den wird die Güte	וְהַבּוֹטֵחַ בַּיהוָה חֶסֶד יְסוֹבְבֶנּוּ׃
Freuet euch des HERRN und seid fröhlich, ihr Gerechten,	שִׂמְחוּ בַיהוָה וְגִילוּ צַדִּיקִים
und jauchzet, alle ihr Frommen.	וְהַרְנִינוּ כָּל־יִשְׁרֵי־לֵב׃

Von David. 1
Ein Lehrgedicht.

Wohl dem, der entlastet ist vom Treubruch,
der die Verfehlung nicht mehr sehen muss,
wohl dem Menschen, dem der TREUE das Vergehen nicht mehr nachträgt, 2
und sein Geist ist frei von Selbstbetrug!

Als ich es verschweigen wollte, verfielen meine Glieder, 3
weil ich den ganzen Tag nur jammerte;
denn Tag und Nacht 4
liegt deine Hand so schwer auf mir,
mir ist die Lebenslust vergangen
wie im glühend heißen Sommer. Sälah

Da vertraue ich dir mein Verfehlen an, 5
und mein Vergehen suchte ich nicht länger zuzudecken;
ich sagte mir: „Ich lege ein Bekenntnis ab
von meinem Treubruch samt den Folgen vor dem TREUEN" –
und du, du hast hinweggenommen
die Strafe für mein Verfehlen. Sälah

Darum sollte jeder Treue zu dir beten 6
zu der Zeit, da man dich nur finden kann;
wenn dann große Wasserfluten überströmen,
werden sie nicht bis zu ihm gelangen –
du bist mein Schutz, behütest mich vor Angst, 7
du umgibst mich mit Befreiungsjubel. Sälah

„Ich will dich lehren, und ich zeige dir den Weg, den du gehen sollst, 8
ich will dich beraten, mein Auge ruht auf dir:
Seid nicht wie das Ross, 9
wie das Maultier ohne Einsicht;
sein Begehren ist mit Zaum und Zügel zu bezähmen,
sonst kommt es nicht zu dir her!"

Vielfältig sind die Schmerzen, die dem Schurken drohen, 10
doch den, der sein Vertrauen auf den TREUEN setzt, den hüllt er ein in Treue.
Freut euch in dem TREUEN und seid glücklich, ihr Gerechten, 11
und jubelt alle, die ihr von Herzen redlich seid!

Psalm 33

Freuet euch des HERRN, ihr Gerechten;	רַנְּנוּ צַדִּיקִים בַּיהוָה
die Frommen sollen ihn recht preisen.	לַיְשָׁרִים נָאוָה תְהִלָּה:
Danket dem HERRN mit Harfen;	הוֹדוּ לַיהוָה בְּכִנּוֹר
lobsinget ihm zum Psalter von zehn Saiten!	בְּנֵבֶל עָשׂוֹר זַמְּרוּ־לוֹ:
Singet ihm ein neues Lied;	שִׁירוּ־לוֹ שִׁיר חָדָשׁ
spielt schön auf den Saiten mit fröhlichem Schall!	הֵיטִיבוּ נַגֵּן בִּתְרוּעָה:
Denn des HERRN Wort ist wahrhaftig,	כִּי־יָשָׁר דְּבַר־יְהוָה
und was er zusagt, das hält er gewiss.	וְכָל־מַעֲשֵׂהוּ בֶּאֱמוּנָה:
Er liebt Gerechtigkeit und Recht;	אֹהֵב צְדָקָה וּמִשְׁפָּט
die Erde ist voll der Güte des HERRN.	חֶסֶד יְהוָה מָלְאָה הָאָרֶץ:
Der Himmel ist durch das Wort des HERRN gemacht	בִּדְבַר יְהוָה שָׁמַיִם נַעֲשׂוּ
und all sein Heer durch den Hauch seines Mundes.	וּבְרוּחַ פִּיו כָּל־צְבָאָם:
Er hält die Wasser des Meeres zusammen wie in einem Schlauch	כֹּנֵס כַּנֵּד מֵי הַיָּם
und sammelt in Kammern die Fluten.	נֹתֵן בְּאֹצָרוֹת תְּהוֹמוֹת:
Alle Welt fürchte den HERRN,	יִירְאוּ מֵיְהוָה כָּל־הָאָרֶץ
und vor ihm scheue sich alles, was auf dem Erdboden [wohnet.	מִמֶּנּוּ יָגוּרוּ כָּל־יֹשְׁבֵי תֵבֵל:
Denn wenn er spricht, so geschieht's;	כִּי הוּא אָמַר וַיֶּהִי
wenn er gebietet, so steht's da.	הוּא־צִוָּה וַיַּעֲמֹד:
Der HERR macht zunichte der Heiden Rat	יְהוָה הֵפִיר עֲצַת־גּוֹיִם
und wehrt den Gedanken der Völker.	הֵנִיא מַחְשְׁבוֹת עַמִּים:
Aber der Ratschluss des HERRN bleibt ewiglich,	עֲצַת יְהוָה לְעוֹלָם תַּעֲמֹד
seines Herzens Gedanken für und für.	מַחְשְׁבוֹת לִבּוֹ לְדֹר וָדֹר:
Wohl dem Volk, dessen Gott der HERR ist,	אַשְׁרֵי הַגּוֹי אֲשֶׁר־יְהוָה אֱלֹהָיו
dem Volk, das er zum Erbe erwählt hat!	הָעָם ׀ בָּחַר לְנַחֲלָה לוֹ:
Der HERR schaut vom Himmel	מִשָּׁמַיִם הִבִּיט יְהוָה
und sieht alle Menschenkinder.	רָאָה אֶת־כָּל־בְּנֵי הָאָדָם:
Von seinem festen Thron sieht er	מִמְּכוֹן־שִׁבְתּוֹ הִשְׁגִּיחַ
auf alle, die auf Erden wohnen.	אֶל כָּל־יֹשְׁבֵי הָאָרֶץ:
Er lenkt ihnen allen das Herz,	הַיֹּצֵר יַחַד לִבָּם
er gibt Acht auf alle ihre Werke.	הַמֵּבִין אֶל־כָּל־מַעֲשֵׂיהֶם:
Einem König hilft nicht seine große Macht;	אֵין־הַמֶּלֶךְ נוֹשָׁע בְּרָב־חָיִל
ein Held kann sich nicht retten durch seine große Kraft.	גִּבּוֹר לֹא־יִנָּצֵל בְּרָב־כֹּחַ:
Rosse helfen auch nicht; da wäre man betrogen;	שֶׁקֶר הַסּוּס לִתְשׁוּעָה
und ihre große Stärke errettet nicht.	וּבְרֹב חֵילוֹ לֹא יְמַלֵּט:
Siehe, des HERRN Auge achtet auf alle, die ihn fürchten,	הִנֵּה עֵין יְהוָה אֶל־יְרֵאָיו
die auf seine Güte hoffen,	לַמְיַחֲלִים לְחַסְדּוֹ:
dass er sie errette vom Tode	לְהַצִּיל מִמָּוֶת נַפְשָׁם
und sie am Leben erhalte in Hungersnot.	וּלְחַיּוֹתָם בָּרָעָב:
Unsre Seele harrt auf den HERRN;	נַפְשֵׁנוּ חִכְּתָה לַיהוָה
er ist uns Hilfe und Schild.	עֶזְרֵנוּ וּמָגִנֵּנוּ הוּא:
Denn unser Herz freut sich seiner,	כִּי־בוֹ יִשְׂמַח לִבֵּנוּ
und wir trauen auf seinen heiligen Namen.	כִּי בְשֵׁם קָדְשׁוֹ בָטָחְנוּ:
Deine Güte, HERR, sei über uns,	יְהִי־חַסְדְּךָ יְהוָה עָלֵינוּ
wie wir auf dich hoffen.	כַּאֲשֶׁר יִחַלְנוּ לָךְ:

Jauchzt beim TREUEN, ihr Gerechten, 1
den Aufrechten ist Lobsingen eine Wonne,
dankt dem TREUEN auf der Zither, 2
auf der Harfe von zehn Saiten spielt für ihn,
singt für ihn ein neues Lied, 3
spielt auf Saiten schön beim Festtagsjubel!

Denn stimmig ist das Wort des TREUEN, 4
und sein ganzes Werk ist zuverlässig,
liebt er doch Gerechtigkeit und Recht, 5
von des TREUEN Liebe ist die Erde voll.

Durch das Wort des TREUEN ist die Himmelswelt erschaffen, 6
und durch seines Mundes Atem ihre ganze Heerschar,
er ist es, der die Meereswasser wie durch einen Damm zusammenhält, 7
der die Fluten in die Speicher füllt.

Vor dem TREUEN soll sich alles auf der Erde scheuen, 8
vor ihm sich fürchten sollen alle, die die Welt bewohnen,
denn er, er sprach, und es geschah, 9
er, er gebot, und es stand da!

Der TREUE hat den Rat der Völkerwelt vereitelt, 10
die Pläne der Nationen hat er abgewehrt,
der Rat des TREUEN hat in Ewigkeit Bestand, 11
die Pläne seines Herzens bleiben von Geschlecht zu Geschlecht.

Wohl dem Volk, dessen Gott der TREUE ist, 12
der Volksgemeinschaft, die er sich zum Eigentum erwählt hat –
denn der TREUE hatte ja den Überblick vom Himmel, 13
sie, alle Menschen hatte er vor Augen!

Von seinem festen Thron sah er sich um 14
nach allen Erdbewohnern,
er, der ihre Herzen samt und sonders formt, 15
der auf alle ihre Werke kritisch achtet.

Nicht geholfen ist dem König durch ein Riesenheer, 16
der Held befreit sich nicht durch Bärenkräfte,
das Ross enttäuscht, wenn es um Rettung geht, 17
und auch mit seinen Pferdestärken schafft es kein Entrinnen.

Sieh, des TREUEN Auge wendet sich zu denen, die ihn fürchten, 18
zu denen, die auf seine Treue hoffen,
um ihr Leben aus dem Tod zu reißen 19
und sie in der Hungersnot am Leben zu erhalten.

Unsere Seele bleibt erwartungsvoll dem TREUEN zugewandt, 20
unser Beistand, unser Schild ist er,
ja, in ihm, da freut sich unser Herz, 21
ja, in seinem heiligen Namen sind wir guter Hoffnung.

Deine Treue, TREUER, bleibe über uns, 22
wie wir es fest von dir erhofften!

Psalm 34

Von David, als er sich wahnsinnig stellte vor Abimelch	לְדָוִד בְּשַׁנּוֹתוֹ אֶת־טַעְמוֹ לִפְנֵי אֲבִימֶלֶךְ
und dieser ihn von sich trieb und er wegging.	וַיְגָרְשֵׁהוּ וַיֵּלַךְ
Ich will den HERRN loben allezeit;	אֲבָרְכָה אֶת־יְהוָה בְּכָל־עֵת
sein Lob soll immerdar in meinem Munde sein.	תָּמִיד תְּהִלָּתוֹ בְּפִי׃
Meine Seele soll sich rühmen des HERRN,	בַּיהוָה תִּתְהַלֵּל נַפְשִׁי
dass es die Elenden hören und sich freuen.	יִשְׁמְעוּ עֲנָוִים וְיִשְׂמָחוּ׃
Preiset mit mir den HERRN	גַּדְּלוּ לַיהוָה אִתִּי
und lasst uns miteinander seinen Namen erhöhen!	וּנְרוֹמְמָה שְׁמוֹ יַחְדָּו׃
Als ich den HERRN suchte, antwortete er mir	דָּרַשְׁתִּי אֶת־יְהוָה וְעָנָנִי
und errettete mich aus aller meiner Furcht.	וּמִכָּל־מְגוּרוֹתַי הִצִּילָנִי׃
Die auf ihn sehen, werden strahlen vor Freude,	הִבִּיטוּ אֵלָיו וְנָהָרוּ
und ihr Angesicht soll nicht schamrot werden.	וּפְנֵיהֶם אַל־יֶחְפָּרוּ׃
Als einer im Elend rief, hörte der HERR	זֶה עָנִי קָרָא וַיהוָה שָׁמֵעַ
und half ihm aus allen seinen Nöten.	וּמִכָּל־צָרוֹתָיו הוֹשִׁיעוֹ׃
Der Engel des HERRN lagert sich	חֹנֶה מַלְאַךְ־יְהוָה
um die her, die ihn fürchten, und hilft ihnen heraus.	סָבִיב לִירֵאָיו וַיְחַלְּצֵם׃
Schmecket und sehet, wie freundlich der HERR ist.	טַעֲמוּ וּרְאוּ כִּי־טוֹב יְהוָה
Wohl dem, der auf ihn trauet!	אַשְׁרֵי הַגֶּבֶר יֶחֱסֶה־בּוֹ׃
Fürchtet den HERRN, ihr seine Heiligen!	יְראוּ אֶת־יְהוָה קְדֹשָׁיו
Denn die ihn fürchten, haben keinen Mangel.	כִּי־אֵין מַחְסוֹר לִירֵאָיו׃
Reiche müssen darben und hungern;	כְּפִירִים רָשׁוּ וְרָעֵבוּ
aber die den HERRN suchen, haben keinen Mangel an irgendeinem Gut.	וְדֹרְשֵׁי יְהוָה לֹא־יַחְסְרוּ כָל־טוֹב׃
Kommt her, ihr Kinder, höret mir zu!	לְכוּ־בָנִים שִׁמְעוּ־לִי
Ich will euch die Furcht des HERRN lehren.	יִרְאַת יְהוָה אֲלַמֶּדְכֶם׃
Wer möchte gern gut leben	מִי־הָאִישׁ הֶחָפֵץ חַיִּים
und schöne Tage sehen?	אֹהֵב יָמִים לִרְאוֹת טוֹב׃
Behüte deine Zunge vor Bösem	נְצֹר לְשׁוֹנְךָ מֵרָע
und deine Lippen, dass sie nicht Trug reden.	וּשְׂפָתֶיךָ מִדַּבֵּר מִרְמָה׃
Lass ab vom Bösen und tu Gutes;	סוּר מֵרָע וַעֲשֵׂה־טוֹב
suche Frieden und jage ihm nach!	בַּקֵּשׁ שָׁלוֹם וְרָדְפֵהוּ׃
Die Augen des HERRN merken auf die Gerechten	עֵינֵי יְהוָה אֶל־צַדִּיקִים
und seine Ohren auf ihr Schreien.	וְאָזְנָיו אֶל־שַׁוְעָתָם׃
Das Angesicht des HERRN steht wider alle, die Böses tun,	פְּנֵי יְהוָה בְּעֹשֵׂי רָע
dass er ihren Namen ausrotte von der Erde.	לְהַכְרִית מֵאֶרֶץ זִכְרָם׃
Wenn die Gerechten schreien, so hört der HERR	צָעֲקוּ וַיהוָה שָׁמֵעַ
und errettet sie aus all ihrer Not.	וּמִכָּל־צָרוֹתָם הִצִּילָם׃
Der Herr ist nahe denen, die zerbrochenen Herzens sind,	קָרוֹב יְהוָה לְנִשְׁבְּרֵי־לֵב
und hilft denen, die ein zerschlagenes Gemüt haben.	וְאֶת־דַּכְּאֵי־רוּחַ יוֹשִׁיעַ׃
Der Gerechte muss viel erleiden,	רַבּוֹת רָעוֹת צַדִּיק
aber aus alledem hilft ihm der HERR.	וּמִכֻּלָּם יַצִּילֶנּוּ יְהוָה׃
Er bewahrt ihm alle seine Gebeine,	שֹׁמֵר כָּל־עַצְמוֹתָיו
dass nicht eines zerbrochen wird.	אַחַת מֵהֵנָּה לֹא נִשְׁבָּרָה׃
Den Gottlosen wird das Unglück töten,	תְּמוֹתֵת רָשָׁע רָעָה
und die den Gerechten hassen, fallen in Schuld.	וְשֹׂנְאֵי צַדִּיק יֶאְשָׁמוּ׃
Der HERR erlöst das Leben seiner Knechte,	פּוֹדֶה יְהוָה נֶפֶשׁ עֲבָדָיו
und alle, die auf ihn trauen, werden frei von Schuld.	וְלֹא יֶאְשְׁמוּ כָּל־הַחֹסִים בּוֹ׃

Von David, als er sich vor Abimelech verrückt stellte 1
und der ihn fortschickte und er ging.

Preisen will ich ihn, den TREUEN, jederzeit, 2
ständig soll sein Lob in meinem Munde sein!
Im TREUEN soll sich meine Seele glücklich preisen, 3
dass es die Unterdrückten hören und sich freuen:
Singt mit mir dem TREUEN großes Lob, 4
und lasst uns miteinander seinen Namen hoch erheben!

Ich habe ihn gesucht, den TREUEN, und er gab mir Antwort, 5
und von allem, was ich zu befürchten hatte, hat er mich befreit;
auf ihn blickten sie und strahlten, 6
und ihr Gesicht soll nicht erröten.

Da hat ein Elender gerufen, und der TREUE hat gehört, 7
und aus allen seinen Ängsten hat er ihn befreit;
lagert doch des TREUEN Engel 8
rings um die, die ihn verehren, und er hat sie gerettet:
Schmeckt und seht doch, dass der TREUE gütig ist, 9
wohl dem Mann, der sich zu ihm flüchtet!

Verehrt ihn doch, den TREUEN, die ihr ihm gehört, 10
denn für die, die ihn verehren, gibt es keinen Mangel!
Selbst junge Löwen haben schon gedarbt und sind verhungert, 11
doch die, die nach dem TREUEN fragen, werden dann an keinem Guten Mangel haben.
Auf, ihr Kinder, hört mir zu, 12
die Ehrfurcht vor dem TREUEN werde ich euch lehren:

Wer ist der Mensch, der Freude hat am Leben, 13
der die Tage liebt, um Gutes zu erfahren?
Hüte deine Zunge vor dem Bösen 14
und deine Lippen davor, Lug und Trug zu reden,
entferne dich vom Bösen und tu Gutes, 15
suche Frieden und bleib dran!

Des TREUEN Augen richten sich auf die Gerechten 16
und seine Ohren auf ihr Schreien;
das Angesicht des TREUEN richtet sich auf Übeltäter, 17
um ihr Gedächtnis von der Erde wegzutilgen –
haben sie jedoch geklagt, so hat der TREUE sie gehört, 18
und aus allen ihren Ängsten hat er sie herausgerissen.

Denn nahe ist der TREUE denen, die zerbrochenen Herzens sind, 19
und gerade die zerschlagenen Gemütes sind, befreit er;
auch der Gerechte hat viel Böses auszuhalten, 20
doch aus alledem errettet ihn der TREUE,
der auf alle seine Glieder achtet, 21
auch nicht eins von ihnen wird zerbrochen werden.

Das Böse bringt den Schurken um, 22
und die den Gerechten hassen, werden dafür büßen;
der TREUE löst das Leben seiner Knechte, 23
und nicht haben sie zu büßen, alle, die sich zu ihm flüchten.

Psalm 35

Von David.	לְדָוִד ׀
HERR, führe meine Sache wider meine Widersacher,	רִיבָה יְהוָה אֶת־יְרִיבַי
bekämpfe, die mich bekämpfen!	לְחַם אֶת־לֹחֲמָי׃
Ergreife Schild und Waffen	הַחֲזֵק מָגֵן וְצִנָּה
und mache dich auf, mir zu helfen!	וְקוּמָה בְּעֶזְרָתִי׃
Zücke Speer und Streitaxt	וְהָרֵק חֲנִית וּסְגֹר
wider meine Verfolger!	לִקְרַאת רֹדְפָי
Sprich zu mir:	אֱמֹר לְנַפְשִׁי
Ich bin deine Hilfe!	יְשֻׁעָתֵךְ אָנִי׃
Es sollen sich schämen und zum Spott werden,	יֵבֹשׁוּ וְיִכָּלְמוּ
die mir nach dem Leben trachten;	מְבַקְשֵׁי נַפְשִׁי
es sollen zurückweichen und zuschanden werden,	יִסֹּגוּ אָחוֹר וְיַחְפְּרוּ
die mein Unglück wollen.	חֹשְׁבֵי רָעָתִי׃
Sie sollen werden wie Spreu vor dem Winde,	יִהְיוּ כְּמֹץ לִפְנֵי־רוּחַ
und der Engel des HERRN stoße sie weg.	וּמַלְאַךְ יְהוָה דּוֹחֶה׃
Ihr Weg soll finster und schlüpfrig werden,	יְהִי־דַרְכָּם חֹשֶׁךְ וַחֲלַקְלַקּוֹת
und der Engel des HERRN verfolge sie.	וּמַלְאַךְ יְהוָה רֹדְפָם׃
Denn ohne Grund haben sie mir	כִּי־חִנָּם טָמְנוּ־לִי
ihr Netz gestellt,	שַׁחַת רִשְׁתָּם
ohne Grund mir eine Grube gegraben.	חִנָּם חָפְרוּ לְנַפְשִׁי׃
Unversehens soll ihn Unheil überfallen;	תְּבוֹאֵהוּ שׁוֹאָה לֹא־יֵדָע
sein Netz, das er gestellt hat, fange ihn selber,	וְרִשְׁתּוֹ אֲשֶׁר־טָמַן תִּלְכְּדוֹ
zum eigenen Unheil stürze er hinein.	בְּשׁוֹאָה יִפָּל־בָּהּ׃
Aber meine Seele soll sich freuen des HERRN	וְנַפְשִׁי תָּגִיל בַּיהוָה
und fröhlich sein über seine Hilfe.	תָּשִׂישׂ בִּישׁוּעָתוֹ׃

Von David. 1

Streit doch, TREUER, gegen sie, die streiten gegen mich,
bekämpfe sie, die mich bekämpfen,
ergreif den Schutzschild und den Setzschild, 2
und erheb dich doch, mir beizustehen,
und zücke Speer und Spitze 3
wider die, die mich verfolgen,
sprich zu meiner Seele:
„Deine Rettung, das bin ich!“

Beschämt und zuschanden werden sollen, 4
die mir nach dem Leben trachten,
rückwärts weichen sollen sie und schamrot werden,
die mein Unglück planen,
sie sollen wie die Spreu sein vor dem Wind, 5
und des TREUEN Engel stoße zu,
ihr Weg sei stockfinster und ganz schlüpfrig, 6
und des TREUEN Engel hinter ihnen her!

Denn grundlos haben sie vor mir versteckt 7
eine Grube für ihr Fangnetz,
grundlos haben sie für meine Seele eine Grube ausgegraben:
„Unversehens treffe das Verderben bei ihm ein!“ 8
Doch sein Netz, das er verborgen hat, das soll ihn selber fangen,
hinein in das Verderben soll er fallen –
meine Seele aber juble hell im TREUEN, 9
sie sei von Wonne voll in seiner Freiheit!

Psalm 35

Alle meine Gebeine sollen sagen:	כׇּל עַצְמוֹתַי ׀ תֹּאמַרְנָה
HERR, wer ist dir gleich?	יְהֹוָה מִי כָמוֹךָ
Der du den Elenden rettest vor dem, der ihm zu stark ist,	מַצִּיל עָנִי מֵחָזָק מִמֶּנּוּ
und den Elenden und Armen vor seinen Räubern.	וְעָנִי וְאֶבְיוֹן מִגֹּזְלוֹ׃
Es treten falsche Zeugen auf;	יְקוּמוּן עֵדֵי חָמָס
sie fordern von mir, wovon ich nichts weiß.	אֲשֶׁר לֹא־יָדַעְתִּי יִשְׁאָלוּנִי׃
Sie vergelten mir Gutes mit Bösem,	יְשַׁלְּמוּנִי רָעָה תַּחַת טוֹבָה
um mich in Herzeleid zu bringen.	שְׁכוֹל לְנַפְשִׁי׃

Ich aber zog einen Sack an, wenn sie krank waren,	וַאֲנִי ׀ בַּחֲלוֹתָם לְבוּשִׁי שָׂק
tat mir wehe mit Fasten	עִנֵּיתִי בַצּוֹם נַפְשִׁי
und betete immer wieder von Herzen.	וּתְפִלָּתִי עַל־חֵיקִי תָשׁוּב׃
Als wäre es mein Freund und Bruder,	כְּרֵעַ־כְּאָח לִי
so ging ich einher; wie einer Leid trägt über seine Mutter,	הִתְהַלָּכְתִּי כַּאֲבֶל־אֵם
so beugte ich mich in Trauer.	קֹדֵר שַׁחוֹתִי׃
Sie aber freuen sich, wenn ich wanke, und rotten sich zusammen;	וּבְצַלְעִי שָׂמְחוּ וְנֶאֱסָפוּ
sie rotten sich heimlich	נֶאֶסְפוּ עָלַי

zum Schlag wider mich,	נֵכִים וְלֹא יָדַעְתִּי
sie lästern und hören nicht auf.	קָרְעוּ וְלֹא־דָמּוּ׃
Sie lästern und spotten immerfort	בְּחַנְפֵי לַעֲגֵי מָעוֹג
und knirschen wider mich mit ihren Zähnen.	חָרֹק עָלַי שִׁנֵּימוֹ׃
HERR, wie lange willst du zusehen?	אֲדֹנָי כַּמָּה תִּרְאֶה
Errette doch meine Seele vor ihrem Unheil,	הָשִׁיבָה נַפְשִׁי מִשֹּׁאֵיהֶם
mein Leben vor den jungen Löwen!	מִכְּפִירִים יְחִידָתִי׃
Ich will dir danken in großer Gemeinde;	אוֹדְךָ בְּקָהָל רָב
unter vielem Volk will ich dich rühmen.	בְּעַם עָצוּם אֲהַלְלֶךָּ׃

Alle meine Glieder sollen sprechen: 10
„Wer, du TREUER, ist wie du?
Der den Elenden von dem, der stärker ist als er, befreit,
und den, der verarmt ins Elend kam, von seinem Räuber.“
Da stehen mörderische Zeugen auf, 11
sie fordern von mir Auskunft über das, was ich nicht weiß,
sie vergelten mir mit Bösem Gutes – 12
einsam und verlassen meine Seele!

Dabei kam für mich, als sie erkrankten, zur Kleidung nur der Sack in Frage, 13
mit Fasten habe ich mich abgequält,
und mein Gebet schlägt so auf meine Brust zurück,
als gehe es um meinen Freund, um meinen Bruder; 14
umhergegangen bin ich wie in Trauer um die Mutter,
tief gebeugt, bin ich in Schwarz dahergekommen –
aber über meinen Sturz, da konnten sie sich freuen, und sie taten sich zu zusammen, 15
sie taten sich zusammen gegen mich!

Schläger, ohne dass ich eine Ahnung davon hatte,
zerrissen haben sie und hörten nicht mehr auf,
wie man ruchlos über einen Krüppel lacht, 16
ist ihr Zähnefletschen gegen mich –
Herr, wie lange siehst du dir das an? 17
Bring meine Seele doch in Sicherheit vor ihrem Wüten,
mein Ein und Alles vor den jungen Löwen!
Ich will dir danken in der Festgemeinde, 18
im dicht gedrängten Gottesvolk will ich dich dafür loben!

Psalm 35

Lass sich nicht über mich freuen, die mir zu Unrecht Feind sind;	אַל־יִשְׂמְחוּ־לִי אֹיְבַי שֶׁקֶר
lass nicht mit den Augen spotten, die mich ohne Grund	שֹׂנְאַי חִנָּם יִקְרְצוּ־עָיִן׃
Denn sie reden nicht, was zum Frieden dient, [hassen!	כִּי לֹא שָׁלוֹם יְדַבֵּרוּ
und ersinnen falsche Anklagen	וְעַל רִגְעֵי־אֶרֶץ
wider die Stillen im Lande.	דִּבְרֵי מִרְמוֹת יַחֲשֹׁבוּן׃
Sie sperren das Maul weit auf wider mich	וַיַּרְחִיבוּ עָלַי פִּיהֶם
und sprechen: „Da, da,	אָמְרוּ הֶאָח ׀ הֶאָח
wir haben es gesehen!“	רָאֲתָה עֵינֵינוּ׃
HERR, du hast es gesehen, schweige nicht;	רָאִיתָה יְהוָה אַל־תֶּחֱרַשׁ
HERR, sei nicht ferne von mir!	אֲדֹנָי אַל־תִּרְחַק מִמֶּנִּי׃
Wache auf, werde wach, mir Recht zu schaffen	הָעִירָה וְהָקִיצָה לְמִשְׁפָּטִי
und meine Sache zu führen, mein Gott und Herr!	אֱלֹהַי וַאדֹנָי לְרִיבִי׃
HERR, mein Gott, verhilf mir zum Recht nach deiner	שָׁפְטֵנִי כְצִדְקְךָ יְהוָה אֱלֹהָי
dass sie sich nicht über mich freuen. [Gerechtigkeit,	וְאַל־יִשְׂמְחוּ־לִי׃
Lass sie nicht sagen in ihrem Herzen: “Da, da! Das wollten	אַל־יֹאמְרוּ בְלִבָּם הֶאָח נַפְשֵׁנוּ
Lass sie nicht sagen: „Wir haben ihn verschlungen.“ [wir.“	אַל־יֹאמְרוּ בִּלַּעֲנוּהוּ׃
Sie sollen sich schämen und zuschanden werden,	יֵבֹשׁוּ וְיַחְפְּרוּ ׀ יַחְדָּו
alle, die sich meines Unglücks freuen;	שְׂמֵחֵי רָעָתִי
sie sollen in Schmach und Schande sich kleiden,	יִלְבְּשׁוּ־בֹשֶׁת וּכְלִמָּה
die sich wider mich rühmen.	הַמַּגְדִּילִים עָלָי׃
Jubeln und freuen sollen sich,	יָרֹנּוּ וְיִשְׂמְחוּ
die mir gönnen, dass ich recht behalte,	חֲפֵצֵי צִדְקִי
und immer sagen: Der HERR sei hoch gelobt,	וְיֹאמְרוּ תָמִיד יִגְדַּל יְהוָה
der seinem Knecht so wohl will!	הֶחָפֵץ שְׁלוֹם עַבְדּוֹ׃
Und meine Zunge soll reden von deiner Gerechtigkeit	וּלְשׁוֹנִי תֶּהְגֶּה צִדְקֶךָ
und dich täglich preisen.	כָּל־הַיּוֹם תְּהִלָּתֶךָ׃

Sie sollen sich nicht freuen über mich, meine Feinde, voll von Falschheit, 19
die mich grundlos hassen, mit den Augen zwinkern;
denn sie reden nicht, was Frieden bringt, 20
nicht einmal vor denen, die sich im Lande still verhalten!
Betrügereien denken sie sich aus,
und dabei haben sie ihr Maul weit aufgerissen gegen mich, 21
sie sprachen Hohn: „Haha! Haha!
Mit eigenen Augen haben wir's gesehen!"

Du hast das gesehen, TREUER, schweig dazu nicht, 22
Herr, halte dich nicht von mir fern,
erwache doch und wache für mein Recht doch auf, 23
mein Gott und Herr, zu meinem Rechtsstreit!
Verschaffe mir mein Recht nach deiner Gerechtigkeit, du TREUER, du mein Gott, 24
dass sie sich über mich nicht freuen können,
sich nicht sagen können: „Haha! Für uns ein gefundenes Fressen!", 25
nicht sagen: „Endlich haben wir ihn nun verschlungen!"

Schämen sollen sie sich und erröten miteinander, 26
die an meinem Unglück Freude haben,
anziehen sollen Scham und Schande,
die sich gegen mich aufspielen!
Jubeln und sich freuen sollen, 27
die an meiner gerechten Sache ihre Freude haben,
und sie sollen immer sagen: „Groß ist der TREUE,
der seine Freude hat am Frieden seines Knechtes!"

Und meine Zunge spricht bewegt von deiner Gerechtigkeit, 28
den ganzen Tag von deinem Ruhm.

Psalm 36

Von David, dem Knecht des HERRN,	לַמְנַצֵּחַ ׀
vorzusingen.	לְעֶבֶד־יְהוָה לְדָוִד׃

Es sinnen die Übertreter auf gottloses Treiben	נְאֻם־פֶּשַׁע לָרָשָׁע
im Grund ihres Herzens.	בְּקֶרֶב לִבִּי
Es ist keine Gottesfurcht	אֵין־פַּחַד אֱלֹהִים
bei ihnen.	לְנֶגֶד עֵינָיו׃
Und doch hat Gott den Weg vor ihnen geebnet,	כִּי־הֶחֱלִיק אֵלָיו בְּעֵינָיו
um ihre Schuld aufzufinden und zu hassen.	לִמְצֹא עֲוֹנוֹ לִשְׂנֹא׃
Alle ihre Worte sind falsch und erlogen,	דִּבְרֵי־פִיו אָוֶן וּמִרְמָה
verständig und gut handeln sie nicht mehr.	חָדַל לְהַשְׂכִּיל לְהֵיטִיב׃
Sie trachten auf ihrem Lager nach Schaden	אָוֶן ׀ יַחְשֹׁב עַל־מִשְׁכָּבוֹ
und stehen fest auf	יִתְיַצֵּב עַל־דֶּרֶךְ
dem bösen Weg	לֹא־טוֹב
und scheuen kein Arges.	רָע לֹא יִמְאָס׃
HERR, deine Güte reicht, so weit der Himmel ist,	יְהוָה בְּהַשָּׁמַיִם חַסְדֶּךָ
und deine Wahrheit, so weit die Wolken gehen.	אֱמוּנָתְךָ עַד־שְׁחָקִים׃
Deine Gerechtigkeit steht wie die Berge Gottes	צִדְקָתְךָ ׀ כְּהַרְרֵי־אֵל
und dein Recht wie die große Tiefe.	מִשְׁפָּטְךָ תְּהוֹם רַבָּה
HERR, du hilfst	אָדָם־וּבְהֵמָה
Menschen und Tieren.	תוֹשִׁיעַ יְהוָה׃
Wie köstlich ist deine Güte, Gott,	מַה־יָּקָר חַסְדְּךָ אֱלֹהִים
dass Menschenkinder unter dem Schatten deiner Flügel [Zuflucht haben!	וּבְנֵי אָדָם בְּצֵל כְּנָפֶיךָ יֶחֱסָיוּן׃
Sie werden satt von den reichen Gütern deines Hauses,	יִרְוְיֻן מִדֶּשֶׁן בֵּיתֶךָ
und du tränkst sie mit Wonne wie mit einem Strom.	וְנַחַל עֲדָנֶיךָ תַשְׁקֵם׃
Denn bei dir ist die Quelle des Lebens,	כִּי־עִמְּךָ מְקוֹר חַיִּים
und in deinem Lichte sehen wir das Licht.	בְּאוֹרְךָ נִרְאֶה־אוֹר׃
Breite deine Güte über die, die dich kennen,	מְשֹׁךְ חַסְדְּךָ לְיֹדְעֶיךָ
und deine Gerechtigkeit über die Frommen.	וְצִדְקָתְךָ לְיִשְׁרֵי־לֵב׃
Lass mich nicht kommen unter den Fuß der Stolzen,	אַל־תְּבוֹאֵנִי רֶגֶל גַּאֲוָה
und die Hand der Gottlosen vertreibe mich nicht!	וְיַד־רְשָׁעִים אַל־תְּנִדֵנִי׃
Sieh da, sie sind gefallen, die Übeltäter,	שָׁם נָפְלוּ פֹּעֲלֵי אָוֶן
sind gestürzt und können nicht wieder aufstehen.	דֹּחוּ וְלֹא־יָכְלוּ קוּם׃

Für den Chorleiter. 1
Vom Knecht des TREUEN, von David.

Raunt der Frevel doch dem Schurken zu, 2
mittendrin in meinem Herzen:
„Kein Erschrecken gibt's vor Gott!" –
jedenfalls in seinen Augen;
denn mit seinen Augen hat er ihm geschmeichelt, 3
seiner Sünde nachzugehen, Hass zu pflegen.

So sind die Worte seines Mundes Lug und Trug, 4
er hat es aufgegeben, sich vernünftig und anständig zu verhalten;
Unheil brütet er auf seinem Lager aus, 5
er stellt sich auf einen Weg,
der ist nicht gut,
Böses macht ihm nichts mehr aus.

TREUER, deine Güte rührt den Himmel an, 6
und deine Treue reicht bis zu den Wolken,
dein gerechtes Handeln gleicht den Gottesbergen, 7
und dein Gericht der großen Urflut;
Mensch und Vieh
befreist du, TREUER.

Gott, wie kostbar ist doch deine Güte, 8
dass Menschen sich im Schatten deiner Flügel bergen können;
sie können sich an fetten Speisen deines Hauses laben, 9
und mit dem Bache deiner Wonnen tränkst du sie –
denn bei dir ist die Quelle des Lebens, 10
und in deinem Licht, da sehen wir das Licht.

Lass deine Güte für die dauern, die dich kennen, 11
und dein gerechtes Handeln für die, die von Herzen redlich sind;
kein stolzer Fuß soll über meine Schwelle kommen, 12
und mich soll keine Schurkenhand vertreiben –
dort sind die Übeltäter schon längst hingefallen, 13
sie wurden ja gestürzt, und sie vermochten nicht mehr aufzustehen.

Psalm 37 Von David.	לְדָוִד ׀

Entrüste dich nicht über die Bösen,	אַל־תִּתְחַר בַּמְּרֵעִים
sei nicht neidisch auf die Übeltäter.	אַל־תְּקַנֵּא בְּעֹשֵׂי עַוְלָה׃
Denn wie das Gras werden sie bald verdorren,	כִּי כֶחָצִיר מְהֵרָה יִמָּלוּ
und wie das grüne Kraut werden sie verwelken.	וּכְיֶרֶק דֶּשֶׁא יִבּוֹלוּן׃

Hoffe auf den HERRN und tu Gutes,	בְּטַח בַּיהוָה וַעֲשֵׂה־טוֹב
bleibe im Lande und nähre dich redlich.	שְׁכָן־אֶרֶץ וּרְעֵה אֱמוּנָה׃
Habe deine Lust am HERRN;	וְהִתְעַנַּג עַל־יְהוָה
der wird dir geben, was dein Herz wünscht.	וְיִתֶּן־לְךָ מִשְׁאֲלֹת לִבֶּךָ׃

Befiehl dem HERRN deine Wege	גּוֹל עַל־יְהוָה דַּרְכֶּךָ
und hoffe auf ihn, er wird's wohlmachen	וּבְטַח עָלָיו וְהוּא יַעֲשֶׂה׃
und wird deine Gerechtigkeit heraufführen wie das Licht	וְהוֹצִיא כָאוֹר צִדְקֶךָ
und dein Recht wie den Mittag.	וּמִשְׁפָּטֶךָ כַּצָּהֳרָיִם׃

Sei stille dem HERRN	דּוֹם ׀ לַיהוָה
und warte auf ihn.	וְהִתְחוֹלֵל לוֹ
Entrüste dich nicht über den, dem es gut geht,	אַל־תִּתְחַר בְּמַצְלִיחַ דַּרְכּוֹ
der seinen Mutwillen treibt.	בְּאִישׁ עֹשֶׂה מְזִמּוֹת׃

Steh ab vom Zorn und lass deinen Grimm,	הֶרֶף מֵאַף וַעֲזֹב חֵמָה
entrüste dich nicht, damit du nicht Unrecht tust.	אַל־תִּתְחַר אַךְ־לְהָרֵעַ׃
Denn die Bösen werden ausgerottet;	כִּי־מְרֵעִים יִכָּרֵתוּן
die aber des HERRN harren, werden das Land erben.	וְקֹוֵי יְהוָה הֵמָּה יִירְשׁוּ־אָרֶץ׃

Noch eine kleine Zeit, so ist der Gottlose nicht mehr da;	וְעוֹד מְעַט וְאֵין רָשָׁע
und wenn du nach seiner Stätte siehst, ist er weg.	וְהִתְבּוֹנַנְתָּ עַל־מְקוֹמוֹ וְאֵינֶנּוּ׃
Aber die Elenden werden das Land erben	וַעֲנָוִים יִירְשׁוּ־אָרֶץ
und ihre Freude haben an großem Frieden.	וְהִתְעַנְּגוּ עַל־רֹב שָׁלוֹם׃

Der Gottlose droht dem Gerechten	זֹמֵם רָשָׁע לַצַּדִּיק
und knirscht mit seinen Zähnen wider ihn.	וְחֹרֵק עָלָיו שִׁנָּיו׃
Aber der HERR lacht seiner;	אֲדֹנָי יִשְׂחַק־לוֹ
denn er sieht, dass sein Tag kommt.	כִּי־רָאָה כִּי־יָבֹא יוֹמוֹ׃

Die Gottlosen ziehen das Schwert	חֶרֶב ׀ פָּתְחוּ רְשָׁעִים
und spannen ihren Bogen,	וְדָרְכוּ קַשְׁתָּם
dass sie fällen den Elenden und Armen	לְהַפִּיל עָנִי וְאֶבְיוֹן
und morden die Frommen.	לִטְבוֹחַ יִשְׁרֵי־דָרֶךְ׃
Aber ihr Schwert wird in ihr eigenes Herz dringen,	חַרְבָּם תָּבוֹא בְלִבָּם
und ihr Bogen wird zerbrechen.	וְקַשְּׁתוֹתָם תִּשָּׁבַרְנָה׃

Das Wenige, das ein Gerechter hat, ist besser	טוֹב־מְעַט לַצַּדִּיק
als der Überfluss vieler Gottloser.	מֵהֲמוֹן רְשָׁעִים רַבִּים׃
Denn der Gottlosen Arm wird zerbrechen,	כִּי זְרוֹעוֹת רְשָׁעִים תִּשָּׁבַרְנָה
aber der HERR erhält die Gerechten.	וְסוֹמֵךְ צַדִּיקִים יְהוָה׃

Der HERR kennt die Tage der Frommen,	יוֹדֵעַ יְהוָה יְמֵי תְמִימִם
und ihr Gut wird ewiglich bleiben.	וְנַחֲלָתָם לְעוֹלָם תִּהְיֶה׃
Sie werden nicht zuschanden in böser Zeit,	לֹא־יֵבֹשׁוּ בְּעֵת רָעָה
und in der Hungersnot werden sie genug haben.	וּבִימֵי רְעָבוֹן יִשְׂבָּעוּ׃

Denn die Gottlosen werden umkommen;	כִּי רְשָׁעִים ׀ יֹאבֵדוּ
und die Feinde des HERRN,	וְאֹיְבֵי יְהוָה
wenn sie auch sind wie prächtige Auen, werden sie doch vergehen,	כִּיקַר כָּרִים כָּלוּ
wie der Rauch vergeht.	בֶעָשָׁן כָּלוּ׃

Von David. **37**

Rege dich nicht über die Verbrecher auf,
ereifere dich gegen Übeltäter nicht;
denn wie Gras so schnell verwelken sie, 2
und wie grünes Kraut verdorren sie.

Vertraue auf den TREUEN und tu Gutes, 3
wohne im Land und übe Treue;
so wirst du dich am TREUEN innig freuen, 4
und der wird dir geben, was dein Herz begehrt.

Überlass dem TREUEN deinen Weg, 5
und vertraue auf ihn, er, ja er wird handeln;
und deine Gerechtigkeit bringt er wie das Licht hervor, 6
und wie den Mittagsglanz dein Recht.

Halt vor dem TREUEN still 7
und erwarte ihn geduldig;
rege dich nicht über einen auf, der seines Glückes Schmied ist,
über einen Ränkeschmied.

Geh ab vom Zorn und lass die Wut zurück, 8
rege dich nicht auf, das führt doch nur zur bösen Tat;
denn die Verbrecher werden ausgerottet werden, 9
aber die gespannt sind auf den TREUEN, diese werden das Land erben.

Und nur noch eine kleine Weile, und kein Schurke ist mehr da, 10
und du siehst dich um auf seinem Platz, und von ihm ist nichts mehr da;
die aber auf Gewalt verzichten, werden das Land erben, 11
und innig werden sie sich freuen an dem großen Frieden.

Es sinnt der Schurke Arges gegen den Gerechten, 12
und mit seinen Zähnen knirscht er gegen ihn;
über jenen lacht der Herr, 13
hat er doch längst gesehen: Sein Tag kommt.

Die Schurken haben schon das Schwert gezückt, 14
und ihren Bogen haben sie gespannt,
zu fällen den, der elend ist und arm,
zu schlachten die, die ihren Weg aufrichtig gehen;
ihr Schwert dringt in ihr eigenes Herz, 15
und zerbrochen werden ihre Bogen.

Das Wenige bei den Gerechten, das ist mehr 16
als das Aufgehäufte vieler Schurken;
denn zerbrochen werden ja der Schurken Arme, 17
und der die Gerechten stützt, das ist der TREUE.

Der TREUE kennt den Tageslauf der Frommen, 18
und deren Erbteil hat in Ewigkeit Bestand;
sie werden nicht zuschanden in der Unglückszeit, 19
und in Hungertagen werden sie gesättigt.

Jedoch die Schurken werden untergehen 20
und die in Feindschaft leben mit dem TREUEN;
wie die Pracht der Auen sind sie dann vergangen,
sind sie dann im Rauch vergangen.

Psalm 37

Der Gottlose muss borgen und bezahlt nicht,	לֹוֶה רָשָׁע וְלֹא יְשַׁלֵּם
aber der Gerechte ist barmherzig und kann geben.	וְצַדִּיק חוֹנֵן וְנוֹתֵן׃
Denn die Gesegneten des HERRN erben das Land;	כִּי מְבֹרָכָיו יִירְשׁוּ אָרֶץ
aber die er verflucht, werden ausgerottet.	וּמְקֻלָּלָיו יִכָּרֵתוּ׃
Von dem HERRN kommt es, wenn eines Mannes Schritte fest [werden,	מֵיְהוָה מִצְעֲדֵי־גֶבֶר כּוֹנָנוּ
und er hat Gefallen an seinem Wege.	וְדַרְכּוֹ יֶחְפָּץ׃
Fällt er, so stürzt er doch nicht;	כִּי־יִפֹּל לֹא־יוּטָל
denn der HERR hält ihn fest an der Hand.	כִּי־יְהוָה סוֹמֵךְ יָדוֹ׃
Ich bin jung gewesen und alt geworden	נַעַר הָיִיתִי גַּם־זָקַנְתִּי
und habe noch nie den Gerechten verlassen gesehen	וְלֹא־רָאִיתִי צַדִּיק נֶעֱזָב
und seine Kinder um Brot betteln.	וְזַרְעוֹ מְבַקֶּשׁ־לָחֶם׃
Er ist allezeit barmherzig und leiht gerne,	כָּל־הַיּוֹם חוֹנֵן וּמַלְוֶה
und sein Geschlecht wird zum Segen sein.	וְזַרְעוֹ לִבְרָכָה׃
Lass ab vom Bösen und tu Gutes,	סוּר מֵרָע וַעֲשֵׂה־טוֹב
so bleibst du wohnen immerdar.	וּשְׁכֹן לְעוֹלָם׃
Denn der HERR hat das Recht lieb	כִּי יְהוָה אֹהֵב מִשְׁפָּט
und verlässt seine Heiligen nicht.	וְלֹא־יַעֲזֹב אֶת־חֲסִידָיו
Ewiglich werden sie bewahrt,	לְעוֹלָם נִשְׁמָרוּ
aber das Geschlecht der Gottlosen wird ausgerottet.	וְזֶרַע רְשָׁעִים נִכְרָת׃
Die Gerechten werden das Land ererben	צַדִּיקִים יִירְשׁוּ־אָרֶץ
und darin wohnen allezeit.	וְיִשְׁכְּנוּ לָעַד עָלֶיהָ׃
Der Mund des Gerechten redet Weisheit,	פִּי־צַדִּיק יֶהְגֶּה חָכְמָה
und seine Zunge lehrt das Recht.	וּלְשׁוֹנוֹ תְּדַבֵּר מִשְׁפָּט׃
Das Gesetz seines Gottes ist in seinem Herzen;	תּוֹרַת אֱלֹהָיו בְּלִבּוֹ
seine Tritte gleiten nicht.	לֹא תִמְעַד אֲשֻׁרָיו׃
Der Gottlose lauert dem Gerechten auf	צוֹפֶה רָשָׁע לַצַּדִּיק
und gedenkt, ihn zu töten.	וּמְבַקֵּשׁ לַהֲמִיתוֹ׃
Aber der HERR lässt ihn nicht in seinen Händen	יְהוָה לֹא־יַעַזְבֶנּוּ בְיָדוֹ
und lässt ihn vor Gericht nicht zum Schuldigen werden.	וְלֹא יַרְשִׁיעֶנּוּ בְּהִשָּׁפְטוֹ׃
Harre auf den HERRN	קַוֵּה אֶל־יְהוָה
und halte dich auf seinem Weg,	וּשְׁמֹר דַּרְכּוֹ
so wird er dich erhöhen, dass du das Land erbest;	וִירוֹמִמְךָ לָרֶשֶׁת אָרֶץ
du wirst es sehen, dass die Gottlosen ausgerottet werden.	בְּהִכָּרֵת רְשָׁעִים תִּרְאֶה׃
Ich sah einen Gottlosen, der pochte auf Gewalt	רָאִיתִי רָשָׁע עָרִיץ
und machte sich breit und grünte wie eine Zeder.	וּמִתְעָרֶה כְּאֶזְרָח רַעֲנָן׃
Dann kam ich wieder vorbei; siehe, da war er dahin.	וַיַּעֲבֹר וְהִנֵּה אֵינֶנּוּ
Ich fragte nach ihm; doch ward er nirgends gefunden.	וָאֲבַקְשֵׁהוּ וְלֹא נִמְצָא׃
Bleibe fromm und halte dich recht;	שְׁמָר־תָּם וּרְאֵה יָשָׁר
denn einem solchen wird es zuletzt gut gehen.	כִּי־אַחֲרִית לְאִישׁ שָׁלוֹם׃
Die Übertreter aber werden miteinander vertilgt,	וּפֹשְׁעִים נִשְׁמְדוּ יַחְדָּו
und die Gottlosen werden zuletzt ausgerottet.	אַחֲרִית רְשָׁעִים נִכְרָתָה׃
Aber der HERR hilft den Gerechten,	וּתְשׁוּעַת צַדִּיקִים מֵיְהוָה
er ist ihre Stärke in der Not.	מָעוּזָּם בְּעֵת צָרָה׃
Und der HERR wird ihnen beistehen und sie erretten;	וַיַּעְזְרֵם יְהוָה וַיְפַלְּטֵם
er wird sie von den Gottlosen erretten und ihnen helfen;	יְפַלְּטֵם מֵרְשָׁעִים וְיוֹשִׁיעֵם
denn sie trauen auf ihn.	כִּי־חָסוּ בוֹ׃

Der Schurke macht stets Schulden, und dann zahlt er nicht zurück, 21
dagegen der Gerechte gönnt und gibt;
ja, die von ihm Gesegneten, die werden das Land erben, 22
die von ihm Verfluchten aber werden ausgerottet werden.

Sind die Schritte eines Mannes festgelegt vom TREUEN, 23
so wird er an seinem Wege Freude haben;
fällt er auch, er schlägt nicht hin, 24
denn der TREUE stützt beständig seine Hand.

Jung bin ich gewesen, bin auch alt geworden, 25
doch sah ich den Gerechten nie verlassen
und seinen Nachwuchs um Brot betteln;
den ganzen Tag lang gönnt und leiht er, 26
und sein Nachwuchs wird zum Segen.

Lass vom Bösen ab und tu doch Gutes, 27
und so wohne ohne Ende;
liebt der TREUE doch das Recht, 28
und seine Getreuen, die verlässt er nicht.

Auf ewig sind sie ja behütet,
doch der Schurken Nachwuchs ist schon ausgerottet;
die Gerechten werden das Land erben, 29
und für immer wohnen sie darauf.

Des Gerechten Mund, der buchstabiert die Weisheit, 30
und seine Zunge, die spricht Recht;
im Herzen seines Gottes Weisung, 31
kommen seine Schritte nicht ins Wanken.

Der Schurke lauert dem Gerechten auf, 32
und er trachtet danach, ihn zu töten;
der TREUE aber lässt ihn nicht zurück in dessen Hand, 33
und er lässt, wenn über ihn entschieden wird, nicht zu, dass man ihn aburteilt.

Auf den TREUEN sei gespannt 34
und bewahre seinen Weg;
und erhöhen wird er dich, das Land zu erben,
du wirst sehen, wie die Schurken ausgerottet werden.

Einen Schurken, trotzig, habe ich gesehen, 35
und er spreizte sich, als wäre er erst frisch ein freier Bürger;
und man ging vorbei, und siehe, nichts von ihm zu sehen, 36
und ich suchte ihn, doch war er nicht zu finden.

Gib acht auf den Frommen und beachte den Aufrechten, 37
denn eine Zukunft hat der Mann des Friedens;
doch samt und sonders ausgetilgt sind die Verbrecher, 38
der Schurken Zukunft, die ist abgeschnitten.

Aber der Gerechten Heil kommt von dem TREUEN, 39
er ist ihre Zuflucht in der Zeit der Not;
und der TREUE, der zu ihnen stand und sie befreite, 40
er wird sie auch befreien von den Schurken und sie in die Weite führen –
haben sie sich doch in ihm geborgen.

Psalm 38 Ein Psalm Davids, zum Gedenkopfer. מִזְמוֹר לְדָוִד לְהַזְכִּיר׃

HERR, strafe mich nicht in deinem Zorn	יְהוָה אַל־בְּקֶצְפְּךָ תוֹכִיחֵנִי
und züchtige mich nicht in deinem Grimm!	וּבַחֲמָתְךָ תְיַסְּרֵנִי׃
Denn deine Pfeile stecken in mir,	כִּי־חִצֶּיךָ נִחֲתוּ בִי
und deine Hand drückt mich. [Drohens	וַתִּנְחַת עָלַי יָדֶךָ׃
Es ist nichts Gesundes an meinem Leibe wegen deines	אֵין־מְתֹם בִּבְשָׂרִי מִפְּנֵי זַעְמֶךָ
und ist nichts Heiles an meinen Gebeinen wegen	אֵין־שָׁלוֹם בַּעֲצָמַי מִפְּנֵי חַטָּאתִי׃
Denn meine Sünden gehen über mein Haupt; [meiner Sünde.	כִּי עֲוֺנֹתַי עָבְרוּ רֹאשִׁי
wie eine schwere Last sind sie mir zu schwer geworden.	כְּמַשָּׂא כָבֵד יִכְבְּדוּ מִמֶּנִּי׃
Meine Wunden stinken und eitern	הִבְאִישׁוּ נָמַקּוּ חַבּוּרֹתָי
um meiner Torheit willen.	מִפְּנֵי אִוַּלְתִּי׃
Ich gehe krumm und sehr gebückt;	נַעֲוֵיתִי שַׁחֹתִי עַד־מְאֹד
den ganzen Tag gehe ich traurig einher.	כָּל־הַיּוֹם קֹדֵר הִלָּכְתִּי׃
Denn meine Lenden sind ganz verdorrt;	כִּי־כְסָלַי מָלְאוּ נִקְלֶה
es ist nichts Gesundes an meinem Leibe.	וְאֵין מְתֹם בִּבְשָׂרִי׃
Ich bin matt geworden und ganz zerschlagen;	נְפוּגוֹתִי וְנִדְכֵּיתִי עַד־מְאֹד
ich schreie vor Unruhe meines Herzens.	שָׁאַגְתִּי מִנַּהֲמַת לִבִּי׃
Herr, du kennst all mein Begehren,	אֲדֹנָי נֶגְדְּךָ כָל־תַּאֲוָתִי
und mein Seufzen ist dir nicht verborgen.	וְאַנְחָתִי מִמְּךָ לֹא־נִסְתָּרָה׃
Mein Herz erbebt, meine Kraft hat mich verlassen,	לִבִּי סְחַרְחַר עֲזָבַנִי כֹחִי
und das Licht meiner Augen ist auch dahin.	וְאוֹר־עֵינַי גַּם־הֵם אֵין אִתִּי׃
Meine Lieben und Freunde scheuen zurück vor meiner	אֹהֲבַי ׀ וְרֵעַי מִנֶּגֶד נִגְעִי יַעֲמֹדוּ
und meine Nächsten halten sich ferne. [Plage,	וּקְרוֹבַי מֵרָחֹק עָמָדוּ׃
Die mir nach dem Leben trachten, stellen mir nach;	וַיְנַקְשׁוּ ׀ מְבַקְשֵׁי נַפְשִׁי
und die mein Unglück suchen, bereden, wie sie mir schaden;	וְדֹרְשֵׁי רָעָתִי דִּבְּרוּ הַוּוֹת
sie sinnen auf Trug den ganzen Tag.	וּמִרְמוֹת כָּל־הַיּוֹם יֶהְגּוּ׃
Ich bin wie taub und höre nicht,	וַאֲנִי כְחֵרֵשׁ לֹא אֶשְׁמָע
und wie ein Stummer, der seinen Mund nicht auftut.	וּכְאִלֵּם לֹא יִפְתַּח־פִּיו׃
Ich muss sein wie einer, der nicht hört	וָאֱהִי כְּאִישׁ אֲשֶׁר לֹא־שֹׁמֵעַ
und keine Widerrede in seinem Munde hat.	וְאֵין בְּפִיו תּוֹכָחוֹת׃
Aber ich harre, HERR, auf dich;	כִּי־לְךָ יְהוָה הוֹחָלְתִּי
du, Herr, mein Gott, wirst erhören.	אַתָּה תַעֲנֶה אֲדֹנָי אֱלֹהָי׃
Denn ich denke: Dass sie sich ja nicht über mich freuen! [mich.	כִּי־אָמַרְתִּי פֶּן־יִשְׂמְחוּ־לִי
Wenn mein Fuß wankte, würden sie sich hoch rühmen wider	בְּמוֹט רַגְלִי עָלַי הִגְדִּילוּ׃
Denn ich bin dem Fallen nahe,	כִּי־אֲנִי לְצֶלַע נָכוֹן
und mein Schmerz ist immer vor mir.	וּמַכְאוֹבִי נֶגְדִּי תָמִיד׃
So bekenne ich denn meine Missetat	כִּי־עֲוֺנִי אַגִּיד
und sorge mich wegen meiner Sünde.	אֶדְאַג מֵחַטָּאתִי׃
Aber meine Feinde leben und sind mächtig;	וְאֹיְבַי חַיִּים עָצֵמוּ
die mich zu Unrecht hassen, derer sind viele.	וְרַבּוּ שֹׂנְאַי שָׁקֶר׃
Die mir Gutes mit Bösem vergelten,	וּמְשַׁלְּמֵי רָעָה תַּחַת טוֹבָה
feinden mich an, weil ich mich an das Gute halte.	יִשְׂטְנוּנִי תַּחַת רדופי־טוֹב׃
Verlass mich nicht, HERR,	אַל־תַּעַזְבֵנִי יְהוָה
mein Gott, sei nicht ferne von mir!	אֱלֹהַי אַל־תִּרְחַק מִמֶּנִּי׃
Eile, mir beizustehen,	חוּשָׁה לְעֶזְרָתִי
HERR, du meine Hilfe!	אֲדֹנָי תְּשׁוּעָתִי׃

Ein Psalm Davids. Zum Gedenken. **38**

Du TREUER, strafe mich doch nicht in deinem Zorn 2
und züchtige mich nicht in deinem Grimm!
Deine Pfeile sind ja in mich eingedrungen, 3
und deine Hand fuhr schwer auf mich herab;
kein heiler Fleck mehr ist an meinem Leibe wegen deines Zorns, 4
kein Wohlgefühl ist mehr in meinen Gliedern wegen meiner Sünde,
denn meine Sündenstrafen, die sind mir über den Kopf gewachsen, 5
wie eine schwere Bürde werden sie zu schwer für mich.

Zu stinken und zu eitern haben meine Wunden angefangen 6
wegen meines törichten Verhaltens,
tief bin ich gekrümmt, gebeugt, 7
in Trauer komme ich die ganze Zeit daher;
ja, meine Muskeln, die sind überall entzündet, 8
und kein heiler Fleck mehr ist an meinem Leibe,
ganz erschlafft bin ich und arg zerschlagen, 9
vor Herzklopfen fing ich an zu schreien.

Herr, vor Augen steht dir all mein Sehnen, 10
und mein Stöhnen, vor dir ist es nicht verborgen,
mein Herz hat pausenlos gepocht, verlassen hat mich meine Kraft, 11
und mein Augenlicht – auch sie, die Augen selbst – geht mir verloren;
meine Lieben, meine Freunde, abseits stehen sie von meiner Plage, 12
und die mir nahe stehen, Abstand haben sie genommen,
und die mir nach dem Leben trachten, haben Schlingen ausgelegt, 13
und die mein Unglück suchen, haben Worte in die Welt gesetzt zu meinem Schaden,
und Verlogenes erdichten sie die ganze Zeit.

Ich aber, wie ein Tauber, höre einfach nicht, 14
und wie ein Stummer bin ich, der den Mund nicht aufmacht,
und so bin ich wie ein Mensch geworden, der nichts hört 15
und in dessen Mund sich keine Gegenklagen finden;
habe ich, du TREUER, meine Hoffnung doch auf dich gerichtet, 16
du, ja du wirst Antwort geben, Herr, mein Gott,
habe ich mir doch gesagt: „Dass sie sich nur nicht freuen über mich, 17
die sich beim Straucheln meines Fußes über mich erhoben haben!“

Ja, ich bin auf einen Sturz gefasst, 18
und mein Leiden steht mir stets vor Augen,
ja, ich gebe meine Schuld auch zu, 19
ich bin bekümmert über meine Sünde;
doch meine Feinde, quicklebendig wie sie sind, sind in der Überzahl, 20
und viele gibt es, die mich aus verlogenen Gründen hassen,
und die mit Bösem Gutes zu vergelten trachten, 21
die verklagen mich dafür, dass ich dem Guten hinterher bin.

Verlass mich nicht, du TREUER, 22
mein Gott, geh nicht von mir weg,
komm mir doch rasch zu Hilfe, 23
Herr, mein Heil!

Psalm 39

Ein Psalm Davids,	לַמְנַצֵּחַ לידיתון °
vorzusingen, für Jedutun.	מִזְמוֹר לְדָוִד׃

Ich habe mir vorgenommen: Ich will mich hüten,	אָמַרְתִּי אֶשְׁמְרָה דְרָכַי
dass ich nicht sündige mit meiner Zunge;	מֵחֲטוֹא בִלְשׁוֹנִי
ich will meinem Mund einen Zaum anlegen,	אֶשְׁמְרָה לְפִי מַחְסוֹם
solange ich den Gottlosen vor mir sehen muss.	בְּעֹד רָשָׁע לְנֶגְדִּי׃
Ich bin verstummt und still	נֶאֱלַמְתִּי דוּמִיָּה
und schweige fern der Freude	הֶחֱשֵׁיתִי מִטּוֹב

und muss mein Leid in mich fressen.	וּכְאֵבִי נֶעְכָּר׃
Mein Herz ist entbrannt in meinem Leibe;	חַם־לִבִּי ׀ בְּקִרְבִּי
wenn ich daran denke, brennt es wie Feuer.	בַּהֲגִיגִי תִבְעַר־אֵשׁ
So rede ich denn mit meiner Zunge:	דִּבַּרְתִּי בִּלְשׁוֹנִי׃
„HERR, lehre mich doch, dass es ein Ende mit mir haben muss	הוֹדִיעֵנִי יְהוָה ׀ קִצִּי
und mein Leben ein Ziel hat	וּמִדַּת יָמַי מַה־הִיא

und ich davon muss.	אֵדְעָה מֶה־חָדֵל אָנִי׃
Siehe, meine Tage sind eine Handbreit bei dir,	הִנֵּה טְפָחוֹת ׀ נָתַתָּה יָמַי
und mein Leben ist wie nichts vor dir.	וְחֶלְדִּי כְאַיִן נֶגְדֶּךָ [סֶלָה׃
Wie gar nichts sind alle Menschen, die doch so sicher leben!	אַךְ כָּל־הֶבֶל כָּל־אָדָם נִצָּב
Sie gehen daher wie ein Schatten [Sela.	אַךְ־בְּצֶלֶם ׀ יִתְהַלֶּךְ־אִישׁ
und machen sich viel vergebliche Unruhe;	אַךְ־הֶבֶל יֶהֱמָיוּן
sie sammeln und wissen nicht, wer es einbringen wird.“	יִצְבֹּר וְלֹא־יֵדַע מִי־אֹסְפָם׃

Nun, Herr, wessen soll ich mich trösten?	וְעַתָּה מַה־קִּוִּיתִי אֲדֹנָי
Ich hoffe auf dich.	תּוֹחַלְתִּי לְךָ הִיא׃
Errette mich aus aller meiner Sünde	מִכָּל־פְּשָׁעַי הַצִּילֵנִי
und lass mich nicht den Narren zum Spott werden.	חֶרְפַּת נָבָל אַל־תְּשִׂימֵנִי׃
Ich will schweigen und meinen Mund nicht auftun;	נֶאֱלַמְתִּי לֹא אֶפְתַּח־פִּי
denn du hast es getan.	כִּי אַתָּה עָשִׂיתָ׃

Wende deine Plage von mir;	הָסֵר מֵעָלַי נִגְעֶךָ
ich vergehe, weil deine Hand nach mir greift.	מִתִּגְרַת יָדְךָ אֲנִי כָלִיתִי׃
Wenn du den Menschen züchtigst	בְּתוֹכָחוֹת עַל־עָוֹן ׀
um der Sünde willen,	יִסַּרְתָּ אִישׁ
so verzehrst du seine Schönheit wie Motten ein Kleid.	וַתֶּמֶס כָּעָשׁ חֲמוּדוֹ
Wie gar nichts sind doch alle Menschen. Sela.	אַךְ הֶבֶל כָּל־אָדָם סֶלָה׃

Höre mein Gebet, HERR,	שִׁמְעָה־תְפִלָּתִי ׀ יְהוָה
und vernimm mein Schreien,	וְשַׁוְעָתִי ׀ הַאֲזִינָה
schweige nicht zu meinen Tränen;	אֶל־דִּמְעָתִי אַל־תֶּחֱרַשׁ
denn ich bin ein Gast bei dir,	כִּי גֵר אָנֹכִי עִמָּךְ
ein Fremdling wie alle meine Väter.	תּוֹשָׁב כְּכָל־אֲבוֹתָי׃
Lass ab von mir, dass ich mich erquicke,	הָשַׁע מִמֶּנִּי וְאַבְלִיגָה
ehe ich dahinfahre und nicht mehr bin.	בְּטֶרֶם אֵלֵךְ וְאֵינֶנִּי׃

39

Für den Chorleiter: Für Jeditun. 1
Ein Psalm Davids.

Ich dachte: „Ich will auf meine Wege achten, 2
dass ich mich nicht versündige mit meiner Zunge,
ich will meinem Mund einen Zaum anlegen,
solang ich noch den Schurken vor mir habe!
Ich wurde still, ganz stumm, 3
in Schweigen habe ich, vom Glück verlassen, mich gehüllt.

Mein Schmerz jedoch blieb qualvoll, 4
mein Herz in meiner Brust erhitzt,
als sich bei meinem Grübeln das Feuer mehr und mehr entfachte,
konnte ich nicht anders, als meine Zunge zu gebrauchen:
„Du TREUER, mache mich vertraut mit meinem Ende, 5
und mit meinem Maß an Lebenstagen, wie es damit steht!"

Erfahren muss ich, wie vergänglich ich doch bin,
sieh, nur eine Hand voll Tage hast du mir gegeben, 6
und meine Lebensdauer ist wie nichts vor dir –
ach nur ein Hauch ist alles, jeder Mensch, der sich da aufpflanzt – Sälah –,
ach nur ein Schattenbild, als das der Mann daherkommt, 7
ach nur viel Lärm um Nichts, was sie da von sich geben,
da häuft man an und weiß nicht, wer es einmal heimträgt!

Doch jetzt, was kann ich noch erwarten, Schöpfer? 8
Meine Hoffnung, sie ist nur auf dich gerichtet.
Befreie mich von allen Folgen meines Treubruchs, 9
dem Hohn des Toren setze mich nicht aus!
Ich bin verstummt, ich tue meinen Mund nicht auf, 10
warst doch du selbst am Werk.

Nimm deine Plage von mir weg, 11
vom Aufprall deiner Hand, ich bin davon vergangen!
Mit Strafen für die Schuld 12
hast du den Mann gezüchtigt,
und wie Motten hast du seine Würde aufgezehrt –
ach nur ein Hauch ist jeder Mensch! Sälah

Du TREUER, höre doch mein Flehen 13
und verschließ doch nicht vor meinem Hilfeschrei die Ohren,
zu meinen Tränen kannst du ja nicht schweigen –
bin ich doch ein Gast bei dir,
ein Schutzbefohlener wie alle meine Väter,
sieh von mir weg, damit ich wieder heiter blicken kann, 14
bevor ich gehe und nicht mehr da bin!

Psalm 40

Ein Psalm Davids, vorzusingen.

לַמְנַצֵּחַ לְדָוִד מִזְמוֹר׃

Ich harrte des HERRN,
und er neigte sich zu mir und hörte mein Schreien.
Er zog mich aus der grausigen Grube,
aus lauter Schmutz und Schlamm,
und stellte meine Füße auf einen Fels,
dass ich sicher treten kann;
er hat mir ein neues Lied in meinen Mund gegeben,
zu loben unsern Gott.

קַוֹּה קִוִּיתִי יְהוָה
וַיֵּט אֵלַי וַיִּשְׁמַע שַׁוְעָתִי׃
וַיַּעֲלֵנִי ׀ מִבּוֹר שָׁאוֹן
מִטִּיט הַיָּוֵן
וַיָּקֶם עַל־סֶלַע רַגְלַי
כּוֹנֵן אֲשֻׁרָי׃
וַיִּתֵּן בְּפִי ׀ שִׁיר חָדָשׁ
תְּהִלָּה לֵאלֹהֵינוּ

Das werden viele sehen und sich fürchten
und auf den HERRN hoffen.
Wohl dem,
der seine Hoffnung setzt auf den HERRN
und sich nicht wendet zu den Hoffärtigen
und denen, die mit Lügen umgehen!

יִרְאוּ רַבִּים וְיִירָאוּ
וְיִבְטְחוּ בַּיהוָה׃
אַשְׁרֵי הַגֶּבֶר
אֲשֶׁר־שָׂם יְהוָה מִבְטַחוֹ
וְלֹא־פָנָה אֶל־רְהָבִים
וְשָׂטֵי כָזָב׃

HERR, mein Gott,
groß sind deine Wunder und deine Gedanken,
die du an uns beweisest;
dir ist nichts gleich!
Ich will sie verkündigen und davon sagen,
wiewohl sie nicht zu zählen sind.

רַבּוֹת עָשִׂיתָ ׀
אַתָּה ׀ יְהוָה אֱלֹהַי
נִפְלְאֹתֶיךָ וּמַחְשְׁבֹתֶיךָ אֵלֵינוּ
אֵין עֲרֹךְ אֵלֶיךָ
אַגִּידָה וַאֲדַבֵּרָה
עָצְמוּ מִסַּפֵּר׃

Schlachtopfer und Speisopfer gefallen dir nicht,
aber die Ohren hast du mir aufgetan.
Du willst weder Brandopfer noch Sündopfer.
Da sprach ich: Siehe, ich komme;
im Buch ist von mir geschrieben:
Deinen Willen, mein Gott, tue ich gern,
und dein Gesetz hab ich in meinem Herzen.

זֶבַח וּמִנְחָה ׀ לֹא־חָפַצְתָּ
אָזְנַיִם כָּרִיתָ לִּי
עוֹלָה וַחֲטָאָה לֹא שָׁאָלְתָּ׃
אָז אָמַרְתִּי הִנֵּה־בָאתִי
בִּמְגִלַּת־סֵפֶר כָּתוּב עָלָי׃
לַעֲשׂוֹת־רְצוֹנְךָ אֱלֹהַי חָפָצְתִּי
וְתוֹרָתְךָ בְּתוֹךְ מֵעָי׃

Ich verkündige Gerechtigkeit
in der großen Gemeinde.
Siehe, ich will mir meinen Mund nicht stopfen lassen;
HERR, das weißt du.
Deine Gerechtigkeit verberge ich nicht in meinem Herzen;
von deiner Wahrheit und von deinem Heil rede ich.

בִּשַּׂרְתִּי צֶדֶק ׀
בְּקָהָל רָב
הִנֵּה שְׂפָתַי לֹא אֶכְלָא
יְהוָה אַתָּה יָדָעְתָּ׃
צִדְקָתְךָ לֹא־כִסִּיתִי ׀ בְּתוֹךְ לִבִּי
אֱמוּנָתְךָ וּתְשׁוּעָתְךָ אָמָרְתִּי

Ich verhehle deine Güte und Treue nicht
vor der großen Gemeinde.
Du aber, HERR, wollest deine Barmherzigkeit
nicht von mir wenden;
lass deine Güte und Treue
allewege mich behüten.

לֹא־כִחַדְתִּי חַסְדְּךָ וַאֲמִתְּךָ
לְקָהָל רָב׃
אַתָּה יְהוָה לֹא־תִכְלָא
רַחֲמֶיךָ מִמֶּנִּי
חַסְדְּךָ וַאֲמִתְּךָ
תָּמִיד יִצְּרוּנִי׃

Denn es haben mich umgeben Leiden
ohne Zahl.
Meine Sünden haben mich ereilt;
ich kann sie nicht überblicken.
Ihrer sind mehr als Haare auf meinem Haupt,
und mein Herz ist verzagt.

כִּי אָפְפוּ־עָלַי ׀ רָעוֹת
עַד־אֵין מִסְפָּר
הִשִּׂיגוּנִי עֲוֹנֹתַי
וְלֹא־יָכֹלְתִּי לִרְאוֹת
עָצְמוּ מִשַּׂעֲרוֹת רֹאשִׁי
וְלִבִּי עֲזָבָנִי׃

Entschließ dich doch, du TREUER, mich herauszureißen, 14
du TREUER, eile doch, mir beizustehen!
Sich schämen, schamrot werden sollen sie zusammen, 15
die mir nach dem Leben trachten, es dahinzuraffen,
rückwärts weichen und beschämt dastehen sollen,
die an meinem Unglück Freude haben,
erstarren sollen, schamlos, wie sie sind, 16
die mich mit ‚Haha! Haha!' höhnen!

Wonne sollen haben und sich bei dir freuen 17
alle, die dich suchen,
„Groß ist der TREUE!", sollen stets bekennen,
die an deiner Hilfe hängen.
Doch ich bin elend und bin arm, 18
der Schöpfer möge für mich planen,
mein Beistand und mein Retter bist ja du,
mein Gott, lass doch nicht auf dich warten!

Psalm 41

Ein Psalm Davids,	לַמְנַצֵּחַ
vorzusingen.	מִזְמוֹר לְדָוִד׃

Wohl dem, der sich des Schwachen annimmt!	אַשְׁרֵי מַשְׂכִּיל אֶל־דָּל
Den wird der HERR erretten zur bösen Zeit.	בְּיוֹם רָעָה יְמַלְּטֵהוּ יְהוָה׃
Der HERR wird ihn bewahren und beim Leben erhalten	יְהוָה ׀ יִשְׁמְרֵהוּ וִיחַיֵּהוּ
und es ihm lassen wohlgehen auf Erden	יאשר בָּאָרֶץ
und ihn nicht preisgeben dem Willen seiner Feinde.	וְאַל־תִּתְּנֵהוּ בְּנֶפֶשׁ אֹיְבָיו׃
Der HERR wird ihn erquicken auf seinem Lager;	יְהוָה יִסְעָדֶנּוּ עַל־עֶרֶשׂ דְּוָי
du hilfst ihm auf von aller seiner Krankheit.	כָּל־מִשְׁכָּבוֹ הָפַכְתָּ בְחָלְיוֹ׃

Ich sprach: HERR, sei mir gnädig!	אֲנִי־אָמַרְתִּי יְהוָה חָנֵּנִי
Heile mich; denn ich habe an dir gesündigt.	רְפָאָה נַפְשִׁי כִּי־חָטָאתִי לָךְ׃
Meine Feinde reden Arges wider mich:	אוֹיְבַי יֹאמְרוּ רַע לִי
„Wann wird er sterben und sein Name vergehen?“	מָתַי יָמוּת וְאָבַד שְׁמוֹ׃
Sie kommen, nach mir zu schauen, und meinen's doch nicht	וְאִם־בָּא לִרְאוֹת ׀ שָׁוְא יְדַבֵּר
von Herzen; sondern sie suchen etwas, dass sie lästern können,	לִבּוֹ יִקְבָּץ־אָוֶן לוֹ
gehen hin und tragen's hinaus auf die Gasse.	יֵצֵא לַחוּץ יְדַבֵּר׃

Alle, die mich hassen, flüstern miteinander über mich	יַחַד עָלַי יִתְלַחֲשׁוּ כָּל־שֹׂנְאָי
und denken Böses über mich:	עָלַי ׀ יַחְשְׁבוּ רָעָה לִי׃
„Unheil ist über ihn ausgegossen;	דְּבַר־בְּלִיַּעַל יָצוּק בּוֹ
wer so daliegt, wird nicht wieder aufstehen.“	וַאֲשֶׁר שָׁכַב לֹא־יוֹסִיף לָקוּם׃
Auch mein Freund, dem ich vertraute,	גַּם־אִישׁ שְׁלוֹמִי ׀ אֲשֶׁר־בָּטַחְתִּי בוֹ
der mein Brot aß, tritt mich mit Füßen.	אוֹכֵל לַחְמִי הִגְדִּיל עָלַי עָקֵב׃

Du aber, HERR, sei mir gnädig und hilf mir auf,	וְאַתָּה יְהוָה חָנֵּנִי וַהֲקִימֵנִי
so will ich ihnen vergelten.	וַאֲשַׁלְּמָה לָהֶם׃
Daran merke ich, dass du Gefallen an mir hast,	בְּזֹאת יָדַעְתִּי כִּי־חָפַצְתָּ בִּי
dass mein Feind über mich nicht frohlocken wird.	כִּי לֹא־יָרִיעַ אֹיְבִי עָלָי׃
Mich aber hältst du um meiner Frömmigkeit willen	וַאֲנִי בְּתֻמִּי תָּמַכְתָּ בִּי
und stellst mich vor dein Angesicht für ewig.	וַתַּצִּיבֵנִי לְפָנֶיךָ לְעוֹלָם׃

Gelobt sei der HERR, der Gott Israels,	בָּרוּךְ יְהוָה ׀ אֱלֹהֵי יִשְׂרָאֵל
von Ewigkeit zu Ewigkeit!	מֵהָעוֹלָם וְעַד הָעוֹלָם
Amen!	אָמֵן ׀
Amen!	וְאָמֵן׃

41

Für den Chorleiter. 1
Ein Psalm Davids.

Wohl dem, der auf den Schwachen eingeht mit Bedacht, 2
am Unglückstag wird ihn der TREUE retten!
Der TREUE wird ihn schützen und am Leben halten – 3
man beglückwünscht ihn im Land – ,
und so gib ihn der Gier seiner Feinde nicht preis!
Der TREUE wird ihn auf dem Siechbett stützen, 4
sein ganzes Krankenlager hast du ihm verwandelt.

Ich, ich musste sagen: „TREUER, sei mir gnädig, 5
heile meine Seele doch, denn ich habe mich an dir versündigt!
Meine Feinde aber reden Schlimmes über mich: 6
‚Wann stirbt er endlich, und sein Name ist dahin?'
Und kommt man zu Besuch – man redet falsch, 7
man sammelt über ihn im Herzen Übles,
man geht hinaus auf die Gasse und schwätzt.

Alle, die mich hassen, tuscheln miteinander über mich, 8
sie machen sich Gedanken über mich zu meinem Nachteil:
‚Etwas Unheilbares ist auf den ausgegossen, 9
und wie der so daliegt, steht der nicht mehr auf!'
Selbst mein guter Freund, auf den ich mich verlassen habe, 10
der von meinem Brot isst, hat die Ferse gegen mich erhoben.

Du aber, TREUER, sei mir gnädig und bring mich wieder auf die Beine – 11
dann aber zahle ich es denen heim!
Daran habe ich gemerkt, dass du mich magst, 12
dass über mich mein Feind nicht triumphiert;
dagegen ich – in meiner Unschuld hast du mich gehalten, 13
und du hast mich für immer vor dein Angesicht gestellt."

Gepriesen sei der TREUE, der Gott Israels, 14
von Ewigkeit zu Ewigkeit!
Amen!
Amen!

Psalm 42/43

Eine Unterweisung der Söhne Korach,	לַמְנַצֵּחַ
vorzusingen.	מַשְׂכִּיל לִבְנֵי־קֹרַח׃
Wie der Hirsch lechzt	כְּאַיָּל תַּעֲרֹג
nach frischem Wasser,	עַל־אֲפִיקֵי־מָיִם
so schreit meine Seele,	כֵּן נַפְשִׁי תַעֲרֹג
Gott, zu dir.	אֵלֶיךָ אֱלֹהִים׃
Meine Seele dürstet nach Gott,	צָמְאָה נַפְשִׁי ׀ לֵאלֹהִים
nach dem lebendigen Gott.	לְאֵל חָי
Wann werde ich dahin kommen,	מָתַי אָבוֹא
dass ich Gottes Angesicht schaue?	וְאֵרָאֶה פְּנֵי אֱלֹהִים׃
Meine Tränen sind meine Speise	הָיְתָה־לִּי דִמְעָתִי לֶחֶם
Tag und Nacht,	יוֹמָם וָלָיְלָה
weil man täglich zu mir sagt:	בֶּאֱמֹר אֵלַי כָּל־הַיּוֹם
Wo ist nun dein Gott?	אַיֵּה אֱלֹהֶיךָ׃
Daran will ich denken	אֵלֶּה אֶזְכְּרָה ׀
und ausschütten mein Herz bei mir selbst:	וְאֶשְׁפְּכָה עָלַי ׀ נַפְשִׁי
wie ich einherzog in großer Schar,	כִּי אֶעֱבֹר ׀ בַּסָּךְ
mit ihnen zu wallen zum Hause Gottes	אֶדַּדֵּם עַד־בֵּית אֱלֹהִים
mit Frohlocken und Danken	בְּקוֹל־רִנָּה וְתוֹדָה
in der Schar derer, die da feiern.	הָמוֹן חוֹגֵג׃
Was betrübst du dich, meine Seele,	מַה־תִּשְׁתּוֹחֲחִי ׀ נַפְשִׁי
und bist so unruhig in mir?	וַתֶּהֱמִי עָלָי
Harre auf Gott;	הוֹחִילִי לֵאלֹהִים
denn ich werde ihm noch danken,	כִּי־עוֹד אוֹדֶנּוּ
dass er meines Angesichts Hilfe und mein Gott ist.	יְשׁוּעוֹת פָּנָיו׃

Für den Chorleiter. 1
Ein Lehrgedicht der Korachiten.

Wie ein Hirsch lechzt 2
über Wasserläufen,
so lechzt meine Seele,
Gott, nach dir.
Durst nach Gott hat meine Seele, 3
nach dem Starken, der lebendig macht.

Wann werde ich ankommen
und werde ich von Gottes Angesicht gesehen?
Meine Träne ist für mich zum Brot geworden 4
Tag und Nacht,
sagt man doch den ganzen Tag zu mir:
„Wo ist dein Gott?“

Daran will ich denken, 5
und ich will mein Herz ausschütten vor mir selbst:
dass ich hinüberziehe in das Zelt,
mit den andern zum Haus Gottes schreite
mit lautem Jubel und mit Dankgesang
im Gedränge der Festpilger.

Was lässt du dich so gehen, meine Seele, 6
dass du vor mir stöhnen musstest?
Harre doch auf Gott,
denn ich werde ihm noch dafür danken,
dass mir sein Angesicht Befreiung brachte!

Mein Gott, betrübt ist meine Seele in mir,	אֱלֹהַי עָלַי נַפְשִׁי תִשְׁתּוֹחָח
darum gedenke ich an dich	עַל־כֵּן אֶזְכָּרְךָ
aus dem Land am Jordan und Hermon,	מֵאֶרֶץ יַרְדֵּן וְחֶרְמוֹנִים
vom Berge Misar.	מֵהַר מִצְעָר׃
Deine Fluten rauschen daher,	תְּהוֹם־אֶל־תְּהוֹם קוֹרֵא
und eine Tiefe ruft die andere;	לְקוֹל צִנּוֹרֶיךָ
alle deine Wasserwogen und Wellen	כָּל־מִשְׁבָּרֶיךָ וְגַלֶּיךָ
gehen über mich.	עָלַי עָבָרוּ׃
Am Tage sendet	יוֹמָם ׀ יְצַוֶּה
der HERR seine Güte,	יְהוָה ׀ חַסְדּוֹ
und des Nachts singe ich ihm	וּבַלַּיְלָה שִׁירֹה עִמִּי
und bete zu dem Gott meines Lebens.	תְּפִלָּה לְאֵל חַיָּי׃
Ich sage zu Gott, meinem Fels:	אוֹמְרָה ׀ לְאֵל סַלְעִי
Warum hast du mich vergessen?	לָמָה שְׁכַחְתָּנִי
Warum muss ich so traurig gehen,	לָמָּה־קֹדֵר אֵלֵךְ
wenn mein Feind mich dränget?	בְּלַחַץ אוֹיֵב׃
Es ist wie Mord in meinen Gebeinen,	בְּרֶצַח ׀ בְּעַצְמוֹתַי
wenn mich meine Feinde schmähen	חֵרְפוּנִי צוֹרְרָי
und täglich zu mir sagen:	בְּאָמְרָם אֵלַי כָּל־הַיּוֹם
Wo ist nun dein Gott?	אַיֵּה אֱלֹהֶיךָ׃
Was betrübst du dich, meine Seele,	מַה־תִּשְׁתּוֹחֲחִי ׀ נַפְשִׁי
und bist so unruhig in mir?	וּמַה־תֶּהֱמִי עָלָי
Harre auf Gott;	הוֹחִילִי לֵאלֹהִים
denn ich werde ihm noch danken,	כִּי־עוֹד אוֹדֶנּוּ
dass er meines Angesichts Hilfe und mein Gott ist.	יְשׁוּעֹת פָּנַי וֵאלֹהָי׃

Mein Gott, meine Seele lässt sich gegen mich gehen, 7
darum denke ich an dich
vom Jordanland und von den Hermongipfeln her,
vom Kleinen Berge –
Flut auf Flut dröhnt 8
zum Getöse deiner Wasserfälle,
alle deine Brecher, deine Wogen,
die sind über mich hinweggerollt.

Bei Tag befiehlt 9
der TREUE seine Güte –
doch bei Nacht begleitet mich der Schrei nach ihm,
das Gebet zum Starken, der mein Leben ist,
so dass ich zu dem Starken, meinem Felsen, sagen muss: 10
„Warum hast du mich vergessen?“

Warum muss ich so traurig gehen
unter der Bedrückung durch den Feind?
Beim mörderischen Schmerz in meinen Knochen 11
haben meine Widersacher mich verhöhnt,
sagen diese doch den ganzen Tag zu mir:
„Wo ist dein Gott?“

Was lässt du dich so gehen, meine Seele, 12
und was musst du vor mir stöhnen?
Harre doch auf Gott,
denn ich werde ihm noch dafür danken,
dass er meines Angesichts Befreiung und mein Gott ist!

Psalm 42/43

Gott, schaffe mir Recht	שָׁפְטֵנִי אֱלֹהִים ׀
und führe meine Sache	וְרִיבָה רִיבִי
wider das unheilige Volk	מִגּוֹי לֹא־חָסִיד
und errette mich von den falschen und bösen Leuten!	מֵאִישׁ־מִרְמָה וְעַוְלָה תְפַלְּטֵנִי׃
Denn du bist der Gott meiner Stärke:	כִּי־אַתָּה ׀ אֱלֹהֵי מָעוּזִּי
Warum hast du mich verstoßen?	לָמָה זְנַחְתָּנִי
Warum muss ich so traurig gehen,	לָמָּה־קֹדֵר אֶתְהַלֵּךְ
wenn mein Feind mich dränget?	בְּלַחַץ אוֹיֵב׃
Sende dein Licht und deine Wahrheit,	שְׁלַח־אוֹרְךָ וַאֲמִתְּךָ
dass sie mich leiten	הֵמָּה יַנְחוּנִי
und bringen zu deinem heiligen Berg	יְבִיאוּנִי אֶל־הַר־קָדְשְׁךָ
und zu deiner Wohnung,	וְאֶל־מִשְׁכְּנוֹתֶיךָ׃
dass ich hineingehe zum Altar Gottes,	וְאָבוֹאָה ׀ אֶל־מִזְבַּח אֱלֹהִים
zu dem Gott, der meine Freude und Wonne ist,	אֶל־אֵל שִׂמְחַת גִּילִי
und dir, Gott, auf der Harfe danke,	וְאוֹדְךָ בְכִנּוֹר
mein Gott.	אֱלֹהִים אֱלֹהָי׃
Was betrübst du dich, meine Seele,	מַה־תִּשְׁתּוֹחֲחִי ׀ נַפְשִׁי
und bist so unruhig in mir?	וּמַה־תֶּהֱמִי עָלָי
Harre auf Gott;	הוֹחִילִי לֵאלֹהִים
denn ich werde ihm noch danken,	כִּי־עוֹד אוֹדֶנּוּ
dass er meines Angesichts Hilfe und mein Gott ist.	יְשׁוּעֹת פָּנַי וֵאלֹהָי׃

Schaff mir, Gott, mein Recht 1
und führe meinen Rechtsstreit
vor einem Volk, das keine Treue kennt,
vor Leuten, die falsch und krumm sind, rette mich,
bist doch du der Gott, der mich beschützt! 2
Warum hast du mich verstoßen?

Warum muss ich so traurig einhergehen
unter der Bedrückung durch den Feind?
Sende dein Licht und deine Wahrheit, 3
sie, ja sie sollen mich leiten,
mich zum Berg deines Heiligtums bringen
und zu deinen Wohnungen!

Dann will ich hinein zu Gottes Altar treten, 4
zum Gott meiner ungezähmten Freude,
und ich will dir danken auf der Zither,
Gott, mein Gott.

Was lässt du dich so gehen, meine Seele, 5
und was musst du vor mir stöhnen?
Harre doch auf Gott,
denn ich werde ihm noch dafür danken,
dass er meines Angesichts Befreiung und mein Gott ist.

Psalm 44

Eine Unterweisung	לַמְנַצֵּחַ
der Söhne Korach,	לִבְנֵי־קֹרַח
vorzusingen.	מַשְׂכִּיל׃
Gott, wir haben mit unsern Ohren gehört,	אֱלֹהִים ׀ בְּאָזְנֵינוּ שָׁמַעְנוּ
unsre Väter haben's uns erzählt,	אֲבוֹתֵינוּ סִפְּרוּ־לָנוּ
was du getan hast zu ihren Zeiten,	פֹּעַל פָּעַלְתָּ בִימֵיהֶם
in alten Tagen. | Du hast mit deiner Hand	בִּימֵי קֶדֶם׃ | אַתָּה ׀ יָדְךָ
die Heiden vertrieben, sie aber hast du eingesetzt;	גּוֹיִם הוֹרַשְׁתָּ וַתִּטָּעֵם
du hast die Völker zerschlagen, sie aber hast du ausgebreitet.	תָּרַע לְאֻמִּים וַתְּשַׁלְּחֵם׃
Denn sie haben das Land nicht eingenommen durch ihr	כִּי לֹא בְחַרְבָּם יָרְשׁוּ אָרֶץ
und ihr Arm half ihnen nicht, [Schwert,	וּזְרוֹעָם לֹא־הוֹשִׁיעָה לָּמוֹ
sondern deine Rechte, dein Arm [an ihnen.	כִּי־יְמִינְךָ וּזְרוֹעֲךָ
und das Licht deines Angesichts; denn du hattest Wohlgefallen	וְאוֹר פָּנֶיךָ כִּי רְצִיתָם׃
Du bist es, mein König und mein Gott,	אַתָּה־הוּא מַלְכִּי אֱלֹהִים
der du Jakob Hilfe verheißest.	צַוֵּה יְשׁוּעוֹת יַעֲקֹב׃
Durch dich wollen wir unsre Feinde zu Boden stoßen,	בְּךָ צָרֵינוּ נְנַגֵּחַ
in deinem Namen niedertreten, die sich gegen uns erheben.	בְּשִׁמְךָ נָבוּס קָמֵינוּ׃
Denn ich verlasse mich nicht auf meinen Bogen,	כִּי לֹא בְקַשְׁתִּי אֶבְטָח
und mein Schwert kann mir nicht helfen;	וְחַרְבִּי לֹא תוֹשִׁיעֵנִי׃
sondern du hilfst uns von unsern Feinden	כִּי הוֹשַׁעְתָּנוּ מִצָּרֵינוּ
und machst zuschanden, die uns hassen.	וּמְשַׂנְאֵינוּ הֱבִישׁוֹתָ׃
Täglich rühmen wir uns Gottes	בֵּאלֹהִים הִלַּלְנוּ כָל־הַיּוֹם
und preisen deinen Namen ewiglich. Sela.	וְשִׁמְךָ ׀ לְעוֹלָם נוֹדֶה סֶלָה׃
Warum verstößest du uns denn nun und lässest uns zuschanden	אַף־זָנַחְתָּ וַתַּכְלִימֵנוּ
und ziehst nicht aus mit unserm Heer? [werden	וְלֹא־תֵצֵא בְּצִבְאוֹתֵינוּ׃
Du lässest uns fliehen vor unserm Feind,	תְּשִׁיבֵנוּ אָחוֹר מִנִּי־צָר
dass uns berauben, die uns hassen.	וּמְשַׂנְאֵינוּ שָׁסוּ לָמוֹ׃
Du gibst uns dahin wie Schlachtschafe	תִּתְּנֵנוּ כְּצֹאן מַאֲכָל
und zerstreust uns unter die Heiden.	וּבַגּוֹיִם זֵרִיתָנוּ׃
Du verkaufst dein Volk um ein Nichts	תִּמְכֹּר־עַמְּךָ בְלֹא־הוֹן
und hast mit ihrem Kaufgeld nichts gewonnen.	וְלֹא־רִבִּיתָ בִּמְחִירֵיהֶם׃
Du machst uns zur Schmach bei unsern Nachbarn,	תְּשִׂימֵנוּ חֶרְפָּה לִשְׁכֵנֵינוּ
zu Spott und Hohn bei denen, die um uns her sind.	לַעַג וָקֶלֶס לִסְבִיבוֹתֵינוּ׃
Du machst uns zum Sprichwort unter den Heiden,	תְּשִׂימֵנוּ מָשָׁל בַּגּוֹיִם
lässt die Völker das Haupt über uns schütteln.	מְנוֹד־רֹאשׁ בַּל־אֻמִּים׃
Täglich ist meine Schmach mir vor Augen,	כָּל־הַיּוֹם כְּלִמָּתִי נֶגְדִּי
und mein Antlitz ist voller Scham,	וּבֹשֶׁת פָּנַי כִּסָּתְנִי׃
weil ich sie höhnen und lästern höre	מִקּוֹל מְחָרֵף וּמְגַדֵּף
und muss die Feinde und Rachgierigen sehen.	מִפְּנֵי אוֹיֵב וּמִתְנַקֵּם׃

Für den Chorleiter. 1
Von den Korachiten.
Ein Lehrgedicht.

Gott, mit unseren eigenen Ohren haben wir gehört, 2
unsere Väter haben uns erzählt
von einem Werk, das du in ihren Tagen wirktest,
in den Tagen vor Urzeiten; | du, du eigenhändig, 3
du hast Völker vertrieben – doch sie hast du eingepflanzt,
da behandelst du Nationen schlecht – sie aber hast du ausgebreitet;
denn nicht haben sie mit ihrem Schwert das Land erobert, 4
und ihr Arm hat ihnen sicher nicht den weiten Raum verschafft –
nein, deine Rechte und dein Arm
und deines Angesichtes Licht, weil du an ihnen dein Gefallen hattest.

Du selbst, mein König, Gott, 5
verfüge die Befreiung Jakobs!
Mit dir würden wir sie niederstoßen, unsere Bedränger, 6
in deinem Namen niedertreten, die sich gegen uns erheben;
denn ich setzte mein Vertrauen nicht auf meinen Bogen, 7
und mein Schwert verschaffte mir die Freiheit nicht –
nein, du hast uns befreit von unseren Bedrängern, 8
und, die uns hassen, die hast du beschämt.
Bei Gott haben wir den ganzen Tag den Lobgesang gesungen, 9
und deinen Namen werden wir in Ewigkeit bekennen. Sälah

Doch du hast uns verstoßen, und mit Schimpf und Schande hast du uns bedeckt, 10
ziehst du ja nicht aus mit unseren Scharen,
du lässt uns die Flucht ergreifen vor dem Feind, 11
und die uns hassen, haben sich bereichert,
du gibst uns her wie Schafe zum Verzehr, 12
und du hast uns in die Völkerwelt zerstreut,
du verkaufst dein Volk für einen Spottpreis, 13
und du hast bei ihrem Preis nicht viel gewonnen.

Du machst uns zum Gespött für unsere Nachbarn, 14
zum Gelächter und zum Hohn für die rings um uns her,
du machst uns zum Spottvers in der Völkerwelt, 15
Kopfschütteln unter denen, die nicht einmal Völker sind –
den ganzen Tag steht meine Schande mir vor Augen, 16
und Scham hat mir das Gesicht bedeckt
vor dem Lärm des Spötters und des Lästermauls 17
und vor dem Anblick dessen, der mir Feind ist und auf Rache sinnt.

Psalm 44

Dies alles ist über uns gekommen; und wir haben doch dich nicht vergessen,	כָּל־זֹאת בָּאַתְנוּ וְלֹא שְׁכַחֲנוּךָ
an deinem Bund nicht untreu gehandelt.	וְלֹא־שִׁקַּרְנוּ בִּבְרִיתֶךָ׃
Unser Herz ist nicht abgefallen	לֹא־נָסוֹג אָחוֹר לִבֵּנוּ
noch unser Schritt gewichen von deinem Weg,	וַתֵּט אֲשֻׁרֵינוּ מִנִּי אָרְחֶךָ׃
dass du uns so zerschlägst am Ort der Schakale	כִּי דִכִּיתָנוּ בִּמְקוֹם תַּנִּים
und bedeckst uns mit Finsternis.	וַתְּכַס עָלֵינוּ בְצַלְמָוֶת׃
Wenn wir den Namen unsres Gottes vergessen hätten	אִם־שָׁכַחְנוּ שֵׁם אֱלֹהֵינוּ
und unsre Hände aufgehoben zum fremden Gott:	וַנִּפְרֹשׂ כַּפֵּינוּ לְאֵל זָר׃
würde das Gott nicht erforschen?	הֲלֹא אֱלֹהִים יַחֲקָר־זֹאת
Er kennt ja unsres Herzens Grund.	כִּי־הוּא יֹדֵעַ תַּעֲלֻמוֹת לֵב׃
Doch um deinetwillen werden wir täglich getötet	כִּי־עָלֶיךָ הֹרַגְנוּ כָל־הַיּוֹם
und sind geachtet wie Schlachtschafe.	נֶחְשַׁבְנוּ כְּצֹאן טִבְחָה׃
Wache auf, Herr! Warum schläfst du?	עוּרָה ׀ לָמָּה תִישַׁן ׀ אֲדֹנָי
Werde wach und verstoß uns nicht für immer!	הָקִיצָה אַל־תִּזְנַח לָנֶצַח׃
Warum verbirgst du dein Antlitz,	לָמָּה־פָנֶיךָ תַסְתִּיר
vergissest unser Elend und unsre Drangsal?	תִּשְׁכַּח עָנְיֵנוּ וְלַחֲצֵנוּ׃
Denn unsre Seele ist gebeugt zum Staube,	כִּי שָׁחָה לֶעָפָר נַפְשֵׁנוּ
unser Leib liegt am Boden.	דָּבְקָה לָאָרֶץ בִּטְנֵנוּ׃
Mache dich auf, hilf uns	קוּמָה עֶזְרָתָה לָּנוּ
und erlöse uns um deiner Güte willen!	וּפְדֵנוּ לְמַעַן חַסְדֶּךָ׃

Das alles ist uns zugestoßen, obwohl wir dich doch nicht vergessen hatten 18
und gegen deinen Bund nicht treulos waren,
nicht ist unser Herz zurückgewichen, 19
noch haben unsre Schritte sich von deinem Pfad entfernt.
Doch du hast uns zerschlagen, wo Schakale hausen, 20
und du hast uns mit Todesfinsternis bedeckt.

Hätten wir den Namen unseres Gottes je vergessen 21
und unsere Hände ausgestreckt nach einem fremden Gott,
würde Gott dies nicht durchschauen, 22
da er doch des Herzens Heimlichkeiten kennt?
Doch deinetwegen wurden wir den ganzen Tag getötet, 23
geachtet wurden wir wie Schafe, die man schlachtet.

Erwache doch! Warum denn schläfst du, Herr? 24
So wache auf! Verwirf doch nicht auf ewig!
Warum verbirgst du dein Gesicht, 25
vergisst du unser Elend und unsere Bedrückung?

Unsere Seele ist ja in den Staub gesunken, 26
unser Leib, der klebt am Boden.
Erheb dich doch zu unserem Beistand 27
und erlöse uns um deiner Treue willen!

Psalm 45 Eine Unterweisung der Söhne Korach, vorzusingen,	לַמְנַצֵּחַ עַל־שֹׁשַׁנִּים
nach der Weise „Lilien“, ein Brautlied.	לִבְנֵי־קֹרַח מַשְׂכִּיל שִׁיר יְדִידֹת׃
Mein Herz dichtet ein feines Lied,	רָחַשׁ לִבִּי ׀ דָּבָר טוֹב
einem König will ich es singen;	אֹמֵר אָנִי מַעֲשַׂי לְמֶלֶךְ
meine Zunge ist ein Griffel eines guten Schreibers:	לְשׁוֹנִי עֵט ׀ סוֹפֵר מָהִיר׃
Du bist der Schönste unter den Menschenkindern,	יָפְיָפִיתָ מִבְּנֵי אָדָם
voller Huld sind deine Lippen;	הוּצַק חֵן בְּשִׂפְתוֹתֶיךָ
wahrlich, Gott hat dich gesegnet für ewig.	עַל־כֵּן בֵּרַכְךָ אֱלֹהִים לְעוֹלָם׃
Gürte dein Schwert an die Seite, du Held, [deiner Herrlichkeit.	חֲגוֹר־חַרְבְּךָ עַל־יָרֵךְ גִּבּוֹר
und schmücke dich herrlich! | Es möge dir gelingen in	הוֹדְךָ וַהֲדָרֶךָ׃ | וַהֲדָרְךָ ׀ צְלַח
Zieh einher für die Wahrheit in Sanftmut und	רְכַב עַל־דְּבַר־אֱמֶת וְעַנְוָה־צֶדֶק
[Gerechtigkeit,	
so wird deine rechte Hand Wunder vollbringen.	וְתוֹרְךָ נוֹרָאוֹת יְמִינֶךָ׃
Scharf sind deine Pfeile, dass Völker vor dir fallen;	חִצֶּיךָ שְׁנוּנִים עַמִּים תַּחְתֶּיךָ יִפְּלוּ
sie dringen ins Herz der Feinde des Königs.	בְּלֵב אוֹיְבֵי הַמֶּלֶךְ׃
Gott, dein Thron bleibt immer und ewig;	כִּסְאֲךָ אֱלֹהִים עוֹלָם וָעֶד
das Zepter deines Reichs ist ein gerechtes Zepter.	שֵׁבֶט מִישֹׁר שֵׁבֶט מַלְכוּתֶךָ׃
Du liebst Gerechtigkeit und hassest gottloses Treiben;	אָהַבְתָּ צֶּדֶק ׀ וַתִּשְׂנָא רֶשַׁע
darum hat dich der Herr, dein Gott, gesalbt	עַל־כֵּן מְשָׁחֲךָ אֱלֹהִים
mit Freudenöl wie keinen deinesgleichen.	אֱלֹהֶיךָ שֶׁמֶן שָׂשׂוֹן מֵחֲבֵרֶיךָ׃
Deine Kleider sind lauter Myrrhe, Aloe und Kassia;	מֹר־וַאֲהָלוֹת קְצִיעוֹת כָּל־בִּגְדֹתֶיךָ
aus Elfenbeinpalästen erfreut dich Saitenspiel.	מִן־הֵיכְלֵי שֵׁן מִנִּי שִׂמְּחוּךָ׃
In deinem Schmuck gehen Töchter von Königen;	בְּנוֹת מְלָכִים בְּיִקְּרוֹתֶיךָ
die Braut steht zu deiner Rechten in Goldschmuck	נִצְּבָה שֵׁגַל לִימִינְךָ בְּכֶתֶם אוֹפִיר׃
[aus Ofir.	
Höre, Tochter, sieh und neige dein Ohr:	שִׁמְעִי־בַת וּרְאִי וְהַטִּי אָזְנֵךְ
Vergiss dein Volk und dein Vaterhaus!	וְשִׁכְחִי עַמֵּךְ וּבֵית אָבִיךְ׃
Den König verlangt nach deiner Schönheit;	וְיִתְאָו הַמֶּלֶךְ יָפְיֵךְ
denn er ist dein Herr und du sollst ihm huldigen.	כִּי־הוּא אֲדֹנַיִךְ וְהִשְׁתַּחֲוִי־לוֹ׃
Die Tochter Tyrus kommt mit Geschenken;	וּבַת־צֹר ׀ בְּמִנְחָה
die Reichen im Volk suchen deine Gunst.	פָּנַיִךְ יְחַלּוּ עֲשִׁירֵי עָם׃
Die Königstochter ist mit Perlen geschmückt;	כָּל־כְּבוּדָּה בַת־מֶלֶךְ פְּנִימָה
sie ist mit goldenen Gewändern bekleidet.	מִמִּשְׁבְּצוֹת זָהָב לְבוּשָׁהּ׃
Man führt sie in gestickten Kleidern zum König;	לִרְקָמוֹת תּוּבַל לַמֶּלֶךְ
Jungfrauen folgen ihr, ihre Gespielinnen führt man zu	בְּתוּלוֹת אַחֲרֶיהָ רֵעוֹתֶיהָ מוּבָאוֹת לָךְ׃
Man führt sie hin mit Freude und Jubel; [dir.	תּוּבַלְנָה בִּשְׂמָחֹת וָגִיל
sie ziehen ein in des Königs Palast.	תְּבֹאֶינָה בְּהֵיכַל מֶלֶךְ׃
An deiner Väter statt werden deine Söhne sein;	תַּחַת אֲבֹתֶיךָ יִהְיוּ בָנֶיךָ
die wirst du zu Fürsten setzen in aller Welt.	תְּשִׁיתֵמוֹ לְשָׂרִים בְּכָל־הָאָרֶץ׃
Ich will deinen Namen kundmachen von Kind zu Kindeskind;	אַזְכִּירָה שִׁמְךָ בְּכָל־דֹּר וָדֹר
darum werden dir danken die Völker immer und ewig.	עַל־כֵּן עַמִּים יְהוֹדֻךָ לְעֹלָם וָעֶד׃

Für den Chorleiter: ‚Nach Lotosblüten'. **45**
Von den Korachiten. Ein Lehrgedicht. Ein Liebeslied.

Von einer feinen Rede ist mein Herz bewegt, 2
trage ich dem König meine Werke vor,
meine Zunge ist der Griffel eines flinken Schreibers:

Schön bist du, schöner als die Menschen, 3
Anmut ausgegossen über deine Lippen –
das zeigt: Gott hat dich für alle Zeit gesegnet.

Gürte dich mit deinem Schwert, Held, an der Seite, 4
mit deiner Pracht und deiner Herrlichkeit, | ja, deiner Herrlichkeit: Viel Glück! 5
Fahr zu für die Sache der Wahrheit, wo sich Demut als Gerechtigkeit erweist!

Und deine Rechte soll dich Erschreckendes lehren:
Deine zugespitzten Pfeile – Völker fallen unter dich – 6
ins Herz der Königsfeinde!

Dein Thron, du Göttlicher, soll allezeit und ewig stehen, 7
ein Zepter der Geradheit sei das Zepter deiner Königsherrschaft,
hast du doch Gerechtigkeit geliebt, und blieb dir Schurkerei verhasst! 8

Darum hat dich Gott gesalbt,
dein Gott mit Freudenöl wie keinen deiner Weggefährten,
mit Myrrhe und mit Aloe, mit Kassia all deine Kleider. 9

Aus Elfenbeinpalästen hat man dich mit Saitenspiel erfreut,
Königstöchter sind in deinem Prachtgefolge, 10
dir zur Rechten steht die Königin in Ophirgold:

Höre, Tochter, sieh und neige dein Ohr, 11
und vergiss dabei dein Volk und deines Vaters Haus,
sehnt sich nach deiner Schönheit doch der König! 12

Ja, er ist dein Herr, und so verneige dich vor ihm,
und es wird die Tochter Tyrus mit Geschenken, 13
es werden die Begüterten des Volks dein Angesicht erheitern!

Nichts als Pracht, so weilt die Königstochter drinnen, 14
von Golddurchwebtem ihr Gewand,
in Buntgewirktem bringt man sie zum König. 15

Jungfrauen ihr hinterher, ihre Freundinnen – hereingebracht zu dir –,
mit Freuden und mit Jubel werden sie geführt, 16
sie treten ein in den Palast des Königs.

An die Stelle deiner Väter werden deine Söhne treten, 17
du wirst sie zu Fürsten auf der ganzen Erde machen.
Ich will deinen Namen allen kommenden Geschlechtern ins Gedächtnis rufen, 18
darum werden Völker dich für alle Zeit und ewig preisen.

Psalm 46

Ein Lied der Söhne Korach,	לַמְנַצֵּחַ
vorzusingen,	לִבְנֵי־קֹרַח
nach der Weise	עַל־עֲלָמוֹת
„Jungfrauen“.	שִׁיר׃

Gott ist unsre Zuversicht und Stärke,	אֱלֹהִים לָנוּ מַחֲסֶה וָעֹז
eine Hilfe in den großen Nöten, die uns getroffen haben.	עֶזְרָה בְצָרוֹת נִמְצָא מְאֹד׃
Darum fürchten wir uns nicht, wenngleich die Welt unterginge	עַל־כֵּן לֹא־נִירָא בְּהָמִיר אָרֶץ
und die Berge mitten ins Meer sänken,	וּבְמוֹט הָרִים בְּלֵב יַמִּים׃
wenngleich das Meer wütete und wallte	יֶהֱמוּ יֶחְמְרוּ מֵימָיו
und von seinem Ungestüm die Berge einfielen. Sela.	יִרְעֲשׁוּ־הָרִים בְּגַאֲוָתוֹ סֶלָה׃

Dennoch soll die Stadt Gottes fein lustig bleiben mit ihren	נָהָר פְּלָגָיו יְשַׂמְּחוּ עִיר־אֱלֹהִים
da die heiligen Wohnungen des Höchsten sind. [Brünnlein,	קְדֹשׁ מִשְׁכְּנֵי עֶלְיוֹן׃
Gott ist bei ihr drinnen, darum wird sie festbleiben;	אֱלֹהִים בְּקִרְבָּהּ בַּל־תִּמּוֹט
Gott hilft ihr früh am Morgen.	יַעְזְרֶהָ אֱלֹהִים לִפְנוֹת בֹּקֶר׃
Die Heiden müssen verzagen und die Königreiche fallen,	הָמוּ גוֹיִם מָטוּ מַמְלָכוֹת
das Erdreich muss vergehen, wenn er sich hören lässt.	נָתַן בְּקוֹלוֹ תָּמוּג אָרֶץ׃
Der HERR Zebaoth ist mit uns,	יְהוָה צְבָאוֹת עִמָּנוּ
der Gott Jakobs ist unser Schutz. Sela.	מִשְׂגָּב־לָנוּ אֱלֹהֵי יַעֲקֹב סֶלָה׃

Kommt her und schauet die Werke des HERRN,	לְכוּ־חֲזוּ מִפְעֲלוֹת יְהוָה
der auf Erden solch ein Zerstören anrichtet,	אֲשֶׁר־שָׂם שַׁמּוֹת בָּאָרֶץ׃
der den Kriegen steuert in aller Welt,	מַשְׁבִּית מִלְחָמוֹת עַד־קְצֵה הָאָרֶץ
der Bogen zerbricht, Spieße zerschlägt	קֶשֶׁת יְשַׁבֵּר וְקִצֵּץ חֲנִית
und Wagen mit Feuer verbrennt.	עֲגָלוֹת יִשְׂרֹף בָּאֵשׁ׃
Seid stille und erkennet, dass ich Gott bin!	הַרְפּוּ וּדְעוּ כִּי־אָנֹכִי אֱלֹהִים
Ich will der Höchste sein unter den Heiden, der Höchste auf	אָרוּם בַּגּוֹיִם אָרוּם בָּאָרֶץ׃
Der HERR Zebaoth ist mit uns, [Erden.	יְהוָה צְבָאוֹת עִמָּנוּ
der Gott Jakobs ist unser Schutz. Sela.	מִשְׂגָּב־לָנוּ אֱלֹהֵי יַעֲקֹב סֶלָה׃

Für den Chorleiter. 1
Von den Korachiten.
Nach Mädchenweise.
Ein Lied.

Gott ist für uns die Zuflucht und die Schutzburg, 2
als Beistand in Bedrängnissen mächtig erwiesen!
Darum fürchten wir uns nicht, auch wenn die Erde untergeht 3
und auch wenn die Berge mitten in den Meeren wanken;
mögen ihre Wasser tosen, schäumen, 4
bei ihrem Ungestüm die Berge beben! Sälah

Der Strom! Seine Läufe, sie erfreuen Gottes Stadt, 5
die heiligste der Wohnungen des Höchsten;
Gott in ihrer Mitte, so kann sie nicht wanken, 6
Gott steht ihr bei Morgenanbruch bei.
Tobten Völker, wankten Königreiche, 7
ließ er sein Grollen hören, schwankte schon die Erde:
Mit uns ist der TREUE der Heerscharen, 8
Jakobs Gott ist eine hohe Burg für uns. Sälah

Auf, schaut des TREUEN Werke, 9
der auf der Erde so Erstaunliches vollbracht hat;
der bis an den Rand der Erde Kriege abschafft, 10
Bogen bricht er, und Spieße hat er zerschlagen,
Wagen verbrennt er mit Feuer!
„Lasst eure Hände sinken und erkennt, dass ich Gott bin, 11
hoch stehe ich über den Völkern, hoch stehe ich über der Erde!“
Mit uns ist der TREUE der Heerscharen, 12
Jakobs Gott ist eine hohe Burg für uns. Sälah

Psalm 47

Ein Psalm	לַמְנַצֵּחַ ׀
der Söhne Korach,	לִבְנֵי־קֹרַח
vorzusingen.	מִזְמוֹר׃
Schlagt froh in die Hände, alle Völker,	כָּל־הָעַמִּים תִּקְעוּ־כָף
und jauchzet Gott mit fröhlichem Schall!	הָרִיעוּ לֵאלֹהִים בְּקוֹל רִנָּה׃
Denn der HERR, der Allerhöchste, ist heilig,	כִּי־יְהוָה עֶלְיוֹן נוֹרָא
ein großer König über die ganze Erde.	מֶלֶךְ גָּדוֹל עַל־כָּל־הָאָרֶץ׃
Er beugt die Völker unter uns	יַדְבֵּר עַמִּים תַּחְתֵּינוּ
und Völkerschaften unter unsere Füße.	וּלְאֻמִּים תַּחַת רַגְלֵינוּ׃
Er erwählt uns unser Erbteil,	יִבְחַר־לָנוּ אֶת־נַחֲלָתֵנוּ
die Herrlichkeit Jakobs, den er lieb hat. Sela.	אֶת גְּאוֹן יַעֲקֹב אֲשֶׁר־אָהֵב סֶלָה׃
Gott fährt auf unter Jauchzen,	עָלָה אֱלֹהִים בִּתְרוּעָה
der HERR beim Hall der Posaune.	יְהוָה בְּקוֹל שׁוֹפָר׃
Lobsinget, lobsinget Gott,	זַמְּרוּ אֱלֹהִים זַמֵּרוּ
lobsinget, lobsinget unserm Könige!	זַמְּרוּ לְמַלְכֵּנוּ זַמֵּרוּ׃
Denn Gott ist König über die ganze Erde;	כִּי מֶלֶךְ כָּל־הָאָרֶץ אֱלֹהִים
lobsinget ihm mit Psalmen!	זַמְּרוּ מַשְׂכִּיל׃
Gott ist König über die Völker,	מָלַךְ אֱלֹהִים עַל־גּוֹיִם
Gott sitzt auf seinem heiligen Thron.	אֱלֹהִים יָשַׁב ׀ עַל־כִּסֵּא קָדְשׁוֹ׃
Die Fürsten der Völker sind versammelt	נְדִיבֵי עַמִּים ׀ נֶאֱסָפוּ
als Volk des Gottes Abrahams;	עַם אֱלֹהֵי אַבְרָהָם
denn Gott gehören die Starken auf Erden;	כִּי לֵאלֹהִים מָגִנֵּי־אֶרֶץ
er ist hoch erhaben.	מְאֹד נַעֲלָה׃

Für den Chorleiter. 1
Von den Korachiten.
Ein Psalm.

Ihr Völkerscharen alle, klatscht doch in die Hände, 2
jauchzt Gott mit lautem Jubel zu;
ist dem TREUEN, ist dem Höchsten doch mit Ehrfurcht zu begegnen, 3
dem großen König über die ganze Erde!

Er unterwirft uns Völkerschaften 4
und Nationen unseren Füßen;
er wählt es, unser Erbland, für uns aus, 5
ihn, den Stolz Jakobs, den er liebt. Sälah

Auf stieg Gott beim Festgeschrei, 6
der TREUE beim Signal des Widderhorns:
Spielt Gott, spielt, 7
spielt für unseren König, spielt!

Denn der König der ganzen Erde ist Gott, 8
spielt ein gescheites Lied;
seine Königsherrschaft über die Völker hat Gott angetreten, 9
auf seinen heiligen Thron hat Gott sich gesetzt!

Die Edelsten der Völkerscharen haben sich versammelt, 10
das Volk des Gottes Abrahams;
denn Gott gehören die Gewappneten der Erde,
kraftvoll hat er sich erhoben.

Psalm 48

Ein Psalmlied der Söhne Korach.	שִׁיר מִזְמוֹר לִבְנֵי־קֹרַח׃
Groß ist der HERR und hoch zu rühmen	גָּדוֹל יְהוָה וּמְהֻלָּל מְאֹד
in der Stadt unsres Gottes,	בְּעִיר אֱלֹהֵינוּ
auf seinem heiligen Berge. | Schön ragt empor	הַר־קָדְשׁוֹ׃ יְפֵה נוֹף
der Berg Zion, daran sich freut die ganze Welt,	מְשׂוֹשׂ כָּל־הָאָרֶץ
der Gottesberg fern im Norden,	הַר־צִיּוֹן יַרְכְּתֵי צָפוֹן
die Stadt des großen Königs.	קִרְיַת מֶלֶךְ רָב׃
Gott ist in ihren Palästen,	אֱלֹהִים בְּאַרְמְנוֹתֶיהָ
er ist bekannt als Schutz.	נוֹדַע לְמִשְׂגָּב׃
Denn siehe, Könige waren versammelt	כִּי־הִנֵּה הַמְּלָכִים נוֹעֲדוּ
und miteinander herangezogen.	עָבְרוּ יַחְדָּו׃
Sie haben sich verwundert, als sie solches sahen;	הֵמָּה רָאוּ כֵּן תָּמָהוּ
sie haben sich entsetzt und sind davongestürzt.	נִבְהֲלוּ נֶחְפָּזוּ׃
Zittern hat sie da erfasst,	רְעָדָה אֲחָזָתַם שָׁם
Angst wie eine Gebärende.	חִיל כַּיּוֹלֵדָה׃
Du zerbrichst die großen Schiffe	בְּרוּחַ קָדִים
durch den Sturm vom Osten.	תְּשַׁבֵּר אֳנִיּוֹת תַּרְשִׁישׁ׃
Wie wir es gehört haben,	כַּאֲשֶׁר שָׁמַעְנוּ ׀
so sehen wir es	כֵּן רָאִינוּ
an der Stadt des HERRN Zebaoth,	בְּעִיר־יְהוָה צְבָאוֹת
an der Stadt unsres Gottes:	בְּעִיר אֱלֹהֵינוּ
Gott erhält sie	אֱלֹהִים יְכוֹנְנֶהָ
ewiglich. Sela.	עַד־עוֹלָם סֶלָה׃
Gott, wir gedenken deiner Güte	דִּמִּינוּ אֱלֹהִים חַסְדֶּךָ
in deinem Tempel.	בְּקֶרֶב הֵיכָלֶךָ׃
Gott, wie dein Name, so ist auch dein Ruhm	כְּשִׁמְךָ אֱלֹהִים כֵּן תְּהִלָּתְךָ
bis an der Welt Enden.	עַל־קַצְוֵי־אֶרֶץ
Deine Rechte ist voll Gerechtigkeit.	צֶדֶק מָלְאָה יְמִינֶךָ׃
Dessen freue sich der Berg Zion,	יִשְׂמַח ׀ הַר־צִיּוֹן
und die Töchter Juda seien fröhlich,	תָּגֵלְנָה בְּנוֹת יְהוּדָה
weil du recht richtest.	לְמַעַן מִשְׁפָּטֶיךָ׃
Ziehet um Zion herum und umschreitet es,	סֹבּוּ צִיּוֹן וְהַקִּיפוּהָ
zählt seine Türme;	סִפְרוּ מִגְדָּלֶיהָ׃
habt gut acht auf seine Mauern,	שִׁיתוּ לִבְּכֶם ׀ לְחֵילָה
durchwandert seine Paläste,	פַּסְּגוּ אַרְמְנוֹתֶיהָ
dass ihr den Nachkommen davon erzählt:	לְמַעַן תְּסַפְּרוּ לְדוֹר אַחֲרוֹן׃
Wahrlich, das ist Gott,	כִּי זֶה ׀ אֱלֹהִים
unser Gott für immer und ewig.	אֱלֹהֵינוּ עוֹלָם וָעֶד
Er ist's, der uns führet.	הוּא יְנַהֲגֵנוּ עַל־מוּת׃

48

Ein Lied. Ein Psalm der Korachiten. 1

Groß ist der TREUE, er ist hoch zu loben 2
in der Stadt unseres Gottes,
Berg seines Heiligtums, | schön in seiner Höhe, 3
Wonne der ganzen Welt;
Berg Zion, Gottesberg im hohen Norden,
Stadt des großen Königs
– Gott in ihren Hochpalästen –, 4
ist bekannt als feste Burg.

Ja, siehe da, die Könige, die sich zusammentaten, 5
die vereint herüberzogen,
als diese das gesehen haben, sind sie schon erstarrt, 6
in Panik haben sie die Flucht ergriffen;
Zittern hatte sie ja dort erfasst, 7
Beben wie bei der Gebärenden,
durch einen Sturm vom Osten, 8
der selbst Hochseeschiffe auseinander bricht.

Wie wir es gehört, 9
so haben wir es auch gesehen
in der Stadt des TREUEN der Heerscharen,
in der Stadt unseres Gottes –
Gott möge sie fest gründen
bis in Ewigkeit! Sälah

Deine Treue haben wir im Sinn 10
inmitten deines Tempels,
wie dein Name, Gott, so steht dein Lob 11
über den Enden der Erde;
mit Gerechtigkeit gefüllt ist deine Rechte,
der Berg Zion freut sich, 12
Judas Töchter jubeln
deiner Rechtsentscheide wegen.

Zieht um Zion und umschreitet sie, 13
zählt ihre Türme auf,
achtet auf ihr Mauerwerk, 14
durchmustert ihre Hochpaläste,
damit ihr es dem folgenden Geschlecht erzählen könnt:
„Ja, das ist Gott, 15
ist unser Gott für immer und auf ewig,
er, der uns führt über den Tod hinaus!“

Psalm 49

Ein Psalm der Söhne Korach, vorzusingen, nach der Weise [„Jugend“.	לַמְנַצֵּחַ ׀ לִבְנֵי־קֹרַח מִזְמוֹר׃
Höret zu, alle Völker;	שִׁמְעוּ־זֹאת כָּל־הָעַמִּים
merket auf, alle, die in dieser Zeit leben,	הַאֲזִינוּ כָּל־יֹשְׁבֵי חָלֶד׃
einfache Leute und Herren,	גַּם־בְּנֵי אָדָם גַּם־בְּנֵי־אִישׁ
Reich und Arm, miteinander!	יַחַד עָשִׁיר וְאֶבְיוֹן׃
Mein Mund soll Weisheit reden,	פִּי יְדַבֵּר חָכְמוֹת
und was mein Herz sagt, soll verständig sein.	וְהָגוּת לִבִּי תְבוּנוֹת׃
Ich will einem Spruch mein Ohr neigen	אַטֶּה לְמָשָׁל אָזְנִי
und mein Rätselwort kundtun beim Klang der Harfe.	אֶפְתַּח בְּכִנּוֹר חִידָתִי׃
Warum sollte ich mich fürchten in bösen Tagen,	לָמָּה אִירָא בִּימֵי רָע
wenn mich die Missetat meiner Widersacher umgibt,	עֲוֺן עֲקֵבַי יְסוּבֵּנִי׃
die sich verlassen auf Hab und Gut	הַבֹּטְחִים עַל־חֵילָם
und pochen auf ihren großen Reichtum?	וּבְרֹב עָשְׁרָם יִתְהַלָּלוּ׃
Kann doch keiner einen andern auslösen	אָח לֹא־פָדֹה יִפְדֶּה אִישׁ
oder für ihn an Gott ein Sühnegeld geben	לֹא־יִתֵּן לֵאלֹהִים כָּפְרוֹ׃
– denn es kostet zu viel, ihr Leben auszulösen;	וְיֵקַר פִּדְיוֹן נַפְשָׁם
er muss davon abstehen ewiglich –,	וְחָדַל לְעוֹלָם׃
damit er immer weiterlebe	וִיחִי־עוֹד לָנֶצַח
und die Grube nicht sehe.	לֹא יִרְאֶה הַשָּׁחַת׃
Nein, er wird sehen: Auch die Weisen sterben,	כִּי יִרְאֶה ׀ חֲכָמִים יָמוּתוּ
so wie die Toren und Narren umkommen;	יַחַד כְּסִיל וָבַעַר יֹאבֵדוּ
sie müssen ihr Gut andern lassen.	וְעָזְבוּ לַאֲחֵרִים חֵילָם׃
Gräber sind ihr Haus immerdar,	קִרְבָּם בָּתֵּימוֹ ׀ לְעוֹלָם
ihre Wohnung für und für,	מִשְׁכְּנֹתָם לְדֹר וָדֹר
und doch hatten sie große Ehre auf Erden.	קָרְאוּ בִשְׁמוֹתָם עֲלֵי אֲדָמוֹת׃
Ein Mensch in seiner Herrlichkeit kann nicht bleiben,	וְאָדָם בִּיקָר בַּל־יָלִין
sondern muss davon wie das Vieh.	נִמְשַׁל כַּבְּהֵמוֹת נִדְמוּ׃
Dies ist der Weg derer, die so voll Torheit sind,	זֶה דַרְכָּם כֵּסֶל לָמוֹ
und das Ende aller, denen ihr Gerede so wohl gefällt.	וְאַחֲרֵיהֶם ׀ בְּפִיהֶם יִרְצוּ
Sie liegen bei den Toten wie Schafe, [Sela.	כַּצֹּאן ׀ לִשְׁאוֹל שַׁתּוּ [סֶלָה׃
der Tod weidet sie;	מָוֶת יִרְעֵם
aber die Frommen werden gar bald über sie herrschen, [bleiben.	וַיִּרְדּוּ בָם יְשָׁרִים ׀ לַבֹּקֶר
und ihr Trotz muss vergehen; bei den Toten müssen sie	וצירם לְבַלּוֹת שְׁאוֹל מִזְּבֻל לוֹ׃
Aber Gott wird mich erlösen aus des Todes Gewalt;	אַךְ־אֱלֹהִים יִפְדֶּה נַפְשִׁי מִיַּד־שְׁאוֹל
denn er nimmt mich auf. Sela.	כִּי יִקָּחֵנִי סֶלָה׃
Lass es dich nicht anfechten, wenn einer reich wird,	אַל־תִּירָא כִּי־יַעֲשִׁר אִישׁ
wenn die Herrlichkeit seines Hauses groß wird.	כִּי־יִרְבֶּה כְּבוֹד בֵּיתוֹ׃
Denn er wird nichts bei seinem Sterben mitnehmen,	כִּי לֹא בְמוֹתוֹ יִקַּח הַכֹּל
und seine Herrlichkeit wird ihm nicht nachfahren.	לֹא־יֵרֵד אַחֲרָיו כְּבוֹדוֹ׃
Er freut sich wohl dieses guten Lebens,	כִּי־נַפְשׁוֹ בְּחַיָּיו יְבָרֵךְ
und man preist dich, wenn es dir gut geht.	וְיוֹדֻךָ כִּי־תֵיטִיב לָךְ׃
Aber doch fahren sie ihren Vätern nach	תָּבוֹא עַד־דּוֹר אֲבוֹתָיו
und sehen das Licht nimmermehr.	עַד־נֵצַח לֹא יִרְאוּ־אוֹר׃
Ein Mensch in seiner Herrlichkeit kann nicht bleiben,	אָדָם בִּיקָר וְלֹא יָבִין
sondern muss davon wie das Vieh.	נִמְשַׁל כַּבְּהֵמוֹת נִדְמוּ׃

Für den Chorleiter. Von den Korachiten. Ein Psalm. 1

Hört dies, ihr Völkerschaften alle, 2
horcht, ihr Weltbewohner alle,
ob Durchschnittsmenschen oder Herrensöhne, 3
alle miteinander, reich und arm!
Was mein Mund sagt, das sind Weisheitsworte, 4
und was mein Herz bewegt, das sind Einsichten,
zu einem Spruch will ich mein Ohr hinwenden, 5
bei Harfenklang will ich mein Rätsel lösen:

„Warum soll ich mich denn in bösen Tagen fürchten, 6
wenn mich die Spuren meiner Schuld einholen?" –
so jene, die auf ihr Vermögen ihr Vertrauen setzen, 7
die sich auch noch ihres großen Reichtums rühmen.
Nicht einmal seinen Bruder kann ein Mensch, er kann ihn nicht freikaufen, 8
er kann den Preis für ihn Gott nicht bezahlen,
zu teuer ist das Lösegeld doch für ihr Leben, 9
so muss er es ein für alle Mal aufgeben.

Und sollte er womöglich dauernd weiterleben, 10
ohne je das Grab zu sehen? –
er sieht doch, wie selbst Weise sterben müssen, 11
zusammen müssen Narr und Dummkopf gehen,
und ihr Vermögen hinterlassen sie den andern,
unter denen ihre Häuser dann für immer bleiben, 12
ihre Wohnungen für künftige Geschlechter,
obwohl sie über Ländereien ihr Besitzrecht ausgerufen hatten.

Ja, der Mensch, so angesehen er auch ist, er kann nicht bleiben – 13
er ist zu vergleichen mit dem Vieh, das man beseitigt.

Dies ist der Weg derer, die vor Torheit strotzen, 14
und hinter ihnen sieht man, die an ihrem eigenen Mundwerk sich erbauen – Sälah – ,
wie bei Schafen, die man für das Totenreich bestimmt hat, 15
es hütet sie der Tod;
zwar zog man noch geradewegs mit ihnen bis zum Morgen,
doch nur, damit man ihren Leib im Totenreich verschwinden ließ, das keine Wohnung [hat –
mein Leben aber kauft Gott frei aus der Gewalt des Totenreichs, 16
ja, er reißt mich heraus! Sälah

Mache dir doch nichts daraus, wenn es ein Mensch zu Reichtum bringt, 17
wenn sich seines Hauses Glanz vermehrt,
denn bei seinem Tod nimmt er das alles ja nicht mit, 18
sein Glanz folgt ihm ja nicht hinunter;
denn mag er in seinem Leben seine Seele glücklich preisen, 19
und rühmt man dich dafür, dass es dir gut geht –
du gehst ein zu dem Geschlechte seiner Väter, 20
die das Licht nicht sehen bis zum Aufglanz.

Der Mensch, so angesehen er auch ist, auch wenn er es nicht einsieht – 21
er ist zu vergleichen mit dem Vieh, das man beseitigt.

Psalm 50

Ein Psalm Asafs.	מִזְמוֹר לְאָסָף
Gott, der HERR, der Mächtige, redet	אֵל ׀ אֱלֹהִים יְהוָה דִּבֶּר
und ruft der Welt zu vom Aufgang der Sonne bis zu [ihrem Niedergang.	וַיִּקְרָא־אָרֶץ מִמִּזְרַח־שֶׁמֶשׁ עַד־מְבֹאוֹ׃
Aus Zion bricht an der schöne Glanz Gottes.	מִצִּיּוֹן מִכְלַל־יֹפִי אֱלֹהִים הוֹפִיעַ׃
Unser Gott kommt und schweiget nicht.	יָבֹא אֱלֹהֵינוּ וְאַל־יֶחֱרַשׁ
Fressendes Feuer geht vor ihm her	אֵשׁ־לְפָנָיו תֹּאכֵל
und um ihn her ein mächtiges Wetter.	וּסְבִיבָיו נִשְׂעֲרָה מְאֹד׃
Er ruft Himmel	יִקְרָא אֶל־הַשָּׁמַיִם מֵעָל
und Erde zu, dass er sein Volk richten wolle:	וְאֶל־הָאָרֶץ לָדִין עַמּוֹ׃
„Versammelt mir meine Heiligen,	אִסְפוּ־לִי חֲסִידָי
die den Bund mit mir schlossen beim Opfer."	כֹּרְתֵי בְרִיתִי עֲלֵי־זָבַח׃
Und die Himmel werden seine Gerechtigkeit verkünden;	וַיַּגִּידוּ שָׁמַיִם צִדְקוֹ
denn Gott selbst ist Richter. Sela.	כִּי־אֱלֹהִים ׀ שֹׁפֵט הוּא סֶלָה׃
„Höre, mein Volk, lass mich reden;	שִׁמְעָה עַמִּי ׀ וַאֲדַבֵּרָה
Israel, ich will wider dich zeugen:	יִשְׂרָאֵל וְאָעִידָה בָּךְ
Ich, Gott, bin dein Gott.	אֱלֹהִים אֱלֹהֶיךָ אָנֹכִי׃
Nicht deiner Opfer wegen klage ich dich an –	לֹא עַל־זְבָחֶיךָ אוֹכִיחֶךָ
sind doch deine Brandopfer täglich vor mir.	וְעוֹלֹתֶיךָ לְנֶגְדִּי תָמִיד׃
Ich will von deinem Hause Stiere nicht nehmen	לֹא־אֶקַּח מִבֵּיתְךָ פָר
noch Böcke aus deinen Ställen.	מִמִּכְלְאֹתֶיךָ עַתּוּדִים׃
Denn alles Wild im Walde ist mein	כִּי־לִי כָל־חַיְתוֹ־יָעַר
und die Tiere auf den Bergen zu Tausenden.	בְּהֵמוֹת בְּהַרְרֵי־אָלֶף׃
Ich kenne alle Vögel auf den Bergen;	יָדַעְתִּי כָּל־עוֹף הָרִים
und was sich regt auf dem Felde, ist mein.	וְזִיז שָׂדַי עִמָּדִי׃
Wenn ich hungerte, wollte ich dir nicht davon sagen;	אִם־אֶרְעַב לֹא־אֹמַר לָךְ
denn der Erdkreis ist mein und alles, was darauf ist.	כִּי־לִי תֵבֵל וּמְלֹאָהּ׃
Meinst du, dass ich Fleisch von Stieren essen wolle	הַאוֹכַל בְּשַׂר אַבִּירִים
oder Blut von Böcken trinken?	וְדַם עַתּוּדִים אֶשְׁתֶּה׃
Opfere Gott Dank	זְבַח לֵאלֹהִים תּוֹדָה
und erfülle dem Höchsten deine Gelübde	וְשַׁלֵּם לְעֶלְיוֹן נְדָרֶיךָ׃
und rufe mich an in der Not,	וּקְרָאֵנִי בְּיוֹם צָרָה
so will ich dich erretten, und du sollst mich preisen."	אֲחַלֶּצְךָ וּתְכַבְּדֵנִי׃

Ein Psalm Asafs. 1

Der Gott der Götter, der TREUE, hat geredet,
und er rief die Erde vom Sonnenaufgang bis zu ihrem Untergang;
von Zion her, der Schönheit Krone, ist Gott aufgestrahlt, 2
unser Gott kommt her und kann nicht schweigen: 3

Feuer züngelt vor seinem Angesicht her,
und rings um ihn stürmt es gewaltig;
er ruft den Himmel droben auf zum Zeugen 4
und die Erde, um sein Volk zu richten:

„Versammelt mir meine Getreuen, 5
die beim Opfer meinen Bund geschlossen haben!"
Da verkündeten die Himmel, wie gerecht er ist, 6
wenn Gott selber richtet – Sälah – :

„Höre doch, mein Volk, ich rede, 7
Israel, ich warne dich,
Gott, dein Gott, bin ich!

Nicht wegen deiner Opfermahle will ich dich verklagen 8
oder wegen deiner Feueropfer, die ich ständig vor mir habe;
nicht nehme ich aus deinem Haus den jungen Stier, 9
noch aus deinen Stallungen die Böcke.

Gehört mir doch das ganze Wild des Waldes 10
wie das Großvieh auf den Rinderhügeln;
alle Vögel in den Bergen sind mir längst bekannt, 11
und selbst die Grille auf dem Felde ist bei mir.

Wenn ich Hunger hätte, brauchte ich's dir nicht zu sagen, 12
da die Welt mit ihrer Fülle mir gehört;
sollte ich denn da das Fleisch von Stieren essen 13
und das Blut von Böcken trinken?

Opfere Gott Dank 14
und gib dem Höchsten, was du ihm versprochen hast;
und ruf mich an am Tage der Bedrängnis, 15
ich werde dich erretten, und du wirst mich ehren!"

Psalm 50

Aber zum Gottlosen spricht Gott:	וְלָרָשָׁע ׀ אָמַר אֱלֹהִים
„Was hast du von meinen Geboten zu reden	מַה־לְּךָ לְסַפֵּר חֻקָּי
und nimmst meinen Bund in deinen Mund,	וַתִּשָּׂא בְרִיתִי עֲלֵי־פִיךָ׃
da du doch Zucht hassest	וְאַתָּה שָׂנֵאתָ מוּסָר
und wirfst meine Worte hinter dich?	וַתַּשְׁלֵךְ דְּבָרַי אַחֲרֶיךָ׃
Wenn du einen Dieb siehst, so läufst du mit ihm	אִם־רָאִיתָ גַנָּב וַתִּרֶץ עִמּוֹ
und hast Gemeinschaft mit den Ehebrechern.	וְעִם מְנָאֲפִים חֶלְקֶךָ׃
Deinen Mund lässest du Böses reden,	פִּיךָ שָׁלַחְתָּ בְרָעָה
und deine Zunge treibt Falschheit.	וּלְשׁוֹנְךָ תַּצְמִיד מִרְמָה׃
Du sitzest und redest wider deinen Bruder;	תֵּשֵׁב בְּאָחִיךָ תְדַבֵּר
deiner Mutter Sohn verleumdest du.	בְּבֶן־אִמְּךָ תִּתֶּן־דֹּפִי׃
Das tust du, und ich schweige;	אֵלֶּה עָשִׂיתָ ׀ וְהֶחֱרַשְׁתִּי
da meinst du, ich sei so wie du. [stellen.	דִּמִּיתָ הֱיוֹת־אֶהְיֶה כָמוֹךָ
Aber ich will dich zurechtweisen und es dir vor Augen	אוֹכִיחֲךָ וְאֶעֶרְכָה לְעֵינֶיךָ׃
Begreift es doch, die ihr Gott vergesset,	בִּינוּ־נָא זֹאת שֹׁכְחֵי אֱלוֹהַּ
damit ich nicht hinraffe, und kein Retter ist da!	פֶּן־אֶטְרֹף וְאֵין מַצִּיל׃
Wer Dank opfert, der preiset mich, [Gottes."	זֹבֵחַ תּוֹדָה יְכַבְּדָנְנִי
und da ist der Weg, dass ich ihm zeige das Heil	וְשָׂם דֶּרֶךְ אַרְאֶנּוּ בְּיֵשַׁע אֱלֹהִים׃

Dem Schurken aber hat Gott dies zu sagen: 16

„Wie bist du dazugekommen, meine Satzungen zu predigen,
und dabei hast du meinen Bund in deinen Mund genommen;
du selber aber hast doch meine Warnung abgelehnt, 17
und du hast meine Worte in den Wind geschlagen!

Wenn du einen Dieb gesehen hast, dann hat es dir bei ihm gefallen, 18
und mit Ehebrechern machst du gemeinsame Sache;
mit deinem Mundwerk hast du Schlimmes in die Welt gesetzt, 19
und mit deiner Zunge schmiedest du noch immer Ränke!

Da sitzt du, redest über deinen Bruder, 20
bringst Verleumdung über den Sohn deiner Mutter;
das hast du getan, und ich habe geschwiegen, 21
so hast du wohl gemeint, ich sei genau wie du –
anklagen werde ich dich, und ich will es dir vor Augen führen!

Seht dies doch ein, ihr Gottvergessenen, 22
damit ich nicht zerreißen muss, und keiner reißt heraus;
wer als Opfer Dank bringt, der gibt mir die Ehre, 23
und der nimmt den Weg, auf dem ich ihn die Freiheit Gottes sehen lasse!“

Psalm 51

Ein Psalm Davids, vorzusingen,	לַמְנַצֵּחַ מִזְמוֹר לְדָוִד׃
als der Prophet Nathan zu ihm kam,	בְּבוֹא־אֵלָיו נָתָן הַנָּבִיא
nachdem er zu Batseba eingegangen war.	כַּאֲשֶׁר־בָּא אֶל־בַּת־שָׁבַע׃

Gott, sei mir gnädig nach deiner Güte,	חָנֵּנִי אֱלֹהִים כְּחַסְדֶּךָ
und tilge meine Sünden nach deiner großen Barmherzigkeit.	כְּרֹב רַחֲמֶיךָ מְחֵה פְשָׁעָי׃
Wasche mich rein von meiner Missetat,	הרבה ° כַּבְּסֵנִי מֵעֲוֺנִי
und reinige mich von meiner Sünde;	וּמֵחַטָּאתִי טַהֲרֵנִי׃
denn ich erkenne meine Missetat,	כִּי־פְשָׁעַי אֲנִי אֵדָע
und meine Sünde ist immer vor mir.	וְחַטָּאתִי נֶגְדִּי תָמִיד׃

An dir allein habe ich gesündigt	לְךָ לְבַדְּךָ ׀ חָטָאתִי
und übel vor dir getan,	וְהָרַע בְּעֵינֶיךָ עָשִׂיתִי
auf dass du recht behaltest in deinen Worten	לְמַעַן תִּצְדַּק בְּדָבְרֶךָ
und rein dastehst, wenn du richtest.	תִּזְכֶּה בְשָׁפְטֶךָ׃
Siehe, ich bin als Sünder geboren,	הֵן־בְּעָווֹן חוֹלָלְתִּי
und meine Mutter hat mich in Sünden empfangen.	וּבְחֵטְא יֶחֱמַתְנִי אִמִּי׃

Siehe, dir gefällt Wahrheit, die im Verborgenen liegt,	הֵן־אֱמֶת חָפַצְתָּ בַטֻּחוֹת
und im Geheimen tust du mir Weisheit kund.	וּבְסָתֻם חָכְמָה תוֹדִיעֵנִי׃
Entsündige mich mit Ysop, dass ich rein werde;	תְּחַטְּאֵנִי בְאֵזוֹב וְאֶטְהָר
wasche mich, dass ich schneeweiß werde.	תְּכַבְּסֵנִי וּמִשֶּׁלֶג אַלְבִּין׃
Lass mich hören Freude und Wonne,	תַּשְׁמִיעֵנִי שָׂשׂוֹן וְשִׂמְחָה
dass die Gebeine fröhlich werden, die du zerschlagen hast.	תָּגֵלְנָה עֲצָמוֹת דִּכִּיתָ׃

Verbirg dein Antlitz vor meinen Sünden,	הַסְתֵּר פָּנֶיךָ מֵחֲטָאָי
und tilge alle meine Missetat.	וְכָל־עֲוֺנֹתַי מְחֵה׃
Schaffe in mir, Gott, ein reines Herz,	לֵב טָהוֹר בְּרָא־לִי אֱלֹהִים
und gib mir einen neuen, beständigen Geist.	וְרוּחַ נָכוֹן חַדֵּשׁ בְּקִרְבִּי׃
Verwirf mich nicht von deinem Angesicht,	אַל־תַּשְׁלִיכֵנִי מִלְּפָנֶיךָ
und nimm deinen Heiligen Geist nicht von mir.	וְרוּחַ קָדְשְׁךָ אַל־תִּקַּח מִמֶּנִּי׃

Erfreue mich wieder mit deiner Hilfe,	הָשִׁיבָה לִּי שְׂשׂוֹן יִשְׁעֶךָ
und mit einem willigen Geist rüste mich aus.	וְרוּחַ נְדִיבָה תִסְמְכֵנִי׃
Ich will die Übertreter deine Wege lehren,	אֲלַמְּדָה פֹשְׁעִים דְּרָכֶיךָ
dass sich die Sünder zu dir bekehren.	וְחַטָּאִים אֵלֶיךָ יָשׁוּבוּ׃
Errette mich von Blutschuld, Gott, der du mein Gott	הַצִּילֵנִי מִדָּמִים ׀ אֱלֹהִים אֱלֹהֵי תְּשׁוּעָתִי
dass meine Zunge deine Gerechtigkeit rühme.[und Heiland bist,	תְּרַנֵּן לְשׁוֹנִי צִדְקָתֶךָ׃

Herr, tu meine Lippen auf,	אֲדֹנָי שְׂפָתַי תִּפְתָּח
dass mein Mund deinen Ruhm verkündige.	וּפִי יַגִּיד תְּהִלָּתֶךָ׃
Denn Schlachtopfer willst du nicht, ich wollte sie dir sonst	כִּי ׀ לֹא־תַחְפֹּץ זֶבַח וְאֶתֵּנָה
und Brandopfer gefallen dir nicht. [geben,	עוֹלָה לֹא תִרְצֶה׃
Die Opfer, die Gott gefallen, sind ein geängsteter Geist,	זִבְחֵי אֱלֹהִים רוּחַ נִשְׁבָּרָה
ein geängstetes, zerschlagenes Herz wirst du, [Gott, nicht verachten.	לֵב־נִשְׁבָּר וְנִדְכֶּה אֱלֹהִים לֹא תִבְזֶה׃
Tu wohl an Zion nach deiner Gnade,	הֵיטִיבָה בִרְצוֹנְךָ אֶת־צִיּוֹן
baue die Mauern zu Jerusalem.	תִּבְנֶה חוֹמוֹת יְרוּשָׁלָםִ׃
Dann werden dir gefallen rechte Opfer,	אָז תַּחְפֹּץ זִבְחֵי־צֶדֶק
Brandopfer und Ganzopfer;	עוֹלָה וְכָלִיל
dann wird man Stiere auf deinem Altar opfern.	אָז יַעֲלוּ עַל־מִזְבַּחֲךָ פָרִים׃

Für den Chorleiter. Ein Psalm Davids. 1
Als der Prophet Nathan zu ihm hereingekommen ist, 2
nachdem dieser zu Bathseba hineingegangen war.

Sei mir gnädig, Gott, nach deiner Liebe, 3
nach deinem unermesslichen Erbarmen lösche meine treulosen Vergehen aus,
wasch mich von meiner Schuld doch gründlich sauber, 4
und von meiner Verfehlung mache mich doch rein –
ja, ich, ich weiß von meinen treulosen Vergehen, 5
und meine Verfehlung steht mir immerfort vor Augen!

An dir, ich habe mich an dir allein versündigt, 6
und, was in deinen Augen schlecht ist, habe ich getan,
so dass du mit deinem Spruch im Recht bist
und mit deinem Urteil unanfechtbar dastehst –
sieh, ich war schon mit Schuld behaftet, als ich geboren wurde, 7
und mit Sünde schon, als meine Mutter mich empfing!

Sieh, wahrhaft Wohlgefallen hast du an Vertrauen, 8
und da machst du im Verborgenen mit Weisheit mich bekannt:
Wo du mich entsühnst mit Ysop, werde ich gereinigt, 9
wo du mich rein wäschst, bin ich weißer noch als Schnee –
du lässt mich von Wonne hören und von Lust, 10
und fröhlich springen die Gebeine, die du doch zerschlagen hattest!

Verbirg dein Angesicht vor meinen Sünden, 11
und lösche alles aus, was ich verschuldet habe,
ein reines Herz schaff mir, o Gott, 12
und einen festen Geist erneuere in meiner Mitte –
wirf mich nicht weg von deinem Angesicht, 13
und deinen heiligen Geist nimm nicht von mir!

Bring du mir doch die Wonne deiner Freiheit wieder, 14
und mit einem Geist, der sich freiwillig einsetzt, rüste mich,
so will ich Treulose deine Wege lehren, 15
und Sünder sollen wieder zu dir kehren –
reiß mich aus meiner Blutschuld, Gott, heraus, Gott meiner Rettung, 16
jubeln wird dann meine Zunge über dein gerechtes Handeln!

Herr, öffne meine Lippen, 17
und mein Mund wird dann dein Lob verkünden,
hast du doch keine Freude am Schlachtopfer, wenn ich es auch brächte, 18
am Brandopfer hast du kein Gefallen –
Schlachtopfer, Gott gemäß, sind ein zerknirschter Geist, 19
ein zerknirschtes und zerschlagenes Herz wirst du, Gott, nicht verachten!

Tu in deinem Wohlgefallen ihr doch, Zion, Gutes, 20
mögest du doch die Mauern von Jerusalem aufbauen!
Dann wirst du Freude haben an Schlachtopfern, die in Ordnung sind, 21
an Brand- und an Ganzopfern,
dann wird man auf deinem Altar junge Stiere opfern.

Psalm 52

Eine Unterweisung Davids, vorzusingen,	לַמְנַצֵּחַ מַשְׂכִּיל לְדָוִד׃
als Doëg, der Edomiter, kam und zeigte es Saul	בְּבוֹא ׀ דּוֹאֵג הָאֲדֹמִי וַיַּגֵּד לְשָׁאוּל וַיֹּאמֶר לוֹ
David ist in Ahimelechs Haus gekommen. [an und sprach:	בָּא דָוִד אֶל־בֵּית אֲחִימֶלֶךְ׃

Was rühmst du dich der Bosheit, du Tyrann,	מַה־תִּתְהַלֵּל בְּרָעָה הַגִּבּוֹר
da doch Gottes Güte noch täglich währt?	חֶסֶד אֵל כָּל־הַיּוֹם׃
Deine Zunge trachtet nach Schaden	הַוּוֹת תַּחְשֹׁב לְשׁוֹנֶךָ
wie ein scharfes Schermesser, du Betrüger!	כְּתַעַר מְלֻטָּשׁ עֹשֵׂה רְמִיָּה׃
Du liebst das Böse mehr als das Gute	אָהַבְתָּ רָּע מִטּוֹב
und redest lieber Falsches als Rechtes. Sela.	שֶׁקֶר ׀ מִדַּבֵּר צֶדֶק סֶלָה׃
Du redest gern alles, was zum Verderben dient,	אָהַבְתָּ כָל־דִּבְרֵי־בָלַע
mit falscher Zunge.	לְשׁוֹן מִרְמָה׃

Darum wird dich auch Gott für immer zerstören,	גַּם־אֵל יִתָּצְךָ לָנֶצַח
dich zerschlagen und aus deinem Zelte reißen	יַחְתְּךָ וְיִסָּחֲךָ מֵאֹהֶל
und aus dem Lande der Lebendigen ausrotten. Sela.	וְשֵׁרֶשְׁךָ מֵאֶרֶץ חַיִּים סֶלָה׃
Und die Gerechten werden es sehen und sich fürchten	וְיִרְאוּ צַדִּיקִים וְיִירָאוּ
und werden seiner lachen:	וְעָלָיו יִשְׂחָקוּ׃
„Siehe, das ist der Mann,	הִנֵּה הַגֶּבֶר
der nicht auf Gott sein Vertrauen setzte,	לֹא יָשִׂים אֱלֹהִים מָעוּזּוֹ
sondern verließ sich auf seinen großen Reichtum	וַיִּבְטַח בְּרֹב עָשְׁרוֹ
und war mächtig, Schaden zu tun."	יָעֹז בְּהַוָּתוֹ׃

Ich aber werde bleiben wie ein grünender Ölbaum	וַאֲנִי ׀ כְּזַיִת רַעֲנָן
im Hause Gottes;	בְּבֵית אֱלֹהִים
ich verlasse mich auf Gottes Güte	בָּטַחְתִּי בְחֶסֶד־אֱלֹהִים
immer und ewig.	עוֹלָם וָעֶד׃
Ich will dir danken ewiglich,	אוֹדְךָ לְעוֹלָם
denn du hast es getan.	כִּי עָשִׂיתָ
Ich will harren auf deinen Namen vor deinen Heiligen,	וַאֲקַוֶּה שִׁמְךָ כִי־טוֹב
denn du bist gütig.	נֶגֶד חֲסִידֶיךָ׃

Für den Chorleiter. Ein Lehrgedicht Davids. 1
Als der Edomiter Doëg kam und Saul meldete und zu ihm sagte: 2
„David ist zum Haus Achimelechs gekommen!“

Was rühmst du dich des Bösen, Kraftprotz? 3
Des starken Gottes Güte währt den ganzen Tag!
Abgründiges erfindet deine Zunge, 4
wie ein geschärftes Messer ist sie, Ränkeschmied;
Böses hast du mehr geliebt als Gutes, 5
Lüge mehr als zu reden, was recht ist – Sälah –,
jede Art von verderblichen Worten hast du geliebt, 6
du falsche Zunge!

So wird dich auch der starke Gott für immer niederreißen, 7
niederschlagen wird er dich, und aus dem Zelt wird er dich fegen,
und er wird dich aus dem Land der Lebenden ausreißen – Sälah – ;
und die Gerechten werden das schauen und ihnen wird schaudern, 8
und sie werden lachen über ihn:
„Sieh, das ist der Mann, 9
der nicht Gott zu seiner Zuflucht macht,
und im Vertrauen auf die Menge seines Reichtums
sucht er sich in Sicherheit zu bringen – in seinem Abgrund!“

Doch ich bin wie ein grüner Ölbaum 10
im Haus Gottes,
auf die Gottesgüte habe ich vertraut,
ein für alle Mal;
in Ewigkeit will ich dir danken, 11
denn du warst am Werk,
und ich hoffe fest auf deinen Namen, weil er gut ist,
in Gegenwart deiner Getreuen!

Psalm 53

Eine Unterweisung Davids,	לַמְנַצֵּחַ עַל־מָחֲלַת
vorzusingen, zum Reigentanz.	מַשְׂכִּיל לְדָוִד׃
Die Toren sprechen in ihrem Herzen:	אָמַר נָבָל בְּלִבּוֹ
„Es ist kein Gott.“	אֵין אֱלֹהִים
Sie taugen nichts; ihr Freveln ist ein Gräuel;	הִשְׁחִיתוּ וְהִתְעִיבוּ עָוֶל
da ist keiner, der Gutes tut.	אֵין עֹשֵׂה־טוֹב׃
Gott schaut vom Himmel	אֱלֹהִים מִשָּׁמַיִם הִשְׁקִיף
auf die Menschenkinder,	עַל־בְּנֵי אָדָם
dass er sehe, ob jemand klug sei	לִרְאוֹת הֲיֵשׁ מַשְׂכִּיל
und nach Gott frage.	דֹּרֵשׁ אֶת־אֱלֹהִים׃
Aber sie sind alle abgefallen	כֻּלּוֹ סָג
und allesamt verdorben;	יַחְדָּו נֶאֱלָחוּ
da ist keiner, der Gutes tut,	אֵין עֹשֵׂה־טוֹב
auch nicht einer.	אֵין גַּם־אֶחָד׃
Wollen denn die Übeltäter	הֲלֹא יָדְעוּ
sich nichts sagen lassen,	פֹּעֲלֵי אָוֶן
die mein Volk fressen, dass sie sich nähren,	אֹכְלֵי עַמִּי אָכְלוּ לֶחֶם
Gott aber rufen sie nicht an?	אֱלֹהִים לֹא קָרָאוּ׃
Sie fürchten sich da, wo nichts zu fürchten ist;	שָׁם ׀ פָּחֲדוּ־פַחַד לֹא־הָיָה פָחַד
doch Gott zerstreut	כִּי־אֱלֹהִים פִּזַּר
die Gebeine derer, die dich bedrängen. Du machst sie zuschanden,	עַצְמוֹת חֹנָךְ הֱבִשֹׁתָה
denn Gott hat sie verworfen.	כִּי־אֱלֹהִים מְאָסָם׃
Ach dass die Hilfe aus Zion	מִי יִתֵּן מִצִּיּוֹן
über Israel käme	יְשֻׁעוֹת יִשְׂרָאֵל
und Gott sein gefangenes Volk erlöste!	בְּשׁוּב אֱלֹהִים שְׁבוּת עַמּוֹ
So würde Jakob sich freuen und Israel fröhlich sein.	יָגֵל יַעֲקֹב יִשְׂמַח יִשְׂרָאֵל׃

Für den Chorleiter: Nach ‚Reigentanz'. 1
Ein Lehrgedicht Davids.

In seinem Herzen sagte sich der Tor: 2
„Kein Gott ist da!"
Verderblich haben sie gehandelt, und abscheulich haben sie gefrevelt:
Keiner da, der Gutes tut!

Gott hat herabgeschaut vom Himmel 3
auf die Menschen,
um zu sehen, ob es einen gibt, der klug ist,
der nach ihm, nach Gott fragt.

Abgewichen jedermann, 4
verdorben miteinander,
keiner da, der Gutes tut,
keiner, auch nicht einer!

Haben sie denn nichts begriffen, 5
diese Missetäter,
die als Vertilger meines Volkes Brot vertilgten? –
Gott haben sie natürlich nicht geladen.

Dort gerieten sie in große Panik – es war keine Panik – , 6
denn Gott hat zerstreut;
deines Belagerers Gebeine hast du schänden können,
denn Gott hat sie verworfen.

Wer leitet von Zion aus 7
Israels Freiheit ein?
Wenn Gott seines Volkes Schicksal wenden wird,
dann soll Jakob jubeln, Israel sich freuen!

Psalm 54

Eine Unterweisung Davids,	לַמְנַצֵּחַ בִּנְגִינֹת
vorzusingen, beim Saitenspiel,	מַשְׂכִּיל לְדָוִד׃
als die Männer von Sif kamen und zu Saul sprachen:	בְּבוֹא הַזִּיפִים וַיֹּאמְרוּ לְשָׁאוּל
David hält sich bei uns verborgen.	הֲלֹא דָוִד מִסְתַּתֵּר עִמָּנוּ׃

Hilf mir, Gott, durch deinen Namen	אֱלֹהִים בְּשִׁמְךָ הוֹשִׁיעֵנִי
und schaffe mir Recht durch deine Kraft.	וּבִגְבוּרָתְךָ תְדִינֵנִי׃
Gott, erhöre mein Gebet,	אֱלֹהִים שְׁמַע תְּפִלָּתִי
vernimm die Rede meines Mundes.	הַאֲזִינָה לְאִמְרֵי־פִי׃
Denn Stolze erheben sich gegen mich,	כִּי זָרִים ׀ קָמוּ עָלַי
und Gewalttäter trachten mir nach dem Leben;	וְעָרִיצִים בִּקְשׁוּ נַפְשִׁי
sie haben Gott nicht vor Augen. Sela.	לֹא שָׂמוּ אֱלֹהִים לְנֶגְדָּם סֶלָה׃

Siehe, Gott steht mir bei,	הִנֵּה אֱלֹהִים עֹזֵר לִי
der Herr erhält mein Leben.	אֲדֹנָי בְּסֹמְכֵי נַפְשִׁי׃
Er wird die Bosheit meinen Feinden vergelten.	ישׁוב ° הָרַע לְשֹׁרְרָי
Vertilge sie um deiner Treue willen!	בַּאֲמִתְּךָ הַצְמִיתֵם׃

So will ich dir ein Freudenopfer bringen	בִּנְדָבָה אֶזְבְּחָה־לָּךְ
und deinen Namen, HERR, preisen, dass er so tröstlich ist.	אוֹדֶה שִּׁמְךָ יְהוָה כִּי־טוֹב׃
Denn du errettest mich aus aller meiner Not,	כִּי מִכָּל־צָרָה הִצִּילָנִי
dass mein Auge auf meine Feinde herabsieht.	וּבְאֹיְבַי רָאֲתָה עֵינִי׃

Für den Chorleiter: Mit Saitenklang. 1
Ein Lehrgedicht Davids.
Als die Sifiter kamen und zu Saul sagten: 2
„Hat sich David nicht bei uns versteckt?“

Gott, in deinem Namen führe mich ins Freie 3
und durch deine Kraft verschaffe mir mein Recht,
Gott, höre mein Gebet, 4
wende deine Ohren doch den Worten meines Mundes zu!
Haben sich ja Fremde gegen mich erhoben 5
und ganz Schreckliche es auf mein Leben abgesehen –
Gott hielten sie sich dabei nicht vor Augen. Sälah

Siehe, Gott, der zu mir steht, 6
Herr bei denen, die mein Leben stützen,
falle doch das Böse auf die selbst zurück, die mich verleumden, 7
bringe sie mit deiner Wahrheit doch zum Schweigen!

Aus freien Stücken will ich dir mein Opfer bringen, 8
danken will ich deinem Namen, TREUER, weil du gütig bist –
weil du mich aus aller Angst gerissen hast 9
und mein Auge hat auf meine Feinde sehen können.

Psalm 55

Eine Unterweisung Davids,	לַמְנַצֵּחַ בִּנְגִינֹת
vorzusingen, beim Saitenspiel.	מַשְׂכִּיל לְדָוִד׃

Gott, höre mein Gebet	הַאֲזִינָה אֱלֹהִים תְּפִלָּתִי
und verbirg dich nicht vor meinem Flehen.	וְאַל־תִּתְעַלַּם מִתְּחִנָּתִי׃
Merke auf mich und erhöre mich,	הַקְשִׁיבָה לִּי וַעֲנֵנִי
wie ich so ruhelos klage und heule,	אָרִיד בְּשִׂיחִי וְאָהִימָה׃
da der Feind so schreit,	מִקּוֹל אוֹיֵב
und der Gottlose mich bedrängt;	מִפְּנֵי עָקַת רָשָׁע

denn sie wollen Unheil über mich bringen	כִּי־יָמִיטוּ עָלַי אָוֶן
und sind mir heftig gram.	וּבְאַף יִשְׂטְמוּנִי׃
Mein Herz ängstet sich in meinem Leibe,	לִבִּי יָחִיל בְּקִרְבִּי
und Todesfurcht ist auf mich gefallen.	וְאֵימוֹת מָוֶת נָפְלוּ עָלָי׃
Furcht und Zittern ist über mich gekommen,	יִרְאָה וָרַעַד יָבֹא בִי
und Grauen hat mich überfallen.	וַתְּכַסֵּנִי פַּלָּצוּת׃

Ich sprach: O hätte ich Flügel wie Tauben,	וָאֹמַר מִי־יִתֶּן־לִּי אֵבֶר כַּיּוֹנָה
dass ich wegflöge und Ruhe fände!	אָעוּפָה וְאֶשְׁכֹּנָה׃
Siehe, so wollte ich in die Ferne fliehen	הִנֵּה אַרְחִיק נְדֹד
und in der Wüste bleiben. Sela.	אָלִין בַּמִּדְבָּר סֶלָה׃
Ich wollte eilen, dass ich entrinne	אָחִישָׁה מִפְלָט לִי
vor dem Sturmwind und Wetter.	מֵרוּחַ סֹעָה מִסָּעַר׃

Mache ihre Zunge uneins, Herr, und verwirre sie;	בַּלַּע אֲדֹנָי פַּלַּג לְשׁוֹנָם
denn ich sehe Frevel und Hader in der Stadt.	כִּי־רָאִיתִי חָמָס וְרִיב בָּעִיר׃
Das geht Tag und Nacht um auf ihren Mauern,	יוֹמָם וָלַיְלָה יְסוֹבְבֻהָ עַל־חוֹמֹתֶיהָ
und Mühsal und Unheil ist drinnen.	וְאָוֶן וְעָמָל בְּקִרְבָּהּ׃
Verderbnis regiert darin,	הַוּוֹת בְּקִרְבָּהּ
Lügen und Trügen weicht nicht aus ihren Gassen.	וְלֹא־יָמִישׁ מֵרְחֹבָהּ תֹּךְ וּמִרְמָה׃

Wenn mein Feind	כִּי לֹא־אוֹיֵב
mich schmähte, wollte ich es ertragen;	יְחָרְפֵנִי וְאֶשָּׂא
wenn einer, der mich hasst, großtut wider mich,	לֹא־מְשַׂנְאִי עָלַי הִגְדִּיל
wollte ich mich vor ihm verbergen.	וְאֶסָּתֵר מִמֶּנּוּ׃
Aber nun bist du es, mein Gefährte,	וְאַתָּה אֱנוֹשׁ כְּעֶרְכִּי
mein Freund und mein Vertrauter,	אַלּוּפִי וּמְיֻדָּעִי׃

Für den Chorleiter: Mit Saitenklang. 1
Ein Lehrgedicht Davids.

Gott, höre doch auf mein Gebet 2
und verbirg dich nicht vor meinem Flehen,
höre mir doch zu und gib mir Antwort – 3
ich flattere herum bei meinem Grübeln, und ich trage auch noch zur Verwirrung bei
vor dem Gelärme des Feindes, 4
vor dem Geschrei des Schurken!

Denn sie rühren gegen mich das Unrecht auf,
und sie verklagen mich im Zorn,
mein Herz krampft sich in meinem Inneren zusammen, 5
und Todesängste haben mich befallen,
Furcht und Zittern kommt mich an, 6
und ein Schauder hat mich überzogen.

Da sprach ich: „Ach, wer gibt mir Flügel wie der Taube, 7
wegfliegen könnte ich, und niederlassen wollte ich mich,
siehe, ich würde weit weg fliehen, 8
würde in der Wüste hausen – Sälah – ,
ich möchte schnell dahin, wo ich mich sicher fühlte 9
vor dem Wind, wie er daherfegt, vor dem Sturm!“

Verschling, ach Herr, zerspalte ihre Zunge – 10
denn was habe ich an Niedertracht und Streitsucht in der Stadt gesehen!
Zwar umschreitet man sie Tag und Nacht auf ihren Mauern, 11
und doch herrscht in ihrer Mitte Schwindelei und Quälerei,
es herrscht in ihrer Mitte lauter Frevel, 12
und von ihrem Marktplatz weicht nicht Druck und Trug.

Es ist ja nicht der Feind, 13
wenn der mich schmähte, könnte ich's ertragen,
nicht mein Erbfeind hat sich vor mir aufgepflanzt,
vor ihm würde ich mich dann verstecken –
doch du, Mensch meinesgleichen, bist es, 14
mein Freund und mein Vertrauter!

Psalm 55

die wir freundlich miteinander waren,	אֲשֶׁר יַחְדָּו נַמְתִּיק סוֹד
die wir in Gottes Haus gingen	בְּבֵית אֱלֹהִים
inmitten der Menge!	נְהַלֵּךְ בְּרָגֶשׁ׃
Der Tod übereile sie,	ישימות וְעָלֵימוֹ
dass sie lebendig zu den Toten fahren;	יֵרְדוּ שְׁאוֹל חַיִּים
denn es ist lauter Bosheit bei ihnen.	כִּי־רָעוֹת בִּמְגוּרָם בְּקִרְבָּם׃
Ich aber will zu Gott rufen,	אֲנִי אֶל־אֱלֹהִים אֶקְרָא
und der HERR wird mir helfen.	וַיהוָה יוֹשִׁיעֵנִי׃
Abends und morgens und mittags	עֶרֶב וָבֹקֶר וְצָהֳרַיִם
will ich klagen und heulen;	אָשִׂיחָה וְאֶהֱמֶה
so wird er meine Stimme hören.	וַיִּשְׁמַע קוֹלִי׃
Er erlöst mich von denen, die an mich wollen,	פָּדָה בְשָׁלוֹם נַפְשִׁי
und schafft mir Ruhe;	מִקֲּרָב־לִי
denn ihrer sind viele wider mich.	כִּי־בְרַבִּים הָיוּ עִמָּדִי׃
Gott wird hören und sie demütigen,	יִשְׁמַע ׀ אֵל ׀ וְיַעֲנֵם
der allewege bleibet. Sela.	וְיֹשֵׁב קֶדֶם סֶלָה
Denn sie werden nicht anders	אֲשֶׁר אֵין חֲלִיפוֹת לָמוֹ
und wollen Gott nicht fürchten.	וְלֹא יָרְאוּ אֱלֹהִים׃
Sie legen ihre Hände an ihre Freunde	שָׁלַח יָדָיו בִּשְׁלֹמָיו
und entheiligen ihren Bund.	חִלֵּל בְּרִיתוֹ׃
Ihr Mund ist glatter als Butter	חָלְקוּ ׀ מַחְמָאֹת פִּיו
und haben doch Krieg im Sinn;	וּקֲרָב־לִבּוֹ
ihre Worte sind linder als Öl	רַכּוּ דְבָרָיו מִשֶּׁמֶן
und sind doch gezückte Schwerter.	וְהֵמָּה פְתִחוֹת׃
Wirf dein Anliegen auf den HERRN;	הַשְׁלֵךְ עַל־יְהוָה ׀ יְהָבְךָ
der wird dich versorgen	וְהוּא יְכַלְכְּלֶךָ
und wird den Gerechten	לֹא־יִתֵּן לְעוֹלָם
in Ewigkeit nicht wanken lassen.	מוֹט לַצַּדִּיק׃
Und du, Gott, wirst sie hinunterstoßen	וְאַתָּה אֱלֹהִים ׀ תּוֹרִדֵם ׀
in die tiefe Grube.	לִבְאֵר שַׁחַת
Die Blutgierigen und Falschen	אַנְשֵׁי דָמִים וּמִרְמָה
werden ihr Leben nicht bis zur Hälfte bringen.	לֹא־יֶחֱצוּ יְמֵיהֶם
Ich aber hoffe auf dich.	וַאֲנִי אֶבְטַח־בָּךְ׃

Da genießen wir zusammen die Gemeinschaft 15
im Haus Gottes –
schon gehen wir im Krach!
Verderben über sie, 16
mögen sie lebendig in die Unterwelt hinunterfahren,
herrscht doch Böses an dem Ort, an dem sie weilen, mitten unter ihnen!

Ich aber, rufe ich zu Gott, 17
so hilft der TREUE mir heraus;
abends, morgens, mittags 18
muss ich klagen, muss ich seufzen –
doch als er meine Stimme hörte,
hat er mich befreit, dass ich im Frieden lebte. 19

Von meinem Ringen,
denn mit vielen waren sie mir auf den Leib gerückt,
nimmt Gott Kenntnis, er gibt ihnen auch heraus – 20
thront er doch von Anfang an – Sälah – ;
denn Gesinnungswandel gibt es für sie nicht,
und Gott haben sie noch nie gefürchtet.

An denen, die mit ihm verbunden waren, hat er sich vergriffen, 21
seinen Freundschaftsbund hat er verletzt;
glatt wie Butter sind die Worte seines Munds gewesen, 22
doch von Streit voll war sein Herz,
seine Worte waren sanfter noch als Öl,
und dabei waren es gezückte Messer.

Wirf auf den TREUEN deine Bürde, 23
und er wird für dich sorgen;
nicht lässt er auf Dauer zu,
dass der Gerechte aus dem Gleichgewicht gerät –
doch du, Gott, du wirst jene noch herunterholen 24
in die Grube des Verderbens.

Menschen, die mit Blut und Trug behaftet sind,
erreichen nicht die Hälfte ihrer Lebenszeit –
ich aber, ich habe Vertrauen zu dir.

Psalm 56

Ein güldenes Kleinod Davids,	לַמְנַצֵּחַ ׀ עַל־יוֹנַת אֵלֶם רְחֹקִים
vorzusingen, nach der Weise „Die stumme Taube unter den	לְדָוִד מִכְתָּם
als ihn die Philister in Gat ergriffen hatten. [Fremden“,	בֶּאֱחֹז אֹתוֹ פְלִשְׁתִּים בְּגַת׃
Gott, sei mir gnädig, denn Menschen stellen mir nach;	חָנֵּנִי אֱלֹהִים כִּי־שְׁאָפַנִי אֱנוֹשׁ
täglich bekämpfen und bedrängen sie mich.	כָּל־הַיּוֹם לֹחֵם יִלְחָצֵנִי׃
Meine Feinde stellen mir täglich nach;	שָׁאֲפוּ שׁוֹרְרַי כָּל־הַיּוֹם
denn viele kämpfen gegen mich voll Hochmut.	כִּי־רַבִּים לֹחֲמִים לִי מָרוֹם׃
Wenn ich mich fürchte, so hoffe ich auf dich.	יוֹם אִירָא אֲנִי אֵלֶיךָ אֶבְטָח׃
Ich will Gottes Wort rühmen;	בֵּאלֹהִים אֲהַלֵּל דְּבָרוֹ
auf Gott will ich hoffen und mich nicht fürchten.	בֵּאלֹהִים בָּטַחְתִּי לֹא אִירָא
Was können mir Menschen tun?	מַה־יַּעֲשֶׂה בָשָׂר לִי׃
Täglich fechten sie meine Sache an;	כָּל־הַיּוֹם דְּבָרַי יְעַצֵּבוּ
alle ihre Gedanken suchen mir Böses zu tun.	עָלַי כָּל־מַחְשְׁבֹתָם לָרָע׃
Sie rotten sich zusammen, sie lauern und haben Acht	יָגוּרוּ ׀ יצפינו הֵמָּה עֲקֵבַי יִשְׁמֹרוּ
wie sie mir nach dem Leben trachten. [auf meine Schritte,	כַּאֲשֶׁר קִוּוּ נַפְשִׁי׃
Sollten sie mit ihrer Bosheit entrinnen?	עַל־אָוֶן פַּלֶּט־לָמוֹ
Gott, stoß diese Leute ohne alle Gnade hinunter!	בְּאַף עַמִּים ׀ הוֹרֵד אֱלֹהִים׃
Zähle die Tage meiner Flucht,	נֹדִי סָפַרְתָּה אָתָּה
sammle meine Tränen in deinen Krug;	שִׂימָה דִמְעָתִי בְנֹאדֶךָ
ohne Zweifel, du zählst sie.	הֲלֹא בְּסִפְרָתֶךָ׃
Dann werden meine Feinde zurückweichen,	אָז יָשׁוּבוּ אוֹיְבַי אָחוֹר
wenn ich dich anrufe. Das weiß ich,	בְּיוֹם אֶקְרָא זֶה־יָדַעְתִּי
dass du mein Gott bist.	כִּי־אֱלֹהִים לִי׃
Ich will rühmen Gottes Wort;	בֵּאלֹהִים אֲהַלֵּל דָּבָר
Ich will rühmen des HERRN Wort.	בַּיהוָה אֲהַלֵּל דָּבָר׃
Auf Gott hoffe ich und fürchte mich nicht;	בֵּאלֹהִים בָּטַחְתִּי לֹא אִירָא
was können mir Menschen tun?	מַה־יַּעֲשֶׂה אָדָם לִי׃
Ich habe dir, Gott, gelobt,	עָלַי אֱלֹהִים נְדָרֶיךָ
dass ich dir danken will.	אֲשַׁלֵּם תּוֹדֹת לָךְ׃
Denn du hast mich vom Tode errettet,	כִּי הִצַּלְתָּ נַפְשִׁי מִמָּוֶת
meine Füße vom Gleiten,	הֲלֹא רַגְלַי מִדֶּחִי
dass ich wandeln kann vor Gott	לְהִתְהַלֵּךְ לִפְנֵי אֱלֹהִים
im Licht der Lebendigen.	בְּאוֹר הַחַיִּים׃

56

Dem Chorleiter: Nach ‚Verstummte Taube in der Ferne'. 1
Von David ein Goldenes Wort.
Als ausgerechnet ihn die Philister in Gat festhielten.

Gott, neige dich zu mir, denn die Leute sind mir auf den Fersen, 2
den ganzen Tag bedrängen mich die Gegner,
meine Widersacher sind den ganzen Tag hinter mir her, 3
viele sind es ja, die überheblich gegen mich losziehen!

Doch ich, am Tag, da ich in Furcht gerate, fasse ich zu dir Vertrauen, 4
in Gott, dessen Wort ich rühme, 5
in Gott fasste ich Vertrauen, ich fürchte mich nicht mehr,
was kann ein Sterblicher mir tun?

Den ganzen Tag beschweren sie sich über meine Worte, 6
alles, was sie gegen mich verhandeln, kehren sie zum Schlechten,
man greift mich an, man späht mich aus, ja, selber schnüffeln sie mir hinterher, 7
wie sie mir ans Leben gehen könnten.

Sollte es bei diesem Unrecht denn für die noch ein Entrinnen geben? 8
Hole, Gott, im Zorn die Rotte doch herunter! –
Mein Leben, das mich schlaucht, verbucht hast es ja du; 9
so sammle meine Tränen doch in deinem Schlauch!

Nicht wahr, es steht in deinem Buch,
dass meine Feinde dann einmal nach hinten weichen werden; 10
an dem Tag, an dem ich klagte, habe ich gerade dies begriffen:
„Gott ist ja für mich!"

In Gott, dessen Wort ich lobe, 11
im TREUEN, dessen Wort ich lobe,
in Gott fasste ich Vertrauen, ich fürchte mich nicht mehr, 12
was kann ein Irdischer mir tun?

Was ich dir versprochen habe, lastet, Gott, auf mir, 13
ich statte dir Dankopfer ab,
hast du mein Leben doch vom Tod errettet – 14
nicht meine Füße auch vom Fall,
so dass ich mich frei vor Gottes Angesicht bewegen kann
im Licht des Lebens?

Psalm 57

Ein güldenes Kleinod Davids,
vorzusingen, nach der Weise: „Vertilge nicht“,
als er vor Saul in die Höhle floh.

לַמְנַצֵּחַ אַל־תַּשְׁחֵת
לְדָוִד מִכְתָּם
בְּבָרְחוֹ מִפְּנֵי־שָׁאוּל בַּמְּעָרָה׃

Sei mir gnädig, Gott, sei mir gnädig!
Denn auf dich traut meine Seele,
und unter dem Schatten deiner Flügel habe ich Zuflucht,
bis das Unglück vorübergehe.

חָנֵּנִי אֱלֹהִים ׀ חָנֵּנִי
כִּי בְךָ חָסָיָה נַפְשִׁי
וּבְצֵל־כְּנָפֶיךָ אֶחְסֶה
עַד יַעֲבֹר הַוּוֹת׃

Ich rufe zu Gott, dem Allerhöchsten,
zu Gott, der meine Sache zum guten Ende führt.
Er sende vom Himmel und helfe mir
von der Schmähung dessen, der mir nachstellt. Sela.

אֶקְרָא לֵאלֹהִים עֶלְיוֹן
לָאֵל גֹּמֵר עָלָי׃
יִשְׁלַח מִשָּׁמַיִם ׀ וְיוֹשִׁיעֵנִי
חֵרֵף שֹׁאֲפִי סֶלָה

Gott sende seine Güte
und Treue. | Ich
liege mitten unter Löwen;
verzehrende Flammen sind die Menschen,

יִשְׁלַח אֱלֹהִים חַסְדּוֹ
וַאֲמִתּוֹ׃ נַפְשִׁי ׀
בְּתוֹךְ לְבָאִם אֶשְׁכְּבָה
לֹהֲטִים בְּנֵי־אָדָם

ihre Zähne sind Spieße und Pfeile
und ihre Zungen scharfe Schwerter.
Erhebe dich, Gott, über den Himmel
und deine Herrlichkeit über alle Welt!

שִׁנֵּיהֶם חֲנִית וְחִצִּים
וּלְשׁוֹנָם חֶרֶב חַדָּה׃
רוּמָה עַל־הַשָּׁמַיִם אֱלֹהִים
עַל כָּל־הָאָרֶץ כְּבוֹדֶךָ׃

Sie haben meinen Schritten ein Netz gestellt
und meine Seele gebeugt;
sie haben vor mir eine Grube gegraben –
und fallen doch selbst hinein. Sela.

רֶשֶׁת ׀ הֵכִינוּ לִפְעָמַי
כָּפַף נַפְשִׁי
כָּרוּ לְפָנַי שִׁיחָה
נָפְלוּ בְתוֹכָהּ סֶלָה׃

Mein Herz ist bereit, Gott,
mein Herz ist bereit,
dass ich singe und lobe.
Wach auf, meine Seele,

נָכוֹן לִבִּי אֱלֹהִים
נָכוֹן לִבִּי
אָשִׁירָה וַאֲזַמֵּרָה׃
עוּרָה כְבוֹדִי

wach auf, Psalter und Harfe,
ich will das Morgenrot wecken!
Herr, ich will dir danken unter den Völkern,
ich will dir lobsingen unter den Leuten.

עוּרָה הַנֵּבֶל וְכִנּוֹר
אָעִירָה שָּׁחַר׃
אוֹדְךָ בָעַמִּים ׀ אֲדֹנָי
אֲזַמֶּרְךָ בַּל־אֻמִּים׃

Denn deine Güte reicht, so weit der Himmel ist,
und deine Wahrheit, so weit die Wolken gehen.
Erhebe dich, Gott, über den Himmel
und deine Herrlichkeit über alle Welt!

כִּי־גָדֹל עַד־שָׁמַיִם חַסְדֶּךָ
וְעַד־שְׁחָקִים אֲמִתֶּךָ׃
רוּמָה עַל־שָׁמַיִם אֱלֹהִים
עַל כָּל־הָאָרֶץ כְּבוֹדֶךָ׃

Dem Chorleiter: ‚Zerstöre nicht!' 1
Von David ein Goldenes Wort.
Als er vor Saul in die Höhle floh.

Neige dich zu mir, Gott, neige dich zu mir! – 2
hat meine Seele doch bei dir Geborgenheit gesucht;
und im Schatten deiner Flügel suche ich Geborgenheit,
bis die Gefahr vorübergeht.

Zu Gott, dem Höchsten, rufe ich, 3
zum starken Gott, der über mir waltet;
er sende vom Himmel, womit er mir hilft, 4
weil höhnte, der mir auf den Fersen ist! Sälah

Gott sende seine Gnade
und seine Wahrheit, | die mein Leben sind; 5
muss ich doch mitten unter Löwen liegen,
die darauf brennen, Menschen zu verschlingen!

Ihre Zähne, das sind Spieße und sind Pfeile,
und ihre Zungen, das sind scharfe Schwerter;
Gott, so erheb dich doch über den Himmel, 6
über die ganze Erde mit deiner Herrlichkeit!

Für meine Schritte haben sie ein Netz befestigt, 7
man hat mich abgelenkt;
eine Grube haben sie vor mir gegraben,
sie fielen selbst hinein. Sälah

Bereit ist mein Herz, Gott, 8
bereit ist mein Herz;
singen will ich, spielen will ich,
so erwache doch, mein ganzes Wesen! 9

So erwache doch, du Harfe samt der Zither,
ich möchte das Morgenrot wecken;
bekennen will ich dich, Herr, bei den Völkern, 10
spielen will ich dir – anders als die Nationen!

Reicht deine Gnade doch bis an den Himmel, 11
und bis zu den Wolken deine Wahrheit;
Gott, so erheb dich doch über den Himmel, 12
über die ganze Erde mit deiner Herrlichkeit!

Psalm 58

Ein güldenes Kleinod Davids,	לַמְנַצֵּחַ אַל־תַּשְׁחֵת
vorzusingen, nach der Weise „Vertilge nicht“.	לְדָוִד מִכְתָּם׃
Sprecht ihr in Wahrheit Recht, ihr Mächtigen?	הַאֻמְנָם אֵלֶם צֶדֶק תְּדַבֵּרוּן
Richtet ihr in Gerechtigkeit die Menschenkinder?	מֵישָׁרִים תִּשְׁפְּטוּ בְּנֵי אָדָם׃
Nein, mutwillig tut ihr Unrecht im Lande,	אַף־בְּלֵב עוֹלֹת תִּפְעָלוּן בָּאָרֶץ
und eure Hände treiben Frevel.	חֲמַס יְדֵיכֶם תְּפַלֵּסוּן׃
Die Gottlosen sind abtrünnig vom Mutterschoß an,	זֹרוּ רְשָׁעִים מֵרָחֶם
die Lügner gehen irre von Mutterleib an.	תָּעוּ מִבֶּטֶן דֹּבְרֵי כָזָב׃
Sie sind voller Gift wie eine giftige Schlange,	חֲמַת־לָמוֹ כִּדְמוּת חֲמַת־נָחָשׁ
wie eine taube Otter, die ihr Ohr verschließt,	כְּמוֹ־פֶתֶן חֵרֵשׁ יַאְטֵם אָזְנוֹ׃
dass sie nicht höre die Stimme des Zauberers,	אֲשֶׁר לֹא־יִשְׁמַע לְקוֹל מְלַחֲשִׁים
des Beschwörers, der gut beschwören kann.	חוֹבֵר חֲבָרִים מְחֻכָּם׃
Gott, zerbrich ihnen die Zähne im Maul,	אֱלֹהִים הֲרָס־שִׁנֵּימוֹ בְּפִימוֹ
zerschlage, HERR, das Gebiss der jungen Löwen!	מַלְתְּעוֹת כְּפִירִים נְתֹץ ׀ יְהוָה׃
Sie werden vergehen wie Wasser, das verrinnt.	יִמָּאֲסוּ כְמוֹ־מַיִם יִתְהַלְּכוּ־לָמוֹ
Zielen sie mit ihren Pfeilen, so werden sie ihnen zerbrechen.	יִדְרֹךְ חצו כְּמוֹ יִתְמֹלָלוּ׃
Sie gehen dahin, wie Wachs zerfließt,	כְּמוֹ שַׁבְּלוּל תֶּמֶס יַהֲלֹךְ
wie eine Fehlgeburt, die die Sonne nicht sieht.	נֵפֶל אֵשֶׁת בַּל־חָזוּ שָׁמֶשׁ׃
Ehe eure Töpfe das Dornfeuer spüren,	בְּטֶרֶם יָבִינוּ סִּירֹתֵיכֶם אָטָד
reißt alles der brennende Zorn hinweg.	כְּמוֹ־חַי כְּמוֹ־חָרוֹן יִשְׂעָרֶנּוּ׃
Der Gerechte wird sich freuen, wenn er solche Vergeltung sieht,	יִשְׂמַח צַדִּיק כִּי־חָזָה נָקָם
und wird seine Füße baden in des Gottlosen Blut;	פְּעָמָיו יִרְחַץ בְּדַם הָרָשָׁע׃
und die Leute werden sagen: Ja, der Gerechte empfängt	וְיֹאמַר אָדָם אַךְ־פְּרִי לַצַּדִּיק
ja, Gott ist noch Richter auf Erden. [seine Frucht,	אַךְ יֵשׁ־אֱלֹהִים שֹׁפְטִים בָּאָרֶץ׃

Dem Chorleiter: ‚Zerstöre nicht!' 1
Von David ein Goldenes Wort.

Sprecht ihr wirklich stillschweigend Recht, 2
richtet ihr die Menschen angemessen?

Im Gegenteil, absichtlich handelt ihr im Land ganz übel, 3
dem Unrecht eurer Hände schafft ihr freie Bahn,
abgewichen sind die Schurken schon von Mutterleibe an, 4
abgeirrt sind sie vom Mutterschoße an, die Lügenredner.

Sie haben Gift, das gleich ist wie das Gift der Schlange, 5
wie das Gift der tauben Otter, die ihr Ohr verstopft,
die die Stimme der Beschwörer nicht vernimmt, 6
des Zauberers, gewitzt in Zaubersprüchen.

Gott, schlag ihnen doch in ihrem Maul die Zähne ein, 7
zerbrich die Löwenkiefer, TREUER,
vergehen sollen sie wie Wasser, das sich ganz von selbst verläuft, 8
wie seine Pfeile, die, versucht man sie zu spannen, sich als morsch erweisen!

Wie die Schnecke, die im Schleim zerfließt, 9
die Fehlgeburten einer Frau, die nie die Sonne erblickten,
eure Dornenstacheln, ehe sie es merken, 10
ganz gleich, ob frisch, ob ausgebrannt, man fegt das Ganze weg.

Der Gerechte freut sich, denn er hat die Ahndung ja vorausgesehen, 11
seine Füße badet er im Blut des Schurken,
und da heißt es bei den Menschen: „Ach, das ist die Frucht für den Gerechten, 12
ach, es gibt doch Gott, der richtet auf der Erde!“

Psalm 59

Ein güldenes Kleinod Davids,	לַמְנַצֵּחַ אַל־תַּשְׁחֵת
vorzusingen, nach der Weise „Vertilge nicht“, [um ihn zu töten.	לְדָוִד מִכְתָּם
als Saul hinsandte und sein Haus bewachen ließ,	בִּשְׁלֹחַ שָׁאוּל וַיִּשְׁמְרוּ אֶת־הַבַּיִת לַהֲמִיתוֹ
Errette mich, mein Gott, von meinen Feinden	הַצִּילֵנִי מֵאֹיְבַי ׀ אֱלֹהָי
und schütze mich vor meinen Widersachern.	מִמִּתְקוֹמְמַי תְּשַׂגְּבֵנִי׃
Errette mich von den Übeltätern	הַצִּילֵנִי מִפֹּעֲלֵי אָוֶן
und hilf mir von den Blutgierigen!	וּמֵאַנְשֵׁי דָמִים הוֹשִׁיעֵנִי׃
Denn siehe, HERR, sie lauern mir auf;	כִּי הִנֵּה אָרְבוּ לְנַפְשִׁי
Starke rotten sich wider mich zusammen	יָגוּרוּ עָלַי עַזִּים
ohne meine Schuld und Missetat.	לֹא־פִשְׁעִי וְלֹא־חַטָּאתִי יְהוָה׃
Ich habe nichts verschuldet; sie aber laufen herzu und machen	בְּלִי־עָוֺן יְרוּצוּן וְיִכּוֹנָנוּ
Erwache, komm herbei und sieh darein! [sich bereit.	עוּרָה לִקְרָאתִי וּרְאֵה׃
Du, HERR, Gott Zebaoth, Gott Israels,	וְאַתָּה יְהוָה־אֱלֹהִים ׀ צְבָאוֹת אֱלֹהֵי יִשְׂרָאֵל
wache auf und suche heim alle Völker! [täter sind. Sela.	הָקִיצָה לִפְקֹד כָּל־הַגּוֹיִם
Sei keinem von ihnen gnädig, die so verwegene Übel-	אַל־תָּחֹן כָּל־בֹּגְדֵי אָוֶן סֶלָה׃
Jeden Abend kommen sie wieder,	יָשׁוּבוּ לָעֶרֶב
heulen wie die Hunde und laufen in der Stadt umher.	יֶהֱמוּ כַכָּלֶב וִיסוֹבְבוּ עִיר׃
Siehe, sie geifern mit ihrem Maul;	הִנֵּה ׀ יַבִּיעוּן בְּפִיהֶם
Schwerter sind auf ihren Lippen: „Wer sollte es hören?“:	חֲרָבוֹת בְּשִׂפְתוֹתֵיהֶם כִּי־מִי שֹׁמֵעַ׃
Aber du, HERR, wirst ihrer lachen	וְאַתָּה יְהוָה תִּשְׂחַק־לָמוֹ
und aller Völker spotten.	תִּלְעַג לְכָל־גּוֹיִם׃
Meine Stärke, zu dir will ich mich halten;	עֻזּוֹ אֵלֶיךָ אֶשְׁמֹרָה
denn Gott ist mein Schutz.	כִּי־אֱלֹהִים מִשְׂגַּבִּי׃
Gott erzeigt mir reichlich seine Güte,	אֱלֹהֵי חסדו יְקַדְּמֵנִי
Gott lässt mich auf meine Feinde herabsehen.	אֱלֹהִים יַרְאֵנִי בְשֹׁרְרָי׃
Bringe sie nicht um, dass es mein Volk nicht vergesse;	אַל־תַּהַרְגֵם ׀ פֶּן־יִשְׁכְּחוּ עַמִּי
zerstreue sie aber mit deiner Macht, Herr, unser Schild,	הֲנִיעֵמוֹ בְחֵילְךָ וְהוֹרִידֵמוֹ
und stoß sie hinunter!	מָגִנֵּנוּ אֲדֹנָי׃
Das Wort ihrer Lippen ist nichts als Sünde;	חַטַּאת־פִּימוֹ דְּבַר־שְׂפָתֵימוֹ
darum sollen sie sich fangen in ihrer Hoffart	וְיִלָּכְדוּ בִגְאוֹנָם
mit all ihren Flüchen und Lügen. [da sind!	וּמֵאָלָה וּמִכַּחַשׁ יְסַפֵּרוּ׃
Vertilge sie ohne alle Gnade, vertilge sie, dass sie nicht mehr	כַּלֵּה בְחֵמָה כַּלֵּה וְאֵינֵמוֹ
Lass sie innewerden, dass Gott Herrscher ist in Jakob,	וְיֵדְעוּ כִּי־אֱלֹהִים מֹשֵׁל בְּיַעֲקֹב
bis an die Enden der Erde. Sela.	לְאַפְסֵי הָאָרֶץ סֶלָה׃
Jeden Abend kommen sie wieder,	וְיָשֻׁבוּ לָעֶרֶב
heulen wie die Hunde und laufen in der Stadt umher.	יֶהֱמוּ כַכָּלֶב וִיסוֹבְבוּ עִיר׃
Sie laufen hin und her nach Speise	הֵמָּה ינועון לֶאֱכֹל
und murren, wenn sie nicht satt werden.	אִם־לֹא יִשְׂבְּעוּ וַיָּלִינוּ׃
Ich aber will von deiner Macht singen	וַאֲנִי ׀ אָשִׁיר עֻזֶּךָ
und des Morgens rühmen deine Güte;	וַאֲרַנֵּן לַבֹּקֶר חַסְדֶּךָ
denn du bist mir Schutz	כִּי־הָיִיתָ מִשְׂגָּב לִי
und Zuflucht in meiner Not.	וּמָנוֹס בְּיוֹם צַר־לִי׃
Meine Stärke, dir will ich lobsingen;	עֻזִּי אֵלֶיךָ אֲזַמֵּרָה
denn Gott ist mein Schutz, mein gnädiger Gott.	כִּי־אֱלֹהִים מִשְׂגַּבִּי אֱלֹהֵי חַסְדִּי׃

Dem Chorleiter: ‚Zerstöre nicht!' 1
Von David ein Goldenes Wort.
Als Saul sandte, und sie das Haus bewachten, ihn zu töten.

Rette mich, mein Gott, vor meinen Feinden, 2
vor denen, die sich gegen mich erheben, erweis dich mir als Burg,
vor denen rette mich, die niederträchtig handeln, 3
und vor denen, die Blut sehen wollen, bring mich doch in Sicherheit!
Denn siehe, sie liegen schon seit langem auf der Lauer, mir ans Leben, 4
kraftstrotzend gehen sie zum Angriff über gegen mich.

Kein Vergehen, kein Verfehlen meinerseits, du TREUER,
sie rennen, ohne dass ich schuldig wäre, an, und sie beziehen Stellung – 5
so wache auf und stell dich mir und sieh dir das nur an,
bist du doch Gott, der TREUE der Heerscharen, der Gott Israels, 6
erwache doch, die Leute alle zu durchmustern,
kenn keine Gnade für die alle, die hinterhältig Unrecht tun! Sälah

Zum Abend kehren sie zurück, 7
sie heulen wie die Hunde, und die Stadt durchstreifen sie,
man sehe sich das an, wie sie mit ihren Schnauzen geifern, 8
Schwerter zwischen ihren Lippen – ja, wer merkt es denn? – ,
doch du, du TREUER, du lachst über sie, 9
du verlachst ja alle diese Leute.

Das ist seine Stärke – auf dich will ich achten – , 10
ja, Gott ist meine Burg,
in seiner Treue kommt mir Gott entgegen, 11
Gott bringt mich dazu, meine Feinde anzusehen –
töte sie doch nicht, damit sie mein Volk nicht vergessen können, 12
erschüttere sie durch deine Macht und hole sie herunter,
unser Schild, o Herr!

Das Wort auf ihren Lippen ist Versündigung durch ihren Mund, 13
doch sie werden sich in ihrer Überheblichkeit verfangen,
und des Fluches und der Lüge wegen, die sie reden,
mache doch im Grimm ein Ende, mache doch ein Ende, dass sie weg sind 14
und dass sie erkennen: „Ja, Gott regiert in Jakob
bis zu den äußersten Enden der Erde!" Sälah

Und zum Abend kehren sie zurück, 15
sie heulen wie die Hunde, und die Stadt durchstreifen sie,
sie streunen, um zu fressen, 16
als seien sie nicht satt – und dabei knurrten sie! – ,
ich aber, ich besinge deine Stärke, 17
und laut begrüße ich zum Morgen deine Güte.

Ja, du bist mir zur Burg geworden
und zur Zuflucht an dem Tag, da es mir angst wird,
dir, meine Stärke, will ich spielen, 18
ja, Gott, meine Burg, Gott, der mir seine Güte schenkt!

Psalm 60

Ein güldenes Kleinod Davids,	לַמְנַצֵּחַ עַל־שׁוּשַׁן
vorzusingen, nach der Weise „Lilie des Zeugnisses“,	עֵדוּת
zur Belehrung,	מִכְתָּם לְדָוִד לְלַמֵּד׃
als er mit den Aramäern von Mesopotamien	בְּהַצּוֹתוֹ ׀ אֶת אֲרַם נַהֲרַיִם
und mit den Aramäern von Zoba Krieg führte;	וְאֶת־אֲרַם צוֹבָה
als Joab umkehrte	וַיָּשָׁב יוֹאָב
und die Edomiter im Salztal schlug,	וַיַּךְ אֶת־אֱדוֹם בְּגֵיא־מֶלַח
zwölftausend Mann.	שְׁנֵים עָשָׂר אָלֶף׃

Gott, der du uns verstoßen und zerstreut hast	אֱלֹהִים זְנַחְתָּנוּ פְרַצְתָּנוּ
und zornig warst, tröste uns wieder;	אָנַפְתָּ תְּשׁוֹבֵב לָנוּ׃
der du die Erde erschüttert und zerrissen hast,	הִרְעַשְׁתָּה אֶרֶץ פְּצַמְתָּהּ
heile ihre Risse; denn sie wankt.	רְפָה שְׁבָרֶיהָ כִי־מָטָה׃
Du ließest deinem Volk Hartes widerfahren,	הִרְאִיתָה עַמְּךָ קָשָׁה
du gabst uns einen Wein zu trinken, dass wir taumelten.	הִשְׁקִיתָנוּ יַיִן תַּרְעֵלָה׃
Du hast doch ein Zeichen gegeben denen, die dich fürchten,	נָּתַתָּה לִּירֵאֶיךָ נֵּס
damit sie fliehen können vor dem Bogen. Sela.	לְהִתְנוֹסֵס מִפְּנֵי קֹשֶׁט סֶלָה׃
Dass deine Freunde errettet werden,	לְמַעַן יֵחָלְצוּן יְדִידֶיךָ
dazu hilf mit deiner Rechten und erhöre uns!	הוֹשִׁיעָה יְמִינְךָ ועננו׃

Gott hat in seinem Heiligtum geredet:	אֱלֹהִים ׀ דִּבֶּר בְּקָדְשׁוֹ

Ich will frohlocken; ich will Sichem verteilen	אֶעְלֹזָה אֲחַלְּקָה שְׁכֶם
und das Tal Sukkot ausmessen;	וְעֵמֶק סֻכּוֹת אֲמַדֵּד׃
Gilead ist mein, mein ist Manasse,	לִי גִלְעָד ׀ וְלִי מְנַשֶּׁה
Ephraim ist der Schutz meines Hauptes,	וְאֶפְרַיִם מָעוֹז רֹאשִׁי
Juda ist mein Zepter.	יְהוּדָה מְחֹקְקִי׃
Moab ist mein Waschbecken,	מוֹאָב ׀ סִיר רַחְצִי
meinen Schuh werfe ich auf Edom,	עַל־אֱדוֹם אַשְׁלִיךְ נַעֲלִי
Philisterland, jauchze mir zu!	עָלַי פְּלֶשֶׁת הִתְרֹעָעִי׃

Wer wird mich führen in die feste Stadt?	מִי יֹבִלֵנִי עִיר מָצוֹר
Wer geleitet mich nach Edom?	מִי נָחַנִי עַד־אֱדוֹם׃
Wirst du es nicht tun, Gott, der du uns verstoßen hast,	הֲלֹא־אַתָּה אֱלֹהִים זְנַחְתָּנוּ
und ziehst nicht aus, Gott, mit unserm Heer?	וְלֹא־תֵצֵא אֱלֹהִים בְּצִבְאוֹתֵינוּ׃
Schaff uns Beistand in der Not;	הָבָה־לָּנוּ עֶזְרָת מִצָּר
denn Menschenhilfe ist nichts nütze.	וְשָׁוְא תְּשׁוּעַת אָדָם׃
Mit Gott wollen wir Taten tun.	בֵּאלֹהִים נַעֲשֶׂה־חָיִל
Er wird unsre Feinde niedertreten.	וְהוּא יָבוּס צָרֵינוּ׃

Dem Chorleiter: Nach ‚Lotos'. 1
Ein Zeugnis.
Ein Goldenes Wort Davids zur Belehrung.
Als er mit Aram im Zweistromland 2
und mit Aram von Zoba im Streit lag;
damals war Joab umgekehrt
und hatte die Edomiter im Salztal geschlagen,
zwölf Abteilungen.

Gott, du hast uns verstoßen, du hast uns zerbrochen, 3
du warst zornig – stelltest du uns doch nur wieder her!
Du hast das Land erbeben lassen, du hast es gespalten – 4
heile seine Brüche, denn es ist aus dem Gleichgewicht geraten!
Hartes hast du dein Volk sehen lassen, 5
du hast uns getränkt mit Taumelwein;
denen, die dich fürchten, hast du ein Signal gegeben, 6
sich in Sicherheit zu bringen vor dem Bogen – Sälah –,
damit deine Lieblinge gerettet werden, 7
befreie doch mit deiner Rechten und erhöre uns!

Gott hat in seinem Heiligtum geredet: 8

„Triumphieren will ich, ich will Sichem teilen,
und das Tal von Sukkot werde ich ausmessen,
mein ist Gilead, mein auch Manasse, 9
und Ephraim ist meines Hauptes Schutzhelm,
Juda ist mein Zepter,
Moab ist mein Waschgeschirr, 10
auf Edom werfe ich meinen Schuh –
gegen mich, Philisterland, erheb den Schlachtruf!"

Wer bringt mich in die feste Stadt, 11
wer hat mich nach Edom geleitet?
Hast du, Gott, hast du uns nicht verstoßen, 12
und ziehst du, Gott, dann nicht mehr aus mit unseren Scharen?
Schaff uns doch Beistand gegen den Bedränger, 13
wo Menschenhilfe wertlos ist!
Bei Gott, da werden wir erst Kraft entfalten, 14
und er selbst tritt unsere Feinde nieder.

Psalm 61

Von David,	לַמְנַצֵּחַ ׀ עַל־נְגִינַת
vorzusingen, beim Saitenspiel.	לְדָוִד׃

Höre, Gott, mein Schreien	שִׁמְעָה אֱלֹהִים רִנָּתִי
und merke auf mein Gebet!	הַקְשִׁיבָה תְּפִלָּתִי׃
Vom Ende der Erde rufe ich zu dir; denn mein Herz	מִקְצֵה הָאָרֶץ ׀ אֵלֶיךָ אֶקְרָא בַּעֲטֹף לִבִּי
du wollest mich führen auf einen hohen Felsen. [ist in Angst;	בְּצוּר־יָרוּם מִמֶּנִּי תַנְחֵנִי׃
Denn du bist meine Zuversicht,	כִּי־הָיִיתָ מַחְסֶה לִי
ein starker Turm vor meinen Feinden.	מִגְדַּל־עֹז מִפְּנֵי אוֹיֵב׃
Lass mich wohnen in deinem Zelte ewiglich	אָגוּרָה בְאָהָלְךָ עוֹלָמִים
und Zuflucht haben unter deinen Fittichen. Sela.	אֶחֱסֶה בְסֵתֶר כְּנָפֶיךָ סֶּלָה׃

Denn du, Gott, hörst mein Gelübde	כִּי־אַתָּה אֱלֹהִים שָׁמַעְתָּ לִנְדָרָי
und gibst mir teil am Erbe derer, die deinen Namen fürchten.	נָתַתָּ יְרֻשַּׁת יִרְאֵי שְׁמֶךָ׃
Du wollest dem König langes Leben geben,	יָמִים עַל־יְמֵי־מֶלֶךְ תּוֹסִיף
dass seine Jahre währen für und für,	שְׁנוֹתָיו כְּמוֹ־דֹר וָדֹר׃
dass er immer throne vor Gott.	יֵשֵׁב עוֹלָם לִפְנֵי אֱלֹהִים
Lass Güte und Treue ihn behüten!	חֶסֶד וֶאֱמֶת מַן יִנְצְרֻהוּ׃
So will ich deinem Namen lobsingen ewiglich,	כֵּן אֲזַמְּרָה שִׁמְךָ לָעַד
dass ich meine Gelübde erfülle täglich.	לְשַׁלְּמִי נְדָרַי יוֹם ׀ יוֹם׃

Für den Chorleiter: Über Saitenspiel. 1
Von David.

Höre doch, Gott, mein Geschrei, 2
achte doch auf mein Gebet,
vom Rand des Landes rufe ich zu dir mit schwachem Herzen: 3
Auf einen Fels, der mir zu hoch ist, führe mich;
bist doch du der Zufluchtsort für mich gewesen, 4
der Wehrturm vor dem Angesicht des Feindes –
so möchte ich für alle Zukunft auch in deinem Zelt verweilen, 5
ich möchte mich im Schutzraum deiner Flügel bergen! Sälah

Ja, du, Gott, du hast hingehört auf das, was ich versprochen habe, 6
du hast das Erbe derer ausgeteilt, die deinen Namen fürchten,
du wirst noch Tage zu des Königs Tagen fügen, 7
seine Jahre wie die Dauer von Geschlechterfolgen;
künftig soll er vor dem Angesichte Gottes thronen, 8
weis die Liebe und die Wahrheit an, dass sie ihn bewahren –
so will ich für immer deinem Namen spielen, 9
um, was ich versprochen habe, zu erfüllen Tag für Tag!

Psalm 62

Ein Psalm Davids,
vorzusingen, für Jedutun.

לַמְנַצֵּחַ עַל־יְדוּתוּן
מִזְמוֹר לְדָוִד׃

Meine Seele ist stille zu Gott,
der mir hilft.
Denn er ist mein Fels, meine Hilfe,
mein Schutz, dass ich gewiss nicht fallen werde.

אַךְ אֶל־אֱלֹהִים דּוּמִיָּה נַפְשִׁי
מִמֶּנּוּ יְשׁוּעָתִי׃
אַךְ־הוּא צוּרִי וִישׁוּעָתִי
מִשְׂגַּבִּי לֹא־אֶמּוֹט רַבָּה׃

Wie lange stellt ihr alle einem nach,
wollt alle ihn morden,
als wäre er eine hangende Wand
und eine rissige Mauer?

עַד־אָנָה ׀ תְּהוֹתְתוּ עַל־אִישׁ
תְּרָצְּחוּ כֻלְּכֶם
כְּקִיר נָטוּי
גָּדֵר הַדְּחוּיָה׃

Sie denken nur, wie sie ihn stürzen,
haben Gefallen am Lügen;
mit dem Munde segnen sie,
aber im Herzen fluchen sie. Sela.

אַךְ מִשְּׂאֵתוֹ ׀ יָעֲצוּ לְהַדִּיחַ
יִרְצוּ כָזָב
בְּפִיו יְבָרֵכוּ
וּבְקִרְבָּם יְקַלְלוּ־סֶלָה׃

Aber sei nur stille zu Gott, meine Seele;
denn er ist meine Hoffnung.
Er ist mein Fels, meine Hilfe
und mein Schutz, dass ich nicht fallen werde.

אַךְ לֵאלֹהִים דּוֹמִּי נַפְשִׁי
כִּי־מִמֶּנּוּ תִּקְוָתִי׃
אַךְ־הוּא צוּרִי וִישׁוּעָתִי
מִשְׂגַּבִּי לֹא אֶמּוֹט׃

Bei Gott ist mein Heil und meine Ehre,
der Fels meiner Stärke, meine Zuversicht ist bei Gott.
Hoffet auf ihn allezeit, liebe Leute,
schüttet euer Herz vor ihm aus;
Gott ist unsre Zuversicht. Sela.

עַל־אֱלֹהִים יִשְׁעִי וּכְבוֹדִי
צוּר־עֻזִּי מַחְסִי בֵּאלֹהִים׃
בִּטְחוּ בוֹ בְכָל־עֵת ׀ עָם
שִׁפְכוּ־לְפָנָיו לְבַבְכֶם
אֱלֹהִים מַחֲסֶה־לָּנוּ סֶלָה׃

Aber Menschen sind ja nichts,
große Leute täuschen auch;
sie wiegen weniger als nichts,
so viel ihrer sind.

אַךְ ׀ הֶבֶל בְּנֵי־אָדָם
כָּזָב בְּנֵי אִישׁ
בְּמֹאזְנַיִם לַעֲלוֹת
הֵמָּה מֵהֶבֶל יָחַד׃

Verlasst euch nicht auf Gewalt
und setzt auf Raub nicht eitle Hoffnung;
fällt euch Reichtum zu,
so hängt euer Herz nicht daran.
Eines hat Gott geredet,
ein Zweifaches habe ich gehört:
Gott allein ist mächtig,
und du, Herr, bist gnädig;
denn du vergiltst
einem jeden, wie er's verdient hat.

אַל־תִּבְטְחוּ בְעֹשֶׁק
וּבְגָזֵל אַל־תֶּהְבָּלוּ
חַיִל ׀ כִּי־יָנוּב
אַל־תָּשִׁיתוּ לֵב׃
אַחַת ׀ דִּבֶּר אֱלֹהִים
שְׁתַּיִם־זוּ שָׁמָעְתִּי
כִּי עֹז לֵאלֹהִים׃
וּלְךָ־אֲדֹנָי חָסֶד
כִּי־אַתָּה תְשַׁלֵּם
לְאִישׁ כְּמַעֲשֵׂהוּ׃

Für den Chorleiter: Nach ‚Jedutun'. 1
Ein Psalm Davids.

Nur zu Gott hingewandt, ist meine Seele still, 2
von ihm kommt meine Rettung,
er nur ist mein Fels und meine Rettung, 3
meine Burg, ich werde überhaupt nicht wanken.

Wie lange noch schreit ihr den Menschen an, 4
sucht ihn, ihr alle, umzubringen
wie eine Wand, die überhängt,
wie die umgestoßene Mauer?

Sie planen ja nur, ihn aus seiner Stellung zu verjagen, 5
sie lieben Täuschung,
ihm nach dem Munde segnen sie,
in ihrem Inneren jedoch verfluchen sie. Sälah

Nur zu Gott gewandt, sei, meine Seele, still, 6
kommt von ihm doch meine Hoffnung,
er nur ist mein Fels und meine Rettung, 7
meine Burg, ich werde gar nicht wanken.

Auf Gott beruht mein Heil und meine Ehre, 8
mein starker Fels, mein Zufluchtsort, der ist bei Gott –
vertraut auf ihn zu jeder Zeit, ihr Leute, 9
schüttet eure Herzen vor ihm aus –
Gott ist der Zufluchtsort für uns! Sälah

Ja, Hauch nur sind die Menschenkinder, 10
Täuschung sind die Herrensöhne,
sie schnellen auf der Waage hoch,
sie wiegen miteinander weniger als Wind.

Vertraut doch nicht auf Unterdrückung, 11
und auf Raub setzt keinen Heller,
auf Vermögen, sollte es auch wachsen,
stützt doch nicht das Herz!
Eins hat Gott gesagt, 12
zwei Dinge sind's, die ich vernommen habe:
dass Gott die Macht gehört,
und dir die Liebe, Vater, 13
dass du selber ausgleichst
jedem seinem Werk gemäß.

Psalm 63

Ein Psalm Davids,	מִזְמוֹר לְדָוִד
als er in der Wüste Juda war.	בִּהְיוֹתוֹ בְּמִדְבַּר יְהוּדָה׃
Gott, du bist mein Gott,	אֱלֹהִים ׀ אֵלִי אַתָּה
den ich suche.	אֲשַׁחֲרֶךָּ
Es dürstet meine Seele nach dir,	צָמְאָה צָמְאָה לְךָ ׀ נַפְשִׁי
mein ganzer Mensch verlangt nach dir	כָּמַהּ לְךָ בְשָׂרִי
aus trockenem, dürrem Land,	בְּאֶרֶץ־צִיָּה
wo kein Wasser ist.	וְעָיֵף בְּלִי־מָיִם׃
So schaue ich aus nach dir in deinem Heiligtum,	כֵּן בַּקֹּדֶשׁ חֲזִיתִיךָ
wollte gerne sehen deine Macht und Herrlichkeit.	לִרְאוֹת עֻזְּךָ וּכְבוֹדֶךָ׃
Denn deine Güte ist besser als Leben;	כִּי־טוֹב חַסְדְּךָ מֵחַיִּים
meine Lippen preisen dich.	שְׂפָתַי יְשַׁבְּחוּנְךָ׃
So will ich dich loben mein Leben lang	כֵּן אֲבָרֶכְךָ בְחַיָּי
und meine Hände in deinem Namen aufheben.	בְּשִׁמְךָ אֶשָּׂא כַפָּי׃
Das ist meines Herzens	כְּמוֹ חֵלֶב וָדֶשֶׁן
Freude und Wonne,	תִּשְׂבַּע נַפְשִׁי
wenn ich dich mit fröhlichem Munde	וְשִׂפְתֵי רְנָנוֹת
loben kann;	יְהַלֶּל־פִּי׃
wenn ich mich zu Bette lege, so denke ich an dich,	אִם־זְכַרְתִּיךָ עַל־יְצוּעָי
wenn ich wach liege, sinne ich über dich nach.	בְּאַשְׁמֻרוֹת אֶהְגֶּה־בָּךְ׃
Denn du bist mein Helfer,	כִּי־הָיִיתָ עֶזְרָתָה לִּי
und unter dem Schatten deiner Flügel frohlocke ich.	וּבְצֵל כְּנָפֶיךָ אֲרַנֵּן׃
Meine Seele hängt an dir;	דָּבְקָה נַפְשִׁי אַחֲרֶיךָ
deine rechte Hand hält mich.	בִּי תָּמְכָה יְמִינֶךָ׃
Sie aber trachten mir nach dem Leben,	וְהֵמָּה לְשׁוֹאָה
mich zu verderben;	יְבַקְשׁוּ נַפְשִׁי
sie werden in die Tiefen der Erde hinunterfahren.	יָבֹאוּ בְּתַחְתִּיּוֹת הָאָרֶץ׃
Sie werden dem Schwert dahingegeben	יַגִּירֻהוּ עַל־יְדֵי־חָרֶב
und den Schakalen zur Beute werden.	מְנָת שֻׁעָלִים יִהְיוּ׃
Aber der König freut sich in Gott.	וְהַמֶּלֶךְ יִשְׂמַח בֵּאלֹהִים
Wer in ihm schwört, der darf sich rühmen;	יִתְהַלֵּל כָּל־הַנִּשְׁבָּע בּוֹ
denn die Lügenmäuler sollen verstopft werden.	כִּי יִסָּכֵר פִּי דוֹבְרֵי־שָׁקֶר׃

Ein Psalm Davids. 1
Als er in der Wüste Juda war.

Gott, mein starker Gott bist du, 2
dich suche ich!
Meine Seele hat nach dir gedürstet,
mein Leib hat nach dir geschmachtet
im trockenen Land;
ist er ohne Wasser doch erschöpft.

So habe ich im Heiligtum nach dir geschaut, 3
um deine Macht und deine Herrlichkeit zu sehen:
Weil deine Treue weiter als das Leben reicht, 4
preisen meine Lippen dich;
so will ich dich mit meinem Leben loben, 5
in deinem Namen hebe ich die Hände auf.

Gleichsam wie von Fett und Öl 6
ist meine Seele nun gesättigt,
und mit Lippen voller Jubel
lobt mein Mund,
wenn ich auf meinem Lager ganz fest an dich denke, 7
bei meinen Wachen über dich nachsinne.

Denn wahrer Beistand bist du mir gewesen, 8
und im Schatten deiner Flügel kann ich jubeln;
habe ich mich doch an deinem Rücken festgeklammert, 9
hat mich deine Rechte doch gehalten,
wo jene, auf Vernichtung aus, 10
mir nach dem Leben trachten.

Sie werden in die Unterwelt eingehen,
dem Schwertgericht wird man sie übergeben, 11
zur Beute der Schakale werden sie –
der König aber kann sich an Gott freuen, 12
glücklich preist sich jeder, der bei ihm geschworen hat,
denn gestopft wird er, der Mund der Lügner.

Psalm 64

Ein Psalm Davids,	לַמְנַצֵּחַ
vorzusingen.	מִזְמוֹר לְדָוִד׃

Höre, Gott, meine Stimme in meiner Klage,	שְׁמַע־אֱלֹהִים קוֹלִי בְשִׂיחִי
behüte mein Leben vor dem schrecklichen Feinde.	מִפַּחַד אוֹיֵב תִּצֹּר חַיָּי׃
Verbirg mich vor den Anschlägen der Bösen,	תַּסְתִּירֵנִי מִסּוֹד מְרֵעִים
vor dem Toben der Übeltäter,	מֵרִגְשַׁת פֹּעֲלֵי אָוֶן׃
die ihre Zunge schärfen wie ein Schwert,	אֲשֶׁר שָׁנְנוּ כַחֶרֶב לְשׁוֹנָם
mit ihren giftigen Worten zielen wie mit Pfeilen,	דָּרְכוּ חִצָּם דָּבָר מָר׃
dass sie heimlich schießen auf den Frommen;	לִירוֹת בַּמִּסְתָּרִים תָּם
plötzlich schießen sie auf ihn ohne Scheu.	פִּתְאֹם יֹרֻהוּ וְלֹא יִירָאוּ׃

Sie verstehen sich auf ihre bösen Anschläge	יְחַזְּקוּ־לָמוֹ ׀ דָּבָר רָע
und reden davon, wie sie Stricke legen wollen,	יְסַפְּרוּ לִטְמוֹן מוֹקְשִׁים
und sprechen: Wer kann sie sehen?	אָמְרוּ מִי יִרְאֶה־לָּמוֹ׃
Sie haben Böses im Sinn und halten's geheim,	יַחְפְּשׂוּ־עוֹלֹת תַּמְנוּ
sind verschlagen	חֵפֶשׂ מְחֻפָּשׂ
und haben Ränke im Herzen.	וְקֶרֶב אִישׁ וְלֵב עָמֹק׃
Da trifft sie Gott mit dem Pfeil,	וַיֹּרֵם אֱלֹהִים חֵץ
plötzlich sind sie zu Boden geschlagen.	פִּתְאוֹם הָיוּ מַכּוֹתָם׃

Ihre eigene Zunge bringt sie zu Fall,	וַיַּכְשִׁילוּהוּ עָלֵימוֹ לְשׁוֹנָם
dass ihrer spotten wird, wer sie siehet.	יִתְנֹדֲדוּ כָּל־רֹאֵה בָם׃
Und alle Menschen werden sich fürchten	וַיִּירְאוּ כָּל־אָדָם
und sagen: Das hat Gott getan!,	וַיַּגִּידוּ פֹּעַל אֱלֹהִים
und erkennen, dass es sein Werk ist.	וּמַעֲשֵׂהוּ הִשְׂכִּילוּ׃
Die Gerechten werden sich des HERRN freuen	יִשְׂמַח צַדִּיק בַּיהוָה
und auf ihn trauen,	וְחָסָה בוֹ
und alle frommen Herzen werden sich seiner rühmen.	וְיִתְהַלְלוּ כָּל־יִשְׁרֵי־לֵב׃

Für den Chorleiter. 1
Ein Psalm Davids.

Höre, Gott, auf meine Stimme, wenn ich klage, 2
vor der Panik, die der Feind verbreitet, nimm mein Leben doch in Schutz,
verbirg mich vor dem Plan der Unheilsstifter, 3
vor der Raserei der Übeltäter,
die ihre Zunge scharf geschliffen haben wie ein Schwert, 4
ihre Pfeile angelegt mit bitterbösen Worten –
auf den Tadellosen im Verborgenen zu schießen, 5
plötzlich schießen sie auf ihn und haben keine Scheu!

Sie versteifen sich auf schlimme Worte, 6
sie reden darauf los, bloß um die Schlingen zu verbergen,
sie dachten: „Wer wird darauf achten?“,
Freveltaten denken sie sich aus: „Wir haben es geschafft!“, 7
ein ausgeheckter Anschlag,
ist des Menschen Innerstes, sein Herz, ja abgrundtief –
da aber hat sie Gott mit seinem Pfeil getroffen, 8
plötzlich waren sie verwundet!

Und so machten sie ihre eigene Zunge zum Fallbeil für sich, 9
alle, die sie sehen, schütteln nur den Kopf,
und alle Leute staunten 10
und verkündeten die Gottestat,
und sein Werk, das haben sie verstanden:
Der Gerechte kann sich an dem TREUEN freuen, 11
wird er in ihm doch Bergung finden,
und sich glücklich preisen können alle, die von Herzen redlich sind.

Psalm 65

Ein Psalmlied Davids,	לַמְנַצֵּחַ
vorzusingen.	מִזְמוֹר לְדָוִד שִׁיר׃

Gott, man lobt dich in der Stille	לְךָ דֻמִיָּה תְהִלָּה
zu Zion,	אֱלֹהִים בְּצִיּוֹן
und dir hält man Gelübde.	וּלְךָ יְשֻׁלַּם־נֶדֶר׃
Du erhörst Gebet;	שֹׁמֵעַ תְּפִלָּה
darum kommt alles Fleisch zu dir.	עָדֶיךָ כָּל־בָּשָׂר יָבֹאוּ׃
Unsre Missetat	דִּבְרֵי עֲוֺנֹת
drückt uns hart; du wollest	גָּבְרוּ מֶנִּי פְּשָׁעֵינוּ
unsre Sünde vergeben.	אַתָּה תְכַפְּרֵם׃

Wohl dem, den du erwählst und zu dir lässest,	אַשְׁרֵי ׀ תִּבְחַר וּתְקָרֵב
dass er in deinen Vorhöfen wohne;	יִשְׁכֹּן חֲצֵרֶיךָ
der hat reichen Trost von deinem Hause,	נִשְׂבְּעָה בְּטוּב בֵּיתֶךָ
deinem heiligen Tempel.	קְדֹשׁ הֵיכָלֶךָ׃
Erhöre uns nach der wunderbaren Gerechtigkeit,	נוֹרָאוֹת ׀ בְּצֶדֶק תַּעֲנֵנוּ
Gott, unser Heil,	אֱלֹהֵי יִשְׁעֵנוּ
der du bist die Zuversicht aller auf Erden	מִבְטָח כָּל־קַצְוֵי־אֶרֶץ
und fern am Meer;	וְיָם רְחֹקִים׃

der du die Berge festsetzest in deiner Kraft	מֵכִין הָרִים בְּכֹחוֹ
und gerüstet bist mit Macht;	נֶאְזָר בִּגְבוּרָה׃
der du stillst das Brausen des Meeres,	מַשְׁבִּיחַ ׀ שְׁאוֹן יַמִּים
das Brausen seiner Wellen	שְׁאוֹן גַּלֵּיהֶם
und das Toben der Völker,	וַהֲמוֹן לְאֻמִּים׃
dass sich entsetzen, die an den Enden wohnen,	וַיִּירְאוּ ׀ יֹשְׁבֵי קְצָוֺת
vor deinen Zeichen. Du machst fröhlich,	מֵאוֹתֹתֶיךָ מוֹצָאֵי־בֹקֶר
was da lebet im Osten wie im Westen.	וָעֶרֶב תַּרְנִין׃

Du suchst das Land heim und bewässerst es	פָּקַדְתָּ הָאָרֶץ ׀ וַתְּשֹׁקְקֶהָ
und machst es sehr reich;	רַבַּת תַּעְשְׁרֶנָּה
Gottes Brünnlein hat Wasser die Fülle.	פֶּלֶג אֱלֹהִים מָלֵא מָיִם
Du lässest ihr Getreide gut geraten;	תָּכִין דְּגָנָם
denn so baust du das Land.	כִּי־כֵן תְּכִינֶהָ׃
Du tränkst seine Furchen	תְּלָמֶיהָ רַוֵּה
und feuchtest seine Schollen; mit Regen	נַחֵת גְּדוּדֶיהָ בִּרְבִיבִים
machst du es weich und segnest sein Gewächs.	תְּמֹגְגֶנָּה צִמְחָהּ תְּבָרֵךְ׃

Du krönst das Jahr mit deinem Gut,	עִטַּרְתָּ שְׁנַת טוֹבָתֶךָ
und deine Fußtapfen triefen von Segen.	וּמַעְגָּלֶיךָ יִרְעֲפוּן דָּשֶׁן׃
Es triefen auch die Auen in der Steppe,	יִרְעֲפוּ נְאוֹת מִדְבָּר
und die Hügel sind erfüllt mit Jubel.	וְגִיל גְּבָעוֹת תַּחְגֹּרְנָה׃
Die Anger sind voller Schafe,	לָבְשׁוּ כָרִים ׀ הַצֹּאן
und die Auen stehen dick mit Korn,	וַעֲמָקִים יַעַטְפוּ־בָר
dass man jauchzet	יִתְרוֹעֲעוּ
und singet.	אַף־יָשִׁירוּ׃

65

Für den Chorleiter. 1
Ein Psalm Davids. Ein Lied.

Für dich ist Schweigen Lobgesang, 2
du Gott auf Zion,
und dir erfüllt man sein Gelübde,
du erhörst Gebet; 3
zu dir kommt alles Fleisch
mit Schuldverstrickungen – 4
zu gewaltig sind mir unsere Verbrechen,
du, du mögest sie bedecken!

Wohl dem, den du dir aussuchst und in deine Nähe holst, 5
dass er in deinen Höfen wohnen kann!
Wir wollen uns am Guten deines Hauses sättigen,
am Heiligtum deines Tempels –
mit Furcht erregenden Taten gibst du uns Antwort in gerechter Weise, 6
Gott unseres Heils,
Zuversicht aller Enden der Erde
wie der entfernten Meere.

Der die Berge fest gegründet hat in seiner Stärke, 7
mit Heldenkraft umgürtet,
der der Meere Tosen zähmen konnte, 8
das Tosen ihrer Wogen –
und das Getümmel der Nationen,
dass sich selbst die Bewohner an den Rändern fürchten mussten 9
vor deinen Zeichen schon beim Morgengrauen,
doch am Abend schaffst du Jubel.

Du hast das Land besucht, und du hast es getränkt, 10
du überschüttest es mit Reichtum,
angefüllt mit Wasser ist der Gottesbach,
du richtest ihr Getreide auf –
ja, so richtest du das Land auf:
seinen Furchen satt zu trinken geben, 11
mit Regengüssen seine Schollen ebnen,
so machst du es weich und segnest sein Gewächs.

Gekrönt hast du das Jahr deiner Güte: 12
deine Wagenspuren triefen von Öl,
es triefen die Auen der Triften, 13
und mit Jubel gürten sich die Hügel,
es haben sich die Weiden mit den Schafen eingekleidet, 14
und die Täler hüllen sich in Korn –
sie jauchzen sich zu,
fürwahr, sie schreien.

Psalm 66

Ein Psalmlied, vorzusingen.	לַמְנַצֵּחַ שִׁיר מִזְמוֹר
Jauchzet Gott, alle Lande!	הָרִיעוּ לֵאלֹהִים כָּל־הָאָרֶץ׃
Lobsinget zur Ehre seines Namens;	זַמְּרוּ כְבוֹד־שְׁמוֹ
rühmet ihn herrlich!	שִׂימוּ כָבוֹד תְּהִלָּתוֹ׃
Sprecht zu Gott:	אִמְרוּ לֵאלֹהִים
Wie wunderbar sind deine Werke!	מַה־נּוֹרָא מַעֲשֶׂיךָ
Deine Feinde müssen sich beugen vor deiner großen	בְּרֹב עֻזְּךָ יְכַחֲשׁוּ לְךָ אֹיְבֶיךָ׃
Alles Land bete dich an [Macht.	כָּל־הָאָרֶץ ׀ יִשְׁתַּחֲווּ לְךָ
und lobsinge dir, lobsinge deinem Namen. Sela.	וִיזַמְּרוּ־לָךְ יְזַמְּרוּ שִׁמְךָ סֶלָה׃
Kommt her und sehet an die Werke Gottes,	לְכוּ וּרְאוּ מִפְעֲלוֹת אֱלֹהִים
der so wunderbar ist in seinem Tun an den Menschen-	נוֹרָא עֲלִילָה עַל־בְּנֵי אָדָם׃
Er verwandelte das Meer in trockenes Land, [kindern.	הָפַךְ יָם ׀ לְיַבָּשָׁה
sie konnten zu Fuß durch den Strom gehen.	בַּנָּהָר יַעַבְרוּ בְרָגֶל
Darum freuen wir uns seiner.	שָׁם נִשְׂמְחָה־בּוֹ׃
Er herrscht mit seiner Gewalt ewiglich,	מֹשֵׁל בִּגְבוּרָתוֹ ׀ עוֹלָם
seine Augen schauen auf die Völker.	עֵינָיו בַּגּוֹיִם תִּצְפֶּינָה
Die Abtrünnigen können sich nicht erheben. Sela.	הַסּוֹרְרִים ׀ אַל־ירימו ° לָמוֹ סֶלָה׃
Lobet, ihr Völker, unsern Gott,	בָּרְכוּ עַמִּים ׀ אֱלֹהֵינוּ
lasst seinen Ruhm weit erschallen,	וְהַשְׁמִיעוּ קוֹל תְּהִלָּתוֹ׃
der unsre Seelen am Leben erhält	הַשָּׂם נַפְשֵׁנוּ בַּחַיִּים
und lässt unsere Füße nicht gleiten.	וְלֹא־נָתַן לַמּוֹט רַגְלֵנוּ׃
Denn, Gott, du hast uns geprüft	כִּי־בְחַנְתָּנוּ אֱלֹהִים
und geläutert, wie das Silber geläutert wird;	צְרַפְתָּנוּ כִּצְרָף־כָּסֶף׃
du hast uns in den Turm werfen lassen,	הֲבֵאתָנוּ בַמְּצוּדָה
du hast auf unsern Rücken eine Last gelegt,	שַׂמְתָּ מוּעָקָה בְמָתְנֵינוּ׃
du hast Menschen über unser Haupt kommen lassen,	הִרְכַּבְתָּ אֱנוֹשׁ לְרֹאשֵׁנוּ
wir sind in Feuer und Wasser geraten.	בָּאנוּ־בָאֵשׁ וּבַמַּיִם
Aber du hast uns herausgeführt und uns erquickt.	וַתּוֹצִיאֵנוּ לָרְוָיָה׃
Darum will ich in dein Haus gehen mit Brandopfern	אָבוֹא בֵיתְךָ בְעוֹלוֹת
und dir meine Gelübde erfüllen,	אֲשַׁלֵּם לְךָ נְדָרָי׃
wie ich meine Lippen aufgetan habe	אֲשֶׁר־פָּצוּ שְׂפָתָי
und mein Mund geredet hat in meiner Not.	וְדִבֶּר־פִּי בַּצַּר־לִי׃
Ich will dir Brandopfer bringen von fetten Schafen	עֹלוֹת מֵחִים אַעֲלֶה־לָּךְ
mit dem Opferrauch von Widdern;	עִם־קְטֹרֶת אֵילִים
ich will opfern Rinder mit Böcken. Sela.	אֶעֱשֶׂה בָקָר עִם־עַתּוּדִים סֶלָה׃
Kommt her, höret zu, alle, die ihr Gott fürchtet; ich will	לְכוּ־שִׁמְעוּ וַאֲסַפְּרָה כָּל־יִרְאֵי אֱלֹהִים
was er an mir getan hat. [erzählen,	אֲשֶׁר עָשָׂה לְנַפְשִׁי׃
Zu ihm rief ich mit meinem Munde	אֵלָיו פִּי־קָרָאתִי
und pries ihn mit meiner Zunge.	וְרוֹמַם תַּחַת לְשׁוֹנִי׃
Wenn ich Unrechtes vorgehabt hätte in meinem Herzen,	אָוֶן אִם־רָאִיתִי בְלִבִּי
so hätte der Herr nicht gehört.	לֹא יִשְׁמַע ׀ אֲדֹנָי׃
Aber Gott hat mich erhört	אָכֵן שָׁמַע אֱלֹהִים
und gemerkt auf mein Flehen.	הִקְשִׁיב בְּקוֹל תְּפִלָּתִי׃
Gelobt sei Gott, [mir wendet.	בָּרוּךְ אֱלֹהִים
der mein Gebet nicht verwirft noch seine Güte von	אֲשֶׁר לֹא־הֵסִיר תְּפִלָּתִי וְחַסְדּוֹ מֵאִתִּי׃

Für den Chorleiter. Ein Lied. Ein Psalm. 1

Jauchzt Gott zu, die ganze Welt,
spielt zu seines Namens Herrlichkeit, 2
macht aus seinem Lobgesang ein Glanzstück,
sprecht zu Gott: 3
„Wie Furcht erregend sind doch deine Werke,
bei der Fülle deiner Macht müssen deine Feinde dir Ergebung heucheln,
die ganze Welt soll vor dir niederfallen, 4
und sie soll dir spielen, deinem Namen spielen!“ Sälah

Kommt und seht die Taten Gottes, 5
Furcht erregend ist sein Handeln an den Menschen,
das Meer hat er in trockenes Land verwandelt, 6
da überqueren sie den Strom zu Fuß;
dort wollen wir uns an ihm freuen,
herrscht er doch mit seiner Stärke ewig, 7
seine Augen, nach den Völkern spähen sie,
die Störrischen, die sollen sich nicht überheben. Sälah

Preist, ihr Völkerschaften, unseren Gott, 8
und lasst zum Lobgesang für ihn die Stimme hören!
Er ist es doch, der uns im Leben Stand verliehen hat, 9
und er ließ nicht zu, dass unser Fuß ins Wanken kam.

Ja, Gott, du hast uns geprüft, 10
du hast uns geläutert, wie man Silber läutert,
du hast uns in die Festung bringen lassen, 11
du hast uns drückende Last aufs Kreuz geladen,
du hast Menschen über unser Haupt hinfahren lassen, 12
ins Feuer und ins Wasser waren wir geraten –
doch du hast uns in den Überfluss herausgeführt.

Ich trete mit Brandopfern in dein Haus, 13
ich erfülle dir meine Gelübde,
zu denen meine Lippen sich geöffnet hatten 14
und von denen, als ich in Bedrängnis war, mein Mund geredet hatte;
Brandopfer von Fettschafen will ich dir aufsteigen lassen 15
wie auch Rauch von Widdern,
zubereiten will ich Rinder sowie Böcke. Sälah

Kommt, hört alle her, die ihr Gott verehrt, ich will doch erzählen, 16
was er für mich getan hat!
Zu ihm rief ich mit meinem Mund, 17
und Lobgesang lag mir auf der Zunge;
hätte ich in meinem Herzen es auf Frevel abgesehen, 18
würde mich der Herr nicht hören –
fürwahr, Gott hat gehört, 19
er hat geachtet auf mein lautes Flehen!

Gelobt sei Gott, 20
der mein Gebet und seine Treue nicht hat von mir weichen lassen!

Psalm 67

Ein Psalmlied,
vorzusingen, beim Saitenspiel.

לַמְנַצֵּחַ בִּנְגִינֹת
מִזְמוֹר שִׁיר׃

Gott sei uns gnädig und segne uns,
er lasse uns sein Antlitz leuchten, – Sela –
dass man auf Erden erkenne seinen Weg,
unter allen Heiden sein Heil.

אֱלֹהִים יְחָנֵּנוּ וִיבָרְכֵנוּ
יָאֵר פָּנָיו אִתָּנוּ סֶלָה׃
לָדַעַת בָּאָרֶץ דַּרְכֶּךָ
בְּכָל־גּוֹיִם יְשׁוּעָתֶךָ׃

Es danken dir, Gott, die Völker,
es danken dir alle Völker.

יוֹדוּךָ עַמִּים ׀ אֱלֹהִים
יוֹדוּךָ עַמִּים כֻּלָּם׃

Die Völker freuen sich und jauchzen,
dass du die Menschen recht richtest
und regierst die Völker auf Erden. Sela

יִשְׂמְחוּ וִירַנְּנוּ לְאֻמִּים
כִּי־תִשְׁפֹּט עַמִּים מִישׁוֹר
וּלְאֻמִּים ׀ בָּאָרֶץ תַּנְחֵם סֶלָה׃

Es danken dir, Gott, die Völker,
es danken dir alle Völker.

יוֹדוּךָ עַמִּים ׀ אֱלֹהִים
יוֹדוּךָ עַמִּים כֻּלָּם׃

Das Land gibt sein Gewächs;
es segne uns Gott, unser Gott!
Es segne uns Gott,
und alle Welt fürchte ihn!

אֶרֶץ נָתְנָה יְבוּלָהּ
יְבָרְכֵנוּ אֱלֹהִים אֱלֹהֵינוּ׃
יְבָרְכֵנוּ אֱלֹהִים
וְיִירְאוּ אֹתוֹ כָּל־אַפְסֵי־אָרֶץ׃

Für den Chorleiter: Mit Saitenspiel. 1
Ein Psalm. Ein Lied.

Gott, er sei uns gnädig, und er segne uns, 2
leuchten lasse er sein Angesicht bei uns – Sälah –,
dass man auf der Erde deinen Weg erkenne, 3
in der ganzen Völkerwelt dein Heil.

Preisen sollen dich die Völkerschaften, Gott, 4
preisen sollen dich die Völkerschaften allesamt!

Freuen sollen sich und jubeln sollen die Nationen, 5
dass du die Völkerschaften unbestechlich richtest
und die Nationen auf der Erde leitest. Sälah

Preisen sollen dich die Völkerschaften, Gott, 6
preisen sollen dich die Völkerschaften allesamt!

Das Land hat seine Frucht gebracht – 7
es segne uns Gott, unser Gott,
es segne uns Gott, 8
und ihn sollen fürchten alle Enden der Erde!

Psalm 68

Ein Psalmlied Davids, vorzusingen.	לַמְנַצֵּחַ לְדָוִד מִזְמוֹר שִׁיר׃
Gott steht auf;	יָקוּם אֱלֹהִים
so werden seine Feinde zerstreut,	יָפוּצוּ אוֹיְבָיו
und die ihn hassen, fliehen vor ihm.	וְיָנוּסוּ מְשַׂנְאָיו מִפָּנָיו
Wie Rauch verweht, so verwehen sie;	כְּהִנְדֹּף עָשָׁן תִּנְדֹּף
wie Wachs zerschmilzt vor dem Feuer,	כְּהִמֵּס דּוֹנַג מִפְּנֵי־אֵשׁ
so kommen die Gottlosen um vor Gott.	יֹאבְדוּ רְשָׁעִים מִפְּנֵי אֱלֹהִים׃
Die Gerechten aber freuen sich	וְצַדִּיקִים יִשְׂמְחוּ
und sind fröhlich vor Gott	יַעַלְצוּ לִפְנֵי אֱלֹהִים
und freuen sich von Herzen.	וְיָשִׂישׂוּ בְשִׂמְחָה׃
Singet Gott, lobsinget seinem Namen!	שִׁירוּ ׀ לֵאלֹהִים זַמְּרוּ שְׁמוֹ
Macht Bahn dem, der durch die Wüste einherfährt;	סֹלּוּ לָרֹכֵב בָּעֲרָבוֹת
er heißt HERR. Freuet euch vor ihm!	בְּיָהּ שְׁמוֹ וְעִלְזוּ לְפָנָיו׃
Ein Vater der Waisen	אֲבִי יְתוֹמִים
und ein Helfer der Witwen	וְדַיַּן אַלְמָנוֹת
ist Gott in seiner heiligen Wohnung,	אֱלֹהִים בִּמְעוֹן קָדְשׁוֹ׃
ein Gott, der die Einsamen nach Hause bringt,	אֱלֹהִים מוֹשִׁיב יְחִידִים בַּיְתָה
der die Gefangenen herausführt, dass es ihnen wohlgehe;	מוֹצִיא אֲסִירִים בַּכּוֹשָׁרוֹת
aber die Abtrünnigen lässt er bleiben in dürrem Lande.	אַךְ סוֹרְרִים שָׁכְנוּ צְחִיחָה׃
Gott, als du vor deinem Volk herzogst,	אֱלֹהִים בְּצֵאתְךָ לִפְנֵי עַמֶּךָ
als du einhergingst in der Wüste, – Sela –	בְּצַעְדְּךָ בִישִׁימוֹן סֶלָה׃
da bebte die Erde,	אֶרֶץ רָעָשָׁה ׀
und die Himmel troffen	אַף־שָׁמַיִם נָטְפוּ
vor Gott – am Sinai –,	מִפְּנֵי אֱלֹהִים זֶה סִינַי
vor Gott, dem Gott Israels.	מִפְּנֵי אֱלֹהִים אֱלֹהֵי יִשְׂרָאֵל׃
Du gabst, Gott, einen gnädigen Regen,	גֶּשֶׁם נְדָבוֹת תָּנִיף אֱלֹהִים
und dein Erbe, das dürre war,	נַחֲלָתְךָ וְנִלְאָה
erquicktest du,	אַתָּה כוֹנַנְתָּהּ׃
dass deine Herde darin wohnen konnte.	חַיָּתְךָ יָשְׁבוּ־בָהּ
Gott, du labst	תָּכִין בְּטוֹבָתְךָ
die Elenden in deiner Güte.	לֶעָנִי אֱלֹהִים׃
Der Herr gibt ein Wort –	אֲדֹנָי יִתֶּן־אֹמֶר
der Freudenbotinnen ist eine große Schar –:	הַמְבַשְּׂרוֹת צָבָא רָב׃
Die Könige der Heerscharen	מַלְכֵי צְבָאוֹת
fliehen, sie fliehen,	יִדֹּדוּן יִדֹּדוּן
und die Frauen	וּנְוַת בַּיִת
teilen die Beute aus.	תְּחַלֵּק שָׁלָל׃

Für den Chorleiter. Ein Psalm Davids. Ein Lied. 1

Gott erhebt sich, 2
da zerstieben seine Feinde,
und da fliehen, die ihn hassen, weg vor seinem Angesicht;
wie Rauch verweht, so lässt du sie verwehen, 3
wie Wachs vor Feuer schmilzt,
vergehen die Schurken vor Gottes Angesicht.

Die Gerechten aber freuen sich, 4
sie jauchzen auf vor Gottes Angesicht,
sind sie doch glücklich voller Freude:
Singt Gott zu, spielt seinem Namen, 5
häuft Lob dem auf, der auf den Wolken fährt,
in dem TREUEN, seinem Namen, jauchzet doch vor seinem Angesicht!

Der Waisen Vater 6
und der Witwen Anwalt
ist Gott in seiner heiligen Wohnung;
ein Gott, der Einsame ins Haus einziehen lässt, 7
der Gefangene herausführt in ein Leben, das gelingt,
doch Widerspenstige, die bleiben sitzen auf dem Trockenen.

Gott, als du vor deinem Volk auszogst, 8
als du einherschrittst in der Wüste – Sälah –,
da fing die Erde an zu schwanken; 9
dazu troffen die Himmel
vor Gottes Angesicht, dem vom Sinai,
vor Gottes Angesicht, dem Gott von Israel.

Ausgiebig lässt du Regen strömen, Gott, 10
auf dein Erbland, und es war ja so erschöpft,
du bist es, der ihm wieder Festigkeit gegeben hat;
was von dir sein Leben hat, hat darin seine Bleibe, 11
du richtest es in deiner Güte her,
Gott, für den Bedrängten.

Der Herr erteilt ein Wort, 12
groß ist das Heer der Freudenbotinnen:
„Die Könige der Heere, 13
sie fliehen, fliehen!" –
und die Liebliche des Hauses
teilt die Beute aus.

Wenn ihr zu Felde liegt,	אִם־תִּשְׁכְּבוּן בֵּין שְׁפַתָּיִם
glänzt es wie Flügel der Tauben,	כַּנְפֵי יוֹנָה נֶחְפָּה בַכֶּסֶף
die wie Silber und Gold schimmern.	וְאֶבְרוֹתֶיהָ בִּירַקְרַק חָרוּץ׃
Als der Allmächtige	בְּפָרֵשׂ שַׁדַּי
dort Könige zerstreute,	מְלָכִים בָּהּ
damals fiel Schnee auf dem Zalmon.	תַּשְׁלֵג בְּצַלְמוֹן׃
Ein Gottesberg ist Baschans Gebirge,	הַר־אֱלֹהִים הַר־בָּשָׁן
ein Gebirge, reich an Gipfeln, ist Baschans Gebirge.	הַר גַּבְנֻנִּים הַר־בָּשָׁן׃
Was seht ihr scheel, ihr Berge, ihr Gipfel,	לָמָּה ׀ תְּרַצְּדוּן הָרִים גַּבְנֻנִּים
auf den Berg, wo es Gott	הָהָר חָמַד
gefällt zu wohnen?	אֱלֹהִים לְשִׁבְתּוֹ
Ja, dort wird der HERR immerdar wohnen.	אַף־יְהוָה יִשְׁכֹּן לָנֶצַח׃
Gottes Wagen sind vieltausendmal	רֶכֶב אֱלֹהִים רִבֹּתַיִם
tausend; der Herr zieht ein	אַלְפֵי שִׁנְאָן אֲדֹנָי בָם
ins Heiligtum vom Sinai her.	סִינַי בַּקֹּדֶשׁ׃
Du bist aufgefahren zur Höhe und führtest Gefangne gefangen;	עָלִיתָ לַמָּרוֹם שָׁבִיתָ שֶּׁבִי
du hast Gaben empfangen unter den Menschen; [bücken.	לָקַחְתָּ מַתָּנוֹת בָּאָדָם
auch die Abtrünnigen müssen sich, Gott, vor dir	וְאַף סוֹרְרִים לִשְׁכֹּן ׀ יָהּ אֱלֹהִים׃
Gelobt sei der Herr täglich.	בָּרוּךְ אֲדֹנָי יוֹם ׀ יוֹם
Gott legt uns eine Last auf,	יַעֲמָס־לָנוּ
aber er hilft uns auch. Sela.	הָאֵל יְשׁוּעָתֵנוּ סֶלָה׃
Wir haben einen Gott,	הָאֵל ׀ לָנוּ
der da hilft,	אֵל לְמוֹשָׁעוֹת
und den HERRN, der vom Tode errettet.	וְלֵיהוִה אֲדֹנָי לַמָּוֶת תּוֹצָאוֹת׃
Ja, Gott wird den Kopf seiner Feinde zerschmettern,	אַךְ־אֱלֹהִים יִמְחַץ רֹאשׁ אֹיְבָיו
den Schädel der Gottlosen,	קָדְקֹד שֵׂעָר
die da fortfahren in ihrer Sünde.	מִתְהַלֵּךְ בַּאֲשָׁמָיו׃
Der Herr hat gesagt:	אָמַר אֲדֹנָי
Aus Baschan will ich sie wieder holen,	מִבָּשָׁן אָשִׁיב
aus der Tiefe des Meeres will ich sie holen,	אָשִׁיב מִמְּצֻלוֹת יָם׃
dass du deinen Fuß im Blut	לְמַעַן ׀ תִּמְחַץ רַגְלְךָ בְּדָם
der Feinde badest	לְשׁוֹן כְּלָבֶיךָ
und deine Hunde es lecken.	מֵאֹיְבִים מִנֵּהוּ׃
Man sieht, Gott, wie du einherziehst,	רָאוּ הֲלִיכוֹתֶיךָ אֱלֹהִים
wie du, mein Gott und König,	הֲלִיכוֹת אֵלִי
einherziehst im Heiligtum.	מַלְכִּי בַקֹּדֶשׁ׃

Ob ihr ruhig zwischen Hürden lagern wollt? 14
Taubenfedern, silberüberzogen,
samt ihren Flügeln von grüngelbem Gold –
wenn der Allmächtige zerstreut 15
die Könige darauf,
weil es auf dem Schwarzberg schneit!

Berg Gottes, Berg Basan, 16
Berg der Kuppen, Berg Basan,
warum seht ihr scheel, ihr Berge, Kuppen, 17
auf den Berg, den er begehrt hat,
Gott – um ihn zu besetzen?
Ja, der TREUE, der wird ihn für alle Zeit bewohnen!

Wagen Gottes, Doppelmyriaden, 18
Abertausende, der Herr in ihnen,
der Sinai ins Heiligtum:
„Du fuhrest in die Höhe, hast Gefangene gemacht, 19
hast bei den Menschen Gaben angenommen,
dass selbst Empörer Wohnung nehmen: ‚TREUER, Gott!'“

Gelobt sei der Schöpfer Tag für Tag, 20
er trägt die Last für uns,
der starke Gott, der unsere Befreiung ist – Sälah – ;
der starke Gott, der für uns ist, 21
der ist ein starker Gott zu Taten der Befreiung,
und der TREUE, unser Schöpfer, er weiß Wege aus dem Tod.

Ja, Gott zerschmettert seiner Feinde Haupt, 22
den gelockten Scheitel dessen,
der in seinen Schuldverstrickungen daherstolziert;
gesprochen hat der Herr: 23
„Aus Basan bringe ich zurück,
zurück bringe ich aus Meerestiefen.“

Damit dein Fuß im Blut stampft, 24
die Zunge deiner Hunde
ihren Anteil an den Feinden hat,
hat man deinen Einzug, Gott, gesehen, 25
den Einzug meines starken Gottes,
meines Königs, in das Heiligtum.

Psalm 68

Die Sänger gehen voran,	קִדְּמוּ שָׁרִים
am Ende die Spielleute,	אַחַר נֹגְנִים
in der Mitte die Jungfrauen, die da Pauken schlagen.	בְּתוֹךְ עֲלָמוֹת תּוֹפֵפוֹת׃
„Lobet Gott in den Versammlungen,	בְּמַקְהֵלוֹת בָּרְכוּ אֱלֹהִים
den HERRN, die ihr von Israel herstammt."	יְהוָה מִמְּקוֹר יִשְׂרָאֵל׃
Benjamin, der Jüngste, geht ihnen voran,	שָׁם בִּנְיָמִן ׀ צָעִיר רֹדֵם
die Fürsten Judas mit ihren Scharen,	שָׂרֵי יְהוּדָה רִגְמָתָם
die Fürsten Sebulons,	שָׂרֵי זְבֻלוּן
die Fürsten Naftalis.	שָׂרֵי נַפְתָּלִי׃
Entbiete, Gott, deine Macht,	צִוָּה אֱלֹהֶיךָ עֻזֶּךָ
die Macht, Gott,	עוּזָּה אֱלֹהִים
die du an uns bewiesen hast	זוּ פָּעַלְתָּ לָּנוּ׃
von deinem Tempel her; um Jerusalems willen	מֵהֵיכָלֶךָ עַל־יְרוּשָׁלָםִ
werden dir Könige	לְךָ יוֹבִילוּ
Geschenke bringen.	מְלָכִים שָׁי׃
Bedrohe das Tier im Schilf,	גְּעַר חַיַּת קָנֶה
die Rotte der Mächtigen,	עֲדַת אַבִּירִים ׀
die Gebieter der Völker;	בְּעֶגְלֵי עַמִּים
tritt nieder, die das Silber lieb haben,	מִתְרַפֵּס בְּרַצֵּי־כָסֶף
zerstreue die Völker,	בִּזַּר עַמִּים
die gerne Krieg führen.	קְרָבוֹת יֶחְפָּצוּ׃
Aus Ägypten werden Gesandte kommen;	יֶאֱתָיוּ חַשְׁמַנִּים מִנִּי מִצְרָיִם
Mohrenland	כּוּשׁ תָּרִיץ
wird seine Hände ausstrecken zu Gott.	יָדָיו לֵאלֹהִים׃
Ihr Königreiche auf Erden,	מַמְלְכוֹת הָאָרֶץ
singet Gott,	שִׁירוּ לֵאלֹהִים
lobsinget dem Herrn! Sela.	זַמְּרוּ אֲדֹנָי סֶלָה׃
Er fährt einher durch die Himmel, die von Anbeginn sind.	לָרֹכֵב בִּשְׁמֵי שְׁמֵי־קֶדֶם
Siehe, er lässt seine Stimme erschallen,	הֵן יִתֵּן בְּקוֹלוֹ
eine gewaltige Stimme.	קוֹל עֹז׃
Gebt Gott die Macht!	תְּנוּ עֹז לֵאלֹהִים
Seine Herrlichkeit ist über Israel	עַל־יִשְׂרָאֵל גַּאֲוָתוֹ
und seine Macht in den Wolken.	וְעֻזּוֹ בַּשְּׁחָקִים׃
Wundersam ist Gott in seinem Heiligtum;	נוֹרָא אֱלֹהִים מִמִּקְדָּשֶׁיךָ
er ist Israels Gott.	אֵל יִשְׂרָאֵל הוּא
Er wird dem Volke Macht und Kraft geben.	נֹתֵן עֹז וְתַעֲצֻמוֹת לָעָם
Gelobt sei Gott!	בָּרוּךְ אֱלֹהִים׃

Die Sänger zogen vorneweg, 26
danach die Saitenspieler,
mitten unter jungen Frauen, die die Pauken schlugen:
„In Chören bringt den Lobpreis dar für Gott, 27
den TREUEN, aus der Quelle Israels!" –
dabei hat sie Benjamin, der Kleine, angeführt. 28

Die Fürsten Judas, lärmend ihre Menge,
die Fürsten Sebulons,
die Fürsten Naphtalis –
deine Streitmacht hat dein Gott entboten; 29
bekräftige doch, Gott,
was du für uns getan hast!

Von deinem Tempel über Jerusalem, 30
wohin sie dir bringen,
die Könige, Geschenke,
bedrohe doch das Schilftier, 31
die Horde der Stiere
mitsamt den Kälbern der Völker!

Die auf Silberstücke trampeln,
Völker, die vergeudeten,
die an Kriegen Freude haben,
sie kommen an mit Bronzebarren aus Ägypten, 32
Äthiopien eilt daher,
seine Hände ausgestreckt zu Gott.

Der Erde Königreiche, 33
singt für Gott,
spielt dem Schöpfer auf – Sälah –,
dem, der daherfährt an den Himmeln der Himmel der Urzeit – 34
sieh, er lässt durch ein Signal erschallen
einen Donnerschlag mit Macht!

Überlasset Gott die Macht, 35
über Israel steht seine Hoheit,
und seine Macht steht in den Wolken:
„Furcht gebietend bist du, Gott, von deinen Heiligtümern her!" – 36
der Starke Israels ist er,
der Macht und Mächtigkeit dem Volk verleiht.

Gelobt sei Gott!

Psalm 69

Von David, vorzusingen, nach der Weise „Lilien“	לַמְנַצֵּחַ עַל־שׁוֹשַׁנִּים לְדָוִד׃

Gott, hilf mir!	הוֹשִׁיעֵנִי אֱלֹהִים
Denn das Wasser geht mir bis an die Kehle.	כִּי בָאוּ מַיִם עַד־נָפֶשׁ׃
Ich versinke in tiefem Schlamm,	טָבַעְתִּי ׀ בִּיוֵן מְצוּלָה
wo kein Grund ist;	וְאֵין מָעֳמָד
ich bin in tiefe Wasser geraten,	בָּאתִי בְמַעֲמַקֵּי־מַיִם
und die Flut will mich ersäufen.	וְשִׁבֹּלֶת שְׁטָפָתְנִי׃

Ich habe mich müde geschrien,	יָגַעְתִּי בְקָרְאִי
mein Hals ist heiser.	נִחַר גְּרוֹנִי
Meine Augen sind trübe geworden,	כָּלוּ עֵינַי
weil ich so lange harren muss auf meinen Gott.	מְיַחֵל לֵאלֹהָי׃
Die mich ohne Grund hassen, sind mehr,	רַבּוּ ׀ מִשַּׂעֲרוֹת רֹאשִׁי
als ich Haare auf dem Haupte habe.	שֹׂנְאַי חִנָּם
Die mir zu Unrecht Feind sind	עָצְמוּ מַצְמִיתַי
und mich verderben wollen, sind mächtig.	אֹיְבַי שֶׁקֶר
Ich soll zurückgeben,	אֲשֶׁר לֹא־גָזַלְתִּי
was ich nicht geraubt habe.	אָז אָשִׁיב׃

Gott, du kennst meine Torheit,	אֱלֹהִים אַתָּה יָדַעְתָּ לְאִוַּלְתִּי
und meine Schuld ist dir nicht verborgen.	וְאַשְׁמוֹתַי מִמְּךָ לֹא־נִכְחָדוּ׃
Lass an mir nicht zuschanden werden, die deiner harren,	אַל־יֵבֹשׁוּ בִי ׀ קֹוֶיךָ
Herr, HERR Zebaoth!	אֲדֹנָי יְהוִה צְבָאוֹת
Lass an mir nicht schamrot werden, die dich suchen,	אַל־יִכָּלְמוּ בִי מְבַקְשֶׁיךָ
Gott Israels!	אֱלֹהֵי יִשְׂרָאֵל׃

Denn um deinetwillen trage ich Schmach,	כִּי־עָלֶיךָ נָשָׂאתִי חֶרְפָּה
mein Angesicht ist voller Schande.	כִּסְּתָה כְלִמָּה פָנָי׃
Ich bin fremd geworden meinen Brüdern	מוּזָר הָיִיתִי לְאֶחָי
und unbekannt den Kindern meiner Mutter;	וְנָכְרִי לִבְנֵי אִמִּי׃
denn der Eifer um dein Haus hat mich gefressen,	כִּי־קִנְאַת בֵּיתְךָ אֲכָלָתְנִי
und die Schmähungen derer, die dich schmähen, sind auf [mich gefallen.	וְחֶרְפּוֹת חוֹרְפֶיךָ נָפְלוּ עָלָי׃
Ich weine bitterlich und faste,	וָאֶבְכֶּה בַצּוֹם נַפְשִׁי
Und man spottet meiner dazu.	וַתְּהִי לַחֲרָפוֹת לִי׃
Ich habe einen Sack angezogen,	וָאֶתְּנָה לְבוּשִׁי שָׂק
aber sie treiben ihren Spott mit mir.	וָאֱהִי לָהֶם לְמָשָׁל׃
Die im Tor sitzen, schwatzen von mir,	יָשִׂיחוּ בִי יֹשְׁבֵי שָׁעַר
und beim Zechen singt man von mir.	וּנְגִינוֹת שׁוֹתֵי שֵׁכָר׃

Ich aber bete zu dir,	וַאֲנִי תְפִלָּתִי־לְךָ ׀
HERR, zur Zeit der Gnade;	יְהוָה עֵת רָצוֹן
Gott, nach deiner großen Güte	אֱלֹהִים בְּרָב־חַסְדֶּךָ
erhöre mich mit deiner treuen Hilfe.	עֲנֵנִי בֶּאֱמֶת יִשְׁעֶךָ׃
Errette mich aus dem Schlamm,	הַצִּילֵנִי מִטִּיט
dass ich nicht versinke,	וְאַל־אֶטְבָּעָה

Für den Chorleiter: Nach ‚Lotosblüten'. Von David. 1

Gott, hilf mir heraus, 2
denn das Wasser steht mir bis zum Hals,
in tiefen Schlamm bin ich gesunken, 3
und da ist kein Stand,
in Wassertiefen bin ich eingetaucht,
und ein Schwall hat mich hinweggeschwemmt!

Erschöpft bin ich von meinem Schreien, 4
heiser ist mein Hals,
schwach sind meine Augen,
während ich beharrlich auf Gott hoffe;
mehr als die Haare meines Hauptes sind sie, 5
die mich grundlos hassen,
mächtig sind sie, die mich mundtot machen,
meine lügnerischen Feinde:
Wo ich nicht geraubt,
da soll ich zurückerstatten!

Gott, du, du weißt von meiner Torheit, 6
und, was ich verschuldet habe, ist dir nicht verborgen –
möchten doch durch mich, die auf dich hoffen, nicht beschämt dastehen, 7
Herr, du TREUER der Heerscharen,
möchten doch durch mich, die nach dir fragen, nicht in Schande kommen,
du Gott Israels!

Deinetwegen habe ich ja Schmach auf mich genommen, 8
hat Schande mein Gesicht bedeckt,
ein Fremder wurde ich für meine Brüder 9
und ein Unbekannter für die Kinder meiner Mutter;
denn der Eifer um dein Haus hat mich verzehrt, 10
und die Schmähungen von denen, die dich schmähen, sind auf mich gefallen.

Und weinte ich beim Fasten meiner Seele, 11
so brachte das nur Schmähungen für mich,
und legte ich mir einen Sack an als Gewand, 12
so wurde ich nur zum Gespött für sie;
die im Tore hocken, reden über mich – 13
dazu die Spottgesänge von den Zechern!

Aber ich, ich richte mein Gebet zu dir, 14
du TREUER, zur genehmen Zeit:
„Gott, in deiner großen Liebe
antworte mir mit deiner treuen Hilfe,
zieh mich aus dem Sumpf heraus, 15
damit ich nicht versinke!"

Psalm 69

dass ich errettet werde vor denen, die mich hassen,	אִנָּצְלָה מִשֹּׂנְאַי
und aus den tiefen Wassern;	וּמִמַּעֲמַקֵּי־מָיִם
dass mich die Flut nicht ersäufe	אַל־תִּשְׁטְפֵנִי ׀ שִׁבֹּלֶת מַיִם
und die Tiefe nicht verschlinge	וְאַל־תִּבְלָעֵנִי מְצוּלָה
und das Loch des Brunnens	וְאַל־תֶּאְטַר־עָלַי
sich nicht über mir schließe.	בְּאֵר פִּיהָ׃

Erhöre mich, HERR, denn deine Güte ist tröstlich;	עֲנֵנִי יְהוָה כִּי־טוֹב חַסְדֶּךָ
wende dich zu mir nach deiner großen Barmherzigkeit	כְּרֹב רַחֲמֶיךָ פְּנֵה אֵלָי׃
und verbirg dein Angesicht nicht vor deinem Knechte,	וְאַל־תַּסְתֵּר פָּנֶיךָ מֵעַבְדֶּךָ
denn mir ist angst; erhöre mich eilends.	כִּי־צַר־לִי מַהֵר עֲנֵנִי׃
Nahe dich zu meiner Seele und erlöse sie,	קָרְבָה אֶל־נַפְשִׁי גְאָלָהּ
erlöse mich um meiner Feinde willen.	לְמַעַן אֹיְבַי פְּדֵנִי׃

Du kennst meine Schmach, meine Schande und	אַתָּה יָדַעְתָּ חֶרְפָּתִי וּבָשְׁתִּי וּכְלִמָּתִי
meine Widersacher sind dir alle vor Augen. [Scham;	נֶגְדְּךָ כָּל־צוֹרְרָי׃
Die Schmach bricht mir mein Herz	חֶרְפָּה ׀ שָׁבְרָה לִבִּי
und macht mich krank.	וָאָנוּשָׁה
Ich warte, ob jemand Mitleid habe, aber da ist niemand,	וָאֲקַוֶּה לָנוּד וָאַיִן
und auf Tröster, aber ich finde keine.	וְלַמְנַחֲמִים וְלֹא מָצָאתִי׃

Sie geben mir Galle zu essen	וַיִּתְּנוּ בְּבָרוּתִי רֹאשׁ
und Essig zu trinken für meinen Durst.	וְלִצְמָאִי יַשְׁקוּנִי חֹמֶץ׃
Ihr Tisch werde ihnen zur Falle,	יְהִי־שֻׁלְחָנָם לִפְנֵיהֶם לְפָח
zur Vergeltung und zum Strick.	וְלִשְׁלוֹמִים לְמוֹקֵשׁ׃
Ihre Augen sollen finster werden, dass sie nicht sehen,	תֶּחְשַׁכְנָה עֵינֵיהֶם מֵרְאוֹת
und ihre Hüften lass immerfort wanken.	וּמָתְנֵיהֶם תָּמִיד הַמְעַד׃

Gieß deine Ungnade über sie aus,	שְׁפָךְ־עֲלֵיהֶם זַעְמֶךָ
und dein grimmiger Zorn ergreife sie.	וַחֲרוֹן אַפְּךָ יַשִּׂיגֵם׃
Ihre Wohnstatt soll verwüstet werden,	תְּהִי־טִירָתָם נְשַׁמָּה
und niemand wohne in ihren Zelten.	בְּאָהֳלֵיהֶם אַל־יְהִי יֹשֵׁב׃
Denn sie verfolgen, den du geschlagen hast,	כִּי־אַתָּה אֲשֶׁר־הִכִּיתָ רָדָפוּ
und reden gern von dem Schmerz dessen, den du hart [getroffen hast.	וְאֶל־מַכְאוֹב חֲלָלֶיךָ יְסַפֵּרוּ׃
Lass sie aus einer Schuld in die andre fallen,	תְּנָה־עָוֺן עַל־עֲוֺנָם
dass sie nicht kommen zu deiner Gerechtigkeit.	וְאַל־יָבֹאוּ בְּצִדְקָתֶךָ׃
Tilge sie aus dem Buch des Lebens,	יִמָּחוּ מִסֵּפֶר חַיִּים
dass sie nicht geschrieben stehen bei den Gerechten.	וְעִם צַדִּיקִים אַל־יִכָּתֵבוּ׃
Ich aber bin elend und voller Schmerzen.	וַאֲנִי עָנִי וְכוֹאֵב
Gott, deine Hilfe schütze mich!	יְשׁוּעָתְךָ אֱלֹהִים תְּשַׂגְּבֵנִי׃

Ach könnte ich vor denen, die mich hassen, doch gerettet werden –
geradezu aus Wassertiefen;
nicht soll mich der Wasserschwall wegschwemmen, 16
und der Abgrund soll mich nicht verschlingen,
und nicht verschließe über mir
der Brunnen seinen Schlund!

Erhöre mich, du TREUER, deine Treue ist ja gut, 17
nach deinem unermesslichen Erbarmen wende dich mir zu
und verbirg vor deinem Knecht nicht dein Gesicht; 18
denn mir ist angst, beeile dich, mich zu erhören,
komm doch meiner Seele nahe, löse sie doch aus, 19
um meiner Feinde willen kaufe mich doch los!

Du, du bist vertraut mit meiner Schmach und Scham und Schande, 20
vor Augen hast du alle, die mich in die Enge treiben;
die Schmach hat mir das Herz gebrochen, 21
und sie war nicht zu heilen,
und da hoffte ich auf Mitleidszeichen – nichts davon,
und auf Tröster – doch ich konnte keinen finden.

Da sie mir Gift als Krankenkost gegeben haben 22
und gegen meinen Durst zum Trinken Essig,
soll ihr Tischtuch, das vor ihnen liegt, zum Fangnetz werden 23
und zur Falle für die Tischgenossen;
ihre Augen sollen sich verfinstern, dass sie nichts mehr sehen, 24
und lass ihre Hüften unablässig hinken!

Gieß deinen Grimm aus über sie, 25
und deine Zornesglut soll sie erreichen,
ihr Lager soll verödet sein, 26
in ihren Zelten soll kein Mensch mehr wohnen;
denn den, den du selbst geschlagen hast, verfolgten sie, 27
und über Schmerzen der von dir Verletzten reden sie daher!

Lege ihnen Strafe auf für ihre Schuld, 28
und sie sollen nicht in den Genuss deiner Gerechtigkeit gelangen,
sie sollen aus dem Buch des Lebens ausgestrichen werden, 29
und bei den Gerechten sollen sie nicht aufgezeichnet werden –
mich aber, der ich elend bin und leidend, 30
deine Rettertat, Gott, bringe mich in Sicherheit!

Psalm 69

Ich will den Namen Gottes loben mit einem Lied	אֲהַלְלָה שֵׁם־אֱלֹהִים בְּשִׁיר
und will ihn hoch ehren mit Dank.	וַאֲגַדְּלֶנּוּ בְתוֹדָה:
Das wird dem HERRN besser gefallen als ein Stier,	וְתִיטַב לַיהוָה מִשּׁוֹר
der Hörner und Klauen hat.	פָּר מַקְרִן מַפְרִיס:
Die Elenden sehen es und freuen sich,	רָאוּ עֲנָוִים יִשְׂמָחוּ
und die Gott suchen, denen wird das Herz aufleben.	דֹּרְשֵׁי אֱלֹהִים וִיחִי לְבַבְכֶם:
Denn der HERR hört die Armen	כִּי־שֹׁמֵעַ אֶל־אֶבְיוֹנִים יְהוָה
und verachtet seine Gefangenen nicht.	וְאֶת־אֲסִירָיו לֹא בָזָה:

Es lobe ihn Himmel und Erde,	יְהַלְלוּהוּ שָׁמַיִם וָאָרֶץ
die Meere mit allem, was sich darin regt.	יַמִּים וְכָל־רֹמֵשׂ בָּם:
Denn Gott wird Zion helfen	כִּי אֱלֹהִים ׀ יוֹשִׁיעַ צִיּוֹן
und die Städte Judas bauen,	וְיִבְנֶה עָרֵי יְהוּדָה
dass man dort wohne	וְיָשְׁבוּ שָׁם
und sie besitze.	וִירֵשׁוּהָ:
Und die Kinder seiner Knechte werden sie erben,	וְזֶרַע עֲבָדָיו יִנְחָלוּהָ
und die seinen Namen lieben, werden darin bleiben.	וְאֹהֲבֵי שְׁמוֹ יִשְׁכְּנוּ־בָהּ:

Ich will den Namen Gottes loben durch ein Lied, 31
und groß will ich ihn machen durch ein Dankgebet!
Und das ist für den TREUEN besser als ein Stier, 32
ein junger Stier, gehörnt und mit gespaltenen Klauen.
Demütige sahen es, sie freuen sich, 33
Gott Suchende: Ja, euer Herz soll leben!
Denn der TREUE hört beständig auf die Armen, 34
und selbst seine Gefangenen – nie hat er sie verachtet.

Es sollen ihn der Himmel und die Erde loben, 35
die Meere wie auch alles, was sich regt in ihnen!
Denn Gott wird Zion Freiheit schenken, 36
und er wird die Städte Judas bauen,
und sie werden sich dort niederlassen,
und sie nehmen es dann in Besitz,
und die Abkömmlinge seiner Knechte erben es, 37
und die seinen Namen lieben, werden darin wohnen.

Psalm 70

Von David,	לַמְנַצֵּחַ
Vorzusingen,	לְדָוִד
zum Gedenkopfer.	לְהַזְכִּיר

Eile, Gott, mich zu erretten,	אֱלֹהִים לְהַצִּילֵנִי
HERR, mir zu helfen!	יְהוָה לְעֶזְרָתִי חוּשָׁה׃
Es sollen sich schämen und zuschanden werden,	יֵבֹשׁוּ וְיַחְפְּרוּ
die mir nach dem Leben trachten;	מְבַקְשֵׁי נַפְשִׁי
sie sollen zurückweichen und zum Spott werden,	יִסֹּגוּ אָחוֹר וְיִכָּלְמוּ
die mir Übles wünschen;	חֲפֵצֵי רָעָתִי׃
sie sollen umkehren um ihrer Schande willen,	יָשׁוּבוּ עַל־עֵקֶב בָּשְׁתָּם
die über mich schreien: Da, da!	הָאֹמְרִים הֶאָח ׀ הֶאָח׃

Lass deiner sich freuen und fröhlich sein	יָשִׂישׂוּ וְיִשְׂמְחוּ ׀ בְּךָ
alle, die nach dir fragen;	כָּל־מְבַקְשֶׁיךָ
und die dein Heil lieben,	וְיֹאמְרוּ תָמִיד יִגְדַּל אֱלֹהִים
lass allewege sagen: Hoch gelobt sei Gott!	אֹהֲבֵי יְשׁוּעָתֶךָ׃
Ich aber bin elend und arm;	וַאֲנִי ׀ עָנִי וְאֶבְיוֹן
Gott, eile zu mir!	אֱלֹהִים חוּשָׁה־לִּי
Du bist mein Helfer und Erretter;	עֶזְרִי וּמְפַלְטִי אַתָּה
HERR, säume nicht!	יְהוָה אַל־תְּאַחַר׃

Für den Chorleiter. 1
Von David.
Zum Gedenken.

Gott, mich herauszureißen, 2
TREUER, eile doch, mir beizustehen!
Sich schämen, schamrot werden sollen sie, 3
die mir nach dem Leben trachten,
rückwärts weichen und beschämt dastehen sollen,
die an meinem Unglück Freude haben,
sich wenden sollen, schamlos, wie sie sind, 4
die ‚Haha! Haha!' höhnen!

Von Wonne sollen sie erfüllt sein und sich in dir freuen 5
alle, die dich suchen,
„Groß ist Gott!“, so sollen stets bekennen,
die deine Freiheit lieben.
Doch ich bin elend und bin arm, 6
Gott, so eile doch zu mir,
mein Beistand und mein Retter bist du,
TREUER, lass nicht auf dich warten!

Psalm 71

HERR, ich traue auf dich,	בְּךָ־יְהוָה חָסִיתִי
lass mich nimmermehr zuschanden werden.	אַל־אֵבוֹשָׁה לְעוֹלָם׃
Errette mich durch deine Gerechtigkeit und hilf mir heraus,	בְּצִדְקָתְךָ תַּצִּילֵנִי וּתְפַלְּטֵנ
neige deine Ohren zu mir und hilf mir!	הַטֵּה־אֵלַי אָזְנְךָ וְהוֹשִׁיעֵנ
Sei mir ein starker Hort,	הֱיֵה לִי ׀ לְצוּר
zu dem ich immer fliehen kann,	מָעוֹן לָבוֹא תָּמִיד
der du zugesagt hast, mir zu helfen;	צִוִּיתָ לְהוֹשִׁיעֵנִי
denn du bist mein Fels und meine Burg.	כִּי־סַלְעִי וּמְצוּדָתִי אָתָּה׃
Mein Gott, hilf mir aus der Hand des Gottlosen,	אֱלֹהַי פַּלְּטֵנִי מִיַּד רָשָׁע
aus der Hand des Ungerechten und Tyrannen.	מִכַּף מְעַוֵּל וְחוֹמֵץ׃
Denn du bist meine Zuversicht, HERR,	כִּי־אַתָּה תִקְוָתִי אֲדֹנָי
mein Gott, meine Hoffnung von meiner Jugend an.	יְהוִה מִבְטַחִי מִנְּעוּרָי׃
Auf dich habe ich mich verlassen vom Mutterleib an;	עָלֶיךָ ׀ נִסְמַכְתִּי מִבֶּטֶן
du hast mich aus meiner Mutter Leibe gezogen.	מִמְּעֵי אִמִּי אַתָּה גוֹזִי
Dich rühme ich immerdar.	בְּךָ תְהִלָּתִי תָמִיד׃
Ich bin für viele wie ein Zeichen;	כְּמוֹפֵת הָיִיתִי לְרַבִּים
aber du bist meine starke Zuversicht.	וְאַתָּה מַחֲסִי־עֹז׃
Lass meinen Mund deines Ruhmes	יִמָּלֵא פִי תְּהִלָּתֶךָ
und deines Preises voll sein täglich.	כָּל־הַיּוֹם תִּפְאַרְתֶּךָ׃
Verwirf mich nicht in meinem Alter,	אַל־תַּשְׁלִיכֵנִי לְעֵת זִקְנָה
verlass mich nicht, wenn ich schwach werde.	כִּכְלוֹת כֹּחִי אַל־תַּעַזְבֵנִי׃
Denn meine Feinde reden über mich,	כִּי־אָמְרוּ אוֹיְבַי לִי
und die auf mich lauern, beraten sich miteinander	וְשֹׁמְרֵי נַפְשִׁי נוֹעֲצוּ יַחְדָּו׃
und sprechen: Gott hat ihn verlassen;	לֵאמֹר אֱלֹהִים עֲזָבוֹ
jagt ihm nach und ergreift ihn, denn da ist kein Erretter!	רִדְפוּ וְתִפְשׂוּהוּ כִּי־אֵין מַצִּיל׃
Gott, sei nicht ferne von mir;	אֱלֹהִים אַל־תִּרְחַק מִמֶּנִּי
mein Gott, eile, mir zu helfen!	אֱלֹהַי לְעֶזְרָתִי חישה׃
Schämen sollen sich und umkommen, die meiner Seele Feind sind;	יֵבֹשׁוּ יִכְלוּ שֹׂטְנֵי נַפְשִׁי
mit Schimpf und Schande sollen überschüttet werden,	יַעֲטוּ חֶרְפָּה וּכְלִמָּה
die mein Unglück suchen.	מְבַקְשֵׁי רָעָתִי׃

71

In dir, du TREUER, fand ich Zuflucht, 1
nie mehr möchte ich beschämt dastehen;
durch dein gerechtes Handeln reiß mich heraus und lass mich entrinnen, 2
sei ganz Ohr für mich und rette mich!
Werd mir zum Felsen, 3
zum Versteck, zu dem ich immer kommen kann;
hast du doch verfügt, mich zu erretten.
bist du doch mein Felsen und mein sicherer Ort!

Mein Gott, lass mich entrinnen aus der Hand des Schurken, 4
aus dem Griff des Frevlers und des Unterdrückers;
bist ja du, mein Vater, meine Hoffnung, 5
du TREUER, mein Verlass von meiner Jugend an!
Auf dich habe ich mich fest gestützt von Mutterleibe an, 6
du warst es ja, der mich entbunden hat vom Schoße meiner Mutter –
über dich klingt ohne Unterlass mein Lobgesang;
wie ein Wunderzeichen wurde ich für viele, 7
bist du doch meine feste Zuflucht!

Mein Mund ist voll von deinem Lob, 8
von deinem Glanz den ganzen Tag;
schieb mich nicht ab im Alter, 9
wie sehr meine Kraft auch nachlässt, lass mich nicht im Stich!
Denn meine Feinde haben über mich geredet, 10
und die mir auf der Lauer liegen, haben sich darauf geeinigt:
„Gott hat ihn sitzen lassen – 11
hinterher und packt ihn, ist ja keiner da, der ihn herausreißt!“

Gott, entferne dich doch nicht von mir, 12
Gott, beeile dich, mir beizustehen;
beschämt dastehen und verschwinden sollen sie, die mich verklagen, 13
mit Schimpf und Schande sich bedecken,
die mein Unglück suchen!

Psalm 71

Ich aber will immer harren	וַאֲנִי תָּמִיד אֲיַחֵל
und mehren all deinen Ruhm.	וְהוֹסַפְתִּי עַל־כָּל־תְּהִלָּתֶךָ׃
Mein Mund soll verkündigen deine Gerechtigkeit,	פִּי ׀ יְסַפֵּר צִדְקָתֶךָ
täglich deine Wohltaten,	כָּל־הַיּוֹם תְּשׁוּעָתֶךָ
die ich nicht zählen kann.	כִּי לֹא יָדַעְתִּי סְפֹרוֹת׃

Ich gehe einher in der Kraft Gottes des HERRN;	אָבוֹא בִּגְבֻרוֹת אֲדֹנָי יְהוִה
ich preise deine Gerechtigkeit allein.	אַזְכִּיר צִדְקָתְךָ לְבַדֶּךָ׃
Gott, du hast mich von Jugend auf gelehrt,	אֱלֹהִים לִמַּדְתַּנִי מִנְּעוּרָי
und noch jetzt verkündige ich deine Wunder.	וְעַד־הֵנָּה אַגִּיד נִפְלְאוֹתֶיךָ׃
Auch im Alter, Gott,	וְגַם עַד־זִקְנָה ׀ וְשֵׂיבָה
verlass mich nicht, und wenn ich grau werde,	אֱלֹהִים אַל־תַּעַזְבֵנִי
bis ich deine Macht verkündige Kindeskindern	עַד־אַגִּיד זְרוֹעֲךָ לְדוֹר
und deine Kraft allen, die noch kommen sollen.	לְכָל־יָבוֹא גְּבוּרָתֶךָ׃

Gott, deine Gerechtigkeit reicht bis zum Himmel;	וְצִדְקָתְךָ אֱלֹהִים עַד־מָרוֹם
der du große Dinge tust, Gott, wer ist dir gleich?	אֲשֶׁר־עָשִׂיתָ גְדֹלוֹת אֱלֹהִים מִי כָמוֹךָ׃
Du lässest mich erfahren viele und große Angst	אֲשֶׁר הראיתנו ׀ צָרוֹת רַבּוֹת וְרָעוֹת
und machst mich wieder lebendig	תָּשׁוּב תחיינו
und holst mich wieder herauf	וּמִתְּהֹמוֹת הָאָרֶץ
aus den Tiefen der Erde.	תָּשׁוּב תַּעֲלֵנִי׃
Du machst mich sehr groß	תֶּרֶב ׀ גְּדֻלָּתִי
und tröstest mich wieder.	וְתִסֹּב תְּנַחֲמֵנִי׃

So will auch ich dir danken mit Saitenspiel	גַּם־אֲנִי ׀ אוֹדְךָ בִכְלִי־נֶבֶל
für deine Treue, mein Gott;	אֲמִתְּךָ אֱלֹהָי
ich will dir zur Harfe lobsingen,	אֲזַמְּרָה לְךָ בְכִנּוֹר
du Heiliger Israels.	קְדוֹשׁ יִשְׂרָאֵל׃
Meine Lippen und meine Seele, die du erlöst hast,	תְּרַנֵּנָּה שְׂפָתַי כִּי אֲזַמְּרָה־לָּךְ
sollen fröhlich sein und dir lobsingen.	וְנַפְשִׁי אֲשֶׁר פָּדִיתָ׃
Auch meine Zunge soll täglich reden von deiner [Gerechtigkeit;	גַּם־לְשׁוֹנִי כָּל־הַיּוֹם תֶּהְגֶּה צִדְקָתֶךָ
denn zu Schmach und Schande werden, die mein [Unglück suchen.	כִּי־בֹשׁוּ כִי־חָפְרוּ מְבַקְשֵׁי רָעָתִי׃

Ich aber, unverdrossen harre ich, 14
und ich vermehre all dein Lob;
von deinem gerechten Handeln spricht mein Mund, 15
den ganzen Tag von deiner Rettungstat –
ich verstehe ja von Schreibkunst nichts.

Komme ich, mein Vater, TREUER, noch daher bei Kräften, 16
dann preise ich dein gerechtes Handeln – dich allein:
„Gott, du hast mich gelehrt seit meiner Jugend, 17
und bis hierher gebe ich von deinen Wundern Kunde!"
Und selbst bis ins graue Alter, 18
Gott, ach schreib mich doch nicht ab,
solange ich von deiner Macht den Zeitgenossen Kunde gebe,
von deiner Kraft all denen, die noch kommen!

Ja, Gott, dein gerechtes Handeln reicht bis in die Höhe, 19
der du Großartiges vollbracht hast – Gott, wer ist wie du?
Der du uns hast viel Not und Unglück sehen lassen, 20
schenke uns das Leben noch einmal;
auch aus dem tiefsten Schlund der Erde
bring du mich erneut herauf,
mehre meine Würde 21
und umgib mich doch mit deinem Trost!

Und ich, ich will dir danken mit dem Instrument der Harfe, 22
mein Gott, für deine Treue;
ich will dir spielen auf der Zither,
Heiliger von Israel!
Jubeln sollen meine Lippen – ja, ich will dir spielen! – 23
und meine Seele, die du freigekauft hast;
und meine Zunge soll den ganzen Tag lang über dein gerechtes Handeln reden, 24
weil beschämt dastehen mussten, weil zuschanden wurden, die mein Unglück suchen.

Psalm 72

Von Salomo.	לִשְׁלֹמֹה ׀
Gott, gib dein Gericht dem König	אֱלֹהִים מִשְׁפָּטֶיךָ לְמֶלֶךְ תֵּן
und deine Gerechtigkeit dem Königssohn,	וְצִדְקָתְךָ לְבֶן־מֶלֶךְ׃
dass er dein Volk richte mit Gerechtigkeit	יָדִין עַמְּךָ בְצֶדֶק
und deine Elenden rette.	וַעֲנִיֶּיךָ בְמִשְׁפָּט׃
Lass die Berge Frieden bringen für das Volk	יִשְׂאוּ הָרִים שָׁלוֹם לָעָם
und die Hügel Gerechtigkeit.	וּגְבָעוֹת בִּצְדָקָה׃
Er soll den Elenden im Volk Recht schaffen	יִשְׁפֹּט ׀ עֲנִיֵּי־עָם
und den Armen helfen	יוֹשִׁיעַ לִבְנֵי אֶבְיוֹן
und die Bedränger zermalmen.	וִידַכֵּא עוֹשֵׁק׃
Er soll leben, solange die Sonne scheint	יִירָאוּךָ עִם־שָׁמֶשׁ
und solange der Mond währt, von Geschlecht zu Geschlecht.	וְלִפְנֵי יָרֵחַ דּוֹר דּוֹרִים׃
Er soll herabfahren wie der Regen auf die Aue,	יֵרֵד כְּמָטָר עַל־גֵּז
wie die Tropfen, die das Land feuchten.	כִּרְבִיבִים זַרְזִיף אָרֶץ׃
Zu seinen Zeiten soll blühen die Gerechtigkeit	יִפְרַח־בְּיָמָיו צַדִּיק
und großer Friede sein, bis der Mond nicht mehr ist.	וְרֹב שָׁלוֹם עַד־בְּלִי יָרֵחַ׃
Er soll herrschen von einem Meer bis ans andere,	וְיֵרְדְּ מִיָּם עַד־יָם
und von dem Strom bis zu den Enden der Erde.	וּמִנָּהָר עַד־אַפְסֵי־אָרֶץ׃
Vor ihm sollen sich neigen die Söhne der Wüste,	לְפָנָיו יִכְרְעוּ צִיִּים
und seine Feinde sollen Staub lecken.	וְאֹיְבָיו עָפָר יְלַחֵכוּ׃
Die Könige von Tarsis und auf den Inseln	מַלְכֵי תַרְשִׁישׁ וְאִיִּים
sollen Geschenke bringen,	מִנְחָה יָשִׁיבוּ
die Könige aus Saba und Seba	מַלְכֵי שְׁבָא וּסְבָא
sollen Gaben senden.	אֶשְׁכָּר יַקְרִיבוּ׃
Alle Könige sollen vor ihm niederfallen	וְיִשְׁתַּחֲווּ־לוֹ כָל־מְלָכִים
und alle Völker ihm dienen.	כָּל־גּוֹיִם יַעַבְדוּהוּ׃
Denn er wird den Armen erretten, der um Hilfe schreit,	כִּי־יַצִּיל אֶבְיוֹן מְשַׁוֵּעַ
und den Elenden, der keinen Helfer hat.	וְעָנִי וְאֵין־עֹזֵר לוֹ׃
Er wird gnädig sein den Geringen und Armen,	יָחֹס עַל־דַּל וְאֶבְיוֹן
und den Armen wird er helfen.	וְנַפְשׁוֹת אֶבְיוֹנִים יוֹשִׁיעַ׃
Er wird sie aus Bedrückung und Frevel erlösen,	מִתּוֹךְ וּמֵחָמָס יִגְאַל נַפְשָׁם
und ihr Blut ist wert geachtet vor ihm.	וְיֵיקַר דָּמָם בְּעֵינָיו׃
Er soll leben und man soll ihm geben vom Gold aus Saba.	וִיחִי וְיִתֶּן־לוֹ מִזְּהַב שְׁבָא
Man soll immerdar für ihn beten	וְיִתְפַּלֵּל בַּעֲדוֹ תָמִיד
und ihn täglich segnen.	כָּל־הַיּוֹם יְבָרְכֶנְהוּ׃
Voll stehe das Getreide im Land	יְהִי פִסַּת־בַּר בָּאָרֶץ
bis oben auf den Bergen;	בְּרֹאשׁ הָרִים יִרְעַשׁ
wie am Libanon rausche seine Frucht.	כַּלְּבָנוֹן פִּרְיוֹ וְיָצִיצוּ
In den Städten sollen sie grünen wie das Gras auf Erden.	מֵעִיר כְּעֵשֶׂב הָאָרֶץ׃
Sein Name bleibe ewiglich;	יְהִי שְׁמוֹ לְעוֹלָם
solange die Sonne währt, blühe sein Name.	לִפְנֵי־שֶׁמֶשׁ ינין ° שְׁמוֹ
Und durch ihn sollen gesegnet sein	וְיִתְבָּרְכוּ בוֹ
alle Völker, und sie werden ihn preisen.	כָּל־גּוֹיִם יְאַשְּׁרוּהוּ׃

Von Salomo. 1

Gott, deine Rechtsentscheide übergib dem König
und dem Sohn des Königs dein gerechtes Handeln;
so soll er nach gerechter Ordnung deinem Volk zum Recht verhelfen 2
und deinen Unterdrückten nach bewährtem Recht!
Die Berge sollen Wohlstand bringen für das Volk 3
und die Hügel – durch Gerechtigkeit;
den Unterdrückten in der Volksgemeinschaft soll er Recht verschaffen, 4
den Kindern der Verarmten Freiheit –
den Unterdrücker aber soll er niedertreten!

Sie sollen dich beim Schein der Sonne fürchten 5
und angesichts des Mondes über die Geschlechter hin;
er soll wie Regen fallen auf das Stoppelfeld, 6
wie Frühlingsschauer, Regenguss fürs Land!
Der Gerechte soll in seinen Tagen sprossen, 7
und es soll ein großer Wohlstand herrschen, bis es keinen Mond mehr gibt;
und von Meer zu Meer soll er regieren 8
und vom Strom bis hin zu den Enden der Erde!

Vor ihm sollen Wüstenwesen kauern, 9
und Staub lecken sollen seine Feinde;
die Könige von Tarsis und den Inseln, 10
sie sollen Gaben bringen!
Die Könige von Saba und von Seba,
sie sollen den Tribut entrichten;
und vor ihm niederfallen sollen alle Könige, 11
ihm sollen alle Völker dienen!

Ja, er soll den Verarmten retten, der um Hilfe schreit, 12
und den Unterdrückten, der sonst keinen Beistand hat;
Mitleid soll er haben mit dem Dürftigen und dem Verarmten, 13
jeden der Verarmten soll er in die Freiheit führen!
Aus Zwang und aus Gewalt soll er ihr Leben lösen, 14
und teuer soll ihr Blut in seinen Augen sein –
und er soll leben, und man gebe ihm vom Gold aus Saba; 15
und beständig soll man für ihn beten,
den ganzen Tag soll man ihm Segen wünschen!

So soll es sein: Überfluss an Korn im Land, 16
das auf Bergesgipfeln rauscht;
wie auf dem Libanon sei seine Frucht und blühe,
wuchernd wie das Kraut des Feldes!
So soll es sein: Sein Name gilt, 17
vor der Sonne soll sein Name sprossen;
und in ihm sollen sie sich Segen wünschen,
ihn sollen alle Völker glücklich preisen!

Psalm 72

Gelobt sei Gott, der HERR, der Gott Israels,	בָּר֤וּךְ ׀ יְהוָ֣ה אֱ֭לֹהִים אֱלֹהֵ֣י יִשְׂרָאֵ֑ל
der allein Wunder tut!	עֹשֵׂ֖ה נִפְלָא֣וֹת לְבַדּֽוֹ׃
Gelobt sei sein herrlicher Name ewiglich,	וּבָר֤וּךְ ׀ שֵׁ֥ם כְּבוֹדוֹ֮ לְעוֹלָ֥ם
und alle Lande sollen seiner Ehre voll werden!	וְיִמָּלֵ֣א כְ֭בוֹדוֹ אֶת־כֹּ֥ל הָאָ֗רֶץ
Amen!	אָ֝מֵ֗ן ׀
Amen!	וְאָמֵֽן׃

Zu Ende sind die Gebete Davids, des Sohnes Isais.	כָּלּ֥וּ תְפִלּ֑וֹת דָּ֝וִ֗ד בֶּן־יִשָֽׁי׃

Gepriesen sei der TREUE, Gott, der Gott von Israel, 18
der allein es ist, der Wunder tut;
und gepriesen sei der Name seiner Herrlichkeit in Ewigkeit, 19
und erfüllt von seiner Herrlichkeit sei sie, die ganze Erde!
Amen!
Amen!

Zu Ende sind Davids, Isais Sohnes, Gebete. 20

Psalm 73

Ein Psalm Asafs.	מִזְמוֹר לְאָסָף

Gott ist dennoch Israels Trost	אַךְ טוֹב לְיִשְׂרָאֵל
für alle, die reinen Herzens sind.	אֱלֹהִים לְבָרֵי לֵבָב:
Ich aber wäre fast gestrauchelt mit meinen Füßen;	וַאֲנִי כִּמְעַט נטוי ° רַגְלָי
mein Tritt wäre beinahe geglitten.	כְּאַיִן שפכה ° אֲשֻׁרָי
Denn ich ereiferte mich über die Ruhmredigen,	כִּי־קִנֵּאתִי בַּהוֹלְלִים
als ich sah, dass es den Gottlosen so gut ging.	שְׁלוֹם רְשָׁעִים אֶרְאֶה:
Denn für sie gibt es keine Qualen,	כִּי אֵין חַרְצֻבּוֹת לְמוֹתָם
gesund und feist ist ihr Leib.	וּבָרִיא אוּלָם:

Sie sind nicht in Mühsal wie sonst die Leute	בַּעֲמַל אֱנוֹשׁ אֵינֵמוֹ
und werden nicht wie andere Menschen geplagt.	וְעִם־אָדָם לֹא יְנֻגָּעוּ:
Darum prangen sie in Hoffart	לָכֵן עֲנָקַתְמוֹ גַאֲוָה
und hüllen sich in Frevel.	יַעֲטָף־שִׁית חָמָס לָמוֹ:
Sie brüsten sich wie ein fetter Wanst,	יָצָא מֵחֵלֶב עֵינֵמוֹ
sie tun, was ihnen einfällt.	עָבְרוּ מַשְׂכִּיּוֹת לֵבָב:
Sie achten alles für nichts und reden böse,	יָמִיקוּ ׀ וִידַבְּרוּ בְרָע
sie reden und lästern hoch her.	עֹשֶׁק מִמָּרוֹם יְדַבֵּרוּ:

Was sie reden, das soll vom Himmel herab geredet sein;	שַׁתּוּ בַשָּׁמַיִם פִּיהֶם
was sie sagen, das soll gelten auf Erden.	וּלְשׁוֹנָם תִּהֲלַךְ בָּאָרֶץ:
Darum fällt ihnen der Pöbel zu	לָכֵן ׀ ישיב ° עַמּוֹ הֲלֹם
und läuft ihnen zu in Haufen wie Wasser.	וּמֵי מָלֵא יִמָּצוּ לָמוֹ:
Sie sprechen: Wie sollte Gott es wissen?	וְאָמְרוּ אֵיכָה יָדַע־אֵל
Wie sollte der Höchste etwas merken?	וְיֵשׁ דֵּעָה בְעֶלְיוֹן:
Siehe, das sind die Gottlosen;	הִנֵּה־אֵלֶּה רְשָׁעִים
die sind glücklich in der Welt und werden reich.	וְשַׁלְוֵי עוֹלָם הִשְׂגּוּ־חָיִל:

Soll es denn umsonst sein, dass ich mein Herz rein hielt	אַךְ־רִיק זִכִּיתִי לְבָבִי
und meine Hände in Unschuld wasche?	וָאֶרְחַץ בְּנִקָּיוֹן כַּפָּי:
Ich bin doch täglich geplagt,	וָאֱהִי נָגוּעַ כָּל־הַיּוֹם
und meine Züchtigung ist alle Morgen da.	וְתוֹכַחְתִּי לַבְּקָרִים:

Ein Psalm Asafs. 1

Dennoch, gut ist er zu Israel,
ist Gott zu Menschen reinen Herzens –
ich jedoch, wie wenig fehlte, abgekommen wäre ich mit meinen Füßen, 2
wie nichts wären meine Schritte ausgeglitten!
Denn ich wurde neidisch auf die Prahler, 3
muss ich doch der Schurken Wohlstand sehen;
denn keine harten Schläge führen sie zum Tod, 4
und ihr praller Leib ist wohlgenährt.

Was Menschen quält, betrifft sie nicht, 5
und mit anderen zusammen werden sie nicht angefochten –
darum ist ihr Halsgeschmeide Überheblichkeit, 6
Gewalt umgibt sie als Gewand;
aus dem Fett herausgequollen ist ihr Auge, 7
mit ihrer Meinung überrollen sie die andern,
höhnisch reden sie daher in Bosheit, 8
Druck von oben machen sie mit ihrem Reden.

An den Himmel haben sie ihr Maul gehängt, 9
und ihre Zunge stolziert auf der Erde:
„So bringe er sein Volk hierher zurück, 10
und Wasser werde für sie ausgepresst in Fülle!“ –
und dabei sagen sie: „Wie sollte Gott sich denn darum gekümmert haben, 11
und wie sollte es beim Höchsten Kenntnis davon geben!“
Sieh, das hier sind die Schurken, 12
und ewig sicher, haben sie noch ihre Macht gesteigert!

Ja, sollte es umsonst sein, dass ich mir ein reines Herz bewahrte 13
und in Unschuld meine Hände wusch
und dabei den ganzen Tag geschlagen war 14
und jeden Morgen meine Züchtigung bekam? –

Psalm 73

Hätte ich gedacht: Ich will reden wie sie,	אִם־אָמַרְתִּי אֲסַפְּרָה כְמוֹ
siehe, dann hätte ich das Geschlecht deiner Kinder verleugnet.	הִנֵּה דוֹר בָּנֶיךָ בָגָדְתִּי׃
So sann ich nach, ob ich’s begreifen könnte,	וָאֲחַשְּׁבָה לָדַעַת זֹאת
aber es war mir zu schwer,	עָמָל הִיא בְעֵינָי׃

bis ich ging in das Heiligtum Gottes	עַד־אָבוֹא אֶל־מִקְדְּשֵׁי־אֵל
und merkte auf ihr Ende.	אָבִינָה לְאַחֲרִיתָם׃
Ja, du stellst sie auf schlüpfrigen Grund	אַךְ בַּחֲלָקוֹת תָּשִׁית לָמוֹ
und stürzest sie zu Boden.	הִפַּלְתָּם לְמַשּׁוּאוֹת׃
Wie werden sie so plötzlich zunichte!	אֵיךְ הָיוּ לְשַׁמָּה כְרָגַע
Sie gehen unter und nehmen ein Ende mit Schrecken.	סָפוּ תַמּוּ מִן־בַּלָּהוֹת׃
Wie ein Traum verschmäht wird, wenn man erwacht,	כַּחֲלוֹם מֵהָקִיץ אֲדֹנָי
so verschmähst du, Herr, ihr Bild, wenn du dich erhebst.	בָּעִיר ׀ צַלְמָם תִּבְזֶה׃

Als es mir wehe tat im Herzen	כִּי יִתְחַמֵּץ לְבָבִי
und mich stach in meinen Nieren,	וְכִלְיוֹתַי אֶשְׁתּוֹנָן׃
da war ich ein Narr und wusste nichts,	וַאֲנִי־בַעַר וְלֹא אֵדָע
ich war wie ein Tier vor dir.	בְּהֵמוֹת הָיִיתִי עִמָּךְ׃
Dennoch bleibe ich stets an dir;	וַאֲנִי תָמִיד עִמָּךְ
denn du hältst mich bei meiner rechten Hand,	אָחַזְתָּ בְּיַד־יְמִינִי׃
du leitest mich nach deinem Rat	בַּעֲצָתְךָ תַנְחֵנִי
und nimmst mich am Ende mit Ehren an.	וְאַחַר כָּבוֹד תִּקָּחֵנִי׃

Wenn ich nur dich habe,	מִי־לִי בַשָּׁמָיִם
so frage ich nichts nach Himmel und Erde.	וְעִמְּךָ לֹא־חָפַצְתִּי בָאָרֶץ׃
Wenn mir gleich Leib und Seele verschmachtet,	כָּלָה שְׁאֵרִי וּלְבָבִי
so bist du doch, Gott, allezeit	צוּר־לְבָבִי וְחֶלְקִי
meines Herzens Trost und mein Teil.	אֱלֹהִים לְעוֹלָם׃
Denn siehe, die von dir weichen, werden umkommen;	כִּי־הִנֵּה רְחֵקֶיךָ יֹאבֵדוּ
du bringst um alle, die dir die Treue brechen.	הִצְמַתָּה כָּל־זוֹנֶה מִמֶּךָּ׃
Aber das ist meine Freude, dass ich mich zu Gott halte	וַאֲנִי ׀ קִרֲבַת אֱלֹהִים לִי־טוֹב
und meine Zuversicht setze auf Gott, den HERRN,	שַׁתִּי ׀ בַּאדֹנָי יְהוִה מַחְסִי
dass ich verkündige all dein Tun.	לְסַפֵּר כָּל־מַלְאֲכוֹתֶיךָ׃

Hätte ich gedacht: „Ich will genauso daherreden!“, 15
siehe, die Geschichte deiner Kinder hätte ich verraten;
doch dachte ich darüber länger nach, so etwas zu begreifen, 16
eine Zumutung blieb es in meinen Augen:

Bis ich zu den Heiligtümern Gottes komme – 17
ich will doch auf ihr Ende achten!
Ja, aufs Glatteis führst du sie, 18
der Täuschung hast du sie verfallen lassen;
wie wurden sie in einem Augenblick zu einem Häufchen Elend, 19
sie verschwanden, es war aus mit ihnen vor Entsetzen,
wie ein Traum nach dem Erwachen, Vater, 20
beim Wecken hast du keinen Blick mehr für ihr Bild!

Denn ist mein Herz auch ganz verbittert 21
und spüre ich auch meine Nieren stechen
und bin ich doch ein dummes Tier und kann es nicht begreifen, 22
bin ich bei dir zum Vieh geworden –
so bleibe ich doch unbeirrt bei dir: 23
du hast mich an meiner rechten Hand gefasst,
du leitest mich nach deinem Plan, 24
und danach nimmst du mich in Ehren auf.

Wen sonst habe ich im Himmel? 25
Und bin ich mit dir zusammen, habe ich an der Erde keine Freude.
Wenn mir Leib und Seele schwinden, 26
meines Herzens Halt, mein Lebensanteil
bleibst du Gott für immer.
Denn es zeigt sich ja: Die von dir fern sind, gehen in die Irre, 27
du hast verstummen lassen jeden, der sich treulos von dir abkehrt –
für mich jedoch, für mich ist Gottes Gegenwart das Gute, 28
ich habe bei dem Vater, bei dem TREUEN, meinen Platz,
um alle deine Werke zu erzählen.

Gott, warum verstößest du uns für immer	לָמָה אֱלֹהִים זָנַחְתָּ לָנֶצַח
und bist so zornig über die Schafe deiner Weide?	יֶעְשַׁן אַפְּךָ בְּצֹאן מַרְעִיתֶךָ׃
Gedenke an deine Gemeinde,	זְכֹר עֲדָתְךָ ׀
die du vorzeiten erworben	קָּנִיתָ קֶּדֶם
und dir zum Erbteil erlöst hast,	גָּאַלְתָּ שֵׁבֶט נַחֲלָתֶךָ
an den Berg Zion, auf dem du wohnest.	הַר־צִיּוֹן זֶה ׀ שָׁכַנְתָּ בּוֹ׃
Richte doch deine Schritte zu dem, was so lange wüste liegt.	הָרִימָה פְעָמֶיךָ לְמַשֻּׁאוֹת נֶצַח
Der Feind hat alles verheert im Heiligtum.	כָּל־הֵרַע אוֹיֵב בַּקֹּדֶשׁ׃
Deine Widersacher brüllen in deinem Hause	שָׁאֲגוּ צֹרְרֶיךָ בְּקֶרֶב מוֹעֲדֶךָ
und stellen ihre Zeichen darin auf.	שָׂמוּ אוֹתֹתָם אֹתוֹת׃
Hoch sieht man Äxte sich heben	יִוָּדַע כְּמֵבִיא לְמָעְלָה
wie im Dickicht des Waldes.	בִּסֲבָךְ־עֵץ קַרְדֻּמּוֹת׃
Sie zerschlagen all sein Schnitzwerk	ועת° פִּתּוּחֶיהָ יָּחַד
mit Beilen und Hacken.	בְּכַשִּׁיל וְכֵילַפֹּת יַהֲלֹמוּן׃
Sie verbrennen dein Heiligtum, [Namens.	שִׁלְחוּ בָאֵשׁ מִקְדָּשֶׁךָ
bis auf den Grund entweihen sie die Wohnung deines	לָאָרֶץ חִלְּלוּ מִשְׁכַּן־שְׁמֶךָ׃
Sie sprechen in ihrem Herzen: Lasst uns sie ganz unterdrücken!	אָמְרוּ בְלִבָּם נִינָם יָחַד
Sie verbrennen alle Gotteshäuser im Lande.	שָׂרְפוּ כָל־מוֹעֲדֵי־אֵל בָּאָרֶץ׃
Unsere Zeichen sehen wir nicht, kein Prophet ist mehr da,	אוֹתֹתֵינוּ לֹא רָאִינוּ אֵין־עוֹד נָבִיא
und keiner ist bei uns, der etwas weiß.	וְלֹא־אִתָּנוּ יֹדֵעַ עַד־מָה׃
Ach, Gott, wie lange soll der Widersacher noch schmähen	עַד־מָתַי אֱלֹהִים יְחָרֶף צָר
und der Feind deinen Namen immerfort lästern?	יְנָאֵץ אוֹיֵב שִׁמְךָ לָנֶצַח׃
Warum ziehst du deine Hand zurück? Nimm deine Rechte	לָמָּה תָשִׁיב יָדְךָ וִימִינֶךָ
aus dem Gewand und mach ein Ende!	מִקֶּרֶב חוקך° כַלֵּה׃
Gott ist ja mein König von alters her,	וֵאלֹהִים מַלְכִּי מִקֶּדֶם
der alle Hilfe tut, die auf Erden geschieht.	פֹּעֵל יְשׁוּעוֹת בְּקֶרֶב הָאָרֶץ׃
Du hast das Meer gespalten durch deine Kraft,	אַתָּה פוֹרַרְתָּ בְעָזְּךָ יָם
zerschmettert die Köpfe der Drachen im Meer.	שִׁבַּרְתָּ רָאשֵׁי תַנִּינִים עַל־הַמָּיִם׃
Du hast dem Leviatan die Köpfe zerschlagen	אַתָּה רִצַּצְתָּ רָאשֵׁי לִוְיָתָן
und ihn zum Fraß gegeben dem wilden Getier.	תִּתְּנֶנּוּ מַאֲכָל לְעָם לְצִיִּים׃
Du hast Quellen und Bäche hervorbrechen lassen	אַתָּה בָקַעְתָּ מַעְיָן וָנָחַל
und ließest starke Ströme versiegen.	אַתָּה הוֹבַשְׁתָּ נַהֲרוֹת אֵיתָן׃
Dein ist der Tag und dein ist die Nacht;	לְךָ יוֹם אַף־לְךָ לָיְלָה
du hast Gestirn und Sonne die Bahn gegeben.	אַתָּה הֲכִינוֹתָ מָאוֹר וָשָׁמֶשׁ׃
Du hast dem Land seine Grenze gesetzt;	אַתָּה הִצַּבְתָּ כָּל־גְּבוּלוֹת אָרֶץ
Sommer und Winter hast du gemacht.	קַיִץ וָחֹרֶף אַתָּה יְצַרְתָּם׃
So gedenke doch, HERR, wie der Feind schmäht	זְכָר־זֹאת אוֹיֵב חֵרֵף ׀ יְהוָה
und ein törichtes Volk deinen Namen lästert.	וְעַם נָבָל נִאֲצוּ שְׁמֶךָ׃
Gib deine Taube nicht den Tieren preis;	אַל־תִּתֵּן לְחַיַּת נֶפֶשׁ תּוֹרֶךָ
das Leben deiner Elenden vergiss nicht für immer.	חַיַּת עֲנִיֶּיךָ אַל־תִּשְׁכַּח לָנֶצַח׃
Gedenke an deinen Bund;	הַבֵּט לַבְּרִית כִּי מָלְאוּ
denn die dunklen Winkel des Landes sind voll Frevel.	מַחֲשַׁכֵּי־אֶרֶץ נְאוֹת חָמָס׃
Lass den Geringen nicht beschämt davongehen,	אַל־יָשֹׁב דַּךְ נִכְלָם
lass die Armen und Elenden rühmen deinen Namen.	עָנִי וְאֶבְיוֹן יְהַלְלוּ שְׁמֶךָ׃
Mach dich auf, Gott, und führe deine Sache;	קוּמָה אֱלֹהִים רִיבָה רִיבֶךָ
denk an die Schmach, die dir täglich von den Toren	זְכֹר חֶרְפָּתְךָ מִנִּי־נָבָל כָּל־הַיּוֹם׃
Vergiss nicht das Geschrei deiner Feinde; [widerfährt.	אַל־תִּשְׁכַּח קוֹל צֹרְרֶיךָ
das Toben deiner Widersacher wird je länger, je größer.	שְׁאוֹן קָמֶיךָ עֹלֶה תָמִיד׃

Ein Lehrgedicht Asafs. **74**

Warum, Gott, hast du denn für eine Ewigkeit verstoßen,
raucht denn dein Zorn über die Herde, die du weidest?
Denk doch an die Gemeinde, die zu dir gehört, 2
die du von Anfang an erworben hast,
die du freigekauft hast als den Stamm deines Erbteils,
an den Berg Zion hier, auf dem du wohnen wolltest!
Erheb doch deine Schritte zu den Trümmern, die schon ewig liegen: 3
Alles hat der Feind im Heiligtum zerstört!
Da brüllen deine Gegner mittendrin auf deinem Festplatz, 4
ihre Zeichen setzen sie als Siegeszeichen hin,
man vernahm etwas wie Eindringlinge, die nach oben drangen, 5
etwas von Äxten im Gestrüpp von Bäumen.

Und jetzt, sein Schnitzwerk samt und sonders 6
zertrümmern sie mit Beil und Hacken,
sie beförderten dein Heiligtum ins Feuer, 7
bis auf den Grund entweihten sie die Wohnung deines Namens,
in ihrem Herzen dachten sie: „Was nachkommt, auch gleich mit!“ – 8
jeden Platz für Gottesdienst im Land verbrannten sie.
Unsere Zeichen haben wir nicht mehr gesehen, Propheten gibt es keine mehr, 9
bei uns ist niemand, der es weiß, wie lange noch:
Bis wann, Gott, darf denn der Bedränger noch beleidigen, 10
darf der Feind denn deinen Namen eine Ewigkeit verlästern?
Warum ziehst du deine Hand zurück und deine Rechte? 11
Aus dem Bausch deines Gewands heraus vernichte!

Ja, Gott, von Anfang an mein König, 12
der mitten auf der Erde Freiheit schafft,
du selber hast mit deiner Kraft das Meer aufgewühlt, 13
du hast die Drachenhäupter über den Wassern zerschmettert,
du selber hast die Häupter Leviatans zerschlagen, 14
du gibst ihn den Katzenrudeln zum Fraß,
du selber hast die Quellen und das Bachtal gespalten, 15
du selber hast die Ströme, die sonst immer fließen, austrocknen lassen,
dein ist der Tag, dein ist auch die Nacht, 16
du selber hast die Leuchte und die Sonne befestigt,
du selber hast alle Landschaften der Erde hingestellt; 17
den Sommer und den Winter, du selber hast sie gebildet!

Denk daran, der Feind, der hat den TREUEN ja geschmäht, 18
und, töricht, wie es ist, das Volk hat deinen Namen ja verhöhnt;
gib doch dem Wild in seiner Gier nicht deine Taube preis, 19
vergiss doch nicht für eine Ewigkeit das Leben derer, die auf dich angewiesen sind!
Schaue auf den Bund, da sie doch überfüllt sind, 20
die Verliese dieses Landes, Stätten der Gewalt;
nicht kehre der Zerschlagene beschämt zurück, 21
der Unterdrückte und der Arme sollen deinen Namen preisen!
Erheb dich doch, o Gott, und führe deinen Rechtsstreit, 22
denk doch an deine Schmach, wie sie den ganzen Tag von Toren ausgeht;
vergiss das Grölen deiner Gegenspieler nicht, 23
das Lärmen derer, die sich gegen dich erheben, das ungestört aufsteigt!

Psalm 75

Ein Psalmlied Asafs, vorzusingen,	לַמְנַצֵּחַ אַל־תַּשְׁחֵת
nach der Weise „Vertilge nicht".	מִזְמוֹר לְאָסָף שִׁיר׃

Wir danken dir,	הוֹדִינוּ לְּךָ ׀
Gott, wir danken dir	אֱלֹהִים הוֹדִינוּ
und verkündigen deine Wunder,	וְקָרוֹב שְׁמֶךָ
dass dein Name so nahe ist.	סִפְּרוּ נִפְלְאוֹתֶיךָ׃

„Wenn meine Zeit gekommen ist,	כִּי אֶקַּח מוֹעֵד
werde ich recht richten.	אֲנִי מֵישָׁרִים אֶשְׁפֹּט׃
Die Erde mag wanken und alle, die darauf wohnen,	נְמֹגִים אֶרֶץ וְכָל־יֹשְׁבֶיהָ
aber ich halte ihre Säulen fest." Sela.	אָנֹכִי תִכַּנְתִּי עַמּוּדֶיהָ סֶּלָה׃

Ich sprach zu den Ruhmredigen: Rühmt euch nicht so!,	אָמַרְתִּי לַהוֹלְלִים אַל־תָּהֹלּוּ
und zu den Gottlosen: Pochet nicht auf Gewalt!	וְלָרְשָׁעִים אַל־תָּרִימוּ קָרֶן׃
Pocht nicht so hoch auf eure Gewalt,	אַל־תָּרִימוּ לַמָּרוֹם קַרְנְכֶם
redet nicht so halsstarrig!	תְּדַבְּרוּ בְצַוָּאר עָתָק׃

Denn es kommt nicht vom Aufgang und nicht vom Niedergang,	כִּי לֹא מִמּוֹצָא וּמִמַּעֲרָב
nicht von der Wüste und nicht von den Bergen,	וְלֹא מִמִּדְבַּר הָרִים׃
sondern Gott ist Richter,	כִּי־אֱלֹהִים שֹׁפֵט
der diesen erniedrigt und jenen erhöht.	זֶה יַשְׁפִּיל וְזֶה יָרִים׃

Denn der HERR hat einen Becher in der Hand,	כִּי כוֹס בְּיַד־יְהוָֹה
mit starkem Wein voll eingeschenkt.	וְיַיִן חָמַר ׀ מָלֵא מֶסֶךְ
Er schenkt daraus ein,	וַיַּגֵּר מִזֶּה אַךְ־שְׁמָרֶיהָ
und die Gottlosen auf Erden müssen alle trinken und [sogar die Hefe schlürfen.	יִמְצוּ יִשְׁתּוּ כֹּל רִשְׁעֵי־אָרֶץ׃
Ich aber will verkündigen ewiglich	וַאֲנִי אַגִּיד לְעֹלָם
und lobsingen dem Gott Jakobs:	אֲזַמְּרָה לֵאלֹהֵי יַעֲקֹב׃
Er wird alle Gewalt der Gottlosen zerbrechen,	וְכָל־קַרְנֵי רְשָׁעִים אֲגַדֵּעַ
dass die Gewalt des Gerechten erhöht werde.	תְּרוֹמַמְנָה קַרְנוֹת צַדִּיק׃

Für den Chorleiter: ‚Lass nicht verderben!' 1
Ein Psalm Asafs. Ein Lied.

Wir haben dir gedankt, 2
Gott, wir haben gedankt,
und nahe ist uns noch dein Name,
man hat erzählt von deinen Wundern.

„Wenn ich den Zeitpunkt für gekommen halte, 3
werde ich es sein, der in rechter Weise richtet;
sollte die Erde mit allen, die sie bewohnen, auch wanken, 4
ich bin es doch, der ihre Säulen fest gegründet hat.“ Sälah

Ich sprach zu den Prahlern: „Prahlt doch nicht!“ 5
und zu den Schurken: „Hebt das Horn nicht hoch,
hebt eure Hörner doch nicht hoch nach oben 6
mit frechen Reden, die aus eurem Halse kommen!“

Ja, es kommt nicht aus dem Osten oder aus dem Westen, 7
auch nicht aus der Wüste des Gebirges –
ja, Gott ist es, der entscheidet, 8
den einen holt er tief herunter, und den andern richtet er hoch auf.

Ja, ein Kelch ist in der Hand des TREUEN, 9
und zwar mit Wein, der schäumt noch, voll von Würzgemisch,
doch nichts davon hat er ausgeschenkt als dessen Bodensatz,
den schlürfen, trinken sollen alle Schurken des Landes.

Ich aber, ich verkünde ohne Ende, 10
ich will dem Gott Jakobs spielen,
und alle Schurkenhörner stutze ich – 11
die Hörner des Gerechten werden aufgerichtet.

Psalm 76

Ein Psalmlied Asafs,	לַמְנַצֵּחַ בִּנְגִינֹת
vorzusingen, beim Saitenspiel.	מִזְמוֹר לְאָסָף שִׁיר׃
Gott ist in Juda bekannt,	נוֹדָע בִּיהוּדָה אֱלֹהִים
in Israel ist sein Name herrlich.	בְּיִשְׂרָאֵל גָּדוֹל שְׁמוֹ׃
So erstand in Salem sein Zelt	וַיְהִי בְשָׁלֵם סֻכּוֹ
und seine Wohnung in Zion.	וּמְעוֹנָתוֹ בְצִיּוֹן׃
Dort zerbricht er die Pfeile des Bogens,	שָׁמָּה שִׁבַּר רִשְׁפֵי־קָשֶׁת
Schild, Schwert und Streitmacht. Sela.	מָגֵן וְחֶרֶב וּמִלְחָמָה סֶלָה׃
Du bist herrlicher	נָאוֹר אַתָּה
und mächtiger als die ewigen Berge.	אַדִּיר מֵהַרְרֵי־טָרֶף׃
Beraubt sind die Stolzen und in Schlaf gesunken,	אֶשְׁתּוֹלְלוּ ׀ אַבִּירֵי לֵב נָמוּ שְׁנָתָם
und allen Kriegern versagen die Hände.	וְלֹא־מָצְאוּ כָל־אַנְשֵׁי־חַיִל יְדֵיהֶם׃
Von deinem Schelten, Gott Jakobs,	מִגַּעֲרָתְךָ אֱלֹהֵי יַעֲקֹב
sinken in Schlaf Ross und Wagen.	נִרְדָּם וְרֶכֶב וָסוּס׃
Furchtbar bist du!	אַתָּה ׀ נוֹרָא אַתָּה
Wer kann vor dir bestehen, wenn du zürnest?	וּמִי־יַעֲמֹד לְפָנֶיךָ מֵאָז אַפֶּךָ׃
Wenn du das Urteil lässest hören vom Himmel,	מִשָּׁמַיִם הִשְׁמַעְתָּ דִּין
erschrickt das Erdreich und wird still,	אֶרֶץ יָרְאָה וְשָׁקָטָה׃
wenn Gott sich aufmacht zu richten,	בְּקוּם־לַמִּשְׁפָּט אֱלֹהִים
dass er helfe allen Elenden auf Erden. Sela.	לְהוֹשִׁיעַ כָּל־עַנְוֵי־אֶרֶץ סֶלָה׃
Wenn Menschen wider dich wüten, bringt es dir Ehre;	כִּי־חֲמַת אָדָם תּוֹדֶךָּ
und wenn sie noch mehr wüten, bist du auch noch gerüstet.	שְׁאֵרִית חֵמֹת תַּחְגֹּר׃
Tut Gelübde dem HERRN, eurem Gott, und haltet sie!	נִדְרוּ וְשַׁלְּמוּ לַיהוָה אֱלֹהֵיכֶם
Alle, die ihr um ihn her seid, bringt Geschenke dem [Furchtbaren,	כָּל־סְבִיבָיו יוֹבִילוּ שַׁי לַמּוֹרָא׃
der den Fürsten den Mut nimmt	יִבְצֹר רוּחַ נְגִידִים
und furchtbar ist unter den Königen auf Erden.	נוֹרָא לְמַלְכֵי־אָרֶץ׃

Für den Chorleiter: Mit Saitenspiel. 1
Ein Psalm Asafs. Ein Lied.

Bekannt ist Gott in Juda, 2
groß ist in Israel sein Name,
und es entstand in Salem seine Hütte 3
und in Zion seine Wohnstatt;
dort war es, dass er zerbrach 4
Schild und Schwert und Kriegsgerät. Sälah

Leuchtend stehst du da, 5
prächtiger als Berge von Geraubtem,
zur Beute wurden selbst Beherzte, die in ihren Schlaf versunken waren, 6
und die Helden alle konnten ihre Hände nicht mehr finden;
vor deinem Schelten, du Gott Jakobs, 7
sanken Reiter, Rosse in den Tiefschlaf.

Du, Furcht gebietend bist du, 8
und wer kann vor dir bestehen, seit du zürnst?
Vom Himmel her hast du das Urteil hören lassen, 9
die Erde ist in Furcht geraten und verstummt,
als Gott sich zum Gericht erhob, 10
um alle Eingeschüchterten des Landes zu befreien. Sälah

Ja, der Zornausbruch der Menschen, der dient deinem Lob, 11
den Rest der Zornausbrüche gürtest du dir um:
Gelobt, erfüllt dem TREUEN, eurem Gott, Gelübde, 12
alle um ihn her, die sollen dem Furchtbaren Gaben bringen,
der den Übermut der Führenden beschneidet, 13
furchtbar für die Könige der Erde!

Psalm 77

Ein Psalm Asafs, vorzusingen, für Jedutun.	לַמְנַצֵּחַ עַל־ידיתון לְאָסָף מִזְמוֹר׃

Ich rufe zu Gott und schreie um Hilfe,	קוֹלִי אֶל־אֱלֹהִים וְאֶצְעָקָה
zu Gott rufe ich und er erhört mich.	קוֹלִי אֶל־אֱלֹהִים וְהַאֲזִין אֵלָי׃
In der Zeit meiner Not suche ich den Herrn;	בְּיוֹם צָרָתִי אֲדֹנָי דָּרָשְׁתִּי
meine Hand ist des Nachts ausgereckt und lässt nicht ab;	יָדִי ׀ לַיְלָה נִגְּרָה וְלֹא תָפוּג
denn meine Seele will sich nicht trösten lassen.	מֵאֲנָה הִנָּחֵם נַפְשִׁי׃
Ich denke an Gott – und bin betrübt;	אֶזְכְּרָה אֱלֹהִים וְאֶהֱמָיָה
ich sinne nach – und mein Herz ist in Ängsten. Sela.	אָשִׂיחָה ׀ וְתִתְעַטֵּף רוּחִי סֶלָה׃

Meine Augen hältst du, dass sie wachen müssen;	אָחַזְתָּ שְׁמֻרוֹת עֵינָי
ich bin so voll Unruhe, dass ich nicht reden kann.	נִפְעַמְתִּי וְלֹא אֲדַבֵּר׃
Ich gedenke der alten Zeit,	חִשַּׁבְתִּי יָמִים מִקֶּדֶם
der vergangenen Jahre. [Herzen,	שְׁנוֹת עוֹלָמִים׃
Ich denke und sinne des Nachts und rede mit meinem	אֶזְכְּרָה נְגִינָתִי בַּלָּיְלָה עִם־לְבָבִי
mein Geist muss forschen.	אָשִׂיחָה וַיְחַפֵּשׂ רוּחִי׃

Wird denn der Herr auf ewig verstoßen	הַלְעוֹלָמִים יִזְנַח ׀ אֲדֹנָי
und keine Gnade mehr erweisen?	וְלֹא־יֹסִיף לִרְצוֹת עוֹד׃
Ist's denn ganz und gar aus mit seiner Güte,	הֶאָפֵס לָנֶצַח חַסְדּוֹ
und hat die Verheißung für immer ein Ende?	גָּמַר אֹמֶר לְדֹר וָדֹר׃
Hat Gott vergessen, gnädig zu sein,	הֲשָׁכַח חַנּוֹת אֵל
oder sein Erbarmen im Zorn verschlossen? Sela.	אִם־קָפַץ בְּאַף רַחֲמָיו סֶלָה׃

Ich sprach: Darunter leide ich,	וָאֹמַר חַלּוֹתִי הִיא
dass die rechte Hand des Höchsten sich so ändern kann.	שְׁנוֹת יְמִין עֶלְיוֹן׃
Darum denke ich an die Taten des HERRN,	אזכיר מַעַלְלֵי־יָהּ
ja, ich denke an deine früheren Wunder	כִּי־אֶזְכְּרָה מִקֶּדֶם פִּלְאֶךָ׃
und sinne über alle deine Werke	וְהָגִיתִי בְכָל־פָּעֳלֶךָ
und denke deinen Taten nach.	וּבַעֲלִילוֹתֶיךָ אָשִׂיחָה׃

Gott, dein Weg ist heilig.	אֱלֹהִים בַּקֹּדֶשׁ דַּרְכֶּךָ
Wo ist ein so mächtiger Gott, wie du, Gott, bist?	מִי־אֵל גָּדוֹל כֵּאלֹהִים׃
Du bist der Gott, der Wunder tut,	אַתָּה הָאֵל עֹשֵׂה פֶלֶא
du hast deine Macht bewiesen unter den Völkern.	הוֹדַעְתָּ בָעַמִּים עֻזֶּךָ׃
Du hast dein Volk erlöst mit Macht,	גָּאַלְתָּ בִּזְרוֹעַ עַמֶּךָ
die Kinder Jakobs und Josefs. Sela.	בְּנֵי־יַעֲקֹב וְיוֹסֵף סֶלָה׃

Die Wasser sahen dich, Gott,	רָאוּךָ מַּיִם ׀ אֱלֹהִים
die Wasser sahen dich und ängstigten sich,	רָאוּךָ מַּיִם יָחִילוּ
ja, die Tiefen tobten.	אַף יִרְגְּזוּ תְהֹמוֹת׃
Wasser ergossen sich aus dem Gewölk,	זֹרְמוּ מַיִם ׀ עָבוֹת
die Wolken donnerten,	קוֹל נָתְנוּ שְׁחָקִים
und deine Pfeile fuhren einher.	אַף־חֲצָצֶיךָ יִתְהַלָּכוּ׃

Dein Donner rollte,	קוֹל רַעַמְךָ ׀ בַּגַּלְגַּל
Blitze erhellten den Erdkreis,	הֵאִירוּ בְרָקִים תֵּבֵל
die Erde erbebte und wankte.	רָגְזָה וַתִּרְעַשׁ הָאָרֶץ׃
Dein Weg ging durch das Meer	בַּיָּם דַּרְכֶּךָ
und dein Pfad durch große Wasser;	ושביליך בְּמַיִם רַבִּים
doch niemand sah deine Spur.	וְעִקְּבוֹתֶיךָ לֹא נֹדָעוּ׃

Du führtest dein Volk wie eine Herde	נָחִיתָ כַצֹּאן עַמֶּךָ
durch die Hand des Mose und Aaron.	בְּיַד־מֹשֶׁה וְאַהֲרֹן׃

77

Für den Chorleiter: Nach ‚Jeditun'. Von Asaf. Ein Psalm. 1

Meine Stimme ruft zu Gott, ja, ich will schreien! 2
Meine Stimme ruft zu Gott, so höre er mich doch!
Am Tage meiner Angst, da suchte ich nach meinem Vater, 3
ausgestreckt blieb meine Hand bei Nacht, und sie gibt nicht nach,
meine Seele hat es abgelehnt, Trost anzunehmen;
da will ich an Gott denken, und ich muss stöhnen, 4
da will ich etwas sagen, und mein Geist fühlt sich zu schwach! Sälah

Du hältst mir die Augenlider offen, 5
ich bin umgetrieben, und doch finde ich kein Wort,
die uralten Tage habe ich mir vorgestellt, 6
die Jahre, die eine Ewigkeit schon her sind;
da will ich an mein Saitenspiel bei Nacht in meinem Herzen denken, 7
da will ich etwas sagen, und schon kam mein Geist ins Grübeln!

Sollte denn mein Vater bis in Ewigkeit verstoßen 8
und künftig nicht mehr wohlgesonnen sein,
sollte es mit seiner Treue denn für immer aus sein, 9
dauernd vorbei mit seinem Wort,
sollte Gott es denn vergessen haben, Gnade zu verschenken, 10
hätte er vor Zorn womöglich sein Erbarmen eingeschlossen? Sälah

Da sagte ich: „Das ist für mich der Anfang, 11
dass des Höchsten rechte Hand sich wendet:
Lobend bringe ich des TREUEN Taten ins Gedächtnis, 12
ja, an dein Wunderwerk von früher will ich denken,
und ich bedenke all dein Tun, 13
und über deine Taten will ich meditieren:

‚Gott, in Heiligkeit verläuft dein Weg, 14
welcher Starke ist so groß wie Gott?
Du bist der starke Gott, der Wunder tut, 15
du hast bei den Völkern deine Kraft gezeigt,
du hast dein Volk mit Macht erlöst, 16
die Jakobs- und die Josefskinder. Sälah.

Gesehen haben dich die Wasser, Gott, 17
gesehen haben dich die Wasser, und sie wirbelten,
ja, selbst die Fluten aus der Urzeit beben,
Gewölk hat Wasser strömen lassen, 18
Wetterwolken haben Donner grollen lassen,
dazu blitzen zuckend deine Pfeile.

Das Grollen deines Donners kam ins Rollen, 19
den Erdkreis haben Blitze hell erleuchtet,
die Erde hat gebebt, ja, sie begann zu wanken,
durch das Meer zog sich dein Weg, 20
deine Pfade liefen durch die großen Wassermassen,
und deine Spuren waren nicht mehr zu erkennen.

Du hast dein Volk geführt wie eine Herde 21
durch Moses und durch Aarons Hand.'"

Psalm 78

Eine Unterweisung Asafs.	מַשְׂכִּיל לְאָסָף
Höre, mein Volk, meine Unterweisung,	הַאֲזִינָה עַמִּי תּוֹרָתִי
neiget eure Ohren zu der Rede meines Mundes!	הַטּוּ אָזְנְכֶם לְאִמְרֵי־פִי׃
Ich will meinen Mund auftun zu einem Spruch	אֶפְתְּחָה בְמָשָׁל פִּי
und Geschichten verkünden aus alter Zeit.	אַבִּיעָה חִידוֹת מִנִּי־קֶדֶם׃
Was wir gehört haben und wissen	אֲשֶׁר שָׁמַעְנוּ וַנֵּדָעֵם
und unsre Väter uns erzählt haben,	וַאֲבוֹתֵינוּ סִפְּרוּ־לָנוּ׃
das wollen wir nicht verschweigen ihren Kindern;	לֹא נְכַחֵד ׀ מִבְּנֵיהֶם
wir verkündigen dem kommenden Geschlecht	לְדוֹר אַחֲרוֹן מְסַפְּרִים
den Ruhm des HERRN und seine Macht	תְּהִלּוֹת יְהוָה וֶעֱזוּזוֹ
und seine Wunder, die er getan hat.	וְנִפְלְאוֹתָיו אֲשֶׁר עָשָׂה׃
Er richtete ein Zeugnis auf in Jakob	וַיָּקֶם עֵדוּת ׀ בְּיַעֲקֹב
und gab ein Gesetz in Israel	וְתוֹרָה שָׂם בְּיִשְׂרָאֵל
und gebot unsern Vätern,	אֲשֶׁר צִוָּה אֶת־אֲבוֹתֵינוּ
es ihre Kinder zu lehren,	לְהוֹדִיעָם לִבְנֵיהֶם׃
damit es die Nachkommen lernten,	לְמַעַן יֵדְעוּ ׀ דּוֹר אַחֲרוֹן
die Kinder, die noch geboren würden;	בָּנִים יִוָּלֵדוּ
die sollten aufstehen und es auch ihren Kindern verkündigen,	יָקֻמוּ וִיסַפְּרוּ לִבְנֵיהֶם׃
dass sie setzten auf Gott ihre Hoffnung	וְיָשִׂימוּ בֵאלֹהִים כִּסְלָם
und nicht vergäßen die Taten Gottes,	וְלֹא יִשְׁכְּחוּ מַעַלְלֵי־אֵל
sondern seine Gebote hielten	וּמִצְוֺתָיו יִנְצֹרוּ׃
und nicht würden wie ihre Väter,	וְלֹא יִהְיוּ ׀ כַּאֲבוֹתָם
ein abtrünniges und ungehorsames Geschlecht,	דּוֹר סוֹרֵר וּמֹרֶה
dessen Herz nicht fest war	דּוֹר לֹא־הֵכִין לִבּוֹ
und dessen Geist sich nicht treu an Gott hielt,	וְלֹא־נֶאֶמְנָה אֶת־אֵל רוּחוֹ׃
wie die Söhne Ephraim, die den Bogen führten,	בְּנֵי־אֶפְרַיִם נוֹשְׁקֵי רוֹמֵי־קָשֶׁת
abfielen zur Zeit des Streits;	הָפְכוּ בְּיוֹם קְרָב׃
sie hielten den Bund Gottes nicht	לֹא שָׁמְרוּ בְּרִית אֱלֹהִים
und wollten nicht in seinem Gesetz wandeln	וּבְתוֹרָתוֹ מֵאֲנוּ לָלֶכֶת׃
und vergaßen seine Taten	וַיִּשְׁכְּחוּ עֲלִילוֹתָיו
und seine Wunder, die er ihnen erwiesen hatte.	וְנִפְלְאוֹתָיו אֲשֶׁר הֶרְאָם׃
Vor ihren Vätern tat er Wunder	נֶגֶד אֲבוֹתָם עָשָׂה פֶלֶא
in Ägyptenland, im Gefilde von Zoan.	בְּאֶרֶץ מִצְרַיִם שְׂדֵה־צֹעַן׃
Er zerteilte das Meer und ließ sie hindurchziehen	בָּקַע יָם וַיַּעֲבִירֵם
und stellte das Wasser fest wie eine Mauer.	וַיַּצֶּב־מַיִם כְּמוֹ־נֵד׃
Er leitete sie am Tage mit einer Wolke	וַיַּנְחֵם בֶּעָנָן יוֹמָם
und die ganze Nacht mit einem hellen Feuer.	וְכָל־הַלַּיְלָה בְּאוֹר אֵשׁ׃
Er spaltete die Felsen in der Wüste	יְבַקַּע צֻרִים בַּמִּדְבָּר
und tränkte sie mit Wasser in Fülle;	וַיַּשְׁקְ כִּתְהֹמוֹת רַבָּה׃
er ließ Bäche aus den Felsen kommen,	וַיּוֹצִא נוֹזְלִים מִסָּלַע
dass sie hinabflossen wie Wasserströme.	וַיּוֹרֶד כַּנְּהָרוֹת מָיִם׃

Ein Lehrgedicht Asafs. 1

Höre doch, mein Volk, auf meine Weisung,
neigt eure Ohren zu den Worten meines Mundes,
auftun will ich meinen Mund mit einem Spruch, 2
sprudeln lassen Rätsel aus der Vorzeit;
was wir hörten und was wir erfuhren, 3
und unsere Väter, was sie uns erzählten,
das verhehlen wir nicht ihren Kindern, 4
wir erzählen es dem kommenden Geschlecht:

Des TREUEN Ruhmestaten und seinen Machterweis
und seine Wunder, die er tat;
denn in Jakob hatte er ein Zeugnis aufgerichtet, 5
und eine Weisung hatte er in Israel gegeben,
dass er gerade unseren Vätern aufgetragen hat,
es ihren Kindern auch bekannt zu machen,
damit es auch das kommende Geschlecht erfährt, 6
die Kinder, die erst noch geboren werden sollen.

Die sollen sich erheben und es ihren Kindern auch erzählen,
dass die ihr Vertrauen auf Gott setzen 7
und des starken Gottes Taten nicht vergessen
und seine Gebote halten;
dass sie nicht wie ihre Väter werden, 8
ein störrisches und widerspenstiges Geschlecht,
ein Geschlecht, das seinem Herzen nicht die rechte Richtung gab
und dessen Sinn nicht treu gehalten hat zu ihm, dem starken Gott.

Die Söhne Ephraims, als Bogenschützen ausgerüstet, 9
haben sich am Tag des Kampfs zurückgewandt,
nicht haben sie den Gottesbund bewahrt, 10
und sie haben sich geweigert, seiner Weisung nachzukommen;
und seine Taten haben sie dabei vergessen 11
und seine Wunderwerke, die er sie hat sehen lassen,
Wunder hatte er vor ihren Vätern schon getan 12
im Land Ägypten, im Gefilde Zoans.

Er spaltete das Meer und führte sie hinüber, 13
und er staute Wasser auf wie einen Damm,
und er führte sie am Tage durch die Wolke 14
und die ganze Nacht durch einen Feuerschein;
spaltet er da Felsen in der Wüste, 15
so tränkte er sie wie mit Urweltfluten reichlich,
und er ließ Bäche aus dem Fels entspringen, 16
und wie die Ströme ließ er Wasserfälle stürzen.

Dennoch sündigten sie weiter wider ihn	וַיּוֹסִיפוּ עוֹד לַחֲטֹא־לוֹ
und empörten sich in der Wüste gegen den Höchsten;	לַמְרוֹת עֶלְיוֹן בַּצִּיָּה׃
sie versuchten Gott in ihrem Herzen,	וַיְנַסּוּ־אֵל בִּלְבָבָם
als sie Speise forderten für ihr Gelüste,	לִשְׁאָל־אֹכֶל לְנַפְשָׁם׃
und redeten wider Gott und sprachen:	וַיְדַבְּרוּ בֵּאלֹהִים אָמְרוּ
Kann Gott wohl einen Tisch bereiten in der Wüste?	הֲיוּכַל אֵל לַעֲרֹךְ שֻׁלְחָן בַּמִּדְבָּר׃
Siehe, er hat wohl den Felsen geschlagen,	הֵן הִכָּה־צוּר ׀
dass Wasser strömten und Bäche sich ergossen;	וַיָּזוּבוּ מַיִם וּנְחָלִים יִשְׁטֹפוּ
kann er aber auch Brot geben	הֲגַם־לֶחֶם יוּכַל תֵּת
und seinem Volk Fleisch verschaffen?	אִם־יָכִין שְׁאֵר לְעַמּוֹ׃
Da der HERR das hörte, entbrannte er im Grimm,	לָכֵן ׀ שָׁמַע יְהוָה וַיִּתְעַבָּר
und Feuer brach aus in Jakob,	וְאֵשׁ נִשְּׂקָה בְיַעֲקֹב
und Zorn kam über Israel,	וְגַם־אַף עָלָה בְיִשְׂרָאֵל׃
weil sie nicht glaubten an Gott	כִּי לֹא הֶאֱמִינוּ בֵּאלֹהִים
und nicht hofften auf seine Hilfe.	וְלֹא בָטְחוּ בִּישׁוּעָתוֹ׃
Und der gebot den Wolken droben	וַיְצַו שְׁחָקִים מִמָּעַל
und tat auf die Türen des Himmels	וְדַלְתֵי שָׁמַיִם פָּתָח׃
und ließ Manna auf sie regnen zur Speise	וַיַּמְטֵר עֲלֵיהֶם מָן לֶאֱכֹל
und gab ihnen Himmelsbrot.	וּדְגַן־שָׁמַיִם נָתַן לָמוֹ׃
Brot der Engel aßen sie alle,	לֶחֶם אַבִּירִים אָכַל אִישׁ
er sandte ihnen Speise in Fülle.	צֵידָה שָׁלַח לָהֶם לָשֹׂבַע׃
Er ließ wehen den Ostwind unter dem Himmel	יַסַּע קָדִים בַּשָּׁמָיִם
und erregte durch seine Stärke den Südwind	וַיְנַהֵג בְּעֻזּוֹ תֵימָן׃
und ließ Fleisch auf sie regnen wie Staub	וַיַּמְטֵר עֲלֵיהֶם כֶּעָפָר שְׁאֵר
und Vögel wie Sand am Meer;	וּכְחוֹל יַמִּים עוֹף כָּנָף׃
mitten in das Lager fielen sie ein,	וַיַּפֵּל בְּקֶרֶב מַחֲנֵהוּ
rings um seine Wohnung her.	סָבִיב לְמִשְׁכְּנֹתָיו׃
Da aßen sie und wurden sehr satt;	וַיֹּאכְלוּ וַיִּשְׂבְּעוּ מְאֹד
und was sie verlangten, gewährte er ihnen.	וְתַאֲוָתָם יָבִא לָהֶם׃
Sie hatten ihr Verlangen noch nicht gestillt,	לֹא־זָרוּ מִתַּאֲוָתָם
ihre Speise war noch in ihrem Munde,	עוֹד אָכְלָם בְּפִיהֶם׃
da kam der Zorn Gottes über sie	וְאַף אֱלֹהִים ׀ עָלָה בָהֶם
und brachte ihre Vornehmsten um	וַיַּהֲרֹג בְּמִשְׁמַנֵּיהֶם
und schlug die Besten in Israel nieder.	וּבַחוּרֵי יִשְׂרָאֵל הִכְרִיעַ׃
Zu dem allen sündigten sie noch mehr	בְּכָל־זֹאת חָטְאוּ־עוֹד
und glaubten nicht an seine Wunder.	וְלֹא־הֶאֱמִינוּ בְּנִפְלְאוֹתָיו׃
Darum ließ er ihre Tage dahinschwinden ins Nichts	וַיְכַל־בַּהֶבֶל יְמֵיהֶם
und ihre Jahre in Schrecken.	וּשְׁנוֹתָם בַּבֶּהָלָה׃
Wenn er den Tod unter sie brachte, suchten sie Gott	אִם־הֲרָגָם וּדְרָשׁוּהוּ
und fragten wieder nach ihm	וְשָׁבוּ וְשִׁחֲרוּ־אֵל׃
und dachten daran, dass Gott ihr Hort ist	וַיִּזְכְּרוּ כִּי־אֱלֹהִים צוּרָם
und Gott, der Höchste, ihr Erlöser.	וְאֵל עֶלְיוֹן גֹּאֲלָם׃

Sie aber fuhren weiter fort, an ihm sich zu versündigen, 17
sich widerspenstig zu verhalten vor dem Höchsten in der trockenen Gegend,
und den starken Gott versuchten sie in ihrer Absicht, 18
für ihre Fresslust Speise zu verlangen;
und dabei sprachen sie von Gott und sagten: 19
„Ob der starke Gott wohl in der Wüste einen Tisch bereiten kann? –
sieh, den Felsen hat er doch geschlagen, 20
so dass Wasser floss, und Bäche können strömen!“

„Ob er wohl auch Brot zu geben in der Lage ist,
oder ob er Fleisch bereitet für sein Volk?“ –
deshalb, als der TREUE das vernahm, ergrimmte er, 21
und Feuer loderte in Jakob auf,
und Rauch vom Zorn stieg auch in Israel empor,
glaubten sie doch nicht an Gott 22
und trauten seiner Rettung nicht;
da befahl er Wolken droben, 23
und Himmelstüren schloss auf.

Und er ließ zum Essen Manna auf sie regnen, 24
und Korn des Himmels gab er ihnen,
Brot für starke Männer aß da jeder, 25
Speise schickte er für sie zur Sättigung;
aufbrechen lässt er da am Himmel einen Ostwind, 26
und einen Südwind führte er durch seine Macht herbei,
und wie Staub ließ er Fleisch auf sie regnen 27
und wie Meeressand Geflügel.

Und er ließ es mitten in sein Lager fallen, 28
rings um seine Wohnungen herum,
so dass sie essen konnten, und sie wurden übersatt, 29
bringt er für sie doch her, was sie begehren;
doch sie ließen nicht von ihrer Gier, 30
selbst als sie noch den Mund voll Speise hatten –
da stieg unter ihnen Gottes Zorn empor, 31
so dass er sie bei ihren Schlemmereien schlug,
und Israels Elite zwang er auf die Knie.

Trotz alledem: Sie sündigten noch weiter, 32
und sie glaubten nicht an seine Wunder –
da ließ er in Seufzen ihre Tage schwinden 33
und in Schrecken ihre Jahre;
wenn er sie schlug, dann suchten sie nach ihm, 34
dann wandten sie sich um, dann fragten sie nach Gott, dem Starken,
und dann dachten sie daran, dass Gott ihr Fels ist 35
und der starke Gott, der Höchste, ihr Erlöser.

Doch betrogen sie ihn mit ihrem Munde	וַיְפַתּוּהוּ בְּפִיהֶם
und belogen ihn mit ihrer Zunge.	וּבִלְשׁוֹנָם יְכַזְּבוּ־לוֹ׃
Ihr Herz hing nicht fest an ihm,	וְלִבָּם לֹא־נָכוֹן עִמּוֹ
und sie hielten nicht treu an seinem Bunde.	וְלֹא נֶאֶמְנוּ בִּבְרִיתוֹ׃
Er aber war barmherzig und vergab die Schuld	וְהוּא רַחוּם ׀ יְכַפֵּר עָוֺן
und vertilgte sie nicht	וְלֹא־יַשְׁחִית
und wandte oft seinen Zorn ab	וְהִרְבָּה לְהָשִׁיב אַפּוֹ
und ließ nicht seinen ganzen Grimm an ihnen aus.	וְלֹא־יָעִיר כָּל־חֲמָתוֹ׃
Denn er dachte daran, dass sie Fleisch sind,	וַיִּזְכֹּר כִּי־בָשָׂר הֵמָּה
ein Hauch, der dahinfährt und nicht wiederkommt.	רוּחַ הוֹלֵךְ וְלֹא יָשׁוּב׃
Wie oft trotzten sie ihm in der Wüste	כַּמָּה יַמְרוּהוּ בַמִּדְבָּר
und betrübten ihn in der Einöde!	יַעֲצִיבוּהוּ בִּישִׁימוֹן׃
Sie versuchten Gott immer wieder	וַיָּשׁוּבוּ וַיְנַסּוּ אֵל
und kränkten den Heiligen Israels.	וּקְדוֹשׁ יִשְׂרָאֵל הִתְווּ׃
Sie dachten nicht an die Taten seiner Hand,	לֹא־זָכְרוּ אֶת־יָדוֹ
an den Tag, als er sie erlöste von den Feinden,	יוֹם אֲשֶׁר־פָּדָם מִנִּי־צָר׃
wie er seine Zeichen in Ägypten getan hatte	אֲשֶׁר־שָׂם בְּמִצְרַיִם אֹתוֹתָיו
und seine Wunder im Lande Zoan;	וּמוֹפְתָיו בִּשְׂדֵה־צֹעַן׃
als er ihre Ströme in Blut verwandelte,	וַיַּהֲפֹךְ לְדָם יְאֹרֵיהֶם
dass sie aus ihren Flüssen nicht trinken konnten;	וְנֹזְלֵיהֶם בַּל־יִשְׁתָּיוּן׃
als er Ungeziefer unter sie schickte, das sie fraß,	יְשַׁלַּח בָּהֶם עָרֹב וַיֹּאכְלֵם
und Frösche, die ihnen Verderben brachten,	וּצְפַרְדֵּעַ וַתַּשְׁחִיתֵם׃
und ihr Gewächs den Raupen gab	וַיִּתֵּן לֶחָסִיל יְבוּלָם
und ihre Saat den Heuschrecken;	וִיגִיעָם לָאַרְבֶּה׃
als er ihre Weinstöcke mit Hagel schlug	יַהֲרֹג בַּבָּרָד גַּפְנָם
und ihre Maulbeerbäume mit Schloßen;	וְשִׁקְמוֹתָם בַּחֲנָמַל׃
als er ihr Vieh preisgab dem Hagel	וַיַּסְגֵּר לַבָּרָד בְּעִירָם
und ihre Herden dem Wetterstrahl;	וּמִקְנֵיהֶם לָרְשָׁפִים׃
als er die Glut seines Zornes unter sie sandte,	יְשַׁלַּח־בָּם ׀ חֲרוֹן אַפּוֹ
Grimm und Wut und Drangsal,	עֶבְרָה וָזַעַם וְצָרָה
eine Schar Verderben bringender Engel;	מִשְׁלַחַת מַלְאֲכֵי רָעִים׃
als er seinem Zorn freien Lauf ließ	יְפַלֵּס נָתִיב לְאַפּוֹ
und ihre Seele vor dem Tode nicht bewahrte	לֹא־חָשַׂךְ מִמָּוֶת נַפְשָׁם
und ihr Leben preisgab der Pest;	וְחַיָּתָם לַדֶּבֶר הִסְגִּיר׃
als er alle Erstgeburt in Ägypten schlug,	וַיַּךְ כָּל־בְּכוֹר בְּמִצְרָיִם
die Erstlinge ihrer Kraft in den Zelten Hams.	רֵאשִׁית אוֹנִים בְּאָהֳלֵי־חָם׃
Er ließ sein Volk ausziehen wie Schafe	וַיַּסַּע כַּצֹּאן עַמּוֹ
und führte sie wie eine Herde in der Wüste;	וַיְנַהֲגֵם כַּעֵדֶר בַּמִּדְבָּר׃
und er leitete sie sicher, dass sie sich nicht fürchteten;	וַיַּנְחֵם לָבֶטַח וְלֹא פָחָדוּ
aber ihre Feinde bedeckte das Meer.	וְאֶת־אוֹיְבֵיהֶם כִּסָּה הַיָּם׃

Doch sie täuschten ihn mit ihrem Mund, 36
und mit ihrer Zunge lügen sie ihn an,
und ihr Herz war nicht bei ihm gefestigt, 37
und sie blieben seinem Bund nicht treu;
er aber ist barmherzig, er deckt ihre Schuld zu, 38
und er vernichtet nicht,
und wie oft wandte er sich ab von seinem Zorn,
und er schürt nicht seine ganze Glut.

Dachte er doch dran, dass jene Fleisch sind, 39
Wind, der wegweht und nicht wiederkommt –
doch, wie oft reizen sie ihn in der Wüste, 40
kränken sie ihn in der Öde;
und so versuchten sie den Starken immer wieder 41
und forderten den Heiligen von Israel heraus,
sie dachten nicht daran, an seine Hand, 42
nicht an den Tag, als er sie erlöste vom Bedränger.

Hatte er doch in Ägypten seine Zeichen schon getan 43
und seine Wunder im Gefilde Zoans,
als er die Kanäle ihres Nils in Blut verwandelte 44
und ihre Bäche, dass sie nicht mehr trinken können;
er sendet Fliegen unter sie, und die vertilgten sie, 45
und Frösche obendrein, und die verdarben sie,
und er gab dem Fresser ihre Ernte 46
und den Ertrag ihrer Mühe der Heuschrecke.

Er erschlägt mit Hagel ihre Rebe 47
und mit Wasserfluten ihre Maulbeerbäume,
und er lieferte ihr Vieh dem Hagel aus 48
und den Seuchen ihre Herden;
er sendet seine Zornglut unter sie, 49
Grimm und Wut und Drangsal
als Gesandtschaft schlimmer Boten,
seinem Zorn lässt er so freien Lauf. 50

Nicht schonte er ihr Leben vor dem Tod,
und was bei ihnen lebte, lieferte er der Pest aus,
und so schlug er in Ägypten alle Erstgeburt, 51
den Erstling ihrer Manneskräfte in den Zelten Hams;
aufbrechen aber ließ er dann sein Volk wie Schafe, 52
und in der Wüste leitete er sie wie eine Herde,
und er führte sie so sicher, dass sie keine Angst zu haben brauchten, 53
ihre Feinde nämlich – es bedeckte sie das Meer.

Er brachte sie zu seinem heiligen Lande,	וַיְבִיאֵם אֶל־גְּבוּל קָדְשׁוֹ
zu diesem Berge, den seine Rechte erworben hat,	הַר־זֶה קָנְתָה יְמִינוֹ׃
und vertrieb vor ihnen her die Völker	וַיְגָרֶשׁ מִפְּנֵיהֶם ׀ גּוֹיִם
und verteilte ihr Land als Erbe	וַיַּפִּילֵם בְּחֶבֶל נַחֲלָה
und ließ in ihren Zelten	וַיַּשְׁכֵּן בְּאָהֳלֵיהֶם
die Stämme Israels wohnen.	שִׁבְטֵי יִשְׂרָאֵל׃
Aber sie versuchten Gott und trotzten dem Höchsten	וַיְנַסּוּ וַיַּמְרוּ אֶת־אֱלֹהִים עֶלְיוֹן
und hielten seine Gebote nicht;	וְעֵדוֹתָיו לֹא שָׁמָרוּ׃

sie wichen zurück und waren treulos wie ihre Väter	וַיִּסֹּגוּ וַיִּבְגְּדוּ כַּאֲבוֹתָם
und versagten wie ein schlaffer Bogen;	נֶהְפְּכוּ כְּקֶשֶׁת רְמִיָּה׃
sie erzürnten ihn mit ihren Höhen	וַיַּכְעִיסוּהוּ בְּבָמוֹתָם
und reizten ihn zum Zorn mit ihren Götzen.	וּבִפְסִילֵיהֶם יַקְנִיאוּהוּ׃
Als das Gott hörte, entbrannte sein Grimm,	שָׁמַע אֱלֹהִים וַיִּתְעַבָּר
und er verwarf Israel so sehr,	וַיִּמְאַס מְאֹד בְּיִשְׂרָאֵל׃
dass er seine Wohnung in Silo dahingab,	וַיִּטֹּשׁ מִשְׁכַּן שִׁלוֹ
das Zelt, in dem er unter Menschen wohnte;	אֹהֶל שִׁכֵּן בָּאָדָם׃

er gab seine Macht in Gefangenschaft	וַיִּתֵּן לַשְּׁבִי עֻזּוֹ
und seine Herrlichkeit in die Hand des Feindes;	וְתִפְאַרְתּוֹ בְיַד־צָר׃
er übergab sein Volk dem Schwert	וַיַּסְגֵּר לַחֶרֶב עַמּוֹ
und ergrimmte über sein Erbe.	וּבְנַחֲלָתוֹ הִתְעַבָּר׃
Ihre junge Mannschaft fraß das Feuer,	בַּחוּרָיו אָכְלָה־אֵשׁ
und ihre Jungfrauen mussten ungefreit bleiben.	וּבְתוּלֹתָיו לֹא הוּלָּלוּ׃
Ihre Priester fielen durchs Schwert,	כֹּהֲנָיו בַּחֶרֶב נָפָלוּ
und die Witwen konnten die Toten nicht beweinen.	וְאַלְמְנֹתָיו לֹא תִבְכֶּינָה׃

Da erwachte der HERR wie ein Schlafender,	וַיִּקַץ כְּיָשֵׁן ׀ אֲדֹנָי
wie ein Starker, der beim Wein fröhlich war,	כְּגִבּוֹר מִתְרוֹנֵן מִיָּיִן׃
und schlug seine Feinde hinten	וַיַּךְ־צָרָיו אָחוֹר
und hängte ihnen ewige Schande an.	חֶרְפַּת עוֹלָם נָתַן לָמוֹ׃
Er verwarf das Zelt Josefs	וַיִּמְאַס בְּאֹהֶל יוֹסֵף
und erwählte nicht den Stamm Ephraim,	וּבְשֵׁבֶט אֶפְרַיִם לֹא בָחָר׃
sondern erwählte den Stamm Juda,	וַיִּבְחַר אֶת־שֵׁבֶט יְהוּדָה
den Berg Zion, den er lieb hat.	אֶת־הַר צִיּוֹן אֲשֶׁר אָהֵב׃

Er baute sein Heiligtum wie Himmelshöhen,	וַיִּבֶן כְּמוֹ־רָמִים מִקְדָּשׁוֹ
wie die Erde, die er gegründet hat für immer,	כְּאֶרֶץ יְסָדָהּ לְעוֹלָם׃
und erwählte seinen Knecht David	וַיִּבְחַר בְּדָוִד עַבְדּוֹ
und nahm ihn von den Schafhürden;	וַיִּקָּחֵהוּ מִמִּכְלְאֹת צֹאן׃
von den säugenden Schafen holte er ihn,	מֵאַחַר עָלוֹת הֱבִיאוֹ
dass er sein Volk Jakob weide	לִרְעוֹת בְּיַעֲקֹב עַמּוֹ
und sein Erbe Israel.	וּבְיִשְׂרָאֵל נַחֲלָתוֹ׃
Und er weidete sie mit aller Treue	וַיִּרְעֵם כְּתֹם לְבָבוֹ
und leitete sie mit kluger Hand.	וּבִתְבוּנוֹת כַּפָּיו יַנְחֵם׃

Dann brachte er sie hin zu seinem heiligen Bezirk, 54
zu diesem Berg, den seine Rechte sich erworben hatte,
und er trieb dabei die Völker weg vor ihnen, 55
dann verteilte er das Erbland mit der Messschnur unter sie,
und er ließ darauf in ihren Zelten wohnen
die Stämme Israels –
doch sie versuchten und erbitterten Gott selbst, den Höchsten, 56
und seine Zeugnisse beachteten sie nicht.

Sie fielen damit ab und wurden untreu so wie ihre Väter, 57
sie versagten wie ein schlaffer Bogen,
da sie ihn mit ihren Höhen kränkten, 58
und sie reizen ihn mit ihren Bildern;
als Gott das vernahm, erzürnte er, 59
so dass er Israel total verwarf
und dann die Wohnung Silos abriss, 60
das Zelt, das er sich bei den Menschen aufgeschlagen hatte.

Dann gab er seine Macht in die Gefangenschaft 61
und seine Pracht in die Gewalt des Feindes,
und er lieferte sein Volk dem Schwerte aus, 62
war er doch zornig auf sein Eigentum;
seine jungen Männer fraß das Feuer, 63
und seinen jungen Frauen sang keiner mehr ein Hochzeitslied,
seine Priester fielen durch das Schwert, 64
und seine Witwen können nicht mehr weinen.

Doch wie ein Schlafender erwachte da der Herr, 65
wie ein vom Wein berauschter Held,
und dann schlug er seine Widersacher in die Flucht, 66
Schmach tat er ihnen an für alle Zeiten;
und Josephs Zelt verwarf er, 67
und den Stamm Ephraim, den hat er nicht erwählt,
vielmehr erwählte er gerade den Stamm Juda, 68
gerade den Berg Zion, den er liebte.

Und so wie die Hohen baute er sein Heiligtum, 69
wie schon die Erde, die er dauerhaft gegründet hat,
und er erwählte David, seinen Knecht, 70
und er nahm ihn von den Hürden seiner Herden weg;
er brachte, hinter Mutterschafen weg, ihn her, 71
damit er Hirte sei in Jakob, seinem Volk,
und in Israel, seinem Eigentum,
und nach seinem ungeteilten Herzen hat er sie gehütet, 72
und er wird sie mit geschickten Händen lenken.

Psalm 79

Ein Psalm Asafs.	מִזְמוֹר לְאָסָף
Gott, es sind Heiden in dein Erbe eingefallen;	אֱלֹהִים בָּאוּ גוֹיִם ׀ בְּנַחֲלָתֶךָ
die haben deinen heiligen Tempel entweiht	טִמְּאוּ אֶת־הֵיכַל קָדְשֶׁךָ
und aus Jerusalem einen Steinhaufen gemacht.	שָׂמוּ אֶת־יְרוּשָׁלִַם לְעִיִּים׃
Sie haben die Leichname deiner Knechte	נָתְנוּ אֶת־נִבְלַת עֲבָדֶיךָ
den Vögeln unter dem Himmel zu fressen gegeben	מַאֲכָל לְעוֹף הַשָּׁמָיִם
und das Fleisch deiner Heiligen den Tieren im Lande.	בְּשַׂר חֲסִידֶיךָ לְחַיְתוֹ־אָרֶץ׃
Sie haben ihr Blut vergossen	שָׁפְכוּ דָמָם ׀ כַּמַּיִם
um Jerusalem her wie Wasser, und da war niemand, der	סְבִיבוֹת יְרוּשָׁלִָם וְאֵין קוֹבֵר׃
Wir sind bei unsern Nachbarn eine Schmach geworden, [sie begrub.	הָיִינוּ חֶרְפָּה לִשְׁכֵנֵינוּ
zu Spott und Hohn bei denen, die um uns her sind.	לַעַג וָקֶלֶס לִסְבִיבוֹתֵינוּ׃
HERR, wie lange willst du so sehr zürnen	עַד־מָה יְהוָה תֶּאֱנַף לָנֶצַח
und deinen Eifer brennen lassen wie Feuer?	תִּבְעַר כְּמוֹ־אֵשׁ קִנְאָתֶךָ׃
Schütte deinen Grimm auf die Völker,	שְׁפֹךְ חֲמָתְךָ אֶל־הַגּוֹיִם
die dich nicht kennen,	אֲשֶׁר לֹא־יְדָעוּךָ
und auf die Königreiche,	וְעַל מַמְלָכוֹת
die deinen Namen nicht anrufen.	אֲשֶׁר בְּשִׁמְךָ לֹא קָרָאוּ׃
Denn sie haben Jakob gefressen	כִּי אָכַל אֶת־יַעֲקֹב
und seine Stätte verwüstet.	וְאֶת־נָוֵהוּ הֵשַׁמּוּ׃
Rechne uns die Schuld der Väter nicht an,	אַל־תִּזְכָּר־לָנוּ עֲוֺנֹת רִאשֹׁנִים
erbarme dich unser bald,	מַהֵר יְקַדְּמוּנוּ רַחֲמֶיךָ
denn wir sind sehr elend.	כִּי דַלּוֹנוּ מְאֹד
Hilf du uns, Gott, unser Helfer,	עָזְרֵנוּ ׀ אֱלֹהֵי יִשְׁעֵנוּ
um deines Namens Ehre willen!	עַל־דְּבַר כְּבוֹד־שְׁמֶךָ
Errette uns und vergib uns unsre Sünden	וְהַצִּילֵנוּ וְכַפֵּר עַל־חַטֹּאתֵינוּ
um deines Namens willen!	לְמַעַן שְׁמֶךָ׃
Warum lässt du die Heiden sagen:	לָמָּה ׀ יֹאמְרוּ הַגּוֹיִם
„Wo ist nun ihr Gott?“	אַיֵּה אֱלֹהֵיהֶם
Lass unter den Heiden vor unsern Augen kundwerden	יִוָּדַע בגיים לְעֵינֵינוּ
die Vergeltung für das Blut deiner Knechte, das vergossen	נִקְמַת דַּם־עֲבָדֶיךָ הַשָּׁפוּךְ׃
Lass vor dich kommen [ist.	תָּבוֹא לְפָנֶיךָ
das Seufzen der Gefangenen;	אֶנְקַת אָסִיר
durch deinen starken Arm erhalte die Kinder des Todes	כְּגֹדֶל זְרוֹעֲךָ הוֹתֵר בְּנֵי תְמוּתָה׃
und vergilt unsern Nachbarn siebenfach auf ihr Haupt	וְהָשֵׁב לִשְׁכֵנֵינוּ שִׁבְעָתַיִם אֶל־חֵיקָם
ihr Schmähen, mit dem sie dich, HERR, geschmäht	חֶרְפָּתָם אֲשֶׁר חֵרְפוּךָ אֲדֹנָי׃
Wir aber, dein Volk, die Schafe deiner Weide, [haben.	וַאֲנַחְנוּ עַמְּךָ ׀ וְצֹאן מַרְעִיתֶךָ
danken dir ewiglich	נוֹדֶה לְּךָ לְעוֹלָם
und verkünden deinen Ruhm für und für.	לְדֹר וָדֹר נְסַפֵּר תְּהִלָּתֶךָ׃

79

Ein Psalm Asafs. 1

Gott, in dein Eigentum sind Heiden eingedrungen,
unrein haben diese ihn, deinen heiligen Tempel, gemacht,
in einen Trümmerhaufen haben diese sie, die Stadt Jerusalem, verwandelt;
sie, die Leichen deiner Knechte gaben sie dahin 2
zum Fraß den Vögeln des Himmels,
das Fleisch deiner Treuen den Tieren der Erde.

Vergossen haben sie ihr Blut wie Wasser 3
rings um Jerusalem, und da war keiner, der begrub;
für unsere Nachbarn sind wir zum Gespött geworden, 4
zu Hohn und Spott für unsere Umgebung –
bis wann, du TREUER, willst du noch fortwährend zürnen, 5
soll dein Eifer denn wie Feuer brennen?

Gieß deine Glut aus auf die Heiden, 6
die dich nicht erkannten,
und auf die Königreiche,
die deinen Namen nicht anriefen;
hat man doch ihn, hat man doch Jakob aufgefressen, 7
und sie, seine Wohnstatt, haben sie verwüstet!

Trag uns nicht die Schuldenlast der Ahnen nach, 8
mache schnell, dass dein Erbarmen uns entgegenkommt,
wir sind so sehr bedürftig;
steh zu uns, Gott unserer Befreiung, 9
auf Grund der Ehre deines Namens
und rette uns heraus und decke unsere Versündigungen zu,
wie es deinem Namen ja entspricht!

Warum sollen denn die Heiden sagen können: 10
„Wo ist nun ihr Gott?“
Werde doch vor unseren Augen an den Heiden offenkundig
die Vergeltung für das vergossene Blut deiner Knechte,
komme doch vor dich 11
das Stöhnen der Gefangenen!

Nach der Größe deines Armes lass die Todgeweihten überleben,
doch gib unseren Nachbarn siebenfach zurück 12
ihre Schmähung, Herr, mit der sie dich schmähten!
Wir aber als dein Volk, die Herde, die du weidest, 13
wir danken dir für alle Zeit,
den kommenden Geschlechtern noch erzählen wir von deinem Ruhm.

Psalm 80

Ein Psalm Asafs, vorzusingen,	לַמְנַצֵּחַ אֶל־שֹׁשַׁנִּים
nach der Weise „Lilien des Zeugnisses".	עֵדוּת לְאָסָף מִזְמוֹר׃
Du Hirte Israels, höre,	רֹעֵה יִשְׂרָאֵל ׀ הַאֲזִינָה
der du Josef hütest wie Schafe!	נֹהֵג כַּצֹּאן יוֹסֵף
Erscheine, der du thronst über den Cherubim,	יֹשֵׁב הַכְּרוּבִים הוֹפִיעָה׃
vor Ephraim, Benjamin und Manasse!	לִפְנֵי אֶפְרַיִם ׀ וּבִנְיָמִן וּמְנַשֶּׁה
Erwecke deine Kraft	עוֹרְרָה אֶת־גְּבוּרָתֶךָ
und komm uns zu Hilfe!	וּלְכָה לִישֻׁעָתָה לָּנוּ׃
Gott, tröste uns wieder	אֱלֹהִים הֲשִׁיבֵנוּ
und lass leuchten dein Antlitz, so genesen wir.	וְהָאֵר פָּנֶיךָ וְנִוָּשֵׁעָה׃
HERR, Gott Zebaoth,	יְהוָה אֱלֹהִים צְבָאוֹת
wie lange willst du zürnen, während dein Volk zu dir	עַד־מָתַי עָשַׁנְתָּ בִּתְפִלַּת עַמֶּךָ׃
Du speisest sie mit Tränenbrot [betet?	הֶאֱכַלְתָּם לֶחֶם דִּמְעָה
und tränkest sie mit einem großen Krug voll Tränen.	וַתַּשְׁקֵמוֹ בִּדְמָעוֹת שָׁלִישׁ׃
Du lässest unsre Nachbarn sich um uns streiten,	תְּשִׂימֵנוּ מָדוֹן לִשְׁכֵנֵינוּ
und unsre Feinde verspotten uns.	וְאֹיְבֵינוּ יִלְעֲגוּ־לָמוֹ׃
Gott Zebaoth, tröste uns wieder;	אֱלֹהִים צְבָאוֹת הֲשִׁיבֵנוּ
lass leuchten dein Antlitz, so genesen wir.	וְהָאֵר פָּנֶיךָ וְנִוָּשֵׁעָה׃
Du hast einen Weinstock aus Ägypten geholt,	גֶּפֶן מִמִּצְרַיִם תַּסִּיעַ
hast vertrieben die Völker und ihn eingepflanzt.	תְּגָרֵשׁ גּוֹיִם וַתִּטָּעֶהָ׃
Du hast vor ihm Raum gemacht und hast ihn lassen ein-	פִּנִּיתָ לְפָנֶיהָ וַתַּשְׁרֵשׁ שָׁרָשֶׁיהָ
dass er das Land erfüllt hat. [wurzeln,	וַתְּמַלֵּא־אָרֶץ׃
Berge sind mit seinem Schatten bedeckt	כָּסּוּ הָרִים צִלָּהּ
und mit seinen Reben die Zedern Gottes.	וַעֲנָפֶיהָ אַרְזֵי־אֵל׃
Du hast seine Ranken ausgebreitet bis an das Meer	תְּשַׁלַּח קְצִירֶהָ עַד־יָם
und seine Zweige bis an den Strom.	וְאֶל־נָהָר יוֹנְקוֹתֶיהָ׃
Warum hast du denn seine Mauer zerbrochen,	לָמָּה פָּרַצְתָּ גְדֵרֶיהָ
dass jeder seine Früchte abreißt, der vorübergeht?	וְאָרוּהָ כָּל־עֹבְרֵי דָרֶךְ׃
Es haben ihn zerwühlt die wilden Säue	יְכַרְסְמֶנָּה חֲזִיר מִיָּעַר
und die Tiere des Feldes ihn abgeweidet.	וְזִיז שָׂדַי יִרְעֶנָּה׃
Gott Zebaoth, wende dich doch!	אֱלֹהִים צְבָאוֹת שׁוּב־נָא
Schaue vom Himmel und sieh darein,	הַבֵּט מִשָּׁמַיִם וּרְאֵה
nimm dich dieses Weinstocks an!	וּפְקֹד גֶּפֶן זֹאת׃
Schütze doch, was deine Rechte gepflanzt hat,	וְכַנָּה אֲשֶׁר־נָטְעָה יְמִינֶךָ
den Sohn, den du dir großgezogen hast!	וְעַל־בֵּן אִמַּצְתָּה לָּךְ׃
Sie haben ihn mit Feuer verbrannt wie Kehricht;	שְׂרֻפָה בָאֵשׁ כְּסוּחָה
vor dem Drohen deines Angesichts sollen sie umkommen.	מִגַּעֲרַת פָּנֶיךָ יֹאבֵדוּ׃
Deine Hand schütze den Mann deiner Rechten,	תְּהִי־יָדְךָ עַל־אִישׁ יְמִינֶךָ
den Sohn, den du dir großgezogen hast.	עַל־בֶּן־אָדָם אִמַּצְתָּ לָּךְ׃
So wollen wir nicht von dir weichen.	וְלֹא־נָסוֹג מִמֶּךָּ
Lass uns leben, so wollen wir deinen Namen anrufen.	תְּחַיֵּנוּ וּבְשִׁמְךָ נִקְרָא׃
HERR, Gott Zebaoth, tröste uns wieder;	יְהוָה אֱלֹהִים צְבָאוֹת הֲשִׁיבֵנוּ
lass leuchten dein Antlitz, so genesen wir.	הָאֵר פָּנֶיךָ וְנִוָּשֵׁעָה׃

Dem Chorleiter: Zu ‚Lotosblüten'. 1
Ein Zeugnis Asafs. Ein Psalm.

Du Hirte Israels, so höre doch, 2
der du Joseph führst wie eine Herde,
der du auf den Cheruben thronst, lass deinen Glanz doch sehen
vor Ephraim, vor Benjamin und vor Manasse, 3
lass sie doch, deine Heldenkraft, erwachen,
und komm doch zu unserer Befreiung!
Du Gott, stelle uns doch wieder her 4
und lass dein Angesicht aufleuchten, und uns ist geholfen!

Du TREUER, Gott der Heere, 5
wie lange hast du deinen Zorn beim Beten deines Volkes rauchen lassen!
Du hast sie mit Tränenbrot gespeist, 6
und du hast sie getränkt mit einem Übermaß an Tränen.
Da legst du uns den Nachbarn als Zankapfel hin, 7
und unsere Feinde können sich ins Fäustchen lachen.
Du Gott der Heere, stelle uns doch wieder her 8
und lass dein Angesicht aufleuchten, und uns ist geholfen!

Da hebst du aus Ägypten einen Weinstock aus, 9
du vertreibst die Völker, und dann hast du ihn eingepflanzt,
hast vor ihm eingeebnet, dass er seine Wurzeln schlagen konnte, 10
und dann hat er das Land erfüllt;
Berge wurden zugedeckt von seinem Schatten 11
und die Zedern Els von seinen Zweigen,
da streckt er seine Ranken aus bis an das Meer 12
und bis zum Strom hin seine Triebe.

Warum denn hast du seine Zäune eingerissen, 13
und jeder, der des Wegs kommt, pflückt ihn ab?
Grunzend wühlt das Wildschwein aus dem Wald ihn um, 14
und die Feldheuschrecke frisst ihn kahl.
Du Gott der Heere, kehre endlich um, 15
schaue her vom Himmel und sieh hin
und kümmere dich um diesen Weinstock
und den Setzling, den doch deine Rechte eingepflanzt, 16
und um den Sohn, den du dir großgezogen hast!

Verbrannt ist er im Feuer, abgehauen, 17
vor der Bedrohung durch dein Angesicht vergehen sie –
sei deine Hand doch über diesem Mann zu deiner Rechten, 18
über diesem Menschenkind, das du dir großgezogen hast!
Und wir weichen nicht von dir; 19
du bringst uns zum Leben, und wir rufen deinen Namen an:
„Du TREUER, Gott der Heere, stelle uns doch wieder her, 20
lass dein Angesicht aufleuchten, und uns ist geholfen!"

Psalm 81

Von Asaf,	לַמְנַצֵּחַ ׀ עַל־הַגִּתִּית
vorzusingen, auf der Gittit.	לְאָסָף׃
Singet fröhlich Gott, der unsre Stärke ist,	הַרְנִינוּ לֵאלֹהִים עוּזֵּנוּ
jauchzet dem Gott Jakobs!	הָרִיעוּ לֵאלֹהֵי יַעֲקֹב׃
Hebt an mit Psalmen und lasst hören die Pauken,	שְׂאוּ־זִמְרָה וּתְנוּ־תֹף
liebliche Zithern und Harfen!	כִּנּוֹר נָעִים עִם־נָבֶל׃
Blaset am Neumond die Posaune,	תִּקְעוּ בַחֹדֶשׁ שׁוֹפָר
am Vollmond, am Tag unsres Festes!	בַּכֵּסֶה לְיוֹם חַגֵּנוּ׃
Denn das ist eine Satzung für Israel	כִּי חֹק לְיִשְׂרָאֵל הוּא
und eine Ordnung des Gottes Jakobs.	מִשְׁפָּט לֵאלֹהֵי יַעֲקֹב׃
Das hat er zum Zeugnis gesetzt für Josef,	עֵדוּת ׀ בִּיהוֹסֵף שָׂמוֹ
als Er auszog wider Ägyptenland.	בְּצֵאתוֹ עַל־אֶרֶץ מִצְרָיִם
Eine Sprache höre ich, die ich bisher nicht kannte:	שְׂפַת לֹא־יָדַעְתִּי אֶשְׁמָע׃
Ich habe ihre Schultern von der Last befreit	הֲסִירוֹתִי מִסֵּבֶל שִׁכְמוֹ
und ihre Hände vom Tragkorb erlöset.	כַּפָּיו מִדּוּד תַּעֲבֹרְנָה׃
Als du mich in der Not anriefst, half ich dir heraus	בַּצָּרָה קָרָאתָ וָאֲחַלְּצֶךָּ
und antwortete dir aus der Wetterwolke	אֶעֶנְךָ בְּסֵתֶר רַעַם
und prüfte dich am Haderwasser. Sela.	אֶבְחָנְךָ עַל־מֵי מְרִיבָה סֶלָה׃
Höre, mein Volk, ich will dich ermahnen.	שְׁמַע עַמִּי וְאָעִידָה בָּךְ
Israel, du sollst mich hören!	יִשְׂרָאֵל אִם־תִּשְׁמַע־לִי׃
Kein andrer Gott sei unter dir,	לֹא־יִהְיֶה בְךָ אֵל זָר
und einen fremden Gott sollst du nicht anbeten!	וְלֹא תִשְׁתַּחֲוֶה לְאֵל נֵכָר׃
Ich bin der HERR, dein Gott,	אָנֹכִי ׀ יְהוָה אֱלֹהֶיךָ
der dich aus Ägyptenland geführt hat:	הַמַּעַלְךָ מֵאֶרֶץ מִצְרָיִם
Tu deinen Mund weit auf, lass mich ihn füllen!	הַרְחֶב־פִּיךָ וַאֲמַלְאֵהוּ׃
Aber mein Volk gehorcht nicht meiner Stimme,	וְלֹא־שָׁמַע עַמִּי לְקוֹלִי
und Israel will mich nicht.	וְיִשְׂרָאֵל לֹא־אָבָה לִי׃
So hab ich sie dahingegeben in die Verstocktheit ihres Herzens,	וָאֲשַׁלְּחֵהוּ בִּשְׁרִירוּת לִבָּם
dass sie wandeln nach eigenem Rat.	יֵלְכוּ בְּמוֹעֲצוֹתֵיהֶם׃
Wenn doch mein Volk mir gehorsam wäre	לוּ עַמִּי שֹׁמֵעַ לִי
und Israel auf meinem Wege ginge!	יִשְׂרָאֵל בִּדְרָכַי יְהַלֵּכוּ׃
Dann wollte ich seine Feinde bald demütigen	כִּמְעַט אוֹיְבֵיהֶם אַכְנִיעַ
und meine Hand gegen seine Widersacher wenden!	וְעַל צָרֵיהֶם אָשִׁיב יָדִי׃
Und die den HERRN hassen, müssten sich vor ihm beugen,	מְשַׂנְאֵי יְהוָה יְכַחֲשׁוּ־לוֹ
aber Israels Zeit würde ewig währen,	וִיהִי עִתָּם לְעוֹלָם׃
und ich würde es mit dem besten Weizen speisen	וַיַּאֲכִילֵהוּ מֵחֵלֶב חִטָּה
und mit Honig aus dem Felsen sättigen.	וּמִצּוּר דְּבַשׁ אַשְׂבִּיעֶךָ׃

Dem Chorleiter: Auf der Gittit. 1
Von Asaf.

Jauchzt Gott zu, der unser Schutz ist, 2
jubelt dem Gott Jakobs zu,
erhebt den Lobgesang und lasst die Pauke hören, 3
die Laute, lieblich, samt der Harfe,
stoßt beim Neumond in das Horn, 4
beim Vollmond, uns zum Tag des Festes!
Ist dies doch für Israel Gesetz, 5
Beschluss für Jakobs Gott,
beglaubigt hat er es bei Joseph, 6
als er gegen das Land Ägypten ausgezogen ist.

Eine Sprache, die mir unbekannt ist, höre ich:
„Ich habe seine Schulter von der Last befreit, 7
dem Tragkorb sollen seine Hände nun entgehen."
Du hast in der Angst gerufen, und ich habe dich herausgeholt, 8
ich gebe dir im Schutz des Donners Antwort,
ich prüfe dich am Haderwasser. Sälah

So höre nun, mein Volk, ja, ich beschwöre dich, 9
ach, Israel, wenn du doch auf mich hören wolltest:
Nicht soll bei dir ein fremder Gott sein Wesen treiben, 10
und du sollst nicht vor einem Gott von draußen niederfallen;
ich, der TREUE, bin dein Gott, 11
der dich heraufgeführt hat aus dem Land Ägypten!
Mache deinen Mund weit auf, und ich will ihn füllen!

Doch mein Volk hat nicht gehört auf meine Stimme, 12
und Israel, es hat mich nicht gewollt;
da schickte ich es weg in ihrer Herzenshärte, 13
so gehen sie dahin mit ihren eigenen Plänen –
wenn doch mein Volk nur, auf mich hörend, 14
wenn Israel doch nur auf meinen Wegen gehen wollte!

Wie wenig fehlte, dass ich ihre Feinde beugte 15
und dass ich meine Hand umdrehte gegen ihre Widersacher,
dass, die dem TREUEN nur mit Hass begegnet sind, ihm nun Ergebung zeigten, 16
und keine Grenzen wären ihrer Zeit gesetzt –
und er hat es genährt mit fettem Weizen – , 17
und ich würde dich mit Honig aus dem Felsen sättigen!"

Psalm 82

Ein Psalm Asafs.	מִזְמוֹר לְאָסָף
Gott steht in der Gottesgemeinde	אֱלֹהִים נִצָּב בַּעֲדַת־אֵל
und ist Richter unter den Göttern.	בְּקֶרֶב אֱלֹהִים יִשְׁפֹּט׃
„Wie lange wollt ihr unrecht richten	עַד־מָתַי תִּשְׁפְּטוּ־עָוֶל
und die Gottlosen vorziehen? Sela.	וּפְנֵי רְשָׁעִים תִּשְׂאוּ־סֶלָה׃
Schaffet Recht dem Armen und der Waise	שִׁפְטוּ־דַל וְיָתוֹם
und helft dem Elenden und Bedürftigen zum Recht.	עָנִי וָרָשׁ הַצְדִּיקוּ׃
Errettet den Geringen und Armen	פַּלְּטוּ־דַל וְאֶבְיוֹן
und erlöst ihn aus der Gewalt der Gottlosen.“	מִיַּד רְשָׁעִים הַצִּילוּ׃
Sie lassen sich nichts sagen	לֹא יָדְעוּ ׀
und sehen nichts ein,	וְלֹא יָבִינוּ
sie tappen dahin im Finstern.	בַּחֲשֵׁכָה יִתְהַלָּכוּ
Darum wanken alle Grundfesten der Erde.	יִמּוֹטוּ כָּל־מוֹסְדֵי אָרֶץ׃
„Wohl habe ich gesagt: Ihr seid Götter	אֲנִי־אָמַרְתִּי אֱלֹהִים אַתֶּם
und allzumal Söhne des Höchsten;	וּבְנֵי עֶלְיוֹן כֻּלְּכֶם׃
aber ihr werdet sterben wie Menschen	אָכֵן כְּאָדָם תְּמוּתוּן
und wie ein Tyrann zugrunde gehen.“	וּכְאַחַד הַשָּׂרִים תִּפֹּלוּ׃
Gott, mache dich auf	קוּמָה אֱלֹהִים
und richte die Erde;	שָׁפְטָה הָאָרֶץ
denn du bist Erbherr	כִּי־אַתָּה תִנְחַל
über alle Heiden!	בְּכָל־הַגּוֹיִם׃

Ein Psalm Asafs. 1

Gott ist in Els Versammlung aufgetreten,
mitten unter den Göttern hält er Gericht:
„Wie lange noch wollt ihr so übel richten, 2
und das Ansehen der Schurken heben? Sälah

Schafft dem Geringen und der Waise Recht, 3
bringt dem Bedrückten und Bedürftigen Gerechtigkeit,
lasst den Geringen und den Armen frei, 4
aus der Gewalt der Schurken rettet sie heraus!

Nichts haben sie begriffen, 5
und nichts verstehen sie,
im Finstern tappen sie herum,
das ganze Fundament der Erde kommt ins Wanken.

Ich aber habe so beschlossen: ‚Götter seid ihr zwar 6
und allesamt des Höchsten Söhne –
jedoch, wie Menschen müsst ihr sterben, 7
und wie irgendeiner von den Fürsten sollt ihr fallen!'"

Erheb dich doch, o Gott, 8
regiere doch die Welt,
denn du allein hast das Besitzrecht
über alle Völker!

Psalm 83

Ein Psalm Asafs.	שִׁיר מִזְמוֹר לְאָסָֽף׃

Gott, schweige doch nicht!	אֱלֹהִים אַל־דֳּמִי־לָךְ
Gott, bleib nicht so still und ruhig!	אַל־תֶּחֱרַשׁ וְאַל־תִּשְׁקֹט אֵֽל׃
Denn siehe, deine Feinde toben,	כִּֽי־הִנֵּה אוֹיְבֶיךָ יֶהֱמָיוּן
und die dich hassen, erheben das Haupt	וּמְשַׂנְאֶיךָ נָשְׂאוּ רֹֽאשׁ׃
Sie machen listige Anschläge wider dein Volk	עַל־עַמְּךָ יַעֲרִימוּ סוֹד
und halten Rat wider die, die bei dir sich bergen.	וְיִתְיָעֲצוּ עַל־צְפוּנֶֽיךָ׃
„Wohlan!“ sprechen sie, „Lasst uns sie ausrotten, dass sie kein	אָמְרוּ לְכוּ וְנַכְחִידֵם מִגּוֹי
und des Namens Israel nicht mehr ge- [Volk mehr seien	וְלֹֽא־יִזָּכֵר שֵֽׁם־יִשְׂרָאֵל עֽוֹד׃
[dacht werde!“	
Denn sie sind miteinander eins geworden	כִּי נוֹעֲצוּ לֵב יַחְדָּו
und haben einen Bund wider dich gemacht:	עָלֶיךָ בְּרִית יִכְרֹֽתוּ׃
die in den Zelten von Edom und Ismael wohnen,	אָהֳלֵי אֱדוֹם וְיִשְׁמְעֵאלִים
Moab und die Hagariter,	מוֹאָב וְהַגְרִֽים׃
Gebal, Ammon und Amalek,	גְּבָל וְעַמּוֹן וַעֲמָלֵק
die Philisiter mit denen von Tyrus	פְּלֶשֶׁת עִם־יֹשְׁבֵי צֽוֹר׃
auch Assur hat sich zu ihnen geschlagen,	גַּם־אַשּׁוּר נִלְוָה עִמָּם
sie helfen den Söhnen Lot. Sela.	הָיוּ זְרוֹעַ לִבְנֵי־לוֹט סֶֽלָה׃

Mach’s mit ihnen wie mit Midian,	עֲשֵׂה־לָהֶם כְּמִדְיָן
wie mit Sisera, mit Jabin am Bach Kischon,	כְּסִיסְרָא כְיָבִין בְּנַחַל קִישֽׁוֹן׃
die vertilgt wurden bei En-Dor	נִשְׁמְדוּ בְעֵין־דֹּאר
und wurden zu Mist auf dem Acker.	הָיוּ דֹּמֶן לָאֲדָמָֽה׃
Mache ihre Fürsten wie Oreb und Seeb,	שִׁיתֵמוֹ נְדִיבֵמוֹ כְּעֹרֵב וְכִזְאֵב
alle ihre Edlen wie Sebach und Zalmunna,	וּכְזֶבַח וּכְצַלְמֻנָּע כָּל־נְסִיכֵֽמוֹ׃
die auch einmal sagten: Wir wollen	אֲשֶׁר אָמְרוּ נִירְשָׁה לָּנוּ
das Land Gottes einnehmen.	אֵת נְאוֹת אֱלֹהִֽים׃

Mein Gott, mache sie wie verwehende Blätter,	אֱלֹהַי שִׁיתֵמוֹ כַגַּלְגַּל
wie Spreu vor dem Winde.	כְּקַשׁ לִפְנֵי־רֽוּחַ׃
Wie ein Feuer den Wald verbrennt	כְּאֵשׁ תִּבְעַר־יָעַר
und wie eine Flamme die Berge versengt,	וּכְלֶהָבָה תְּלַהֵט הָרִֽים׃
so verfolge sie mit deinem Sturm	כֵּן תִּרְדְּפֵם בְּסַעֲרֶךָ
und erschrecke sie mit deinem Ungewitter.	וּבְסוּפָתְךָ תְבַהֲלֵֽם׃
Bedecke ihr Angesicht mit Schande,	מַלֵּא פְנֵיהֶם קָלוֹן
dass sie, HERR, nach deinem Namen fragen müssen.	וִיבַקְשׁוּ שִׁמְךָ יְהוָֽה׃

Schämen sollen sie sich und erschrecken für immer	יֵבֹשׁוּ וְיִבָּהֲלוּ עֲדֵי־עַד
und zuschanden werden und umkommen.	וְיַחְפְּרוּ וְיֹאבֵֽדוּ׃
So werden sie erkennen, dass du allein HERR heißest	וְיֵדְעוּ כִּֽי־אַתָּה שִׁמְךָ יְהוָה לְבַדֶּךָ
und der Höchste bist in aller Welt.	עֶלְיוֹן עַל־כָּל־הָאָֽרֶץ׃

Ein Lied. Ein Psalm Asafs. 1

Gott, verhalt dich doch nicht ruhig, 2
schweig nicht und verharre nicht untätig, starker Gott!
Denn siehe, deine Feinde toben los, 3
und die dich hassen, haben schon das Haupt erhoben,
gegen dein Volk denken sie sich listig einen Anschlag aus, 4
und sie haben sich beraten gegen deine Schutzbefohlenen,
haben sie doch schon gesagt: „Auf, wir lassen sie als Volk verschwinden, 5
dass keiner an den Namen Israel mehr denkt!“

Ja, einmütig haben sie beratschlagt, 6
sie sind dabei, ein Bündnis gegen dich zu schmieden,
die Zelte Edoms, die Ismaeliter, 7
Moab, die Hagriter,
Gebal, Ammon, Amalek, 8
Philistäa samt den Einwohnern von Tyrus,
ja, selbst Assur schloss sich ihnen an, 9
sie sind zum Arm geworden für die Söhne Lots! Sälah

Tu ihnen so wie Midian, 10
wie Sisera, wie Jabin am Bach Kischon,
als sie vernichtet worden sind bei Endor, 11
zu Dung geworden für den Ackerboden,
setze ihnen, ihren Edlen, zu wie Oreb und Seeb, 12
wie Sebach und Zalmunna allen ihren Fürsten,
weil sie sagten: „Einverleiben wollen wir uns 13
sie, die Ländereien Gottes!“

Mein Gott, mache sie doch wie die Kugeldistel, 14
wie Strohstoppeln vor dem Wind!
Wie das Feuer einen Wald abbrennt, 15
wie die Flamme Berge ansengt,
so sollst du sie mit deinem Unwetter verfolgen, 16
sie mit deinem Sturm in Schrecken setzen!
Belege doch ihr Angesicht mit Schmach, 17
damit sie deinen Namen suchen: TREUER!

Mögen sie zuschanden werden und erschreckt für immer, 18
und mögen sie sich schämen und zugrunde gehen –
und mögen sie erkennen: Du mit deinem Namen TREUER, du allein, 19
du bist der Höchste auf der ganzen Erde!

Psalm 84

Ein Psalm
der Söhne Korach,
vorzusingen, auf der Gittit.

לַמְנַצֵּחַ עַל־הַגִּתִּית
לִבְנֵי־קֹרַח
מִזְמוֹר׃

Wie lieb sind mir deine Wohnungen,
HERR Zebaoth!
Meine Seele verlangt und sehnt sich
nach den Vorhöfen des HERRN;
mein Leib und Seele freuen sich
in dem lebendigen Gott.

מַה־יְּדִידוֹת מִשְׁכְּנוֹתֶיךָ
יְהוָה צְבָאוֹת׃
נִכְסְפָה וְגַם־כָּלְתָה ׀ נַפְשִׁי
לְחַצְרוֹת יְהוָה
לִבִּי וּבְשָׂרִי יְרַנְּנוּ
אֶל אֵל־חָי׃

Der Vogel hat ein Haus gefunden
und die Schwalbe ein Nest
für ihre Jungen –
deine Altäre, HERR Zebaoth,
mein König und mein Gott.
Wohl denen, die in deinem Hause wohnen;
die loben dich immerdar. Sela.

גַּם־צִפּוֹר ׀ מָצְאָה בַיִת
וּדְרוֹר ׀ קֵן לָהּ
אֲשֶׁר־שָׁתָה אֶפְרֹחֶיהָ
אֶת־מִזְבְּחוֹתֶיךָ יְהוָה צְבָאוֹת
מַלְכִּי וֵאלֹהָי׃
אַשְׁרֵי יוֹשְׁבֵי בֵיתֶךָ
עוֹד יְהַלְלוּךָ סֶּלָה׃

Wohl den Menschen, die dich für ihre Stärke halten
und von Herzen dir nachwandeln!
Wenn sie durchs dürre Tal ziehen,
wird es ihnen zum Quellgrund,
und Frühregen hüllt es in Segen.
Sie gehen von einer Kraft zur andern
und schauen den wahren Gott in Zion.

אַשְׁרֵי אָדָם עוֹז־לוֹ בָךְ
מְסִלּוֹת בִּלְבָבָם׃
עֹבְרֵי ׀ בְּעֵמֶק הַבָּכָא
מַעְיָן יְשִׁיתוּהוּ גַּם־בְּרָכוֹת
יַעְטֶה מוֹרֶה׃
יֵלְכוּ מֵחַיִל אֶל־חָיִל
יֵרָאֶה אֶל־אֱלֹהִים בְּצִיּוֹן׃

HERR, Gott Zebaoth, höre mein Gebet;
vernimm es, Gott Jakobs! Sela.
Gott, unser Schild, schaue doch;
sieh doch an das Antlitz deines Gesalbten!
Denn ein Tag in deinen Vorhöfen ist besser
als sonst tausend.

יְהוָה אֱלֹהִים צְבָאוֹת שִׁמְעָה תְפִלָּתִי
הַאֲזִינָה אֱלֹהֵי יַעֲקֹב סֶלָה׃
מָגִנֵּנוּ רְאֵה אֱלֹהִים
וְהַבֵּט פְּנֵי מְשִׁיחֶךָ׃
כִּי טוֹב־יוֹם בַּחֲצֵרֶיךָ
מֵאָלֶף בָּחַרְתִּי

Ich will lieber die Tür hüten in meines Gottes Hause
als wohnen in der Gottlosen Hütten.
Denn Gott der HERR ist Sonne und Schild;
der HERR gibt Gnade und Ehre.
Er wird kein Gutes mangeln lassen
den Frommen.

הִסְתּוֹפֵף בְּבֵית אֱלֹהַי
מִדּוּר בְּאָהֳלֵי־רֶשַׁע׃
כִּי שֶׁמֶשׁ ׀ וּמָגֵן יְהוָה
אֱלֹהִים חֵן וְכָבוֹד יִתֵּן
יְהוָה לֹא יִמְנַע־טוֹב
לַהֹלְכִים בְּתָמִים׃

HERR Zebaoth,
wohl dem Menschen, der sich auf dich verlässt!

יְהוָה צְבָאוֹת
אַשְׁרֵי אָדָם בֹּטֵחַ בָּךְ׃

Dem Chorleiter: Auf der Gittit. 1
Von den Korachiten.
Ein Psalm.

Wie lieblich sind deine Wohnungen, 2
du TREUER, umgeben von den Scharen!
Ich sehnte mich, fast wäre ich dabei vergangen, 3
nach den Vorhöfen des TREUEN –
nun juble ich mit Leib und Seele
dem Starken zu, der lebendig macht.

Auch der Vogel hat ein Haus gefunden, 4
und die Schwalbe hat ihr Nest,
wo sie ihre Jungen hegt,
sie, deine Altäre, TREUER, umgeben von den Scharen,
mein König und mein Gott!
Wohl denen, die dein Haus bewohnen, 5
die dich fortwährend preisen können! Sälah

Wohl den Menschen, deren Stärke in dir liegt, 6
wenn sie ihre steilen Wege zu bedenken haben!
Wenn sie durch die Schlucht der Tränen ziehen müssen, 7
machen sie die sich zur Quelle, gar zu Teichen,
die Frühregen bedeckt,
von Kraft zu Kraft vermögen sie zu gehen, 8
um vor Gott in Zion zu erscheinen.

Du TREUER, Gott, umgeben von den Scharen, höre doch auf mein Gebet, 9
nimm es doch zu Ohren, du Gott Jakobs – Sälah – ,
unser Schild, sieh hin, o Gott, 10
und schaue das Gesicht deines Gesalbten an!
Ja, besser ist ein Tag in deinen Höfen 11
als sonst tausend, die ich mir herausgesucht.

Besser, bettelnd auf der Schwelle in dem Hause meines Gottes,
als mich in Schurkenzelten aufzuhalten.
Denn Sonne ist und Schild der TREUE, 12
Gott ist es, der Gnade schenkt und Ehre,
der TREUE, der hält nicht zurück mit Gutem
für die, die ihren Weg ganz zielgerichtet gehen.

Du TREUER, umgeben von den Scharen, 13
wohl dem Menschen, der auf dich vertraut!

Psalm 85

Ein Psalm der Söhne Korach,
vorzusingen.

לַמְנַצֵּחַ ׀
לִבְנֵי־קֹרַח מִזְמוֹר׃

HERR, der du bist vormals gnädig gewesen deinem Lande
und hast erlöst die Gefangenen Jakobs;
der du die Missetat vormals vergeben hast deinem Volk
und alle seine Sünde bedeckt hast; – Sela –
der du vormals hast all deinen Zorn fahren lassen
und dich abgewandt von der Glut deines Zorns:

רָצִיתָ יְהוָה אַרְצֶךָ
שַׁבְתָּ שבות° יַעֲקֹב׃
נָשָׂאתָ עֲוֹן עַמֶּךָ
כִּסִּיתָ כָל־חַטָּאתָם סֶלָה׃
אָסַפְתָּ כָל־עֶבְרָתֶךָ
הֱשִׁיבוֹתָ מֵחֲרוֹן אַפֶּךָ׃

hilf uns, Gott, unser Heiland,
und lass ab von deiner Ungnade über uns!
Willst du denn ewiglich über uns zürnen
und deinen Zorn walten lassen für und für?
Willst du uns denn nicht wieder erquicken,
dass dein Volk sich über dich freuen kann?
HERR, erweise uns deine Gnade
und gib uns dein Heil!

שׁוּבֵנוּ אֱלֹהֵי יִשְׁעֵנוּ
וְהָפֵר כַּעַסְךָ עִמָּנוּ׃
הַלְעוֹלָם תֶּאֱנַף־בָּנוּ
תִּמְשֹׁךְ אַפְּךָ לְדֹר וָדֹר׃
הֲלֹא־אַתָּה תָּשׁוּב תְּחַיֵּנוּ
וְעַמְּךָ יִשְׂמְחוּ־בָךְ׃
הַרְאֵנוּ יְהוָה חַסְדֶּךָ
וְיֶשְׁעֲךָ תִּתֶּן־לָנוּ׃

Könnte ich doch hören, was Gott der HERR redet,
dass er Frieden zusagte
seinem Volk und seinen Heiligen,
damit sie nicht in Torheit geraten.
Doch ist ja seine Hilfe nahe denen, die ihn fürchten,
dass in unserm Lande Ehre wohne;

אֶשְׁמְעָה מַה־יְדַבֵּר הָאֵל ׀
יְהוָה כִּי ׀ יְדַבֵּר שָׁלוֹם
אֶל־עַמּוֹ וְאֶל־חֲסִידָיו
וְאַל־יָשׁוּבוּ לְכִסְלָה׃
אַךְ ׀ קָרוֹב לִירֵאָיו יִשְׁעוֹ
לִשְׁכֹּן כָּבוֹד בְּאַרְצֵנוּ׃

dass Güte und Treue einander begegnen,
Gerechtigkeit und Friede sich küssen;
dass Treue auf der Erde wachse
und Gerechtigkeit vom Himmel schaue;
dass uns auch der HERR Gutes tue
und unser Land seine Frucht gebe;
dass Gerechtigkeit vor ihm her gehe
und seinen Schritten folge.

חֶסֶד־וֶאֱמֶת נִפְגָּשׁוּ
צֶדֶק וְשָׁלוֹם נָשָׁקוּ׃
אֱמֶת מֵאֶרֶץ תִּצְמָח
וְצֶדֶק מִשָּׁמַיִם נִשְׁקָף׃
גַּם־יְהוָה יִתֵּן הַטּוֹב
וְאַרְצֵנוּ תִּתֵּן יְבוּלָהּ׃
צֶדֶק לְפָנָיו יְהַלֵּךְ
וְיָשֵׂם לְדֶרֶךְ פְּעָמָיו׃

Für den Chorleiter. 1
Ein Psalm der Korachiten.

Du hattest es doch gut gemeint mit deinem Land, du TREUER, 2
du hattest das Geschick Jakobs gewandt,
du hattest deines Volkes Schuld getragen, 3
du hattest ihre ganze Sünde zugedeckt – Sälah – ,
du hattest deinen ganzen Grimm zurückgenommen, 4
du hattest dich von deinem Zornesausbruch abgewandt:

So stelle uns doch wieder her, Gott unserer Freiheit, 5
und brich mit deinem Unmut über uns!
Bist du denn auf ewig zornig über uns, 6
dehnst du deinen Zorn bis auf die kommenden Geschlechter aus?
Willst nicht du uns noch einmal das Leben schenken, 7
dass dein Volk sich an dir freuen kann?
Lass uns, du TREUER, deine Güte sehen, 8
und deine Freiheit schenke uns!

Ich will horchen, was der starke Gott da sagt – 9
der TREUE, ja, er sagt „Schalom!“
zu seinem Volke und zu seinen Treuen,
und sie sollen sich nicht mehr zur Torheit wenden;
wahrlich, nahe ist für die, die ihn verehren, seine Freiheit 10
dadurch, dass die Herrlichkeit in unserem Lande wohnt!

Gnade und Wahrheit haben sich getroffen, 11
Gerechtigkeit und Frieden haben sich geküsst,
Wahrheit sprosst nun aus der Erde, 12
und Gerechtigkeit schaut nun herab vom Himmel;
gibt der TREUE doch das Gute, 13
auch wenn unsere Erde ihre Ernte gibt,
Gerechtigkeit geht vor ihm her – 14
und er mache seine Schritte doch zu einem Weg!

Psalm 86

Ein Gebet Davids.	תְּפִלָּה לְדָוִד
HERR, neige deine Ohren und erhöre mich;	הַטֵּה־יְהוָה אָזְנְךָ עֲנֵנִי
denn ich bin elend und arm.	כִּי־עָנִי וְאֶבְיוֹן אָנִי׃
Bewahre meine Seele,	שָׁמְרָה נַפְשִׁי
denn ich bin dein.	כִּי־חָסִיד אָנִי
Hilf du, mein Gott,	הוֹשַׁע עַבְדְּךָ
deinem Knechte,	אַתָּה אֱלֹהַי
der sich verlässt auf dich. | Herr, sei mir gnädig;	הַבּוֹטֵחַ אֵלֶיךָ׃ חָנֵּנִי אֲדֹנָי
denn ich rufe täglich zu dir.	כִּי אֵלֶיךָ אֶקְרָא כָּל־הַיּוֹם׃
Erfreue die Seele deines Knechts;	שַׂמֵּחַ נֶפֶשׁ עַבְדֶּךָ
denn nach dir, Herr, verlangt mich.	כִּי אֵלֶיךָ אֲדֹנָי נַפְשִׁי אֶשָּׂא׃
Denn du, Herr, bist gut und gnädig,	כִּי־אַתָּה אֲדֹנָי טוֹב וְסַלָּח
von großer Güte allen, die dich anrufen.	וְרַב־חֶסֶד לְכָל־קֹרְאֶיךָ׃
Vernimm, HERR, mein Gebet	הַאֲזִינָה יְהוָה תְּפִלָּתִי
und merke auf die Stimme meines Flehens!	וְהַקְשִׁיבָה בְּקוֹל תַּחֲנוּנוֹתָי׃
In der Not rufe ich dich an;	בְּיוֹם צָרָתִי אֶקְרָאֶךָּ
du wollest mich erhören!	כִּי תַעֲנֵנִי׃
Herr, es ist dir keiner gleich unter den Göttern,	אֵין־כָּמוֹךָ בָאֱלֹהִים ׀
und niemand kann tun, was du tust.	אֲדֹנָי וְאֵין כְּמַעֲשֶׂיךָ׃
Alle Völker, die du gemacht hast, werden kommen	כָּל־גּוֹיִם ׀ אֲשֶׁר עָשִׂיתָ יָבוֹאוּ ׀
und vor dir anbeten, Herr,	וְיִשְׁתַּחֲווּ לְפָנֶיךָ אֲדֹנָי
und deinen Namen ehren,	וִיכַבְּדוּ לִשְׁמֶךָ׃
dass du so groß bist und Wunder tust	כִּי־גָדוֹל אַתָּה וְעֹשֵׂה נִפְלָאוֹת
und du allein Gott bist.	אַתָּה אֱלֹהִים לְבַדֶּךָ׃
Weise mir, HERR, deinen Weg,	הוֹרֵנִי יְהוָה ׀ דַּרְכֶּךָ
dass ich wandle in deiner Wahrheit;	אֲהַלֵּךְ בַּאֲמִתֶּךָ
erhalte mein Herz bei dem einen,	יַחֵד לְבָבִי
dass ich deinen Namen fürchte.	לְיִרְאָה שְׁמֶךָ׃
Ich danke dir, Herr, mein Gott, von ganzem Herzen	אוֹדְךָ ׀ אֲדֹנָי אֱלֹהַי בְּכָל־לְבָבִי
und ehre deinen Namen ewiglich.	וַאֲכַבְּדָה שִׁמְךָ לְעוֹלָם׃
Denn deine Güte ist groß gegen mich,	כִּי־חַסְדְּךָ גָּדוֹל עָלָי
du hast mich errettet aus der Tiefe des Todes.	וְהִצַּלְתָּ נַפְשִׁי מִשְּׁאוֹל תַּחְתִּיָּה׃
Gott, es erheben sich die Stolzen gegen mich,	אֱלֹהִים ׀ זֵדִים קָמוּ־עָלַי
und eine Rotte von Gewalttätern trachtet mir nach dem	וַעֲדַת עָרִיצִים בִּקְשׁוּ נַפְשִׁי
und haben dich nicht vor Augen. [Leben	וְלֹא שָׂמוּךָ לְנֶגְדָּם׃
Du aber, Herr, Gott, bist barmherzig und gnädig,	וְאַתָּה אֲדֹנָי אֵל־רַחוּם וְחַנּוּן
geduldig und von großer Güte und Treue.	אֶרֶךְ אַפַּיִם וְרַב־חֶסֶד וֶאֱמֶת׃
Wende dich zu mir und sei mir gnädig;	פְּנֵה אֵלַי וְחָנֵּנִי
stärke deinen Knecht mit deiner Kraft	תְּנָה־עֻזְּךָ לְעַבְדֶּךָ
und hilf dem Sohn deiner Magd!	וְהוֹשִׁיעָה לְבֶן־אֲמָתֶךָ׃
Tu ein Zeichen an mir, dass du's gut mit mir meinst,	עֲשֵׂה־עִמִּי אוֹת לְטוֹבָה
dass es sehen, die mich hassen, und sich schämen,	וְיִרְאוּ שֹׂנְאַי וְיֵבֹשׁוּ
weil du mir beistehst, HERR,	כִּי־אַתָּה יְהוָה
und mich tröstest.	עֲזַרְתַּנִי וְנִחַמְתָּנִי׃

Ein Gebet Davids. 1

Neige doch dein Ohr, du TREUER, gib mir Antwort,
denn bedrückt bin ich und arm;
hab doch acht auf meine Seele, 2
denn ich hänge treu an dir,
befreie deinen Knecht,
du, mein Gott!
Als dem, der dir vertraut, | mein Schöpfer, sei mir gnädig, 3
ich rufe ja zu dir den ganzen Tag;
erfreue du die Seele deines Knechtes, 4
denn ich erhebe ja zu dir, mein Schöpfer, meine Seele!

Denn du, mein Schöpfer, du bist gut, bereit auch zu vergeben, 5
und du bist zu allen, die dich rufen, reich an Güte;
so höre doch, du TREUER, mein Gebet, 6
und beachte doch mein lautes Flehen,
dich rufe ich am Tage meiner Angst, 7
weil du mir Antwort gibst!
Keiner von den Göttern ist wie du, mein Schöpfer, 8
keines ist wie deine Werke;
alle Völker, die du geschaffen hast, sie kommen her, 9
und vor dir fallen sie, mein Schöpfer, nieder,
und sie ehren deinen Namen.

Denn groß bist du und bringst so Wunderbares fertig, 10
du, du allein bist Gott:
Weise mir, TREUER, deinen Weg, 11
dass ich wandle in deiner Wahrheit;
erhalte mein Herz bei dem einen,
dass ich deinen Namen fürchte!
Ich will, mein Schöpfer, mein Gott, dir von ganzem Herzen danken, 12
und ich will deinen Namen ehren bis in Ewigkeit;
ist doch deine Güte über mir so groß, 13
dass du meine Seele aus der tiefsten Hölle retten wirst.

Gott, Freche haben sich erhoben gegen mich, 14
und eine Rotte von Gewaltbereiten wollte mir ans Leben –
doch hatten sie nicht dich vor Augen.
Doch du, mein Schöpfer, starker Gott, der du barmherzig bist und gnädig, 15
langmütig und reich an Liebe und an Treue –
wende dich zu mir und sei mir gnädig! 16
Gewähre deinem Knecht doch deinen Schutz,
und schenke dem Sohn deiner Magd die Freiheit –
tu an mir ein Zeichen, dass es gut wird! 17
Es sollen auch, die gegen mich sind, sehen und sich schämen:
Du bist ja der TREUE,
du warst auf meiner Seite, und du ließest mich aufatmen.

Psalm 87

Ein Psalmlied	לִבְנֵי־קֹרַח
der Söhne Korach.	מִזְמוֹר שִׁיר
Sie ist fest gegründet auf den heiligen Bergen.	יְסוּדָתוֹ בְּהַרְרֵי־קֹדֶשׁ׃
Der HERR liebt die Tore Zions	אֹהֵב יְהוָה שַׁעֲרֵי צִיּוֹן
mehr als alle Wohnungen in Jakob.	מִכֹּל מִשְׁכְּנוֹת יַעֲקֹב׃
Herrliche Dinge werden in dir gepredigt,	נִכְבָּדוֹת מְדֻבָּר בָּךְ
du Stadt Gottes. Sela.	עִיר הָאֱלֹהִים סֶלָה׃
Ich zähle Ägypten und Babel zu denen, die mich kennen,	אַזְכִּיר ׀ רַהַב וּבָבֶל לְיֹדְעָי
auch die Philister und Tyrer samt den Mohren:	הִנֵּה פְלֶשֶׁת וְצוֹר עִם־כּוּשׁ
„Die sind hier geboren."	זֶה יֻלַּד־שָׁם׃
Doch von Zion wird man sagen:	וּלְצִיּוֹן ׀ יֵאָמַר
„Mann für Mann ist darin geboren";	אִישׁ וְאִישׁ יֻלַּד־בָּהּ
und er selbst, der Höchste, erhält es.	וְהוּא יְכוֹנְנֶהָ עֶלְיוֹן׃
Der HERR spricht, wenn er aufschreibt die Völker:	יְהוָה יִסְפֹּר בִּכְתוֹב עַמִּים
„Die sind hier geboren." Sela.	זֶה יֻלַּד־שָׁם סֶלָה׃
Und sie singen beim Reigen:	וְשָׁרִים כְּחֹלְלִים
Alle meine Quellen sind in dir!	כָּל־מַעְיָנַי בָּךְ׃

Von den Korachiten. 1
Ein Psalm. Ein Lied.

Auf heiligem Gebirge liegt sein Fundament,
der TREUE liebt die Tore Zions 2
mehr als alle Lagerstätten Jakobs;
Herrliches spricht man bei dir, 3
Stadt Gottes – Sälah – :

„Rahab und Babel rechne ich zu denen, die mich kennen, 4
ja, auch Philisterland und Tyrus samt Äthiopien:
‚Man ist dort geboren!',
und von Zion sagt man: 5
‚Jeder Mensch ist darin geboren!'"

Und er, der Höchste, ist es, der sie gründet,
der TREUE, er schreibt in das Buch der Völker: 6
‚Man ist dort geboren!' – Sälah – ,
und als Reigentänzer singen sie:
‚Alle meine Quellen sind in dir!'

Psalm 88

Ein Psalmlied der Söhne Korach,	שִׁיר מִזְמוֹר לִבְנֵי קֹרַח
vorzusingen, zum Reigentanz im Wechsel,	לַמְנַצֵּחַ עַל־מָחֲלַת לְעַנּוֹת
eine Unterweisung Hemans, des Esrachiters.	מַשְׂכִּיל לְהֵימָן הָאֶזְרָחִי׃

HERR, Gott, mein Heiland,	יְהוָה אֱלֹהֵי יְשׁוּעָתִי
ich schreie Tag und Nacht vor dir.	יוֹם־צָעַקְתִּי בַלַּיְלָה נֶגְדֶּךָ׃
Lass mein Gebet vor dich kommen,	תָּבוֹא לְפָנֶיךָ תְּפִלָּתִי
neige deine Ohren zu meinem Schreien.	הַטֵּה־אָזְנְךָ לְרִנָּתִי׃
Denn meine Seele ist übervoll an Leiden,	כִּי־שָׂבְעָה בְרָעוֹת נַפְשִׁי
und mein Leben ist nahe dem Tode.	וְחַיַּי לִשְׁאוֹל הִגִּיעוּ׃
Ich bin denen gleich geachtet, die in die Grube fahren,	נֶחְשַׁבְתִּי עִם־יוֹרְדֵי בוֹר
ich bin wie ein Mann, der keine Kraft mehr hat.	הָיִיתִי כְּגֶבֶר אֵין־אֱיָל׃

Ich liege unter den Toten verlassen,	בַּמֵּתִים חָפְשִׁי
wie die Erschlagenen, die im Grabe liegen,	כְּמוֹ חֲלָלִים ׀ שֹׁכְבֵי קֶבֶר
derer du nicht mehr gedenkst	אֲשֶׁר לֹא זְכַרְתָּם עוֹד
und die von deiner Hand geschieden sind.	וְהֵמָּה מִיָּדְךָ נִגְזָרוּ׃
Du hast mich hinunter in die Grube gelegt,	שַׁתַּנִי בְּבוֹר תַּחְתִּיּוֹת
in die Finsternis und in die Tiefe.	בְּמַחֲשַׁכִּים בִּמְצֹלוֹת׃
Dein Grimm drückt mich nieder,	עָלַי סָמְכָה חֲמָתֶךָ
du bedrängst mich mit allen deinen Fluten. Sela.	וְכָל־מִשְׁבָּרֶיךָ עִנִּיתָ סֶּלָה׃

Meine Freunde hast du mir entfremdet,	הִרְחַקְתָּ מְיֻדָּעַי מִמֶּנִּי
du hast mich ihnen zum Abscheu gemacht.	שַׁתַּנִי תוֹעֵבוֹת לָמוֹ
Ich liege gefangen und kann nicht heraus,	כָּלֻא וְלֹא אֵצֵא׃
mein Auge sehnt sich aus dem Elend.	עֵינִי דָאֲבָה מִנִּי עֹנִי
HERR, ich rufe zu dir täglich;	קְרָאתִיךָ יְהוָה בְּכָל־יוֹם
ich breite meine Hände aus zu dir.	שִׁטַּחְתִּי אֵלֶיךָ כַפָּי׃
Wirst du an den Toten Wunder tun,	הֲלַמֵּתִים תַּעֲשֶׂה־פֶּלֶא
oder werden die Verstorbenen aufstehen und dir danken?	אִם־רְפָאִים יָקוּמוּ ׀ יוֹדוּךָ
[Sela.	סֶּלָה׃
Wird man im Grabe erzählen deine Güte	הַיְסֻפַּר בַּקֶּבֶר חַסְדֶּךָ
und deine Treue bei den Toten?	אֱמוּנָתְךָ בָּאֲבַדּוֹן׃
Werden denn deine Wunder in der Finsternis erkannt	הֲיִוָּדַע בַּחֹשֶׁךְ פִּלְאֶךָ
oder deine Gerechtigkeit im Lande des Vergessens?	וְצִדְקָתְךָ בְּאֶרֶץ נְשִׁיָּה׃
Aber ich schreie zu dir, HERR,	וַאֲנִי ׀ אֵלֶיךָ יְהוָה שִׁוַּעְתִּי
und mein Gebet kommt frühe vor dich:	וּבַבֹּקֶר תְּפִלָּתִי תְקַדְּמֶךָּ׃
Warum verstößt du, HERR, meine Seele	לָמָה יְהוָה תִּזְנַח נַפְשִׁי
und verbirgst dein Antlitz vor mir?	תַּסְתִּיר פָּנֶיךָ מִמֶּנִּי׃

Ich bin elend und dem Tode nahe von Jugend auf;	עָנִי אֲנִי וְגֹוֵעַ מִנֹּעַר
ich erleide deine Schrecken, dass ich fast verzage.	נָשָׂאתִי אֵמֶיךָ אָפוּנָה׃
Dein Grimm geht über mich,	עָלַי עָבְרוּ חֲרוֹנֶיךָ
deine Schrecken vernichten mich.	בִּעוּתֶיךָ צִמְּתוּתֻנִי׃
Sie umgeben mich täglich wie Fluten	סַבּוּנִי כַמַּיִם כָּל־הַיּוֹם
und umringen mich allzumal.	הִקִּיפוּ עָלַי יָחַד׃
Meine Freunde und Nächsten hast du mir entfremdet,	הִרְחַקְתָּ מִמֶּנִּי אֹהֵב וָרֵעַ
und meine Verwandten hältst du fern von mir.	מְיֻדָּעַי מַחְשָׁךְ׃

Ein Lied. Ein Psalm der Korachiten. 1
Dem Chorleiter: Nach ‚Krankheit' zu singen.
Ein Lehrgedicht Hemans, des Esrachiten.

Du TREUER, Gott meiner Befreiung, 2
tags habe ich geklagt, nachts stehe ich vor dir,
mein Flehen komme vor dein Angesicht, 3
neige doch dein Ohr zu meinem Schreien!
Denn von Leiden satt ist meine Seele, 4
und mein Leben hat die Totenwelt erreicht,
zu denen bin ich schon gezählt, mit denen es längst abwärts geht ins Grab, 5
ich bin geworden wie ein Mann, der keine Kraft mehr hat.

Bei den Toten ist mein Betttuch 6
so wie bei Durchbohrten, die im Grabe liegen,
die du nicht mehr im Gedächtnis hast,
und jene, sie sind dir ja aus deiner Hand gerissen.
Du hast mich in das tiefste Loch versetzt, 7
in Finsternisse und in Meerestiefen,
auf mir lastet deine Wut, 8
und mit allen deinen Wogen hast du mich erdrückt. Sälah

Die, mit denen ich mich gut verstanden habe, hast du mir entfremdet, 9
widerwärtig hast du mich für sie gemacht,
eingesperrt bin ich und komme nicht heraus,
verschwommen ist mein Auge unter meiner Last. 10
Täglich habe ich dich angerufen, TREUER,
ich habe meine Hände zu dir ausgebreitet:
Tust du denn an den Toten Wunder, 11
oder stehen Totengeister auf und preisen dich? Sälah

Erzählt man denn im Grab von deiner Liebe, 12
von deiner Treue in der Unterwelt,
wird man in der Finsternis dein Wunderwerk erkennen 13
und deine Heilstat in dem Lande des Vergessens?
Und so habe ich, du TREUER, habe ich zu dir geschrieen, 14
und schon am Morgen kommt dir mein Gebet entgegen:
Warum, du TREUER, stößt du mich denn von dir weg, 15
verbirgst dein Angesicht vor mir?

Elend bin ich und von Jugend auf vom Tod gezeichnet, 16
deine Schrecken hatte ich zu tragen, ausweglos,
über mich geströmt sind deine Zornesgluten, 17
deine Schrecknisse, die haben mich ganz stumm gemacht;
sie haben mich den ganzen Tag wie Wasser eingeschlossen, 18
sie haben sich vereint um mich herumgeschlungen –
Freund und Nachbarn hast du mir entfremdet, 19
die, mit denen ich mich gut verstanden habe – Düsternis!

Psalm 89

Eine Unterweisung Etans, des Esrachiters.	מַשְׂכִּיל לְאֵיתָן הָאֶזְרָחִי׃

Ich will singen von der Gnade des HERRN ewiglich	חַסְדֵי יְהוָה עוֹלָם אָשִׁירָה
und seine Treue verkünden mit meinem Munde für und	לְדֹר וָדֹר ׀ אוֹדִיעַ אֱמוּנָתְךָ בְּפִי׃
denn ich sage: Für ewig steht die Gnade fest; [für;	כִּי־אָמַרְתִּי עוֹלָם חֶסֶד יִבָּנֶה
du gibst deiner Treue sicheren Grund im Himmel.	שָׁמַיִם ׀ תָּכִן אֱמוּנָתְךָ בָהֶם׃
„Ich habe einen Bund geschlossen mit meinem Auserwählten,	כָּרַתִּי בְרִית לִבְחִירִי
ich habe David, meinem Knechte, geschworen:	נִשְׁבַּעְתִּי לְדָוִד עַבְדִּי׃
Ich will deinem Geschlecht festen Grund geben auf ewig	עַד־עוֹלָם אָכִין זַרְעֶךָ
und deinen Thron bauen für und für.“ Sela.	וּבָנִיתִי לְדֹר־וָדוֹר כִּסְאֲךָ סֶלָה׃

Und die Himmel werden, HERR, deine Wunder preisen	וְיוֹדוּ שָׁמַיִם פִּלְאֲךָ יְהוָה
und deine Treue in der Gemeinde der Heiligen.	אַף־אֱמוּנָתְךָ בִּקְהַל קְדֹשִׁים׃
Denn wer in den Wolken könnte dem HERRN gleichen	כִּי מִי בַשַּׁחַק יַעֲרֹךְ לַיהוָה
und dem HERRN gleich sein unter den Himmlischen?	יִדְמֶה לַיהוָה בִּבְנֵי אֵלִים׃
Gott ist gefürchtet in der Versammlung der Heiligen,	אֵל נַעֲרָץ בְּסוֹד־קְדֹשִׁים רַבָּה
groß und furchtbar über alle, die um ihn sind.	וְנוֹרָא עַל־כָּל־סְבִיבָיו׃
HERR, Gott Zebaoth, wer ist wie du?	יְהוָה ׀ אֱלֹהֵי צְבָאוֹת מִי־כָמוֹךָ
Mächtig bist du, HERR, und deine Treue ist um dich her.	חֲסִין ׀ יָהּ וֶאֱמוּנָתְךָ סְבִיבוֹתֶיךָ׃

Du herrschest über das ungestüme Meer,	אַתָּה מוֹשֵׁל בְּגֵאוּת הַיָּם
du stillest seine Wellen, wenn sie sich erheben.	בְּשׂוֹא גַלָּיו אַתָּה תְשַׁבְּחֵם׃
Du hast Rahab zu Tode geschlagen	אַתָּה דִכִּאתָ כֶחָלָל רָהַב
und deine Feinde zerstreut mit deinem starken Arm.	בִּזְרוֹעַ עֻזְּךָ פִּזַּרְתָּ אוֹיְבֶיךָ׃
Himmel und Erde sind dein;	לְךָ שָׁמַיִם אַף־לְךָ אָרֶץ
du hast gegründet den Erdkreis und was darinnen ist.	תֵּבֵל וּמְלֹאָהּ אַתָּה יְסַדְתָּם׃
Nord und Süd hast du geschaffen,	צָפוֹן וְיָמִין אַתָּה בְרָאתָם
Tabor und Hermon jauchzen über deinen Namen.	תָּבוֹר וְחֶרְמוֹן בְּשִׁמְךָ יְרַנֵּנוּ׃
Du hast einen gewaltigen Arm,	לְךָ זְרוֹעַ עִם־גְּבוּרָה
stark ist deine Hand, und hoch ist deine Rechte.	תָּעֹז יָדְךָ תָּרוּם יְמִינֶךָ׃
Gerechtigkeit und Gericht sind deines Thrones Stütze,	צֶדֶק וּמִשְׁפָּט מְכוֹן כִּסְאֶךָ
Gnade und Treue gehen vor dir einher.	חֶסֶד וֶאֱמֶת יְקַדְּמוּ פָנֶיךָ׃

Ein Lehrgedicht Ethans, des Esrachiten. 1

Von den Liebestaten des TREUEN will ich ewig singen, 2
für die kommenden Geschlechter verkünde ich mit meinem Mund deine Treue,
konnte ich doch sagen: „Ewig ist die Liebe aufgerichtet, 3
am Himmel, an ihm machst du deine Treue fest:
‚Für meinen Auserwählten habe ich den Bund geschlossen, 4
David, meinem Knecht, habe ich geschworen:
Deinem Nachwuchs gebe ich Bestand auf ewig, 5
und ich richte deinen Thron auf für die kommenden Geschlechter.'" Sälah

Und die Himmel preisen, TREUER, deine Wunder, 6
auch deine Treue in der Heiligengemeinde;
denn wer in den Wolken darf sich neben den TREUEN stellen, 7
ist dem TREUEN nur auch ähnlich unter Göttersöhnen!
Starker Gott, gefürchtet in der Heiligenversammlung 8
und Ehrfurcht gebietend gegenüber allen um ihn her,
du TREUER, Gott der Heere, wer ist schon wie du, 9
stark wie du bist, du TREUER, und bei deiner Treue, die dich rings umgibt!

Du beherrschst den Übermut des Meeres, 10
seine aufgebäumten Wogen, du besänftigst sie,
du, du hast Rahab so, als würde er durchbohrt, zerschlagen, 11
zerstreut mit deinem starken Arm hast du deine Feinde.
Dein ist der Himmel, dein ist auch die Erde, 12
den Erdkreis und was ihn erfüllt, du, du hast sie gegründet,
den Norden und den Süden, du, erschaffen hast du sie, 13
der Tabor und der Hermon, sie begeistern sich in deinem Namen.
Dein ist der Arm mit Heldenkraft, 14
deine Hand ist mächtig, hoch ragt deine Rechte,
Gerechtigkeit und Recht, das sind die Stützen deines Thrones, 15
Liebe und Treue, die begegnen deinem Angesicht.

Psalm 89

Wohl dem Volk, das jauchzen kann!	אַשְׁרֵי הָעָם יוֹדְעֵי תְרוּעָה
HERR, sie werden im Licht deines Antlitzes wandeln;	יְהוָה בְּאוֹר־פָּנֶיךָ יְהַלֵּכוּן׃
sie werden über deinen Namen täglich fröhlich sein	בְּשִׁמְךָ יְגִילוּן כָּל־הַיּוֹם
und in deiner Gerechtigkeit herrlich sein.	וּבְצִדְקָתְךָ יָרוּמוּ׃
Denn du bist der Ruhm ihrer Stärke,	כִּי־תִפְאֶרֶת עֻזָּמוֹ אָתָּה
und durch deine Gnade wirst du unser Haupt erhöhen.	וּבִרְצֹנְךָ תרים ° קַרְנֵנוּ׃
Denn dem HERRN gehört unser Schild	כִּי לַיהוָה מָגִנֵּנוּ
und dem Heiligen in Israel unser König.	וְלִקְדוֹשׁ יִשְׂרָאֵל מַלְכֵּנוּ׃
Damals hast du geredet durch ein Gesicht	אָז דִּבַּרְתָּ־בְחָזוֹן
zu deinem Heiligen und gesagt:	לַחֲסִידֶיךָ וַתֹּאמֶר
Ich habe einen Helden erweckt, der helfen soll,	שִׁוִּיתִי עֵזֶר עַל־גִּבּוֹר
ich habe erhöht einen Auserwählten aus dem Volk.	הֲרִימוֹתִי בָחוּר מֵעָם׃
Ich habe gefunden meinen Knecht David,	מָצָאתִי דָּוִד עַבְדִּי
ich habe ihn gesalbt mit meinem heiligen Öl.	בְּשֶׁמֶן קָדְשִׁי מְשַׁחְתִּיו׃
Meine Hand soll ihn erhalten,	אֲשֶׁר יָדִי תִּכּוֹן עִמּוֹ
und mein Arm soll ihn stärken.	אַף־זְרוֹעִי תְאַמְּצֶנּוּ׃
Die Feinde sollen ihn nicht überwältigen	לֹא־יַשִּׁא אוֹיֵב בּוֹ
und die Ungerechten ihn nicht demütigen;	וּבֶן־עַוְלָה לֹא יְעַנֶּנּוּ׃
sondern ich will seine Widersacher vor ihm zerschlagen	וְכַתּוֹתִי מִפָּנָיו צָרָיו
und, die ihn hassen, zu Boden stoßen.	וּמְשַׂנְאָיו אֶגּוֹף׃
Aber meine Treue und Gnade soll bei ihm sein,	וֶאֱמוּנָתִי וְחַסְדִּי עִמּוֹ
und sein Haupt soll erhöht sein in meinem Namen.	וּבִשְׁמִי תָּרוּם קַרְנוֹ׃
Seine Hand lass ich herrschen über das Meer	וְשַׂמְתִּי בַיָּם יָדוֹ
und seine Rechte über die Ströme.	וּבַנְּהָרוֹת יְמִינוֹ׃
Er wird mich nennen: Du bist meine Vater,	הוּא יִקְרָאֵנִי אָבִי אָתָּה
mein Gott und Hort, der mir hilft.	אֵלִי וְצוּר יְשׁוּעָתִי׃
Und ich will ihn zum erstgeborenen Sohn machen,	אַף־אָנִי בְּכוֹר אֶתְּנֵהוּ
zum Höchsten unter den Königen auf Erden.	עֶלְיוֹן לְמַלְכֵי־אָרֶץ׃
Ich will ihm ewiglich bewahren meine Gnade,	לְעוֹלָם אשמור־לוֹ ° חַסְדִּי
und mein Bund soll ihm festbleiben.	וּבְרִיתִי נֶאֱמֶנֶת לוֹ׃
Ich will ihm ewiglich Nachkommen geben	וְשַׂמְתִּי לָעַד זַרְעוֹ
und seinen Thron erhalten, solange der Himmel währt.	וְכִסְאוֹ כִּימֵי שָׁמָיִם׃
Wenn aber seine Söhne mein Gesetz verlassen	אִם־יַעַזְבוּ בָנָיו תּוֹרָתִי
und in meinen Rechten nicht wandeln,	וּבְמִשְׁפָּטַי לֹא יֵלֵכוּן׃
wenn sie meine Ordnungen entheiligen	אִם־חֻקֹּתַי יְחַלֵּלוּ
und meine Gebote nicht halten,	וּמִצְוֺתַי לֹא יִשְׁמֹרוּ׃
so will ich ihre Sünde mit der Rute heimsuchen	וּפָקַדְתִּי בְשֵׁבֶט פִּשְׁעָם
und ihre Missetat mit Plagen;	וּבִנְגָעִים עֲוֺנָם׃
aber meine Gnade will ich nicht von ihm wenden	וְחַסְדִּי לֹא־אָפִיר מֵעִמּוֹ
und meine Treue nicht brechen.	וְלֹא־אֲשַׁקֵּר בֶּאֱמוּנָתִי׃
Ich will meinen Bund nicht entheiligen	לֹא־אֲחַלֵּל בְּרִיתִי
und nicht ändern, was aus meinem Munde gegangen ist.	וּמוֹצָא שְׂפָתַי לֹא אֲשַׁנֶּה׃
Ich habe einmal geschworen bei meiner Heiligkeit	אַחַת נִשְׁבַּעְתִּי בְקָדְשִׁי
und will David nicht belügen:	אִם־לְדָוִד אֲכַזֵּב׃
„Sein Geschlecht soll ewig bestehen	זַרְעוֹ לְעוֹלָם יִהְיֶה
und sein Thron vor mir wie die Sonne,	וְכִסְאוֹ כַשֶּׁמֶשׁ נֶגְדִּי׃
wie der Mond, der ewiglich bleibt,	כְּיָרֵחַ יִכּוֹן עוֹלָם
und wie der treue Zeuge in den Wolken.“ Sela.	וְעֵד בַּשַּׁחַק נֶאֱמָן סֶלָה׃

Wohl dem Volk, das Königsjubel kennt, 16
TREUER, die im Lichte deines Angesichts ihr Leben führen,
die den ganzen Tag in deinem Namen außer sich vor Freude sind 17
und sich in der Gerechtigkeit, in der du wirkst, erheben können!
Bist doch du die Krönung ihrer Stärke, 18
in deiner Freundlichkeit erhöhst du unser Horn,
gehört ja unser Schild dem TREUEN 19
und unser König dem Heiligen von Israel.

Einst hast du durch Vision geredet 20
zu deinem Getreuen, und du sprachst:
„Einen Helden habe ich mit Beistand ausgerüstet,
den aus dem Volk Erwählten habe ich erhoben,
ich habe David, meinen Knecht, gefunden, 21
mit meinem heiligen Öl habe ich ihn gesalbt,
an dem meine Hand festhalten wird, 22
auch wird mein Arm ihn stärken.

Ihn wird kein Feind je überlisten, 23
und kein Frevler wird ihn unterdrücken,
da ich seine Widersacher vor ihm her zerschlage 24
und seine Hasser niederstoße;
denn meine Treue wie auch meine Liebe bleibt bei ihm, 25
und sein Horn ragt hoch durch meinen Namen,
und ich lege seine Hand aufs Meer 26
und auf die Ströme seine Rechte.

Er ruft mich an: ‚Mein Vater bist du, 27
mein starker Gott und Felsen meines Heils!' –
und ich, ich mache ihn zum Erstgeborenen, 28
zum Höchsten für die Könige der Erde;
auf ewig will ich meine Liebe ihm bewahren, 29
und mein Bund soll für ihn zuverlässig bleiben,
und ich setze seinen Nachwuchs ein für immer 30
und seinen Thron, so lang des Himmels Tage währen.

Wenn seine Kinder meine Weisungen verlassen 31
und in meinen Rechten nicht mehr leben,
wenn sie meine Grundgesetze je mit Füßen treten 32
und sich nicht mehr an meine Anweisungen halten,
dann will ich ihren Treubruch mit dem Stock bestrafen 33
und mit Schlägen ihre Schuld –
meine Liebe aber reiße ich nicht weg von meinem Volk, 34
und ich breche meine Treue nicht.

Ich werde meinen Bund niemals mit Füßen treten, 35
und, was von meinen Lippen kam, um keinen Deut verändern,
habe ich das Eine doch bei meiner Heiligkeit geschworen: 36
'Ich werde David nicht betrügen!
Sein Nachwuchs wird auf ewig da sein 37
und sein Thron so wie vor mir die Sonne,
wie der Mond, der ewigen Bestand hat 38
und als Zeuge in den Wolken zuverlässig bleibt.'" Sälah

Psalm 89

Aber nun hast du verstoßen und verworfen
und zürnst mit deinem Gesalbten!
Du hast zerbrochen den Bund mit deinem Knecht
und seine Krone entweiht in den Staub.
Du hast eingerissen alle seine Mauern
und hast zerstört seine Festungen.
Es berauben ihn alle, die vorübergehen;
er ist seinen Nachbarn ein Spott geworden.

וְאַתָּה זָנַחְתָּ וַתִּמְאָס
הִתְעַבַּרְתָּ עִם־מְשִׁיחֶךָ׃
נֵאַרְתָּה בְּרִית עַבְדֶּךָ
חִלַּלְתָּ לָאָרֶץ נִזְרוֹ׃
פָּרַצְתָּ כָל־גְּדֵרֹתָיו
שַׂמְתָּ מִבְצָרָיו מְחִתָּה׃
שַׁסֻּהוּ כָּל־עֹבְרֵי דָרֶךְ
הָיָה חֶרְפָּה לִשְׁכֵנָיו׃

Du erhöhst die Rechte seiner Widersacher
und erfreust alle seine Feinde.
Auch hast du die Kraft seines Schwerts weggenommen
und lässest ihn nicht siegen im Streit.
Du hast seinem Glanz ein Ende gemacht
und seinen Thron zu Boden geworfen.
Du hast die Tage seiner Jugend verkürzt
und ihn bedeckt mit Schande. Sela.

הֲרִימוֹתָ יְמִין צָרָיו
הִשְׂמַחְתָּ כָּל־אוֹיְבָיו׃
אַף־תָּשִׁיב צוּר חַרְבּוֹ
וְלֹא הֲקֵימֹתוֹ בַּמִּלְחָמָה׃
הִשְׁבַּתָּ מִטְּהָרוֹ
וְכִסְאוֹ לָאָרֶץ מִגַּרְתָּה׃
הִקְצַרְתָּ יְמֵי עֲלוּמָיו
הֶעֱטִיתָ עָלָיו בּוּשָׁה סֶלָה׃

HERR, wie lange willst du dich so verbergen
und deinen Grimm wie Feuer brennen lassen?
Gedenke, wie kurz mein Leben ist,
wie vergänglich du alle Menschen geschaffen hast!
Wo ist jemand, der da lebt und den Tod nicht sähe,
der seine Seele errette aus des Todes Hand? Sela.

עַד־מָה יְהוָה תִּסָּתֵר לָנֶצַח
תִּבְעַר כְּמוֹ־אֵשׁ חֲמָתֶךָ׃
זְכָר־אֲנִי מֶה־חָלֶד
עַל־מַה־שָּׁוְא בָּרָאתָ כָל־בְּנֵי־אָדָם׃
מִי גֶבֶר יִחְיֶה וְלֹא יִרְאֶה־מָּוֶת
יְמַלֵּט נַפְשׁוֹ מִיַּד־שְׁאוֹל סֶלָה׃

Herr, wo ist deine Gnade von einst,
die du David geschworen hast in deiner Treue?
Gedenke, Herr, an die Schmach deiner Knechte,
die ich trage in meinem Herzen von all den vielen
mit der, HERR, deine Feinde dich schmähen, [Völkern,
mit der sie schmähen hinter deinem Gesalbten her!

אַיֵּה ׀ חֲסָדֶיךָ הָרִאשֹׁנִים ׀ אֲדֹנָי
נִשְׁבַּעְתָּ לְדָוִד בֶּאֱמוּנָתֶךָ׃
זְכֹר אֲדֹנָי חֶרְפַּת עֲבָדֶיךָ
שְׂאֵתִי בְחֵיקִי כָּל־רַבִּים עַמִּים׃
אֲשֶׁר חֵרְפוּ אוֹיְבֶיךָ ׀ יְהוָה
אֲשֶׁר חֵרְפוּ עִקְּבוֹת מְשִׁיחֶךָ׃

Gelobt sei der HERR ewiglich!
Amen! Amen!

בָּרוּךְ יְהוָה לְעוֹלָם
אָמֵן ׀ וְאָמֵן׃

Doch du, du hast verstoßen, und du hast verworfen, 39
du hast dich mit deinem Gesalbten überworfen,
du hast den Bund mit deinem Knecht missachtet, 40
du hast seine Krone in den Schmutz gezogen;
du hast alle seine Mauern eingerissen, 41
du hast seine Festungen zum Trümmerfeld gemacht –
wer des Wegs daherkam, hat ihn ausgeplündert, 42
für seine Nachbarn ist er zum Gespött geworden!

Du hast die Rechte seiner Widersacher hochgehoben, 43
du hast alle seine Feinde schadenfroh gemacht,
ja, dabei wandtest du die Schneide seines Schwertes um 44
und hast ihn nicht erhöht im Kampf;
ein Ende hast du seinem Glanz gemacht, 45
und seinen Thron, zu Boden hast du ihn gestürzt,
die Tage seiner Jugendblüte hast du abgekürzt, 46
hast ihn mit Schande überzogen! Sälah

Bis wann, du TREUER, wirst du dich so beharrlich verbergen, 47
wird wie Feuer deine Zornesglut noch brennen?
Daran muss ich denken: „Was ist nur die Lebenszeit, 48
was für eines Wahnes wegen hast du diese ganze Menschheit nur geschaffen?
Welcher Mann lebt, und er muss den Tod nicht sehen, 49
kann aus der Gewalt der Totenwelt sein Leben retten?“ Sälah

Wo, mein Schöpfer, sind deine früheren Liebeserweise, 50
die du in deiner Treue David zugeschworen hast?
Denk, mein Schöpfer, an die Schmach, die deinen Knechten widerfährt – 51
wie ich in meinem Busen all die Vielen, Völker, trage – ,
dass deine Feinde, TREUER, schmähten, 52
dass sie die Spuren des von dir Gesalbten schmähten!

Gepriesen sei der TREUE bis in Ewigkeit! 53
Amen! Amen!

Psalm 90

Ein Gebet des Mose, des Mannes Gottes.	תְּפִלָּה לְמֹשֶׁה אִישׁ־הָאֱלֹהִים
Herr, du bist unsre Zuflucht	אֲדֹנָי מָעוֹן אַתָּה הָיִיתָ לָּנוּ
für und für.	בְּדֹר וָדֹר׃
Ehe denn die Berge wurden	בְּטֶרֶם ׀ הָרִים יֻלָּדוּ
und die Erde und die Welt geschaffen wurden,	וַתְּחוֹלֵל אֶרֶץ וְתֵבֵל
bist du, Gott, von Ewigkeit zu Ewigkeit.	וּמֵעוֹלָם עַד־עוֹלָם אַתָּה אֵל׃
Der du die Menschen lässest sterben	תָּשֵׁב אֱנוֹשׁ עַד־דַּכָּא
und sprichst: Kommt wieder, Menschenkinder!	וַתֹּאמֶר שׁוּבוּ בְנֵי־אָדָם׃
Denn tausend Jahre sind vor dir [eine Nachtwache.	כִּי אֶלֶף שָׁנִים בְּעֵינֶיךָ
wie der Tag, der gestern vergangen ist, und wie	כְּיוֹם אֶתְמוֹל כִּי יַעֲבֹר וְאַשְׁמוּרָה בַלָּיְלָה׃
Du lässest sie dahinfahren wie einen Strom, sie sind wie ein Schlaf,	זְרַמְתָּם שֵׁנָה יִהְיוּ
wie ein Gras, das am Morgen noch sprosst,	בַּבֹּקֶר כֶּחָצִיר יַחֲלֹף׃
das am Morgen blüht und sprosst	בַּבֹּקֶר יָצִיץ וְחָלָף
und des Abends welkt und verdorrt.	לָעֶרֶב יְמוֹלֵל וְיָבֵשׁ׃
Das macht dein Zorn, dass wir so vergehen,	כִּי־כָלִינוּ בְאַפֶּךָ
und dein Grimm, dass wir so plötzlich dahinmüssen.	וּבַחֲמָתְךָ נִבְהָלְנוּ׃
Denn unsre Missetaten stellst du vor dich,	שַׁתָּ עֲוֺנֹתֵינוּ לְנֶגְדֶּךָ
unsre unerkannte Sünde ins Licht vor deinem Angesicht.	עֲלֻמֵנוּ לִמְאוֹר פָּנֶיךָ׃
Darum fahren alle unsre Tage dahin	כִּי כָל־יָמֵינוּ
durch deinen Zorn,	פָּנוּ בְעֶבְרָתֶךָ
wir bringen unsre Jahre zu	כִּלִּינוּ שָׁנֵינוּ
wie ein Geschwätz.	כְמוֹ־הֶגֶה׃
Unser Leben währet	יְמֵי־שְׁנוֹתֵינוּ בָהֶם
siebzig Jahre,	שִׁבְעִים שָׁנָה
und wenn's hoch kommt,	וְאִם בִּגְבוּרֹת ׀
so sind's achtzig Jahre,	שְׁמוֹנִים שָׁנָה
und was daran köstlich scheint, ist doch nur vergebliche Mühe;	וְרָהְבָּם עָמָל וָאָוֶן
denn es fähret schnell dahin, als flögen wir davon.	כִּי־גָז חִישׁ וַנָּעֻפָה׃
Wer glaubt's aber, dass du so sehr zürnest,	מִי־יוֹדֵעַ עֹז אַפֶּךָ
und wer fürchtet sich vor dir in deinem Grimm?	וּכְיִרְאָתְךָ עֶבְרָתֶךָ׃
Lehre uns bedenken, dass wir sterben müssen,	לִמְנוֹת יָמֵינוּ כֵּן הוֹדַע
auf dass wir klug werden.	וְנָבִא לְבַב חָכְמָה׃
HERR, kehre dich doch endlich wieder zu uns	שׁוּבָה יְהוָה עַד־מָתָי
und sei deinen Knechten gnädig!	וְהִנָּחֵם עַל־עֲבָדֶיךָ׃
Fülle uns frühe mit deiner Gnade,	שַׂבְּעֵנוּ בַבֹּקֶר חַסְדֶּךָ
so wollen wir rühmen und fröhlich sein unser Leben lang.	וּנְרַנְּנָה וְנִשְׂמְחָה בְּכָל־יָמֵינוּ׃
Erfreue uns nun wieder, nachdem du uns so lange plagest,	שַׂמְּחֵנוּ כִּימוֹת עִנִּיתָנוּ
nachdem wir so lange Unglück leiden.	שְׁנוֹת רָאִינוּ רָעָה׃
Zeige deinen Knechten deine Werke	יֵרָאֶה אֶל־עֲבָדֶיךָ פָעֳלֶךָ
und deine Herrlichkeit ihren Kindern.	וַהֲדָרְךָ עַל־בְּנֵיהֶם׃
Und der Herr, unser Gott, sei uns freundlich	וִיהִי ׀ נֹעַם אֲדֹנָי אֱלֹהֵינוּ עָלֵינוּ
und fördere das Werk unsrer Hände bei uns.	וּמַעֲשֵׂה יָדֵינוּ כּוֹנְנָה עָלֵינוּ
Ja, das Werk unsrer Hände wollest du fördern!	וּמַעֲשֵׂה יָדֵינוּ כּוֹנְנֵהוּ׃

Ein Gebet von Mose, dem Mann Gottes. 1

Vater, du, du warst ein Unterschlupf für uns
über die Geschlechter hin.
Noch waren die Gebirge nicht geboren, 2
noch hatten nicht gekreißt die Erde und die Welt,
da warst von Ewigkeit zu Ewigkeit schon längst du, starker Gott.

Du holst die Sterblichen zurück zum Staub 3
und hast gesprochen: „Kehrt zurück, ihr Erdenkinder!" –
dabei sind in deinen Augen tausend Jahre 4
wie der Tag von gestern, wenn er geht, und wie eine Wache in der Nacht;
hast du sie weggeschwemmt, sind sie ein Schlaf, 5
am Morgen wie das Gras, das wächst,
am Morgen blüht es, und es wächst, 6
zum Abend wird es welk, und es verdorrt.

Denn wir sind durch deinen Zorn verschmachtet, 7
und durch deine Wut sind wir erschüttert,
denn du hast unsere Schuldverstrickungen vor dich gestellt, 8
was wir verstecken wollten, in das Licht deines Angesichts;
denn alle unsere Tage, 9
die sind durch deinen Grimm vergangen,
wir haben unsere Jahre durchgebracht
wie ein Gerede.

Unsere Lebenstage dauern 10
siebzig Jahre
und bei Robustheit
achtzig Jahre,
und worauf sie stolz sind, das war Qual und Wahn,
es ist ja rasch vorbeigegangen, als wären wir davongeflogen –
wer weiß von der Stärke deines Zornes 11
und wie du in deinem Grimm zu fürchten bist?

Dass wir unsere Tage zählen, damit mache uns vertraut, 12
damit wir doch zu einem weisen Herzen kommen!
Kehre endlich wieder, TREUER – bis wann noch? – , 13
und bring deinen Knechten Trost!
Mache uns am Morgen satt mit deiner Treue, 14
und wir wollen jubeln und uns freuen alle unsere Tage!
Erfreue uns so viele Tage, wie du uns hast leiden lassen, 15
so viele Jahre, wie wir Unglück sehen mussten!

Dein Werk erscheine deinen Knechten 16
und über ihren Kindern deine Pracht!
Die Freundlichkeit des Vaters, unseres Gottes, walte über uns, 17
und dem Werk unserer Hände gib doch über uns Bestand,
ja, dem Werk unserer Hände, gib ihm Bestand!

Psalm 91

Wer unter dem Schirm des Höchsten sitzt	יֹשֵׁב בְּסֵתֶר עֶלְיוֹן
und unter dem Schatten des Allmächtigen bleibt, [Burg,	בְּצֵל שַׁדַּי יִתְלוֹנָן׃
der spricht zu dem HERRN: Meine Zuversicht und meine	אֹמַר לַיהוָה מַחְסִי וּמְצוּדָתִי
mein Gott, auf den ich hoffe.	אֱלֹהַי אֶבְטַח־בּוֹ׃

Denn er errettet dich	כִּי הוּא יַצִּילְךָ
vom Strick des Jägers	מִפַּח יָקוּשׁ
und von der verderblichen Pest.	מִדֶּבֶר הַוּוֹת׃
Er wird dich mit seinen Fittichen decken,	בְּאֶבְרָתוֹ ׀ יָסֶךְ לָךְ
und Zuflucht wirst du haben unter seinen Flügeln.	וְתַחַת־כְּנָפָיו תֶּחְסֶה
Seine Wahrheit ist Schirm und Schild,	צִנָּה וְסֹחֵרָה אֲמִתּוֹ׃

dass du nicht erschrecken musst vor dem Grauen der Nacht,	לֹא־תִירָא מִפַּחַד לָיְלָה
vor den Pfeilen, die des Tages fliegen,	מֵחֵץ יָעוּף יוֹמָם׃
vor der Pest, die im Finstern schleicht,	מִדֶּבֶר בָּאֹפֶל יַהֲלֹךְ
vor der Seuche, die am Mittag Verderben bringt.	מִקֶּטֶב יָשׁוּד צָהֳרָיִם׃
Wenn auch tausend fallen zu deiner Seite	יִפֹּל מִצִּדְּךָ ׀ אֶלֶף
und zehntausend zu deiner Rechten,	וּרְבָבָה מִימִינֶךָ
so wird es doch dich nicht treffen.	אֵלֶיךָ לֹא יִגָּשׁ׃

Ja, du wirst es mit eigenen Augen sehen	רַק בְּעֵינֶיךָ תַבִּיט
und schauen, wie den Gottlosen vergolten wird.	וְשִׁלֻּמַת רְשָׁעִים תִּרְאֶה׃
Denn der HERR ist deine Zuversicht,	כִּי־אַתָּה יְהוָה מַחְסִי
der Höchste ist deine Zuflucht.	עֶלְיוֹן שַׂמְתָּ מְעוֹנֶךָ׃
Es wird dir kein Übel begegnen,	לֹא־תְאֻנֶּה אֵלֶיךָ רָעָה
und keine Plage wird sich deinem Hause nahen.	וְנֶגַע לֹא־יִקְרַב בְּאָהֳלֶךָ׃

Denn er hat seinen Engeln befohlen,	כִּי מַלְאָכָיו יְצַוֶּה־לָּךְ
dass sie dich behüten auf allen deinen Wegen,	לִשְׁמָרְךָ בְּכָל־דְּרָכֶיךָ׃
dass sie dich auf den Händen tragen	עַל־כַּפַּיִם יִשָּׂאוּנְךָ
und du deinen Fuß nicht an einen Stein stoßest.	פֶּן־תִּגֹּף בָּאֶבֶן רַגְלֶךָ׃
Über Löwen und Ottern wirst du gehen	עַל־שַׁחַל וָפֶתֶן תִּדְרֹךְ
und junge Löwen und Drachen niedertreten.	תִּרְמֹס כְּפִיר וְתַנִּין׃

„Er liebt mich, darum will ich ihn erretten;	כִּי בִי חָשַׁק וַאֲפַלְּטֵהוּ
er kennt meinen Namen, darum will ich ihn schützen.	אֲשַׂגְּבֵהוּ כִּי־יָדַע שְׁמִי׃
Er ruft mich an, darum will ich ihn erhören;	יִקְרָאֵנִי ׀ וְאֶעֱנֵהוּ
ich bin bei ihm in der Not,	עִמּוֹ־אָנֹכִי בְצָרָה
ich will ihn herausreißen und zu Ehren bringen.	אֲחַלְּצֵהוּ וַאֲכַבְּדֵהוּ׃
Ich will ihn sättigen mit langem Leben	אֹרֶךְ יָמִים אַשְׂבִּיעֵהוּ
und will ihm zeigen mein Heil.“	וְאַרְאֵהוּ בִּישׁוּעָתִי׃

91

Wer im Schutz des Höchsten sitzt, 1
der kann im Schatten des Allmächtigen die Nacht verbringen.
Ich spreche zu dem TREUEN: „Meine Zuflucht und mein fester Ort, 2
mein Gott, in welchem ich Vertrauen fasse.“

Denn er, er reißt dich heraus 3
aus dem Netz des Vogelfängers,
aus dem Pesthauch, der Verderben bringt;
mit seiner Schwinge will er dich abschirmen, 4
und unter seinen Flügeln kannst du Zuflucht finden,
Schild und Wall ist seine Treue.

Du brauchst dich nicht zu fürchten vor dem Schrecken nachts, 5
vor dem Pfeil, der tags daherfliegt,
vor dem Pesthauch, der im Dunkeln schleicht, 6
vor der Seuche, die am Mittag hinrafft;
fallen auch an deiner Seite tausend 7
und zehntausend neben deiner rechten Hand,
an dich kommt es nicht heran.

Jedoch mit eigenen Augen siehst du zu, 8
und die Vergeltung an den Schurken schaust du an:
„Du, der TREUE, bist ja meine Zuflucht!“ 9
So hast du den Höchsten dir zum Unterschlupf gemacht:
Nichts Schlimmes wird dir widerfahren, 10
und kein Schlag wird deinem Zelte nahen.

Denn er bietet seine Engel für dich auf, 11
dich auf allen deinen Wegen zu behüten,
sie werden dich auf Händen tragen, 12
dass dein Fuß an keinen Stein stößt;
auf den Schakal und auf die Otter wirst du treten, 13
du wirst den jungen Löwen und die Schlange niedertrampeln.

„Er hat sich ja an mich gehängt, so will ich ihn erretten, 14
schützen will ich ihn, hat er doch meinen Namen anerkannt;
ruft er mich an, so gebe ich ihm Antwort, 15
in Bedrängnis bleibe ich bei ihm,
ich hole ihn heraus, und ich bringe ihn zu Ehren,
mit langem Leben mache ich ihn satt, 16
und mein Heil lasse ich ihn schauen.“

Psalm 92

Ein Psalmlied für den Sabbattag.	מִזְמ֥וֹר שִׁ֗יר לְי֣וֹם הַשַּׁבָּֽת׃
Das ist ein köstlich Ding, dem HERRN danken	ט֗וֹב לְהֹד֥וֹת לַיהוָ֑ה
und lobsingen deinem Namen, du Höchster,	וּלְזַמֵּ֖ר לְשִׁמְךָ֣ עֶלְיֽוֹן׃
des Morgens deine Gnade	לְהַגִּ֣יד בַּבֹּ֣קֶר חַסְדֶּ֑ךָ
und des Nachts deine Wahrheit verkündigen	וֶ֝אֱמ֥וּנָתְךָ֗ בַּלֵּילֽוֹת׃
auf dem Psalter mit zehn Saiten,	עֲלֵי־עָ֭שׂוֹר וַעֲלֵי־נָ֑בֶל
mit Spielen auf der Harfe.	עֲלֵ֖י הִגָּי֣וֹן בְּכִנּֽוֹר׃
Denn, HERR, du lässest mich fröhlich singen von deinen	כִּ֤י שִׂמַּחְתַּ֣נִי יְהוָ֣ה בְּפָעֳלֶ֑ךָ
und ich rühme die Taten deiner Hände. [Werken,	בְּֽמַעֲשֵׂ֖י יָדֶ֣יךָ אֲרַנֵּֽן׃
HERR, wie sind deine Werke so groß!	מַה־גָּדְל֣וּ מַעֲשֶׂ֣יךָ יְהוָ֑ה
Deine Gedanken sind sehr tief.	מְ֝אֹ֗ד עָמְק֥וּ מַחְשְׁבֹתֶֽיךָ׃
Ein Törichter glaubt das nicht,	אִֽישׁ־בַּ֭עַר לֹ֣א יֵדָ֑ע
und ein Narr begreift es nicht.	וּ֝כְסִ֗יל לֹא־יָבִ֥ין אֶת־זֹֽאת׃
Die Gottlosen grünen wie das Gras,	בִּפְרֹ֤חַ רְשָׁעִ֨ים ׀ כְּמ֥וֹ עֵ֗שֶׂב
und die Übeltäter blühen alle –	וַ֭יָּצִיצוּ כָּל־פֹּ֣עֲלֵי אָ֑וֶן
nur um vertilgt zu werden für immer!	לְהִשָּׁמְדָ֥ם עֲדֵי־עַֽד׃
Aber du, HERR, bist der Höchste und bleibest ewiglich.	וְאַתָּ֥ה מָר֗וֹם לְעֹלָ֥ם יְהוָֽה׃
Denn siehe, deine Feinde, HERR,	כִּ֤י הִנֵּ֪ה אֹיְבֶ֡יךָ ׀ יְֽהוָ֗ה
siehe, deine Feinde werden umkommen,	כִּֽי־הִנֵּ֣ה אֹיְבֶ֣יךָ יֹאבֵ֑דוּ
und alle Übeltäter sollen zerstreut werden.	יִ֝תְפָּרְד֗וּ כָּל־פֹּ֥עֲלֵי אָֽוֶן׃
Aber mich machst du stark wie den Wildstier	וַתָּ֣רֶם כִּרְאֵ֣ים קַרְנִ֑י
und salbst mich mit frischem Öl.	בַּ֝לֹּתִ֗י בְּשֶׁ֣מֶן רַעֲנָֽן׃
Mit Freude sieht mein Auge auf meine Feinde herab	וַתַּבֵּ֥ט עֵינִ֗י בְּשׁ֫וּרָ֥י
und hört mein Ohr	בַּקָּמִ֣ים עָלַ֣י מְ֭רֵעִים
von den Boshaften, die sich gegen mich erheben.	תִּשְׁמַ֥עְנָה אָזְנָֽי׃
Der Gerechte wird grünen wie ein Palmbaum,	צַ֭דִּיק כַּתָּמָ֣ר יִפְרָ֑ח
er wird wachsen wie eine Zeder auf dem Libanon.	כְּאֶ֖רֶז בַּלְּבָנ֣וֹן יִשְׂגֶּֽה׃
Die gepflanzt sind im Hause des HERRN,	שְׁ֭תוּלִים בְּבֵ֣ית יְהוָ֑ה
werden in den Vorhöfen unsres Gottes grünen.	בְּחַצְר֖וֹת אֱלֹהֵ֣ינוּ יַפְרִֽיחוּ׃
Und wenn sie auch alt werden,	ע֭וֹד יְנוּב֣וּן בְּשֵׂיבָ֑ה
werden sie dennoch blühen, fruchtbar und frisch sein,	דְּשֵׁנִ֖ים וְרַֽעֲנַנִּ֣ים יִהְיֽוּ׃
dass sie verkündigen, wie der HERR es recht macht;	לְ֭הַגִּיד כִּֽי־יָשָׁ֣ר יְהוָ֑ה
er ist mein Fels, und kein Unrecht ist an ihm.	צ֝וּרִ֗י וְֽלֹא־עלתה° בּֽוֹ׃

Ein Psalm. Ein Lied zum Sabbattag. 1

Es ist gut, dem TREUEN Dank zu sagen 2
und zu spielen deinem Namen, Höchster,
am Morgen deine Liebe zu verkünden 3
und deine Treue in den Nächten
auf einer Laute von zehn Saiten und auf einer Harfe, 4
auf Leierklang –
hast doch du mich, TREUER, durch dein Wirken froh gemacht, 5
über deiner Hände Werke juble ich.

Wie haben deine Werke, TREUER, sich so groß erwiesen, 6
wie waren deine Pläne tief durchdacht!
Ein dummer Mensch begreift das nicht, 7
und ein Törichter bekommt gerade darein keinen Einblick.
Wenn die Schurken wie das Kraut aufschossen 8
und alle Übeltäter Blüten trieben,
war es, um für alle Zeit vertilgt zu werden –
du aber bleibst in Ewigkeit erhaben, TREUER! 9

Denn siehe, deine Feinde, TREUER, 10
denn siehe, deine Feinde werden untergehen,
alle Übeltäter werden sich zerstreuen,
doch mein Horn hast du erhöht wie das des Büffels; 11
man hat mich mit frischem Öl getränkt –
so konnte sich mein Auge gegen meine Widersacher richten, 12
wenn sich Bösewichter gegen mich erheben,
können meine Ohren hören:

„Der Gerechte, er blüht wie die Palme, 13
hoch wächst er wie eine Zeder auf dem Libanon.
Die gepflanzt sind in dem Haus des TREUEN, 14
sie blühen in den Höfen unseres Gottes auf;
sie tragen noch im grauen Alter, 15
saftig, wie sie sind, und grün,
um zu verkünden, wie der TREUE doch gerade Wege geht, 16
mein Fels, ja an ihm ist nichts Falsches."

Psalm 93

Der HERR ist König	יְהוָה מָלָךְ
und herrlich geschmückt;	גֵּאוּת לָבֵשׁ
der HERR ist geschmückt	לָבֵשׁ יְהוָה
und umgürtet mit Kraft.	עֹז הִתְאַזָּר
Er hat den Erdkreis gegründet,	אַף־תִּכּוֹן תֵּבֵל
dass er nicht wankt.	בַּל־תִּמּוֹט׃
Von Anbeginn steht dein Thron fest;	נָכוֹן כִּסְאֲךָ מֵאָז
du bist ewig.	מֵעוֹלָם אָתָּה׃
HERR, die Wasserströme erheben sich,	נָשְׂאוּ נְהָרוֹת ׀ יְהוָה
die Wasserströme erheben ihr Brausen,	נָשְׂאוּ נְהָרוֹת קוֹלָם
die Wasserströme heben empor die Wellen;	יִשְׂאוּ נְהָרוֹת דָּכְיָם׃
die Wasserwogen im Meer sind groß	מִקֹּלוֹת ׀ מַיִם רַבִּים
und brausen mächtig;	אַדִּירִים מִשְׁבְּרֵי־יָם
der HERR aber ist noch größer in der Höhe.	אַדִּיר בַּמָּרוֹם יְהוָה׃
Dein Wort ist wahrhaftig und gewiss;	עֵדֹתֶיךָ ׀ נֶאֶמְנוּ מְאֹד
Heiligkeit ist die Zierde deines Hauses,	לְבֵיתְךָ נַאֲוָה־קֹדֶשׁ
HERR, für alle Zeit.	יְהוָה לְאֹרֶךְ יָמִים׃

Der TREUE hat die Königsherrschaft angetreten, 1
in Hoheit hat er sich gekleidet,
gekleidet hat er sich, der TREUE,
mit Macht hat er sich ausgerüstet;
ja, fest stehen soll die Welt,
nicht soll sie wanken,
fest ist dein Thron seit eh und je, 2
von Ewigkeit bist du!

Erhoben haben die Ströme, du TREUER, 3
erhoben haben die Ströme ihr Tosen,
es erheben die Ströme ihr Brausen.
Mehr als die Donner großer Wasser, 4
der mächtigen, der Brandungen des Meeres,
ist der TREUE in der Höhe mächtig.
Die Worte, die du bezeugst, sind ganz und gar verlässlich, 5
Heiligkeit macht dein Haus schön,
TREUER, für alle Zeiten.

Psalm 94

HERR, du Gott der Vergeltung,	אֵל־נְקָמוֹת יְהוָה
du Gott der Vergeltung, erscheine!	אֵל נְקָמוֹת הוֹפִיַע׃
Erhebe dich, du Richter der Welt;	הִנָּשֵׂא שֹׁפֵט הָאָרֶץ
vergilt den Hoffärtigen, was sie verdienen!	הָשֵׁב גְּמוּל עַל־גֵּאִים׃
HERR, wie lange	עַד־מָתַי
sollen die Gottlosen,	רְשָׁעִים ׀ יְהוָה
wie lange	עַד־מָתַי
sollen die Gottlosen prahlen?	רְשָׁעִים יַעֲלֹזוּ׃
Es reden so trotzig daher,	יַבִּיעוּ יְדַבְּרוּ עָתָק
es rühmen sich alle Übeltäter.	יִתְאַמְּרוּ כָּל־פֹּעֲלֵי אָוֶן׃
HERR, sie zerschlagen dein Volk	עַמְּךָ יְהוָה יְדַכְּאוּ
und plagen dein Erbe.	וְנַחֲלָתְךָ יְעַנּוּ׃
Witwen und Fremdlinge bringen sie um	אַלְמָנָה וְגֵר יַהֲרֹגוּ
und töten die Waisen	וִיתוֹמִים יְרַצֵּחוּ׃
und sagen: Der HERR sieht's nicht,	וַיֹּאמְרוּ לֹא יִרְאֶה־יָּהּ
und der Gott Jakobs beachtet's nicht.	וְלֹא־יָבִין אֱלֹהֵי יַעֲקֹב׃
Merkt doch auf, ihr Narren im Volk!	בִּינוּ בֹּעֲרִים בָּעָם
Und ihr Toren, wann wollt ihr klug werden?	וּכְסִילִים מָתַי תַּשְׂכִּילוּ׃
Der das Ohr gepflanzt hat, sollte der nicht hören?	הֲנֹטַע אֹזֶן הֲלֹא יִשְׁמָע
Der das Auge gemacht hat, sollte der nicht sehen?	אִם־יֹצֵר עַיִן הֲלֹא יַבִּיט׃
Der die Völker in Zucht hält, sollte der nicht Rechenschaft fordern –	הֲיֹסֵר גּוֹיִם הֲלֹא יוֹכִיחַ
er, der die Menschen Erkenntnis lehrt?	הַמְלַמֵּד אָדָם דָּעַת׃
Aber der HERR kennt die Gedanken der Menschen:	יְהוָה יֹדֵעַ מַחְשְׁבוֹת אָדָם
sie sind nur ein Hauch!	כִּי־הֵמָּה הָבֶל׃

Starker Gott der Vergeltung, du TREUER, 1
starker Gott der Vergeltung, erschein,
erheb dich, Richter der Erde, 2
gib, dass auf die Überheblichen ihr Tun zurückfällt!
Bis wann denn noch 3
sollen die Schurken, du TREUER,
bis wann denn noch
sollen die Schurken sich brüsten?

Sie geifern mit ihren frechen Reden, 4
sie prahlen, alle diese Übeltäter;
dein Volk, du TREUER, treten sie mit Füßen, 5
und deinen Erbbesitz, den unterdrücken sie,
die Witwe und den Fremden, die erschlagen sie, 6
und die Waisen, die ermorden sie,
und sie konnten sagen: „Der TREUE sieht das nicht, 7
und der Gott Jakobs merkt das nicht!"

Denkt doch darüber nach, ihr Narren im Volk! 8
Und ihr Toren, wann nehmt ihr Vernunft an?
Sollte, der das Ohr doch eingepflanzt hat, sollte der nicht horchen, 9
oder sollte, der das Auge ausgeformt hat, sollte der nicht schauen?
Sollte, der die Völkerwelt erzogen hat, sollte der nicht strafen, 10
der die Menschheit doch Erkenntnis lehrte?
Der TREUE, der durchschaut der Menschen Machenschaften, 11
dass sie ein Hauch nur sind.

Psalm 94

Wohl dem, den du, HERR, in Zucht nimmst	אַשְׁרֵי ׀ הַגֶּבֶר אֲשֶׁר־תְּיַסְּרֶנּוּ יָּהּ
und lehrst ihn durch dein Gesetz,	וּֽמִתּוֹרָתְךָ תְלַמְּדֶֽנּוּ׃
ihm Ruhe zu schaffen vor bösen Tagen,	לְהַשְׁקִיט לוֹ מִימֵי רָע
bis dem Gottlosen die Grube gegraben ist.	עַד יִכָּרֶה לָרָשָׁע שָֽׁחַת׃
Denn der HERR wird sein Volk nicht verstoßen	כִּי ׀ לֹא־יִטֹּשׁ יְהוָה עַמּוֹ
noch sein Erbe verlassen.	וְנַחֲלָתוֹ לֹא יַעֲזֹֽב׃
Denn Recht muss doch Recht bleiben,	כִּֽי־עַד־צֶדֶק יָשׁוּב מִשְׁפָּט
und ihm werden alle frommen Herzen zufallen.	וְאַחֲרָיו כָּל־יִשְׁרֵי־לֵֽב׃
Wer steht mir bei wider die Boshaften?	מִֽי־יָקוּם לִי עִם־מְרֵעִים
Wer tritt zu mir wider die Übeltäter?	מִֽי־יִתְיַצֵּב לִי עִם־פֹּעֲלֵי אָֽוֶן׃
Wenn der HERR mir nicht hülfe,	לוּלֵי יְהוָה עֶזְרָתָה לִּי
läge ich bald am Orte des Schweigens.	כִּמְעַט ׀ שָׁכְנָה דוּמָה נַפְשִֽׁי׃
Wenn ich sprach: Mein Fuß ist gestrauchelt,	אִם־אָמַרְתִּי מָטָה רַגְלִי
so hielt mich, HERR, deine Gnade.	חַסְדְּךָ יְהוָה יִסְעָדֵֽנִי׃
Ich hatte viel Kummer in meinem Herzen,	בְּרֹב שַׂרְעַפַּי בְּקִרְבִּי
aber deine Tröstungen erquickten meine Seele.	תַּנְחוּמֶיךָ יְשַׁעַשְׁעוּ נַפְשִֽׁי׃
Du hast ja nicht Gemeinschaft mit dem Richterstuhl der Bösen,	הַֽיְחָבְרְךָ כִּסֵּא הַוּוֹת
die das Gesetz missbrauchen und Unheil schaffen.	יֹצֵר עָמָל עֲלֵי־חֹֽק׃
Sie rotten sich zusammen wider den Gerechten	יָגוֹדּוּ עַל־נֶפֶשׁ צַדִּיק
und verurteilen unschuldiges Blut.	וְדָם נָקִי יַרְשִֽׁיעוּ׃
Aber der HERR ist mein Schutz,	וַיְהִי יְהוָה לִי לְמִשְׂגָּב
mein Gott ist der Hort meiner Zuversicht.	וֵאלֹהַי לְצוּר מַחְסִֽי׃
Und er wird ihnen ihr Unrecht vergelten	וַיָּשֶׁב עֲלֵיהֶם ׀ אֶת־אוֹנָם
und sie um ihrer Bosheit willen vertilgen;	וּבְרָעָתָם יַצְמִיתֵם
der HERR, unser Gott, wird sie vertilgen.	יַצְמִיתֵם יְהוָה אֱלֹהֵֽינוּ׃

Wohl dem Mann, den du erziehst, du TREUER, 12
und den du aus deiner Weisung lehrst,
um ihm vor bösen Tagen Ruhe zu verschaffen, 13
bis gegraben ist die Grube für den Schurken!
Gibt der TREUE doch sein Volk nicht auf, 14
und sein Erbland lässt er nicht im Stich,
kehrt das Recht doch zur Gerechtigkeit zurück, 15
und alle folgen ihm, die ehrlich sind im Herzen.

Wer steht für mich auf, bin ich Bösewichtern ausgeliefert? 16
Wer stellt sich zu mir, habe ich zu tun mit Übeltätern?
Wenn der TREUE nicht als Beistand für mich eingetreten wäre, 17
hätte ich schon um ein Haar in Totenstille zugebracht!
Sagte ich: „Mein Fuß begann zu wanken!“ – 18
schon, du TREUER, stützt mich deine Treue;
bei meinen vielen Sorgen in mir drinnen 19
sind es deine Tröstungen, die mich im Innersten beglücken.

Ist denn des Bösen Richterstuhl mit dir verbündet, 20
wenn er Unheil stiftet gegen das Gesetz?
Sie rotten sich zusammen gegen des Gerechten Leben, 21
und Blut, das schuldlos ist, erklären sie für schuldig!
Doch der TREUE ist zur festen Burg für mich geworden 22
und mein Gott zu meiner felsenfesten Zuflucht;
er hat ja ihre eigene Untat über sie gebracht, 23
und mit ihrer Bosheit bringt er sie zum Schweigen,
zum Schweigen bringt er sie, der TREUE, unser Gott.

Psalm 95

Kommt herzu, lasst uns dem HERRN frohlocken	לְכוּ נְרַנְּנָה לַיהוָה
und jauchzen dem Hort unsres Heils!	נָרִיעָה לְצוּר יִשְׁעֵנוּ׃
Lasst uns mit Danken vor sein Angesicht kommen	נְקַדְּמָה פָנָיו בְּתוֹדָה
und mit Psalmen ihm jauchzen!	בִּזְמִרוֹת נָרִיעַ לוֹ׃
Denn der HERR ist ein großer Gott	כִּי אֵל גָּדוֹל יְהוָה
und ein großer König über alle Götter.	וּמֶלֶךְ גָּדוֹל עַל־כָּל־אֱלֹהִים׃
Denn in seiner Hand sind die Tiefen der Erde,	אֲשֶׁר בְּיָדוֹ מֶחְקְרֵי־אָרֶץ
und die Höhen der Berge sind auch sein.	וְתוֹעֲפוֹת הָרִים לוֹ׃
Denn sein ist das Meer, und er hat's gemacht,	אֲשֶׁר־לוֹ הַיָּם וְהוּא עָשָׂהוּ
und seine Hände haben das Trockene bereitet.	וְיַבֶּשֶׁת יָדָיו יָצָרוּ׃
Kommt, lasst uns anbeten und knien	בֹּאוּ נִשְׁתַּחֲוֶה וְנִכְרָעָה
und niederfallen vor dem HERRN, der uns gemacht hat.	נִבְרְכָה לִפְנֵי־יְהוָה עֹשֵׂנוּ׃
Denn er ist unser Gott	כִּי הוּא אֱלֹהֵינוּ
und wir das Volk seiner Weide	וַאֲנַחְנוּ עַם מַרְעִיתוֹ
und Schafe seiner Hand.	וְצֹאן יָדוֹ
Wenn ihr doch heute auf seine Stimme hören wolltet:	הַיּוֹם אִם־בְּקֹלוֹ תִשְׁמָעוּ׃
„Verstocket euer Herz nicht, wie zu Meriba geschah,	אַל־תַּקְשׁוּ לְבַבְכֶם כִּמְרִיבָה
wie zu Massa in der Wüste,	כְּיוֹם מַסָּה בַּמִּדְבָּר׃
wo mich eure Väter versuchten	אֲשֶׁר נִסּוּנִי אֲבוֹתֵיכֶם
und prüften und hatten doch mein Werk gesehen.	בְּחָנוּנִי גַּם־רָאוּ פָעֳלִי׃
Vierzig Jahre war dies Volk mir zuwider,	אַרְבָּעִים שָׁנָה ׀ אָקוּט בְּדוֹר
dass ich sprach: Es sind Leute, deren Herz immer den Irrweg	וָאֹמַר עַם תֹּעֵי לֵבָב הֵם
und die meine Wege nicht lernen wollen, [will	וְהֵם לֹא־יָדְעוּ דְרָכָי׃
so dass ich schwor in meinem Zorn:	אֲשֶׁר־נִשְׁבַּעְתִּי בְאַפִּי
Sie sollen nicht zu meiner Ruhe kommen."	אִם־יְבֹאוּן אֶל־מְנוּחָתִי׃

Auf, lasst uns zum TREUEN jubeln, 1
lasst uns dem Felsen unserer Rettung Beifall geben,
lasst uns doch vor seinem Angesicht mit Dankgesang erscheinen, 2
mit Psalmenklängen jubeln wir ihm zu!
Denn ein großer starker Gott, das ist der TREUE, 3
und er ist der große König über alle Götter;
sind doch in seiner Hand die Erdentiefen, 4
auch die Spitzen der Gebirge, die gehören ihm,
gehört doch ihm das Meer, er hat es ja gemacht, 5
auch das Festland, seine Hände haben es gebildet.

Kommt, lasst uns doch niederfallen und uns beugen, 6
lasst uns doch knien vor dem TREUEN, unserem Schöpfer;
denn er ist unser Gott, 7
wir aber sind das Volk, das er weidet,
und die Herde, die in seiner Hand ist.

Heute, wenn ihr seine Stimme hört,
verhärtet eure Herzen nicht wie in Meriba, 8
wie am Tag von Massa in der Wüste:
„Dort haben eure Väter mich versucht, 9
als sie mich prüften, selbst als sie doch mein Werk gesehen hatten!
Vierzig Jahre lang war mir bei dem Geschlecht speiübel, 10
und ich musste sagen: ‚Ein Volk von Leuten mit verwirrtem Herzen sind sie,
und sie, sie haben meine Wege nicht begriffen,
so dass ich mir in meinem Zorn geschworen habe: 11
Sie kommen nicht zu meiner Sabbatruhe!'"

Psalm 96

Singet dem HERRN ein neues Lied;	שִׁירוּ לַיהוָה שִׁיר חָדָשׁ
singet dem HERRN, alle Welt!	שִׁירוּ לַיהוָה כָּל־הָאָרֶץ׃
Singet dem HERRN und lobet seinen Namen,	שִׁירוּ לַיהוָה בָּרֲכוּ שְׁמוֹ
verkündet von Tag zu Tag sein Heil!	בַּשְּׂרוּ מִיּוֹם־לְיוֹם יְשׁוּעָתוֹ׃
Erzählet unter den Heiden von seiner Herrlichkeit,	סַפְּרוּ בַגּוֹיִם כְּבוֹדוֹ
unter allen Völkern von seinen Wundern!	בְּכָל־הָעַמִּים נִפְלְאוֹתָיו׃
Denn der HERR ist groß und hoch zu loben,	כִּי גָדוֹל יְהוָה וּמְהֻלָּל מְאֹד
mehr zu fürchten als alle Götter.	נוֹרָא הוּא עַל־כָּל־אֱלֹהִים׃
Denn alle Götter der Völker sind Götzen;	כִּי ׀ כָּל־אֱלֹהֵי הָעַמִּים אֱלִילִים
aber der HERR hat den Himmel gemacht.	וַיהוָה שָׁמַיִם עָשָׂה׃
Hoheit und Pracht sind vor ihm,	הוֹד־וְהָדָר לְפָנָיו
Macht und Herrlichkeit in seinem Heiligtum.	עֹז וְתִפְאֶרֶת בְּמִקְדָּשׁוֹ׃
Ihr Völker, bringet dar dem HERRN,	הָבוּ לַיהוָה מִשְׁפְּחוֹת עַמִּים
bringet dar dem HERRN Ehre und Macht!	הָבוּ לַיהוָה כָּבוֹד וָעֹז׃
Bringet dar dem HERRN die Ehre seines Namens,	הָבוּ לַיהוָה כְּבוֹד שְׁמוֹ
bringet Geschenke und kommt in seine Vorhöfe!	שְׂאוּ־מִנְחָה וּבֹאוּ לְחַצְרוֹתָיו׃
Betet an den HERRN in heiligem Schmuck;	הִשְׁתַּחֲווּ לַיהוָה בְּהַדְרַת־קֹדֶשׁ
es fürchte ihn alle Welt!	חִילוּ מִפָּנָיו כָּל־הָאָרֶץ׃
Sagt unter den Heiden:	אִמְרוּ בַגּוֹיִם ׀
Der HERR ist König.	יְהוָה מָלָךְ
Er hat den Erdkreis gegründet, dass er nicht wankt.	אַף־תִּכּוֹן תֵּבֵל בַּל־תִּמּוֹט
Er richtet die Völker recht.	יָדִין עַמִּים בְּמֵישָׁרִים׃
Der Himmel freue sich, und die Erde sei fröhlich,	יִשְׂמְחוּ הַשָּׁמַיִם וְתָגֵל הָאָרֶץ
das Meer brause und was darinnen ist;	יִרְעַם הַיָּם וּמְלֹאוֹ׃
das Feld sei fröhlich und alles, was darauf ist;	יַעֲלֹז שָׂדַי וְכָל־אֲשֶׁר־בּוֹ
es sollen jauchzen alle Bäume im Walde	אָז יְרַנְּנוּ כָּל־עֲצֵי־יָעַר׃
vor dem HERRN; denn er kommt,	לִפְנֵי יְהוָה ׀ כִּי בָא
denn er kommt, zu richten das Erdreich.	כִּי בָא לִשְׁפֹּט הָאָרֶץ
Er wird den Erdkreis richten mit Gerechtigkeit	יִשְׁפֹּט־תֵּבֵל בְּצֶדֶק
und die Völker mit seiner Wahrheit.	וְעַמִּים בֶּאֱמוּנָתוֹ׃

96

Singt dem TREUEN doch ein neues Lied, 1
singt dem TREUEN, alle Welt,
singt dem TREUEN, preist doch seinen Namen; 2
sagt an von Tag zu Tag sein Heil,
in der Völkerwelt erzählt von seiner Herrlichkeit, 3
von seinen Wundern unter allen Völkerschaften!

Ist ja der TREUE groß und hoch zu rühmen, 4
Furcht erregend ist er über allen Göttern,
alle Völkergötter sind doch Götzen; 5
der TREUE aber ist es, der den Himmel schuf,
Hoheit, Schönheit ist vor seinem Angesicht, 6
Macht und Pracht in seinem Heiligtum.

Bringt dem TREUEN dar, ihr Völkersippen, 7
bringt dem TREUEN Ehre dar und Ruhm,
bringt dem TREUEN dar die Ehre seines Namens; 8
tragt Gaben her und tretet ein in seine Höfe,
betet vor dem TREUEN an in heiligem Schmuck, 9
vor seinem Angesicht erzittert, alle Welt!

In der Völkerwelt ruft aus: 10
„Der TREUE hat die Königsherrschaft angetreten!“ –
fürwahr, fest steht der Erdkreis, er wankt nicht;
er richtet Völkerschaften unbestechlich,
der Himmel sei voll Freude, und die Erde juble hell, 11
das Meer und was es füllt erbebe.

Das Feld und alles, was darauf ist, jauchze auf, 12
dann sollen auch im Wald die Bäume alle rauschen
vor dem Angesicht des TREUEN, ist er doch im Kommen; 13
ist er doch im Kommen, um die Welt zu richten,
in Gerechtigkeit wird er den Erdkreis richten
und in seiner Treue Völkerschaften!

Psalm 97

Der HERR ist König;	יְהוָ֣ה מָ֭לָךְ
des freue sich das Erdreich	תָּגֵ֣ל הָאָ֑רֶץ
und seien fröhlich die Inseln, so viel ihrer sind.	יִ֝שְׂמְח֗וּ אִיִּ֥ים רַבִּֽים׃
Wolken und Dunkel sind um ihn her,	עָנָ֣ן וַעֲרָפֶ֣ל סְבִיבָ֑יו
Gerechtigkeit und Gericht sind seines Thrones Stütze.	צֶ֥דֶק וּ֝מִשְׁפָּ֗ט מְכ֣וֹן כִּסְאֽוֹ׃
Feuer geht vor ihm her	אֵ֭שׁ לְפָנָ֣יו תֵּלֵ֑ךְ
und verzehrt ringsum seine Feinde.	וּתְלַהֵ֖ט סָבִ֣יב צָרָֽיו׃
Seine Blitze erleuchten den Erdkreis,	הֵאִ֣ירוּ בְרָקָ֣יו תֵּבֵ֑ל
das Erdreich sieht es und erschrickt.	רָאֲתָ֖ה וַתָּחֵ֣ל הָאָֽרֶץ׃
Berge zerschmelzen wie Wachs vor dem HERRN,	הָרִ֗ים כַּדּוֹנַ֗ג נָ֭מַסּוּ מִלִּפְנֵ֣י יְהוָ֑ה
vor dem Herrscher der ganzen Erde.	מִ֝לִּפְנֵ֗י אֲד֣וֹן כָּל־הָאָֽרֶץ׃
Die Himmel verkündigen seine Gerechtigkeit,	הִגִּ֣ידוּ הַשָּׁמַ֣יִם צִדְק֑וֹ
und seine Herrlichkeit sehen alle Völker.	וְרָא֖וּ כָל־הָעַמִּ֣ים כְּבוֹדֽוֹ׃
Schämen sollen sich alle, die den Bildern dienen	יֵבֹ֤שׁוּ ׀ כָּל־עֹ֬בְדֵי פֶ֗סֶל
und sich der Götzen rühmen.	הַמִּֽתְהַלְלִ֥ים בָּאֱלִילִ֑ים
Betet ihn an, alle Götter!	הִשְׁתַּחֲווּ־ל֝֗וֹ כָּל־אֱלֹהִֽים׃
Zion hört es und ist froh,	שָׁמְעָ֬ה וַתִּשְׂמַ֨ח ׀ צִיּ֗וֹן
und die Töchter Juda sind fröhlich,	וַ֭תָּגֵלְנָה בְּנ֣וֹת יְהוּדָ֑ה
weil du, HERR, recht regierest.	לְמַ֖עַן מִשְׁפָּטֶ֣יךָ יְהוָֽה׃
Denn du, HERR,	כִּֽי־אַתָּ֤ה יְהוָ֗ה
bist der Höchste über allen Landen,	עֶלְי֥וֹן עַל־כָּל־הָאָ֑רֶץ
du bist hoch erhöht über alle Götter.	מְאֹ֥ד נַ֝עֲלֵ֗יתָ עַל־כָּל־אֱלֹהִֽים׃
Die ihr den HERRN liebet,	אֹהֲבֵ֥י יְהוָ֗ה
hasset das Arge!	שִׂנְא֫וּ רָ֥ע
Der HERR bewahrt die Seelen seiner Heiligen;	שֹׁ֭מֵר נַפְשׁ֣וֹת חֲסִידָ֑יו
aus der Hand der Gottlosen wird er sie erretten.	מִיַּ֥ד רְ֝שָׁעִ֗ים יַצִּילֵֽם׃
Dem Gerechten muss das Licht immer wieder aufgehen	א֭וֹר זָרֻ֣עַ לַצַּדִּ֑יק
und Freude den frommen Herzen.	וּֽלְיִשְׁרֵי־לֵ֥ב שִׂמְחָֽה׃
Ihr Gerechten, freut euch des HERRN	שִׂמְח֣וּ צַ֭דִּיקִים בַּיהוָ֑ה
und danket ihm und preiset seinen heiligen Namen!	וְ֝הוֹד֗וּ לְזֵ֣כֶר קָדְשֽׁוֹ׃

Der TREUE hat die Königsherrschaft angetreten – 1
die Erde juble hell,
die vielen Inseln dürfen sich freuen!
Gewölk und Dunkel um ihn her, 2
Ordnung ist und Recht die Basis seines Thrones.
Feuer züngelt vor seinem Angesicht her, 3
und rings umloht es seine Widersacher.

Den Erdkreis haben seine Blitze ausgeleuchtet, 4
die Erde sah es und fing an zu beben.
Die Berge schmolzen hin wie Wachs vor dem Angesicht des TREUEN, 5
vor dem Angesicht des Herrn der ganzen Erde.
Die Himmel machten seine Ordnung kund, 6
und alle Völker sahen seine Herrlichkeit.

Sich schämen sollen alle Bildverehrer, 7
die sich der Götzen rühmen,
haben sich doch alle Götter ihm längst unterworfen!
Zion hörte das und war voll Freude, 8
und die Töchter Judas konnten ausgelassen jubeln
als Antwort auf deine Entscheidungen, TREUER.
Denn du als der TREUE, 9
als der Höchste über der ganzen Erde,
bist hoch erhaben über alle Götter.

Die ihr den TREUEN liebt, 10
hasst doch das Böse!
Er behütet das Leben seiner Getreuen,
aus der Hand der Schurken reißt er sie heraus.
Licht ist ausgestreut für den Gerechten 11
und für die, die lauter sind im Herzen, Freude.
Freut euch, ihr Gerechten, in dem TREUEN 12
und preist seinen heiligen Namen!

Psalm 98

Ein Psalm.	מִזְמ֡וֹר
Singet dem HERRN ein neues Lied,	שִׁ֤ירוּ לַֽיהוָ֨ה ׀ שִׁ֣יר חָ֭דָשׁ
denn er tut Wunder.	כִּֽי־נִפְלָא֣וֹת עָשָׂ֑ה
Er schafft Heil mit seiner Rechten	הוֹשִֽׁיעָה־לּ֥וֹ יְ֝מִינ֗וֹ
und mit seinem heiligen Arm.	וּזְר֥וֹעַ קָדְשֽׁוֹ׃
Der HERR lässt sein Heil kundwerden;	הוֹדִ֣יעַ יְ֭הוָה יְשׁוּעָת֑וֹ
vor den Völkern macht er seine Gerechtigkeit offenbar.	לְעֵינֵ֥י הַ֝גּוֹיִ֗ם גִּלָּ֥ה צִדְקָתֽוֹ׃
Er gedenkt seiner Gnade und Treue	זָ֘כַ֤ר חַסְדּ֨וֹ ׀ וֶ֥אֱֽמוּנָתוֹ֮
für das Haus Israel,	לְבֵ֪ית יִשְׂרָ֫אֵ֥ל
aller Welt Enden	רָא֥וּ כָל־אַפְסֵי־אָ֑רֶץ
sehen das Heil unsres Gottes.	אֵ֝֗ת יְשׁוּעַ֥ת אֱלֹהֵֽינוּ׃
Jauchzet dem HERRN, alle Welt,	הָרִ֣יעוּ לַ֭יהוָה כָּל־הָאָ֑רֶץ
singet, rühmet und lobet!	פִּצְח֖וּ וְרַנְּנ֣וּ וְזַמֵּֽרוּ׃
Lobet den HERRN mit Harfen,	זַמְּר֣וּ לַיהוָ֣ה בְּכִנּ֑וֹר
mit Harfen und mit Saitenspiel!	בְּ֝כִנּ֗וֹר וְק֣וֹל זִמְרָֽה׃
Mit Trompeten und Posaunen	בַּ֭חֲצֹ֣צְרוֹת וְק֣וֹל שׁוֹפָ֑ר
jauchzet vor dem HERRN, dem König!	הָ֝רִ֗יעוּ לִפְנֵ֤י ׀ הַמֶּ֬לֶךְ יְהוָֽה׃
Das Meer brause und was darinnen ist,	יִרְעַ֣ם הַ֭יָּם וּמְלֹא֑וֹ
der Erdkreis und die darauf wohnen.	תֵּ֝בֵ֗ל וְיֹ֣שְׁבֵי בָֽהּ׃
Die Ströme sollen frohlocken,	נְהָר֥וֹת יִמְחֲאוּ־כָ֑ף
und alle Berge seien fröhlich	יַ֝֗חַד הָרִ֥ים יְרַנֵּֽנוּ׃
vor dem HERRN; denn er kommt,	לִֽפְנֵי־יְהוָ֗ה כִּ֥י בָא֮
das Erdreich zu richten.	לִשְׁפֹּ֪ט הָ֫אָ֥רֶץ
Er wird den Erdkreis richten mit Gerechtigkeit	יִשְׁפֹּֽט־תֵּבֵ֥ל בְּצֶ֑דֶק
und die Völker, wie es recht ist.	וְ֝עַמִּ֗ים בְּמֵישָׁרִֽים׃

Ein Psalm. 1

Singt dem TREUEN doch ein neues Lied,
denn Wunder hat er vollbracht;
zur Rettung half ihm seine Rechte
und sein heiliger Arm!
Der TREUE hat sein Rettungswerk bekannt gemacht, 2
vor den Augen der Völker hat er sein gerechtes Handeln offenbart;
er hat gedacht an seine Liebe und an seine Treue 3
zum Haus Israel.

Alle Enden der Erde konnten sehen
dieses Rettungswerk unseres Gottes:
Jauchzt dem TREUEN, alle Welt, 4
freut euch und jubiliert und spielt,
spielt dem TREUEN mit der Harfe, 5
mit der Harfe und mit Psalmenklang,
mit Trompeten und mit Hörnerschall 6
jauchzt vor dem König, vor dem TREUEN!

Das Meer samt seiner Fülle brause, 7
das Festland und die es bewohnen,
Ströme sollen in die Hände klatschen, 8
Berge sollen miteinander jubilieren
vor dem Angesicht des TREUEN, denn er ist im Kommen, 9
um der Erde Recht zu schaffen!
In Gerechtigkeit wird er den Erdkreis regieren
und die Völkerwelt in rechter Weise.

Psalm 99

Der HERR ist König,	יְהוָה מָלָךְ
darum zittern die Völker;	יִרְגְּזוּ עַמִּים
er sitzt über den Cherubim,	יֹשֵׁב כְּרוּבִים
darum bebt die Welt.	תָּנוּט הָאָרֶץ׃
Der HERR ist groß in Zion	יְהוָה בְּצִיּוֹן גָּדוֹל
und erhaben über alle Völker.	וְרָם הוּא עַל־כָּל־הָעַמִּים׃
Preisen sollen sie	יוֹדוּ שִׁמְךָ
deinen großen und wunderbaren Namen, – denn er ist heilig –	גָּדוֹל וְנוֹרָא קָדוֹשׁ הוּא׃
und die Macht des Königs, der das Recht lieb hat.	וְעֹז מֶלֶךְ מִשְׁפָּט אָהֵב
Du hast bestimmt, was richtig ist,	אַתָּה כּוֹנַנְתָּ מֵישָׁרִים
du schaffest	מִשְׁפָּט וּצְדָקָה בְּיַעֲקֹב ׀
Gericht und Gerechtigkeit in Jakob.	אַתָּה עָשִׂיתָ׃
Erhebet den HERRN, unsern Gott,	רוֹמְמוּ יְהוָה אֱלֹהֵינוּ
betet an vor dem Schemel seiner Füße;	וְהִשְׁתַּחֲווּ לַהֲדֹם רַגְלָיו
denn er ist heilig.	קָדוֹשׁ הוּא׃
Mose und Aaron unter seinen Priestern	מֹשֶׁה וְאַהֲרֹן ׀ בְּכֹהֲנָיו
und Samuel unter denen, die seinen Namen anrufen,	וּשְׁמוּאֵל בְּקֹרְאֵי שְׁמוֹ
die riefen den HERRN an,	קֹרְאִים אֶל־יְהוָה
und er erhörte sie.	וְהוּא יַעֲנֵם׃
Er redete mit ihnen	בְּעַמּוּד עָנָן
in der Wolkensäule;	יְדַבֵּר אֲלֵיהֶם
sie hielten seine Gesetze	שָׁמְרוּ עֵדֹתָיו
und Gebote, die er ihnen gab.	וְחֹק נָתַן־לָמוֹ׃
HERR, du bist unser Gott,	יְהוָה אֱלֹהֵינוּ
du erhörtest sie;	אַתָּה עֲנִיתָם
du, Gott, vergabst ihnen	אֵל נֹשֵׂא הָיִיתָ לָהֶם
und straftest ihr Tun.	וְנֹקֵם עַל־עֲלִילוֹתָם׃
Erhebet den HERRN, unsern Gott,	רוֹמְמוּ יְהוָה אֱלֹהֵינוּ
und betet an auf seinem heiligen Berge;	וְהִשְׁתַּחֲווּ לְהַר קָדְשׁוֹ
denn der HERR, unser Gott, ist heilig.	כִּי־קָדוֹשׁ יְהוָה אֱלֹהֵינוּ׃

99

Der TREUE hat die Königsherrschaft angetreten, 1
die Völkerschaften beben;
er thront auf den Cheruben,
die Erde wankt.

Der TREUE ist in Zion groß, 2
und hoch steht er über allen Völkerschaften;
sie sollen deinen Namen preisen, 3
groß und furchterregend, heilig ist er.

Und das ist des Königs Macht: Er liebt das Recht – 4
du selber hast die klaren Linien festgelegt;
Recht und gerechtes Tun in Jakob –
du selbst hast es ins Werk gesetzt.

Rühmt den TREUEN, unseren Gott, 5
und fallt nieder vor dem Schemel seiner Füße,
er ist heilig!

Mose und Aaron sind unter seinen Priestern, 6
und Samuel ist unter denen, die seinen Namen rufen;
rufen sie zum TREUEN,
gibt er selber ihnen Antwort.

In der Wolkensäule 7
redet er zu ihnen;
seine bezeugten Worte haben sie beachtet
und das Grundgesetz, das er ihnen gab.

Du TREUER, unser Gott, 8
du selbst gabst ihnen Antwort;
ein starker Gott, der Sünden trägt, warst du für sie,
der auch ihre schlechten Taten ahndet.

Rühmt den TREUEN, unseren Gott, 9
und fallt nieder vor seinem heiligen Berg,
denn heilig ist der TREUE, unser Gott!

Psalm 100

Ein Psalm zum Dankopfer.	מִזְמוֹר לְתוֹדָה
Jauchzet dem HERRN, alle Welt!	הָרִיעוּ לַיהוָה כָּל־הָאָרֶץ:
Dienet dem HERRN mit Freuden,	עִבְדוּ אֶת־יְהוָה בְּשִׂמְחָה
kommt vor sein Angesicht mit Frohlocken!	בֹּאוּ לְפָנָיו בִּרְנָנָה:
Erkennet, dass der HERR Gott ist!	דְּעוּ כִּי־יְהוָה הוּא אֱלֹהִים
Er hat uns gemacht und nicht wir selbst	הוּא־עָשָׂנוּ ולא אֲנַחְנוּ
zu seinem Volk und zu Schafen seiner Weide.	עַמּוֹ וְצֹאן מַרְעִיתוֹ:
Gehet zu seinen Toren ein mit Danken,	בֹּאוּ שְׁעָרָיו ׀ בְּתוֹדָה
zu seinen Vorhöfen mit Loben;	חֲצֵרֹתָיו בִּתְהִלָּה
danket ihm, lobet seinen Namen!	הוֹדוּ־לוֹ בָּרְכוּ שְׁמוֹ:
Denn der HERR ist freundlich,	כִּי־טוֹב יְהוָה
und seine Gnade währet ewig	לְעוֹלָם חַסְדּוֹ
und seine Wahrheit für und für.	וְעַד־דֹּר וָדֹר אֱמוּנָתוֹ:

100

Ein Psalm zum Dankfest. 1

Jauchzt dem TREUEN, alle Welt,
dient dem TREUEN, ihm, mit Freude, 2
tretet ein vor ihn mit Jubel!
Erkennt: Der TREUE, er ist Gott, 3
er selbst hat uns gemacht, und ihm gehören wir,
sein Volk, die Herde, die er weidet!

Tretet ein mit Dank in seine Tore, 4
mit Lobgesang in seine Höfe,
dankt ihm, preist seinen Namen:
Gut ist ja der TREUE, 5
in Ewigkeit währt seine Liebe
und für Geschlecht um Geschlecht seine Treue!

Psalm 101

Ein Psalm Davids.

לְדָוִד מִזְמוֹר

Von Gnade und Recht will ich singen
und dir, HERR, Lob sagen.
Ich handle umsichtig und redlich,
dass du mögest zu mir kommen;

חֶסֶד־וּמִשְׁפָּט אָשִׁירָה
לְךָ יְהוָה אֲזַמֵּרָה׃
אַשְׂכִּילָה ׀ בְּדֶרֶךְ תָּמִים
מָתַי תָּבוֹא אֵלָי

ich wandle mit redlichem Herzen
in meinem Hause.
Ich nehme mir keine
böse Sache vor;

אֶתְהַלֵּךְ בְּתָם־לְבָבִי
בְּקֶרֶב בֵּיתִי׃
לֹא־אָשִׁית ׀ לְנֶגֶד עֵינַי
דְּבַר־בְּלִיָּעַל

ich hasse den Übertreter
und lasse ihn nicht bei mir bleiben.
Ein falsches Herz muss von mir weichen.
Den Bösen kann ich nicht leiden.

עֲשֹׂה־סֵטִים שָׂנֵאתִי
לֹא יִדְבַּק בִּי׃
לֵבָב עִקֵּשׁ יָסוּר מִמֶּנִּי
רָע לֹא אֵדָע׃

Wer seinen Nächsten heimlich verleumdet,
den bring ich zum Schweigen.
Ich mag den nicht,
der stolze Gebärde und hoffärtige Art hat.

מלושני בַסֵּתֶר ׀ רֵעֵהוּ
אוֹתוֹ אַצְמִית
גְּבַהּ־עֵינַיִם וּרְחַב לֵבָב
אֹתוֹ לֹא אוּכָל׃

Meine Augen sehen nach den Treuen im Lande,
dass sie bei mir wohnen;
ich habe gerne
fromme Diener.

עֵינַי ׀ בְּנֶאֶמְנֵי־אֶרֶץ
לָשֶׁבֶת עִמָּדִי
הֹלֵךְ בְּדֶרֶךְ תָּמִים
הוּא יְשָׁרְתֵנִי׃

Falsche Leute
dürfen in meinem Hause nicht bleiben,
die Lügner
gedeihen nicht bei mir.

לֹא־יֵשֵׁב ׀ בְּקֶרֶב בֵּיתִי
עֹשֵׂה רְמִיָּה
דֹּבֵר שְׁקָרִים
לֹא־יִכּוֹן לְנֶגֶד עֵינָי׃

Jeden Morgen bring ich zum Schweigen
alle Gottlosen im Lande,
dass ich alle Übeltäter
ausrotte aus der Stadt des HERRN.

לַבְּקָרִים אַצְמִית
כָּל־רִשְׁעֵי־אָרֶץ
לְהַכְרִית מֵעִיר־יְהוָה
כָּל־פֹּעֲלֵי אָוֶן׃

Ein Psalm Davids. 1

Gnade und auch Recht will ich besingen,
dir, du TREUER, will ich spielen,
auf konsequentem Weg will ich mich klug verhalten! 2
Wann kommst du zu mir?

Mit ungeteiltem Herzen führe ich mein Leben
mittendrin in meinem Haus;
ich lasse mir nichts vor Augen kommen, 3
was nichtswürdig ist.

Übertretungen zu folgen, das ist mir verhasst,
das haftet nicht an mir;
ein verkehrtes Herz, das weicht mir aus, 4
mit einem Bösewicht befasse ich mich nicht.

Wer heimlich herzieht über seinen Nächsten, 5
einen solchen bringe ich zum Schweigen;
wer stolze Augen hat und überheblich ist im Herzen,
einen solchen kann ich nicht ertragen.

Meine Augen sind gerichtet auf die Zuverlässigen im Land, 6
sie werden bei mir wohnen;
wer auf konsequentem Wege geht,
ein solcher steht in meinem Dienst.

In meinem Hause drinnen wird nicht wohnen, 7
wer sich mit Betrügerei abgibt;
wer Lügenreden führt,
wird vor meinen Augen nicht bestehen.

Jeden Morgen bringe ich zum Schweigen 8
alle Schurken, die es gibt im Land,
um von der Stadt des TREUEN abzuhalten
alle Übeltäter.

Psalm 102

Ein Gebet für den Elenden, wenn er verzagt ist	תְּפִלָּה לְעָנִי כִי־יַעֲטֹף
und seine Klage vor dem HERRN ausschüttet.	וְלִפְנֵי יְהוָה יִשְׁפֹּךְ שִׂיחוֹ:

HERR, höre mein Gebet	יְהוָה שִׁמְעָה תְפִלָּתִי
und lass mein Schreien zu dir kommen!	וְשַׁוְעָתִי אֵלֶיךָ תָבוֹא:
Verbirg dein Antlitz nicht vor mir	אַל־תַּסְתֵּר פָּנֶיךָ ׀ מִמֶּנִּי
in der Not,	בְּיוֹם צַר לִי
neige deine Ohren zu mir;	הַטֵּה־אֵלַי אָזְנֶךָ
wenn ich dich anrufe, so erhöre mich bald!	בְּיוֹם אֶקְרָא מַהֵר עֲנֵנִי:
Denn meine Tage sind vergangen wie ein Rauch,	כִּי־כָלוּ בְעָשָׁן יָמָי
und meine Gebeine sind verbrannt wie von Feuer.	וְעַצְמוֹתַי כְּמוֹ־קֵד נִחָרוּ:
Mein Herz ist geschlagen und verdorrt wie Gras,	הוּכָּה־כָעֵשֶׂב וַיִּבַשׁ לִבִּי
dass ich sogar vergesse, mein Brot zu essen.	כִּי־שָׁכַחְתִּי מֵאֲכֹל לַחְמִי:
Mein Gebein klebt an meiner Haut	מִקּוֹל אַנְחָתִי
vor Heulen und Seufzen.	דָּבְקָה עַצְמִי לִבְשָׂרִי:

Ich bin wie die Eule in der Einöde,	דָּמִיתִי לִקְאַת מִדְבָּר
wie das Käuzchen in den Trümmern.	הָיִיתִי כְּכוֹס חֳרָבוֹת:
Ich wache und klage	שָׁקַדְתִּי וָאֶהְיֶה
wie ein einsamer Vogel auf dem Dache.	כְּצִפּוֹר בּוֹדֵד עַל־גָּג:
Täglich schmähen mich meine Feinde,	כָּל־הַיּוֹם חֵרְפוּנִי אוֹיְבָי
und die mich verspotten, fluchen mit meinem Namen.	מְהוֹלָלַי בִּי נִשְׁבָּעוּ:
Denn ich esse Asche wie Brot	כִּי־אֵפֶר כַּלֶּחֶם אָכָלְתִּי
und mische meinen Trank mit Tränen	וְשִׁקֻּוַי בִּבְכִי מָסָכְתִּי:
vor deinem Drohen und Zorn,	מִפְּנֵי־זַעַמְךָ וְקִצְפֶּךָ
weil du mich hochgehoben und zu Boden geworfen hast.	כִּי נְשָׂאתַנִי וַתַּשְׁלִיכֵנִי:
Meine Tage sind dahin wie ein Schatten,	יָמַי כְּצֵל נָטוּי
und ich verdorre wie Gras.	וַאֲנִי כָּעֵשֶׂב אִיבָשׁ:

Du aber, HERR, bleibst ewiglich	וְאַתָּה יְהוָה לְעוֹלָם תֵּשֵׁב
und dein Name für und für.	וְזִכְרְךָ לְדֹר וָדֹר:
Du wollest dich aufmachen und über Zion erbarmen;	אַתָּה תָקוּם תְּרַחֵם צִיּוֹן
denn es ist Zeit, dass du ihm gnädig seist,	כִּי־עֵת לְחֶנְנָהּ
und die Stunde ist gekommen	כִּי־בָא מוֹעֵד:
– denn deine Knechte wollten gerne, dass es gebaut würde,	כִּי־רָצוּ עֲבָדֶיךָ אֶת־אֲבָנֶיהָ
und es jammert sie, dass es in Trümmern liegt –,	וְאֶת־עֲפָרָהּ יְחֹנֵנוּ:
dass die Heiden	וְיִירְאוּ גוֹיִם
den Namen des HERRN fürchten	אֶת־שֵׁם יְהוָה
und alle Könige auf Erden	וְכָל־מַלְכֵי הָאָרֶץ
deine Herrlichkeit.	אֶת־כְּבוֹדֶךָ:
Ja, der HERR baut Zion wieder	כִּי־בָנָה יְהוָה צִיּוֹן
und erscheint in seiner Herrlichkeit.	נִרְאָה בִּכְבוֹדוֹ:

Gebet für einen Bedrückten, wenn er schwach ist 1
und vor dem TREUEN seine Klage ausschüttet.

Du TREUER, höre doch mein Flehen, 2
und mein Geschrei soll zu dir kommen;
verbirg vor mir nicht dein Gesicht 3
am Tage, da mich Angst bedrängt,
neige mir dein Ohr entgegen
am Tage, da ich rufe, schnell erhöre mich!
Denn in Rauch sind meine Tage aufgegangen, 4
und meine Glieder sind wie angebrannt von Glut,
versengt wie Kraut und welk geworden ist mein Herz, 5
weil ich vergaß, mein Brot zu essen;
von meinem lauten Ächzen 6
klebte mein Gebein an meinem Leib.

Der Wüsteneule bin ich gleich geworden, 7
ich bin geworden wie der Steinkauz in Ruinen,
wach bleiben musste ich und bin geworden 8
wie ein Vogel einsam auf dem Dach;
den ganzen Tag lang haben meine Feinde mich geschmäht, 9
bei mir haben sie geflucht, die mich zum Narren halten.
Ja, Asche habe ich wie Brot gegessen, 10
und mein Getränk, das habe ich vermischt mit Tränen
vor deinem Grimm und deinem Zorn, 11
denn hochgehoben hast du mich und mich dann weggeworfen;
meine Tage sind so wie ein langer Schatten, 12
und ich, ich welke hin wie Kraut.

Doch du, du TREUER, thronst auf ewig, 13
und dein Gedächtnis überdauert die Geschlechter,
du, du erhebst dich, du erbarmst dich über Zion, 14
denn es ist Zeit, sie zu begnadigen,
denn der Zeitpunkt ist gekommen;
denn deine Knechte hängen selbst an ihren Trümmersteinen, 15
und sie kommen selbst von ihrem Schutt nicht los.
Auch die Völker haben Ehrfurcht 16
vor ihm, vor des TREUEN Namen,
und die Könige der Erde allesamt
vor ihr, vor deiner Herrlichkeit;
hat doch der TREUE Zion aufgebaut, 17
in seiner Herrlichkeit ist er erschienen.

Psalm 102

Er wendet sich zum Gebet der Verlassenen	פָּנָה אֶל־תְּפִלַּת הָעַרְעָר
und verschmäht ihr Gebet nicht.	וְלֹא־בָזָה אֶת־תְּפִלָּתָם׃
Das werde geschrieben für die Nachkommen;	תִּכָּתֶב זֹאת לְדוֹר אַחֲרוֹן
und das Volk, das er schafft, wird den HERRN loben.	וְעַם נִבְרָא יְהַלֶּל־יָהּ׃
Denn er schaut von seiner heiligen Höhe,	כִּי־הִשְׁקִיף מִמְּרוֹם קָדְשׁוֹ
der HERR sieht vom Himmel auf die Erde,	יְהוָה מִשָּׁמַיִם ׀ אֶל־אֶרֶץ הִבִּיט׃
dass er das Seufzen der Gefangenen höre	לִשְׁמֹעַ אֶנְקַת אָסִיר
und losmache die Kinder des Todes,	לְפַתֵּחַ בְּנֵי תְמוּתָה׃
dass sie in Zion verkünden den Namen des HERRN	לְסַפֵּר בְּצִיּוֹן שֵׁם יְהוָה
und sein Lob in Jerusalem,	וּתְהִלָּתוֹ בִּירוּשָׁלָם׃
wenn die Völker zusammenkommen	בְּהִקָּבֵץ עַמִּים יַחְדָּו
und die Königreiche, dem HERRN zu dienen.	וּמַמְלָכוֹת לַעֲבֹד אֶת־יְהוָה׃

Er demütigt auf dem Wege meine Kraft,	עִנָּה בַדֶּרֶךְ כחו
er verkürzt meine Tage. | Ich sage: Mein Gott,	קִצַּר יָמָי׃ אֹמַר אֵלִי
nimm mich nicht weg in der Hälfte meiner Tage!	אַל־תַּעֲלֵנִי בַּחֲצִי יָמָי
Deine Jahre währen für und für.	בְּדוֹר דּוֹרִים שְׁנוֹתֶיךָ׃
Du hast vorzeiten die Erde gegründet,	לְפָנִים הָאָרֶץ יָסַדְתָּ
und die Himmel sind deiner Hände Werk.	וּמַעֲשֵׂה יָדֶיךָ שָׁמָיִם׃
Sie werden vergehen, du aber bleibst;	הֵמָּה ׀ יֹאבֵדוּ וְאַתָּה תַעֲמֹד
sie werden alle veralten wie ein Gewand; [werden.	וְכֻלָּם כַּבֶּגֶד יִבְלוּ
wie ein Kleid wirst du sie wechseln, und sie werden verwandelt	כַּלְּבוּשׁ תַּחֲלִיפֵם וְיַחֲלֹפוּ׃
Du aber bleibst, wie du bist, und deine Jahre nehmen	וְאַתָּה־הוּא וּשְׁנוֹתֶיךָ לֹא יִתָּמּוּ׃
Die Söhne deiner Knechte bleiben wohnen, [kein Ende.	בְּנֵי־עֲבָדֶיךָ יִשְׁכּוֹנוּ
und ihr Geschlecht wird vor dir gedeihen.	וְזַרְעָם לְפָנֶיךָ יִכּוֹן׃

Er wandte sich dem Bitten der Entblößten zu, 18
und ihr Gebet verachtete er nicht –
das soll für künftige Geschlechter aufgezeichnet werden, 19
damit ein Volk, das erst erschaffen wird, den TREUEN lobt;
denn er schaute von der Höhe seines Heiligtums herab, 20
der TREUE blickte aus dem Himmel zu der Erde hin,
das Ächzen der Gefangenen zu vernehmen, 21
die Todgeweihten freizulassen,
damit man in Zion von des TREUEN Namen auch erzählt 22
und in Jerusalem von seinem Ruhm,
wenn die Völker miteinander sich versammeln 23
und die Königreiche, ihn, den TREUEN, zu verehren.

Er schwächte auf dem Wege meine Kraft, 24
schnitt mir die Tage ab – | da sage ich: „Mein starker Gott, 25
nimm mich nicht schon in der Mitte meiner Lebenstage weg,
du, dessen Jahre doch die Folgen der Geschlechter überdauern,
da du die Erde zu Beginn gegründet hast 26
und da der Himmel deiner Hände Werk ist!
Sie, sie vergehen, du jedoch, du bleibst bestehen, 27
aber sie zerfallen allesamt wie ein Gewand,
wie ein Kleid veränderst du sie, und sie ändern sich,
du aber bleibst derselbe, und deine Jahre gehen nicht zu Ende; 28
die Kinder deiner Knechte bleiben wohnen, 29
und ihr Nachwuchs hat vor dir Bestand.“

Psalm 103 Von David.	לְדָוִד ׀
Lobe den HERRN, meine Seele,	בָּרְכִי נַפְשִׁי אֶת־יְהוָה
und was in mir ist, seinen heiligen Namen!	וְכָל־קְרָבַי אֶת־שֵׁם קָדְשׁוֹ׃
Lobe den HERRN, meine Seele,	בָּרְכִי נַפְשִׁי אֶת־יְהוָה
und vergiss nicht, was er dir Gutes getan hat:	וְאַל־תִּשְׁכְּחִי כָּל־גְּמוּלָיו׃
der dir alle deine Sünde vergibt	הַסֹּלֵחַ לְכָל־עֲוֺנֵכִי
und heilet alle deine Gebrechen,	הָרֹפֵא לְכָל־תַּחֲלֻאָיְכִי׃
der dein Leben vom Verderben erlöst,	הַגּוֹאֵל מִשַּׁחַת חַיָּיְכִי
der dich krönet mit Gnade und Barmherzigkeit,	הַמְעַטְּרֵכִי חֶסֶד וְרַחֲמִים׃
der deinen Mund fröhlich macht,	הַמַּשְׂבִּיעַ בַּטּוֹב עֶדְיֵךְ
und du wieder jung wirst wie ein Adler.	תִּתְחַדֵּשׁ כַּנֶּשֶׁר נְעוּרָיְכִי׃
Der HERR schafft Gerechtigkeit	עֹשֵׂה צְדָקוֹת יְהוָה
und Recht allen, die Unrecht leiden.	וּמִשְׁפָּטִים לְכָל־עֲשׁוּקִים׃
Er hat seine Wege Mose wissen lassen,	יוֹדִיעַ דְּרָכָיו לְמֹשֶׁה
die Kinder Israel sein Tun.	לִבְנֵי יִשְׂרָאֵל עֲלִילוֹתָיו׃
Barmherzig und gnädig ist der HERR,	רַחוּם וְחַנּוּן יְהוָה
geduldig und von großer Güte.	אֶרֶךְ אַפַּיִם וְרַב־חָסֶד׃
Er wird nicht für immer hadern	לֹא־לָנֶצַח יָרִיב
noch ewig zornig bleiben.	וְלֹא לְעוֹלָם יִטּוֹר׃
Er handelt nicht mit uns nach unsern Sünden	לֹא כַחֲטָאֵינוּ עָשָׂה לָנוּ
und vergilt uns nicht nach unsrer Missetat.	וְלֹא כַעֲוֺנֹתֵינוּ גָּמַל עָלֵינוּ׃
Denn so hoch der Himmel über der Erde ist,	כִּי כִגְבֹהַּ שָׁמַיִם עַל־הָאָרֶץ
lässt er seine Gnade walten über denen, die ihn fürchten.	גָּבַר חַסְדּוֹ עַל־יְרֵאָיו׃
So fern der Morgen ist vom Abend,	כִּרְחֹק מִזְרָח מִמַּעֲרָב
lässt er unsre Übertretungen von uns sein.	הִרְחִיק מִמֶּנּוּ אֶת־פְּשָׁעֵינוּ׃
Wie sich ein Vater über Kinder erbarmt,	כְּרַחֵם אָב עַל־בָּנִים
so erbarmt sich der HERR über die, die ihn fürchten.	רִחַם יְהוָה עַל־יְרֵאָיו׃
Denn er weiß, was für ein Gebilde wir sind;	כִּי־הוּא יָדַע יִצְרֵנוּ
er gedenkt daran, dass wir Staub sind.	זָכוּר כִּי־עָפָר אֲנָחְנוּ׃
Ein Mensch ist in seinem Leben wie Gras,	אֱנוֹשׁ כֶּחָצִיר יָמָיו
er blüht wie ein Blume auf dem Felde;	כְּצִיץ הַשָּׂדֶה כֵּן יָצִיץ׃
wenn der Wind darüber geht, so ist sie nimmer da,	כִּי רוּחַ עָבְרָה־בּוֹ וְאֵינֶנּוּ
und ihre Stätte kennet sie nicht mehr.	וְלֹא־יַכִּירֶנּוּ עוֹד מְקוֹמוֹ׃
Die Gnade aber des HERRN währt von Ewigkeit	וְחֶסֶד יְהוָה ׀ מֵעוֹלָם
zu Ewigkeit über denen, die ihn fürchten,	וְעַד־עוֹלָם עַל־יְרֵאָיו
und seine Gerechtigkeit auf Kindeskind	וְצִדְקָתוֹ לִבְנֵי בָנִים׃
bei denen, die seinen Bund halten	לְשֹׁמְרֵי בְרִיתוֹ
und gedenken an seine Gebote, dass sie danach tun.	וּלְזֹכְרֵי פִקֻּדָיו לַעֲשׂוֹתָם׃
Der HERR hat seinen Thron im Himmel errichtet,	יְהוָה בַּשָּׁמַיִם הֵכִין כִּסְאוֹ
und sein Reich herrscht über alles.	וּמַלְכוּתוֹ בַּכֹּל מָשָׁלָה׃
Lobet den HERRN, ihr seine Engel,	בָּרְכוּ יְהוָה מַלְאָכָיו
ihr starken Helden, die ihr seinen Befehl ausrichtet,	גִּבֹּרֵי כֹחַ עֹשֵׂי דְבָרוֹ
dass man höre auf die Stimme seines Wortes!	לִשְׁמֹעַ בְּקוֹל דְּבָרוֹ׃
Lobet den HERRN, alle seine Heerscharen,	בָּרְכוּ יְהוָה כָּל־צְבָאָיו
seine Diener, die ihr seinen Willen tut!	מְשָׁרְתָיו עֹשֵׂי רְצוֹנוֹ
Lobet den HERRN, alle seine Werke,	בָּרְכוּ יְהוָה ׀ כָּל־מַעֲשָׂיו
an allen Orten seiner Herrschaft!	בְּכָל־מְקֹמוֹת מֶמְשַׁלְתּוֹ
Lobe den HERRN, meine Seele!	בָּרְכִי נַפְשִׁי אֶת־יְהוָה׃

Von David. **103**

Preis ihn, den TREUEN, meine Seele,
und alles in mir ihn, seinen heiligen Namen;
preis ihn, den TREUEN, meine Seele, 2
und vergiss nicht, was er alles tut zu deinem Wohl!

Der deine ganze Schuld vergibt, 3
der alle deine Leiden heilt,
der dein Leben aus der Grube loskauft, 4
der dich mit Liebe und Erbarmen krönt,
der deinen Lebensdurst mit Gutem stillt, 5
dass du von neuem jung wirst wie der Adler –
das ist der TREUE, der, was recht ist, schafft 6
und für alle Unterdrückten Rechtsentscheide!

Seine Wege lässt er Mose wissen, 7
die Kinder Israels, was seine Taten sind:
Barmherzig und freundlich ist der TREUE, 8
langmütig und reich an Liebe;
nicht für immer hadert er, 9
und er trägt nicht ewig nach,
behandelte er uns doch nicht nach unseren Sünden, 10
und verfuhr er doch nicht gegen uns nach unserer Schuldverstrickung!

Ja, wie der Himmel hoch die Erde überragt, 11
war seine Liebe mächtig über denen, die in Ehrfurcht vor ihm leben,
so weit entfernt der Sonnenaufgang ist von ihrem Untergang, 12
entfernte er von uns, was wir verbrochen haben;
wie ein Vater über Kinder sich erbarmt, 13
erbarmte sich der TREUE über die, die in Ehrfurcht vor ihm leben;
kennt er selbst doch das Gebilde, das wir sind, 14
stets dessen eingedenk: Wir sind ja Staub!

Der Mensch, so wie das Gras sind seine Tage, 15
wie des Feldes Blume, so erblüht er,
fährt der Wind darüber, schon verschwindet sie, 16
selbst seine Heimat kennt ihn nicht mehr –
doch des TREUEN Liebe währt seit eh und je, 17
und sie wird immer währen für die, die in Ehrfurcht vor ihm leben,
und sein Heil gilt noch für Kindeskinder,
die seinen Bund bewahren 18
und sich an seine Warnungen erinnern, um sich danach zu verhalten.

Der TREUE, im Himmel hat er seinen Thron errichtet, 19
und seine Königsherrschaft über alles, sie ist angetreten:
Preist den TREUEN, seine Boten, 20
Helden, mächtig, die sein Wort ausführen,
damit man auf die Stimme seines Wortes hört,
preist den TREUEN, alle seine Scharen, 21
seine Diener, die vollführen, was ihm wohlgefällt,
preist den TREUEN, alle seine Schöpfungswerke, 22
an allen Orten seines Hoheitsrechtes!

Preis ihn, den TREUEN, meine Seele!

Psalm 104

Lobe den HERRN, meine Seele!	בָּרְכִי נַפְשִׁי אֶת־יְהוָה
HERR, mein Gott, du bist sehr herrlich;	יְהוָה אֱלֹהַי גָּדַלְתָּ מְּאֹד
du bist schön und prächtig geschmückt.	הוֹד וְהָדָר לָבָשְׁתָּ׃
Licht ist dein Kleid, das du anhast.	עֹטֶה־אוֹר כַּשַּׂלְמָה
Du breitest den Himmel aus wie einen Teppich;	נוֹטֶה שָׁמַיִם כַּיְרִיעָה׃
du baust deine Gemächer über den Wassern.	הַמְקָרֶה בַמַּיִם עֲלִיּוֹתָיו
Du fährst auf den Wolken wie auf einem Wagen	הַשָּׂם־עָבִים רְכוּבוֹ
und kommst daher auf den Fittichen des Windes,	הַמְהַלֵּךְ עַל־כַּנְפֵי־רוּחַ׃
der du machst Winde zu deinen Boten	עֹשֶׂה מַלְאָכָיו רוּחוֹת
und Feuerflammen zu deinen Dienern;	מְשָׁרְתָיו אֵשׁ לֹהֵט׃
der du das Erdreich gegründet hast auf festen Boden,	יָסַד־אֶרֶץ עַל־מְכוֹנֶיהָ
dass es bleibt immer und ewiglich.	בַּל־תִּמּוֹט עוֹלָם וָעֶד׃
Mit Fluten decktest du es wie mit einem Kleide,	תְּהוֹם כַּלְּבוּשׁ כִּסִּיתוֹ
und die Wasser standen über den Bergen.	עַל־הָרִים יַעַמְדוּ־מָיִם׃
Aber vor deinem Schelten flohen sie,	מִן־גַּעֲרָתְךָ יְנוּסוּן
vor deinem Donner fuhren sie dahin.	מִן־קוֹל רַעַמְךָ יֵחָפֵזוּן׃
Die Berge stiegen hoch empor, und die Täler senkten sich	יַעֲלוּ הָרִים יֵרְדוּ בְקָעוֹת
zum Ort, den du ihnen gegründet hast. [herunter	אֶל־מְקוֹם זֶה ׀ יָסַדְתָּ לָהֶם׃
Du hast eine Grenze gesetzt, darüber kommen sie nicht	גְּבוּל־שַׂמְתָּ בַּל־יַעֲבֹרוּן
und dürfen nicht wieder das Erdreich bedecken.	בַּל־יְשׁוּבוּן לְכַסּוֹת הָאָרֶץ׃
Du lässest Wasser in den Tälern quellen,	הַמְשַׁלֵּחַ מַעְיָנִים בַּנְּחָלִים
dass sie zwischen den Bergen dahinfließen,	בֵּין הָרִים יְהַלֵּכוּן׃
dass alle Tiere des Feldes trinken	יַשְׁקוּ כָּל־חַיְתוֹ שָׂדָי
und das Wild seinen Durst lösche.	יִשְׁבְּרוּ פְרָאִים צְמָאָם׃
Darüber sitzen die Vögel des Himmels	עֲלֵיהֶם עוֹף־הַשָּׁמַיִם יִשְׁכּוֹן
und singen unter den Zweigen.	מִבֵּין עֳפָאיִם יִתְּנוּ־קוֹל׃
Du feuchtest die Berge von oben her,	מַשְׁקֶה הָרִים מֵעֲלִיּוֹתָיו
du machst das Land voll Früchte, die du schaffest.	מִפְּרִי מַעֲשֶׂיךָ תִּשְׂבַּע הָאָרֶץ׃
Du lässest Gras wachsen für das Vieh	מַצְמִיחַ חָצִיר ׀ לַבְּהֵמָה
und Saat zu Nutz den Menschen,	וְעֵשֶׂב לַעֲבֹדַת הָאָדָם
dass du Brot aus der Erde hervorbringst,	לְהוֹצִיא לֶחֶם מִן־הָאָרֶץ׃
dass der Wein erfreue des Menschen Herz	וְיַיִן ׀ יְשַׂמַּח לְבַב־אֱנוֹשׁ
und sein Antlitz schön werde vom Öl	לְהַצְהִיל פָּנִים מִשָּׁמֶן
und das Brot des Menschen Herz stärke.	וְלֶחֶם לְבַב־אֱנוֹשׁ יִסְעָד׃
Die Bäume des HERRN stehen voll Saft,	יִשְׂבְּעוּ עֲצֵי יְהוָה
die Zedern des Libanon, die er gepflanzt hat.	אַרְזֵי לְבָנוֹן אֲשֶׁר נָטָע׃

104

Preis ihn, den TREUEN, meine Seele! 1
Du TREUER, du mein Gott, mächtig groß bist du erschienen,
Pracht und Schönheit hast du angezogen,
der du dich in Licht hüllst wie in einen Mantel. 2

Der den Himmel ausspannt wie ein Zeltdach,
der in den Wassern seine oberen Gemächer zimmert, 3
der als seinen Wagen Wolken einsetzt,
der auf Windesflügeln hin- und herfährt,
der Stürme zu seinen Boten macht, 4
zu seinen Dienern flammendes Feuer –
der hat die Erde auf ihren Pfeilern gegründet, 5
dass sie für immer und ewig nicht wankt.

Du hast sie mit der Urflut wie mit einem Kleid bedeckt, 6
über den Bergen stehen die Wasser;
da fliehen sie vor deinem Schelten, 7
vor dem Grollen deines Donners laufen sie davon,
sie steigen auf die Berge, fallen in die Täler 8
zu dem Ort, den du für sie gegründet hast –
die Grenze, die du festgesetzt hast, können sie nicht überschreiten, 9
nicht können sie zurück, die Erde wieder zu bedecken.

Der Quellen in die Bäche sprudeln lässt – 10
zwischen Bergen strömen sie dahin,
sie tränken alles Wild des Feldes, 11
die wilden Esel löschen ihren Durst,
an ihren Ufern nisten sich des Himmels Vögel ein, 12
zwischen Zweigen zwitschern sie hervor –
der von seinen oberen Gemächern aus die Berge tränkt: 13
von deinen Schöpfungsfrüchten sättigt sich die Erde.

Der für das Vieh Gras sprossen lässt, 14
für den Ackerbau des Menschen Pflanzen,
damit er aus der Erde Brot hervorbringt
und dass Wein erfreut des Menschen Herz, 15
damit er das Gesicht von Öl erglänzen lässt
und dass Brot des Menschen Herz stark macht –
des TREUEN Bäume können sich satt trinken, 16
die Zedern Libanons, die er gepflanzt hat.

Psalm 104

Dort nisten die Vögel,	אֲשֶׁר־שָׁם צִפֳּרִים יְקַנֵּנוּ
und die Reiher wohnen in den Wipfeln.	חֲסִידָה בְּרוֹשִׁים בֵּיתָהּ׃
Die hohen Berge geben dem Steinbock Zuflucht	הָרִים הַגְּבֹהִים לַיְּעֵלִים
und die Felsklüfte dem Klippdachs.	סְלָעִים מַחְסֶה לַשְׁפַנִּים׃
Du hast den Mond gemacht, das Jahr danach zu teilen;	עָשָׂה יָרֵחַ לְמוֹעֲדִים
die Sonne weiß ihren Niedergang.	שֶׁמֶשׁ יָדַע מְבוֹאוֹ׃
Du machst Finsternis, dass es Nacht wird;	תָּשֶׁת־חֹשֶׁךְ וִיהִי לָיְלָה
da regen sich alle wilden Tiere,	בּוֹ־תִרְמֹשׂ כָּל־חַיְתוֹ־יָעַר׃
die jungen Löwen, die da brüllen nach Raub	הַכְּפִירִים שֹׁאֲגִים לַטָּרֶף
und ihre Speise suchen von Gott.	וּלְבַקֵּשׁ מֵאֵל אָכְלָם׃
Wenn aber die Sonne aufgeht, heben sie sich davon	תִּזְרַח הַשֶּׁמֶשׁ יֵאָסֵפוּן
und legen sich in ihre Höhlen.	וְאֶל־מְעוֹנֹתָם יִרְבָּצוּן׃
So geht dann der Mensch aus an seine Arbeit	יֵצֵא אָדָם לְפָעֳלוֹ
und an sein Werk bis an den Abend.	וְלַעֲבֹדָתוֹ עֲדֵי־עָרֶב׃
HERR, wie sind deine Werke so groß und viel!	מָה־רַבּוּ מַעֲשֶׂיךָ ׀ יְהוָה
Du hast sie alle weise geordnet,	כֻּלָּם בְּחָכְמָה עָשִׂיתָ
und die Erde ist voll deiner Güter.	מָלְאָה הָאָרֶץ קִנְיָנֶךָ׃
Da ist das Meer, das so groß und weit ist,	זֶה ׀ הַיָּם גָּדוֹל וּרְחַב יָדָיִם
da wimmelt's ohne Zahl,	שָׁם־רֶמֶשׂ וְאֵין מִסְפָּר
große und kleine Tiere.	חַיּוֹת קְטַנּוֹת עִם־גְּדֹלוֹת׃
Dort ziehen Schiffe dahin; [spielen.	שָׁם אֳנִיּוֹת יְהַלֵּכוּן
da sind große Fische, die du gemacht hast, damit zu	לִוְיָתָן זֶה־יָצַרְתָּ לְשַׂחֶק־בּוֹ׃
Es warten alle auf dich,	כֻּלָּם אֵלֶיךָ יְשַׂבֵּרוּן
dass du ihnen Speise gebest zur rechten Zeit.	לָתֵת אָכְלָם בְּעִתּוֹ׃
Wenn du ihnen gibst, so sammeln sie; [gesättigt.	תִּתֵּן לָהֶם יִלְקֹטוּן
wenn du deine Hand auftust, so werden sie mit Gutem	תִּפְתַּח יָדְךָ יִשְׂבְּעוּן טוֹב׃
Verbirgst du dein Angesicht, so erschrecken sie;	תַּסְתִּיר פָּנֶיךָ יִבָּהֵלוּן
nimmst du weg ihren Odem, so vergehen sie	תֹּסֵף רוּחָם יִגְוָעוּן
und werden wieder Staub.	וְאֶל־עֲפָרָם יְשׁוּבוּן׃
Du sendest aus deinen Odem, so werden sie geschaffen,	תְּשַׁלַּח רוּחֲךָ יִבָּרֵאוּן
und du machst neu die Gestalt der Erde.	וּתְחַדֵּשׁ פְּנֵי אֲדָמָה׃
Die Herrlichkeit des HERRN bleibe ewiglich,	יְהִי כְבוֹד יְהוָה לְעוֹלָם
der HERR freue sich seiner Werke!	יִשְׂמַח יְהוָה בְּמַעֲשָׂיו׃
Er schaut die Erde an, so bebt sie;	הַמַּבִּיט לָאָרֶץ וַתִּרְעָד
er rührt die Berge an, so rauchen sie.	יִגַּע בֶּהָרִים וְיֶעֱשָׁנוּ׃
Ich will dem HERRN singen mein Leben lang	אָשִׁירָה לַיהוָה בְּחַיָּי
und meinen Gott loben, solange ich bin.	אֲזַמְּרָה לֵאלֹהַי בְּעוֹדִי׃
Mein Reden möge ihm wohlgefallen.	יֶעֱרַב עָלָיו שִׂיחִי
Ich freue mich des HERRN.	אָנֹכִי אֶשְׂמַח בַּיהוָה׃
Die Sünder sollen ein Ende nehmen auf Erden	יִתַּמּוּ חַטָּאִים ׀ מִן־הָאָרֶץ
und die Gottlosen nicht mehr sein.	וּרְשָׁעִים עוֹד אֵינָם
Lobe den HERRN, meine Seele!	בָּרְכִי נַפְשִׁי אֶת־יְהוָה
Halleluja!	הַלְלוּ־יָהּ׃

104

Dort bauen Vögel ihre Nester, 17
der Storch, Zypressen sind sein Haus,
Berge, die ganz hohen, für den Steinbock, 18
Felsen Zuflucht für den Klippdachs;
den Mond hat er gemacht zur Zeitbestimmung, 19
die Sonne hat begriffen, wann sie untergeht –
du magst es dunkel machen, und es werde Nacht, 20
in ihr bewegt sich alles Wild des Waldes.

Brüllend sind die jungen Löwen aus auf Raub 21
und darauf, ihre Nahrung von Gott einzufordern,
da strahlt die Sonne auf, sie ziehen sich zurück 22
und strecken sich in ihren Höhlen aus;
jetzt geht der Mensch hinaus zu seinem Tagewerk 23
und zu seiner Arbeit bis zum Feierabend –
wie reich sind deine Schöpfungen, du TREUER, 24
allesamt, in Weisheit hast du sie geschaffen!

Von deinen Gütern ist die Erde voll,
da ist das Meer, so groß und ausgedehnt nach allen Seiten; 25
dort ist Gewimmel, keiner kann es zählen,
die kleinen Lebewesen mit den großen,
dort ziehen Schiffe ihre Bahn, 26
der Leviathan, den hast du gebildet, um mit ihm zu spielen.

Alle miteinander sind sie auf dich ausgerichtet, 27
dass du ihre Speise gibst zu ihrer Zeit,
gibst du ihnen, können sie zusammentragen, 28
tust du deine Hand auf, werden sie mit Gutem satt;
verbirgst du dein Gesicht, erschrecken sie, 29
holst du ihren Lebensgeist, verscheiden sie
und verwandeln sich zurück in ihren Staub –
schickst du deinen Lebensgeist, sie werden neu geschaffen, 30
und du erneuerst das Gesicht des Ackerlands.

Die Herrlichkeit des TREUEN währe ewig, 31
der TREUE freue sich an seinen Schöpfungen,
der zur Erde blickte, dass sie bebte, 32
rührt er an die Berge, rauchen sie.

Mein Leben lang will ich dem TREUEN singen, 33
solange ich noch bin, will ich für meinen Gott aufspielen!
Sei mein Dichten ihm doch angenehm, 34
ich, ich freue mich ja in dem TREUEN!

Die Sünder sollen von der Erde ganz verschwinden, 35
und Schurken soll es künftig keine geben!
Preis ihn, den TREUEN, meine Seele,
lobt den TREUEN!

Psalm 105

Danket dem HERRN und rufet an seinen Namen;	הוֹדוּ לַיהוָה קִרְאוּ בִּשְׁמוֹ
verkündigt sein Tun unter den Völkern!	הוֹדִיעוּ בָעַמִּים עֲלִילוֹתָיו׃
Singet und spielet ihm,	שִׁירוּ־לוֹ זַמְּרוּ־לוֹ
redet von allen seinen Wundern!	שִׂיחוּ בְּכָל־נִפְלְאוֹתָיו׃
Rühmet seinen heiligen Namen;	הִתְהַלְלוּ בְּשֵׁם קָדְשׁוֹ
es freue sich das Herz derer, die den HERRN suchen!	יִשְׂמַח לֵב ׀ מְבַקְשֵׁי יְהוָה׃
Fraget nach dem HERRN und nach seiner Macht,	דִּרְשׁוּ יְהוָה וְעֻזּוֹ
suchet sein Antlitz allezeit!	בַּקְּשׁוּ פָנָיו תָּמִיד׃
Gedenket seiner Wunderwerke, die er getan hat,	זִכְרוּ נִפְלְאוֹתָיו אֲשֶׁר־עָשָׂה
seiner Zeichen und der Urteile seines Mundes,	מֹפְתָיו וּמִשְׁפְּטֵי־פִיו׃
du Geschlecht Abrahams, seines Knechts,	זֶרַע אַבְרָהָם עַבְדּוֹ
ihr Söhne Jakobs, seine Auserwählten!	בְּנֵי יַעֲקֹב בְּחִירָיו׃
Er ist der HERR, unser Gott,	הוּא יְהוָה אֱלֹהֵינוּ
er richtet in aller Welt.	בְּכָל־הָאָרֶץ מִשְׁפָּטָיו׃
Er gedenkt ewiglich an seinen Bund,	זָכַר לְעוֹלָם בְּרִיתוֹ
an das Wort, das er verheißen hat für tausend Geschlechter,	דָּבָר צִוָּה לְאֶלֶף דּוֹר׃
an den Bund, den er geschlossen hat mit Abraham,	אֲשֶׁר כָּרַת אֶת־אַבְרָהָם
und an den Eid, den er Isaak geschworen hat.	וּשְׁבוּעָתוֹ לְיִשְׂחָק׃
Er stellte ihn auf für Jakob als Satzung	וַיַּעֲמִידֶהָ לְיַעֲקֹב לְחֹק
und für Israel als ewigen Bund | und sprach:	לְיִשְׂרָאֵל בְּרִית עוֹלָם׃ לֵאמֹר
„Dir will ich das Land Kanaan geben,	לְךָ אֶתֵּן אֶת־אֶרֶץ־כְּנָעַן
das Los eures Erbteils“,	חֶבֶל נַחֲלַתְכֶם׃
als sie noch gering waren an Zahl,	בִּהְיוֹתָם מְתֵי מִסְפָּר
nur wenige und Fremdlinge im Lande.	כִּמְעַט וְגָרִים בָּהּ׃
Und sie zogen von Volk zu Volk,	וַיִּתְהַלְּכוּ מִגּוֹי אֶל־גּוֹי
von einem Königreich zum andern.	מִמַּמְלָכָה אֶל־עַם אַחֵר׃
Er ließ keinen Menschen ihnen Schaden tun	לֹא־הִנִּיחַ אָדָם לְעָשְׁקָם
und wies Könige zurecht um ihretwillen:	וַיּוֹכַח עֲלֵיהֶם מְלָכִים׃
„Tastet meine Gesalbten nicht an,	אַל־תִּגְּעוּ בִמְשִׁיחָי
und tut meinen Propheten kein Leid!“	וְלִנְבִיאַי אַל־תָּרֵעוּ׃
Und er ließ eine Hungersnot ins Land kommen	וַיִּקְרָא רָעָב עַל־הָאָרֶץ
und nahm weg allen Vorrat an Brot.	כָּל־מַטֵּה־לֶחֶם שָׁבָר׃
Er sandte einen Mann vor ihnen hin;	שָׁלַח לִפְנֵיהֶם אִישׁ
Josef wurde als Knecht verkauft.	לְעֶבֶד נִמְכַּר יוֹסֵף׃
Sie zwangen seine Füße in Fesseln,	עִנּוּ בַכֶּבֶל רגליו°
sein Leib musste in Eisen liegen,	בַּרְזֶל בָּאָה נַפְשׁוֹ׃

Dankt dem TREUEN, ruft in seinem Namen an, 1
macht bei den Völkern seine Taten kund,
singt ihm, spielt ihm, 2
redet laut von allen seinen Wundern;
preist euch in seinem heiligen Namen glücklich, 3
deren Herz sei fröhlich, die den TREUEN suchen!

Fragt nach dem TREUEN und nach seiner Kraft, 4
sucht sein Angesicht beständig,
denkt an seine Wunder, die er tat, 5
an seine Zeichen und an die Rechtsentscheide seines Mundes,
Nachkommen seines Knechtes Abraham, 6
Kinder Jakobs, seine Auserwählten!

Er ist der TREUE, unser Gott, 7
auf der ganzen Erde sind seine Rechtsentscheide gültig;
für alle Zukunft dachte er an seinen Bund – 8
das Wort, das er bis zum tausendsten Geschlecht befohlen hat –,
den er mit Abraham geschlossen hat, 9
und seinen Schwur für Isaak.

Und für Jakob stellte er ihn auf als Grundgesetz, 10
für Israel als dauerhaften Bund, | mit dem er sagt: 11
„Dir übergebe ich gerade das Land Kanaan
als euch zugeteilten Erbbesitz!“ –
als ihre Leute noch zu zählen waren, 12
nur wenige, und auch noch fremd darin.

Doch da sie von Volk zu Volk zu wandern hatten, 13
vom einen Königreich zur andern Volksgemeinschaft,
erlaubte er es keinem Menschen, sie zu unterdrücken, 14
und er wies ihretwegen Könige zurecht:
„Meine Gesalbten tastet ja nicht an, 15
und fügt meinen Propheten nur nichts Böses zu!“

Und als er dann den Hunger übers Land gerufen hat, 16
zerbrochen alle Stütze der Ernährung,
hatte er vor ihnen einen Mann vorausgesandt, 17
Josef hatte man verkauft als Sklaven;
seine Füße hatten sie in Fesseln eingezwängt, 18
in Eisen hatte sich sein Hals bequemen müssen:

bis sein Wort eintraf	עַד־עֵת בֹּא־דְבָרוֹ
und die Rede des HERRN ihm Recht gab.	אִמְרַת יְהוָה צְרָפָתְהוּ׃
Da sandte der König hin und ließ ihn losgeben,	שָׁלַח מֶלֶךְ וַיַּתִּירֵהוּ
der Herr über Völker, er gab ihn frei.	מֹשֵׁל עַמִּים וַיְפַתְּחֵהוּ׃
Er setzte ihn zum Herrn über sein Haus,	שָׂמוֹ אָדוֹן לְבֵיתוֹ
zum Herrscher über alle seine Güter,	וּמֹשֵׁל בְּכָל־קִנְיָנוֹ׃
dass er seine Fürsten unterwiese nach seinem Willen	לֶאְסֹר שָׂרָיו בְּנַפְשׁוֹ
und seine Ältesten Weisheit lehrte.	וּזְקֵנָיו יְחַכֵּם׃
Und Israel zog nach Ägypten,	וַיָּבֹא יִשְׂרָאֵל מִצְרָיִם
und Jakob ward ein Fremdling im Lande Hams.	וְיַעֲקֹב גָּר בְּאֶרֶץ־חָם׃
Und der Herr ließ sein Volk sehr wachsen	וַיֶּפֶר אֶת־עַמּוֹ מְאֹד
und machte sie mächtiger als ihre Feinde.	וַיַּעֲצִמֵהוּ מִצָּרָיו׃
Diesen verwandelte er das Herz, dass sie seinem Volk gram	הָפַךְ לִבָּם לִשְׂנֹא עַמּוֹ
und Arglist übten an seinen Knechten. [wurden	לְהִתְנַכֵּל בַּעֲבָדָיו׃
Er sandte seinen Knecht Mose	שָׁלַח מֹשֶׁה עַבְדּוֹ
und Aaron, den er erwählt hatte.	אַהֲרֹן אֲשֶׁר בָּחַר־בּוֹ׃
Die taten seine Zeichen unter ihnen	שָׂמוּ־בָם דִּבְרֵי אֹתוֹתָיו
und seine Wunder im Lande Hams.	וּמֹפְתִים בְּאֶרֶץ חָם׃
Er ließ Finsternis kommen und machte es finster;	שָׁלַח חֹשֶׁךְ וַיַּחְשִׁךְ
doch sie blieben ungehorsam seinen Worten.	וְלֹא־מָרוּ אֶת־דברוו׃
Er verwandelte ihr Wasser in Blut	הָפַךְ אֶת־מֵימֵיהֶם לְדָם
und tötete ihre Fische.	וַיָּמֶת אֶת־דְּגָתָם׃
Ihr Land wimmelte von Fröschen	שָׁרַץ אַרְצָם צְפַרְדְּעִים
bis in die Kammern ihrer Könige.	בְּחַדְרֵי מַלְכֵיהֶם׃
Er gebot, da kam Ungeziefer,	אָמַר וַיָּבֹא עָרֹב
Stechmücken in all ihr Gebiet.	כִּנִּים בְּכָל־גְּבוּלָם׃
Er gab ihnen Hagel statt Regen,	נָתַן גִּשְׁמֵיהֶם בָּרָד
Feuerflammen in ihrem Lande	אֵשׁ לֶהָבוֹת בְּאַרְצָם׃
und schlug ihre Weinstöcke und Feigenbäume	וַיַּךְ גַּפְנָם וּתְאֵנָתָם
und zerbrach die Bäume in ihrem Gebiet.	וַיְשַׁבֵּר עֵץ גְּבוּלָם׃
Er gebot, da kamen Heuschrecken geflogen	אָמַר וַיָּבֹא אַרְבֶּה
und gekrochen ohne Zahl;	וְיֶלֶק וְאֵין מִסְפָּר׃
sie fraßen alles, was da wuchs in ihrem Lande,	וַיֹּאכַל כָּל־עֵשֶׂב בְּאַרְצָם
und fraßen auch die Frucht ihres Ackers.	וַיֹּאכַל פְּרִי אַדְמָתָם׃
Er schlug alle Erstgeburt in Ägypten,	וַיַּךְ כָּל־בְּכוֹר בְּאַרְצָם
alle Erstlinge ihrer Kraft.	רֵאשִׁית לְכָל־אוֹנָם׃

Bis zur Zeit, da sein Wort eingetroffen ist, 19
der Spruch des TREUEN ihn geläutert hat;
er sandte einen König, und der ließ ihn befreien, 20
einen Völkerherrscher, und der öffnete für ihn die Tür,
er setzte ihn zum Herrn ein für sein Haus 21
und zum Verwalter über seine ganze Habe.

Um seine Herren fest an sich zu binden 22
und seine Ältesten, belehrt er sie in Weisheit;
und Israel kam darauf nach Ägypten, 23
und Jakob blieb als Gast im Lande Hams,
er aber ließ gerade sein Volk ganz besonders fruchtbar werden, 24
und machte es noch mächtiger als die, die es bedrängten.

Er verwandelte ihr Herz, sein Volk zu hassen, 25
arglistig seinen Knechten zu begegnen;
er sandte Mose, seinen Knecht, 26
und Aaron, den er auserwählte,
die seine beredten Zeichen unter ihnen setzten 27
und Wunder in dem Lande Hams:

Er sandte Finsternis und ließ es finster werden, 28
und ihnen, seinen handgreiflichen Worten, konnten sie nicht trotzen;
er verwandelte sie, ihre Wasser, gar in Blut, 29
und er ließ selbst ihre Fische sterben,
es wimmelte ihr Land von Fröschen 30
bis in die Gemächer ihrer Könige.

Er sprach, schon krabbelte das Ungeziefer, 31
Schnaken gab's in ihrer ganzen Gegend;
statt Regen gab er ihnen Hagel, 32
Feuerflammen loderten in ihrem Land,
auch schlug er ihren Weinstock und auch ihren Feigenbaum, 33
und die Bäume ihrer Gegend ließ er bersten.

Er sprach, schon schwärmten die Heuschrecken 34
und die Grillen, und sie waren nicht zu zählen,
und die fraßen alles Kraut in ihrem Land, 35
und sie fraßen ihres Ackers Frucht;
auch schlug er alle Erstgeburt in ihrem Land, 36
die Ersten ihrer ganzen Kraft:

Psalm 105

Er führte sie heraus mit Silber und Gold;	וַיּוֹצִיאֵם בְּכֶסֶף וְזָהָב
es war kein Gebrechlicher unter ihren Stämmen.	וְאֵין בִּשְׁבָטָיו כּוֹשֵׁל׃
Ägypten wurde froh, dass sie auszogen;	שָׂמַח מִצְרַיִם בְּצֵאתָם
denn Furcht vor ihnen war auf sie gefallen.	כִּי־נָפַל פַּחְדָּם עֲלֵיהֶם׃
Er breitete eine Wolke aus, sie zu decken,	פָּרַשׂ עָנָן לְמָסָךְ
und ein Feuer, des Nachts zu leuchten.	וְאֵשׁ לְהָאִיר לָיְלָה׃
Sie baten, da ließ er Wachteln kommen,	שָׁאַל וַיָּבֵא שְׂלָו
und er sättigte sie mit Himmelsbrot.	וְלֶחֶם שָׁמַיִם יַשְׂבִּיעֵם׃
Er öffnete den Felsen, da flossen Wasser heraus,	פָּתַח צוּר וַיָּזוּבוּ מָיִם
dass Bäche liefen in der dürren Wüste.	הָלְכוּ בַּצִּיּוֹת נָהָר׃
Denn er gedachte an sein heiliges Wort	כִּי־זָכַר אֶת־דְּבַר קָדְשׁוֹ
und an Abraham, seinen Knecht.	אֶת־אַבְרָהָם עַבְדּוֹ׃
So führte er sein Volk in Freuden heraus	וַיּוֹצִא עַמּוֹ בְשָׂשׂוֹן
und seine Auserwählten mit Jubel	בְּרִנָּה אֶת־בְּחִירָיו׃
und gab ihnen die Länder der Heiden,	וַיִּתֵּן לָהֶם אַרְצוֹת גּוֹיִם
dass sie die Güter der Völker gewannen,	וַעֲמַל לְאֻמִּים יִירָשׁוּ׃
damit sie seine Gebote hielten	בַּעֲבוּר ׀ יִשְׁמְרוּ חֻקָּיו
und seine Gesetze bewahrten.	וְתוֹרֹתָיו יִנְצֹרוּ
Halleluja!	הַלְלוּ־יָהּ׃

Und er führte sie heraus mit Silber und mit Gold, 37
und keiner unter seinen Stämmen kam ins Straucheln;
froh war Ägypten über ihren Auszug, 38
denn Panik hatte sie vor ihnen überfallen;
er breitete als Decke eine Wolke aus 39
und Feuer, um die Nacht hell zu erleuchten.

Kaum bat man, schon kam er daher mit Wachteln, 40
und er macht sie satt mit Brot vom Himmel,
er öffnete den Felsen, und da strömte Wasser, 41
sie flossen auf das Dürre als ein Strom;
denn er dachte daran, an sein heiliges Wort, 42
an ihn, an Abraham, an seinen Knecht.

Und so führte er sein Volk heraus in Wonne, 43
in Jubel sie gerade, seine Auserwählten,
und das Gebiet der Völker überließ er ihnen, 44
und so erben sie die Frucht der Mühe der Nationen,
damit sie seine Grundgesetze halten 45
und seine Weisungen befolgen.

Lobt den TREUEN!

Psalm 106

Halleluja!	הַלְלוּיָהּ ׀
Danket dem HERRN; denn er ist freundlich,	הוֹדוּ לַיהוָה כִּי־טוֹב
und seine Güte währet ewiglich.	כִּי לְעוֹלָם חַסְדּוֹ׃
Wer kann die großen Taten des HERRN alle erzählen	מִי יְמַלֵּל גְּבוּרוֹת יְהוָה
und sein Lob genug verkündigen?	יַשְׁמִיעַ כָּל־תְּהִלָּתוֹ׃
Wohl denen, die das Gebot halten	אַשְׁרֵי שֹׁמְרֵי מִשְׁפָּט
und tun immerdar recht!	עֹשֵׂה צְדָקָה בְכָל־עֵת׃
HERR, gedenke meiner nach der Gnade, die du deinem Volk	זָכְרֵנִי יְהוָה בִּרְצוֹן עַמֶּךָ
erweise an uns deine Hilfe, [verheißen hast;	פָּקְדֵנִי בִּישׁוּעָתֶךָ׃
dass wir sehen das Heil deiner Auserwählten	לִרְאוֹת ׀ בְּטוֹבַת בְּחִירֶיךָ
und uns freuen, dass es deinem Volke so gut geht,	לִשְׂמֹחַ בְּשִׂמְחַת גּוֹיֶךָ
und uns rühmen mit denen, die dein Eigen sind.	לְהִתְהַלֵּל עִם־נַחֲלָתֶךָ׃
Wir haben gesündigt samt unsern Vätern,	חָטָאנוּ עִם־אֲבוֹתֵינוּ
wir haben unrecht getan und sind gottlos gewesen.	הֶעֱוִינוּ הִרְשָׁעְנוּ׃
Unsre Väter in Ägypten	אֲבוֹתֵינוּ בְמִצְרַיִם ׀
wollten deine Wunder nicht verstehen.	לֹא־הִשְׂכִּילוּ נִפְלְאוֹתֶיךָ
Sie gedachten nicht an deine große Güte	לֹא זָכְרוּ אֶת־רֹב חֲסָדֶיךָ
und waren ungehorsam am Meer, am Schilfmeer.	וַיַּמְרוּ עַל־יָם בְּיַם־סוּף׃
Er aber half ihnen um seines Namens willen,	וַיּוֹשִׁיעֵם לְמַעַן שְׁמוֹ
dass er seine Macht beweise.	לְהוֹדִיעַ אֶת־גְּבוּרָתוֹ׃
Er schalt das Schilfmeer, da wurde es trocken,	וַיִּגְעַר בְּיַם־סוּף וַיֶּחֱרָב
und führte sie durch die Tiefen wie durch trockenes Land	וַיּוֹלִיכֵם בַּתְּהֹמוֹת כַּמִּדְבָּר׃
und half ihnen aus der Hand dessen, der sie hasste,	וַיּוֹשִׁיעֵם מִיַּד שׂוֹנֵא
und erlöste sie von der Hand des Feindes.	וַיִּגְאָלֵם מִיַּד אוֹיֵב׃
Und die Wasser ersäuften ihre Widersacher,	וַיְכַסּוּ־מַיִם צָרֵיהֶם
dass nicht einer übrig blieb.	אֶחָד מֵהֶם לֹא נוֹתָר׃
Da glaubten sie an seine Worte	וַיַּאֲמִינוּ בִדְבָרָיו
und sangen sein Lob.	יָשִׁירוּ תְּהִלָּתוֹ׃
Aber sie vergaßen bald seine Werke,	מִהֲרוּ שָׁכְחוּ מַעֲשָׂיו
sie warteten nicht auf seinen Rat.	לֹא־חִכּוּ לַעֲצָתוֹ׃
Und sie wurden lüstern in der Wüste	וַיִּתְאַוּוּ תַאֲוָה בַּמִּדְבָּר
und versuchten Gott in der Einöde.	וַיְנַסּוּ־אֵל בִּישִׁימוֹן׃
Er aber gab ihnen, was sie erbaten,	וַיִּתֵּן לָהֶם שֶׁאֱלָתָם
und sandte ihnen genug, bis ihnen davor ekelte.	וַיְשַׁלַּח רָזוֹן בְּנַפְשָׁם׃
Und sie empörten sich wider Mose im Lager,	וַיְקַנְאוּ לְמֹשֶׁה בַּמַּחֲנֶה
wider Aaron, den Heiligen des HERRN.	לְאַהֲרֹן קְדוֹשׁ יְהוָה׃

106

Lobt den TREUEN! 1

Dankt dem TREUEN, denn er ist gut;
denn in Ewigkeit bleibt seine Treue!

Wer kann des TREUEN Machterweise denn in Worte fassen, 2
seinen ganzen Ruhm vernehmen lassen?
Wohl denen, die das Recht bewahren 3
und zu jeder Zeit, was recht ist, tun!
Denk doch an mich, du TREUER, in der guten Absicht für dein Volk, 4
kümmere dich doch um mich in deinem Rettungswillen,
dass ich das Wohl deiner Erwählten sehen, 5
die Freude deines Volkes teilen,
mich glücklich preisen kann mit denen, die dein Eigen sind!

Mit unseren Vätern haben wir gesündigt, 6
wir haben krumme Wege eingeschlagen, wie die Schurken haben wir gehandelt,
unsere Väter in Ägypten 7
wollten deine Wundertaten nicht verstehen;
an sie, die Menge deiner Liebestaten, wollten sie sich nicht erinnern,
und so haben sie sich vor dem Meer, am Schilfmeer, widersetzt –
doch er half ihnen seines Namens wegen durch, 8
um gerade seine Stärke zu beweisen.

So bedrohte er das Schilfmeer, und es wurde trocken, 9
und er ließ sie durch die Fluten gehen so, als wäre es die Wüste,
und er befreite sie dabei aus des Gehässigen Gewalt, 10
und er löste sie aus der Gewalt des Feindes;
hatten doch die Wasser ihre Gegner zugedeckt, 11
nicht einer, der von ihnen übrig blieb –
und da glaubten sie an seine Worte, 12
sangen sie sein Lob.

Doch sie beeilten sich, rasch seine Taten zu vergessen, 13
sie warteten nicht ab, was er beschlossen hatte –
dabei ergaben sie sich in der Wüste ihrer Lüsternheit, 14
und sie versuchten in der Steppe Gott;
so gab er ihnen, was sie forderten, 15
doch sandte er die Schwindsucht wegen ihrer Gier,
so dass sie im Lager gegen Mose aufbegehrten, 16
gegen Aaron, den Heiligen des TREUEN.

Die Erde tat sich auf und verschlang Datan	תִּפְתַּח־אֶרֶץ וַתִּבְלַע דָּתָן
und deckte zu die Rotte Abirams,	וַתְּכַס עַל־עֲדַת אֲבִירָם׃
und Feuer wurde unter ihrer Rotte angezündet,	וַתִּבְעַר־אֵשׁ בַּעֲדָתָם
die Flamme verbrannte die Gottlosen.	לֶהָבָה תְּלַהֵט רְשָׁעִים׃
Sie machten ein Kalb am Horeb	יַעֲשׂוּ־עֵגֶל בְּחֹרֵב
und beteten das gegossene Bild an	וַיִּשְׁתַּחֲווּ לְמַסֵּכָה׃
und verwandelten die Herrlichkeit ihres Gottes	וַיָּמִירוּ אֶת־כְּבוֹדָם
in das Bild eines Ochsen, der Gras frisst.	בְּתַבְנִית שׁוֹר אֹכֵל עֵשֶׂב׃
Sie vergaßen Gott, ihren Heiland,	שָׁכְחוּ אֵל מוֹשִׁיעָם
der so große Dinge in Ägypten getan hatte,	עֹשֶׂה גְדֹלוֹת בְּמִצְרָיִם׃
Wunder im Lande Hams	נִפְלָאוֹת בְּאֶרֶץ חָם
und schreckliche Taten am Schilfmeer.	נוֹרָאוֹת עַל־יַם־סוּף׃
Und er gedachte, sie zu vertilgen,	וַיֹּאמֶר לְהַשְׁמִידָם
wäre nicht Mose gewesen, sein Auserwählter;	לוּלֵי מֹשֶׁה בְחִירוֹ
der trat vor ihm in die Bresche,	עָמַד בַּפֶּרֶץ לְפָנָיו
seinen Grimm abzuwenden, dass er sie nicht verderbe.	לְהָשִׁיב חֲמָתוֹ מֵהַשְׁחִית׃
Und sie achteten das köstliche Land gering;	וַיִּמְאֲסוּ בְּאֶרֶץ חֶמְדָּה
sie glaubten seinem Worte nicht	לֹא־הֶאֱמִינוּ לִדְבָרוֹ׃
und murrten in ihren Zelten;	וַיֵּרָגְנוּ בְאָהֳלֵיהֶם
sie gehorchten der Stimme des HERRN nicht.	לֹא שָׁמְעוּ בְּקוֹל יְהוָה׃
Da erhob er seine Hand wider sie,	וַיִּשָּׂא יָדוֹ לָהֶם
dass er sie niederschlüge in der Wüste	לְהַפִּיל אוֹתָם בַּמִּדְבָּר׃
und würfe ihre Nachkommen unter die Heiden	וּלְהַפִּיל זַרְעָם בַּגּוֹיִם
und zerstreute sie in die Länder.	וּלְזָרוֹתָם בָּאֲרָצוֹת׃
Und sie hängten sich an den Baal-Peor	וַיִּצָּמְדוּ לְבַעַל פְּעוֹר
und aßen von den Opfern für die Toten	וַיֹּאכְלוּ זִבְחֵי מֵתִים׃
und erzürnten den HERRN mit ihrem Tun.	וַיַּכְעִיסוּ בְּמַעַלְלֵיהֶם
Da brach die Plage herein über sie.	וַתִּפְרָץ־בָּם מַגֵּפָה׃
Da trat Pinhas hinzu und vollzog das Gericht;	וַיַּעֲמֹד פִּינְחָס וַיְפַלֵּל
da wurde der Plage gewehrt;	וַתֵּעָצַר הַמַּגֵּפָה׃
das wurde ihm gerechnet zur Gerechtigkeit	וַתֵּחָשֶׁב לוֹ לִצְדָקָה
von Geschlecht zu Geschlecht ewiglich.	לְדֹר וָדֹר עַד־עוֹלָם׃

Die Erde tut sich auf, und sie verschlang den Datan, 17
und sie überzog Abirams Rotte,
und Feuer brach in ihrer Rotte aus, 18
die Flamme, sie umlodert nun die Frevler;
da machen sie ein Kalb am Horeb, 19
und dann fielen sie vor einem Gussbild nieder,
und so vertauschten sie gerade das, was ihnen Ehre machte, 20
mit dem Bild von einem Stier, der Kraut frisst.

Vergessen haben sie Gott, ihren Retter, 21
der so Großes in Ägypten tat,
Wundertaten in dem Lande Hams, 22
Erschreckendes dem Schilfmeer gegenüber;
da dachte er sie zu vertilgen, 23
wäre Mose, sein Erwählter, nicht gewesen,
der trat in die Bresche vor ihn hin,
seine Wut zu wenden, dass sie kein Verderben bringe.

Doch dann verschmähten sie das so begehrenswerte Land, 24
sie wollten seinem Wort nicht glauben,
und sie nörgelten in ihren Zelten, 25
auf des TREUEN Stimme wollten sie nicht hören;
da erhob er gegen sie die Hand, 26
um gerade sie zu Fall zu bringen in der Wüste
und ihre Nachkommen zu Fall zu bringen in der Völkerwelt 27
und sie in die Länder zu zerstreuen.

Sie hängten sich darauf an Baal-Peor, 28
und sie verzehrten dabei Totenopfer,
und sie kränkten ihn dabei mit ihren Taten, 29
so dass eine Plage über sie hereinbrach;
da trat Pinhas auf und hielt Gericht, 30
und die Plage wurde eingedämmt,
und das wurde ihm hoch angerechnet als Gerechtigkeit 31
über die Geschlechterfolge weiter bis in Ewigkeit.

Und sie erzürnten den Herrn am Haderwasser,	וַיַּקְצִיפוּ עַל־מֵי מְרִיבָה
und Mose ging es übel um ihretwillen;	וַיֵּרַע לְמֹשֶׁה בַּעֲבוּרָם׃
denn sie erbitterten sein Herz,	כִּי־הִמְרוּ אֶת־רוּחוֹ
dass ihm unbedachte Worte entfuhren.	וַיְבַטֵּא בִּשְׂפָתָיו׃
Auch vertilgten sie die Völker nicht,	לֹא־הִשְׁמִידוּ אֶת־הָעַמִּים
wie ihnen der HERR doch geboten hatte,	אֲשֶׁר אָמַר יְהוָה לָהֶם׃
sondern sie ließen sich ein mit den Heiden	וַיִּתְעָרְבוּ בַגּוֹיִם
und lernten ihre Werke	וַיִּלְמְדוּ מַעֲשֵׂיהֶם׃

und dienten ihren Götzen;	וַיַּעַבְדוּ אֶת־עֲצַבֵּיהֶם
die wurden ihnen zum Fallstrick.	וַיִּהְיוּ לָהֶם לְמוֹקֵשׁ׃
Und sie opferten ihre Söhne	וַיִּזְבְּחוּ אֶת־בְּנֵיהֶם
und ihre Töchter den bösen Geistern	וְאֶת־בְּנוֹתֵיהֶם לַשֵּׁדִים׃
und vergossen unschuldig Blut,	וַיִּשְׁפְּכוּ דָם נָקִי
das Blut ihrer Söhne und Töchter,	דַּם־בְּנֵיהֶם וּבְנוֹתֵיהֶם
die sie opferten den Götzen Kanaans,	אֲשֶׁר זִבְּחוּ לַעֲצַבֵּי כְנָעַן
sodass das Land mit Blutschuld befleckt war.	וַתֶּחֱנַף הָאָרֶץ בַּדָּמִים׃

Sie machten sich unrein mit ihren Werken	וַיִּטְמְאוּ בְמַעֲשֵׂיהֶם
und wurden abtrünnig durch ihr Tun.	וַיִּזְנוּ בְּמַעַלְלֵיהֶם׃
Da entbrannte der Zorn des HERRN über sein Volk,	וַיִּחַר־אַף יְהוָה בְּעַמּוֹ
und sein Erbe wurde ihm zum Abscheu.	וַיְתָעֵב אֶת־נַחֲלָתוֹ׃
Er gab sie in die Hand der Heiden,	וַיִּתְּנֵם בְּיַד־גּוֹיִם
dass über sie herrschten, die ihnen gram waren.	וַיִּמְשְׁלוּ בָהֶם שֹׂנְאֵיהֶם׃
Und ihre Feinde ängsteten sie,	וַיִּלְחָצוּם אוֹיְבֵיהֶם
und sie wurden gedemütigt unter ihre Hand.	וַיִּכָּנְעוּ תַּחַת יָדָם׃

Er rettete sie oftmals;	פְּעָמִים רַבּוֹת יַצִּילֵם
aber sie erzürnten ihn mit ihrem Vorhaben	וְהֵמָּה יַמְרוּ בַעֲצָתָם
und schwanden dahin um ihrer Missetat willen.	וַיָּמֹכּוּ בַּעֲוֹנָם׃
Da sah er ihre Not an,	וַיַּרְא בַּצַּר לָהֶם
als er ihre Klage hörte,	בְּשָׁמְעוֹ אֶת־רִנָּתָם׃
und gedachte an seinen Bund mit ihnen,	וַיִּזְכֹּר לָהֶם בְּרִיתוֹ
und es reute ihn nach seiner großen Güte.	וַיִּנָּחֵם כְּרֹב חסדו°׃
Und er ließ sie Barmherzigkeit finden	וַיִּתֵּן אוֹתָם לְרַחֲמִים
bei allen, die sie gefangen hielten.	לִפְנֵי כָּל־שׁוֹבֵיהֶם׃

Hilf uns, HERR, unser Gott,	הוֹשִׁיעֵנוּ ׀ יְהוָה אֱלֹהֵינוּ
und bring uns zusammen aus den Heiden,	וְקַבְּצֵנוּ מִן־הַגּוֹיִם
dass wir preisen deinen heiligen Namen	לְהֹדוֹת לְשֵׁם קָדְשֶׁךָ
und uns rühmen, dass wir dich loben können!	לְהִשְׁתַּבֵּחַ בִּתְהִלָּתֶךָ׃

Gelobt sei der HERR, der Gott Israels,	בָּרוּךְ־יְהוָה אֱלֹהֵי יִשְׂרָאֵל
von Ewigkeit zu Ewigkeit,	מִן־הָעוֹלָם ׀ וְעַד הָעוֹלָם
und alles Volk spreche: Amen!	וְאָמַר כָּל־הָעָם אָמֵן
Halleluja!	הַלְלוּ־יָהּ׃

Darauf erzürnten sie ihn vor dem Wasser Meriba, 32
da ging es Mose ihretwegen schlecht,
denn sie widersetzten sich selbst seinem Geist, 33
und es kamen unbedachte Worte über seine Lippen;
sie vertilgten selbst die Völkerschaften nicht, 34
die der TREUE ihnen angegeben hatte,
so dass sie sich mit den Völkern mischten 35
und so deren Werke lernten.

Und so dienten sie selbst deren Götzen, 36
und die wurden ihnen dann zur Falle,
und selbst ihre eigenen Söhne brachten sie zum Opfer 37
und selbst ihre eigenen Töchter für die schwarzen Geister;
und sie vergossen dabei unschuldiges Blut, 38
das Blut der eigenen Söhne und der eigenen Töchter,
die sie den Götzen Kanaans zum Opfer brachten,
und so war das Land entweiht durch Blutschuld.

So wurden sie durch ihre Werke unrein, 39
und durch ihre Taten gaben sie sich preis,
so dass der Zorn des TREUEN über sein Volk entbrannte 40
und er sich selbst vor seinem Erbe ekelte;
da übergab er sie in die Gewalt der Völker, 41
und die sie hassten, herrschten über sie,
und ihre Feinde konnten sie bedrängen, 42
und sie hatten sich zu beugen unter deren Hand.

Viele Male reißt er sie heraus, 43
sie aber widersetzen sich mit ihrem eigenen Rat,
so dass sie in ihrer Schuld versanken,
doch er sah die Angst, die sie bedrängte, 44
als er gerade ihr Geschrei vernahm;
und da dachte er für sie an seinen Bund, 45
und es tat ihm Leid in seiner großen Treue,
und sie gerade übergab er der Barmherzigkeit 46
vor den Augen aller, die sie in Gefangenschaft verschleppten.

Rette uns heraus, du TREUER, unser Gott, 47
und bring uns aus der Völkerwelt zusammen,
damit wir deinem heiligen Namen danken,
uns bei deinem Lobpreis glücklich preisen können!

Gepriesen sei der TREUE, der Gott Israels, 48
von Ewigkeit zu Ewigkeit!
Und das ganze Volk soll sprechen: „Amen!“
Lobt den TREUEN!

Psalm 107

Danket dem HERRN; denn er ist freundlich,	הֹדוּ לַיהוָה כִּי־טוֹב
und seine Güte währet ewiglich.	כִּי לְעוֹלָם חַסְדּוֹ׃
So sollen sagen, die erlöst sind durch den HERRN,	יֹאמְרוּ גְּאוּלֵי יְהוָה
die er aus der Not erlöst hat,	אֲשֶׁר גְּאָלָם מִיַּד־צָר
die er aus den Ländern zusammengebracht hat	וּמֵאֲרָצוֹת קִבְּצָם
von Osten und Westen,	מִמִּזְרָח וּמִמַּעֲרָב
von Norden und Süden.	מִצָּפוֹן וּמִיָּם׃
Die irregingen in der Wüste, auf ungebahntem Wege,	תָּעוּ בַמִּדְבָּר בִּישִׁימוֹן דָּרֶךְ
und fanden keine Stadt, in der sie wohnen konnten,	עִיר מוֹשָׁב לֹא מָצָאוּ׃
die hungrig und durstig waren	רְעֵבִים גַּם־צְמֵאִים
und deren Seele verschmachtete,	נַפְשָׁם בָּהֶם תִּתְעַטָּף׃
die dann zum HERRN riefen in ihrer Not,	וַיִּצְעֲקוּ אֶל־יְהוָה בַּצַּר לָהֶם
und er errettete sie aus ihren Ängsten	מִמְּצוּקוֹתֵיהֶם יַצִּילֵם׃
und er führte sie den richtigen Weg,	וַיַּדְרִיכֵם בְּדֶרֶךְ יְשָׁרָה
dass sie kamen zur Stadt, in der sie wohnen konnten:	לָלֶכֶת אֶל־עִיר מוֹשָׁב׃
Die sollen dem HERRN danken für seine Güte	יוֹדוּ לַיהוָה חַסְדּוֹ
und für seine Wunder, die er an den Menschenkindern tut,	וְנִפְלְאוֹתָיו לִבְנֵי אָדָם׃
dass er sättigt die durstige Seele	כִּי־הִשְׂבִּיעַ נֶפֶשׁ שֹׁקֵקָה
und die Hungrigen füllt mit Gutem.	וְנֶפֶשׁ רְעֵבָה מִלֵּא־טוֹב׃
Die da sitzen mussten in Finsternis und Dunkel,	יֹשְׁבֵי חֹשֶׁךְ וְצַלְמָוֶת
gefangen in Zwang und Eisen,	אֲסִירֵי עֳנִי וּבַרְזֶל׃
weil sie Gottes Geboten ungehorsam waren	כִּי־הִמְרוּ אִמְרֵי־אֵל
und den Ratschluss des Höchsten verachtet hatten,	וַעֲצַת עֶלְיוֹן נָאָצוּ׃
sodass er ihr Herz durch Unglück beugte	וַיַּכְנַע בֶּעָמָל לִבָּם
und sie dalagen und ihnen niemand half,	כָּשְׁלוּ וְאֵין עֹזֵר׃
die dann zum HERRN riefen in ihrer Not,	וַיִּזְעֲקוּ אֶל־יְהוָה בַּצַּר לָהֶם
und er half ihnen aus ihren Ängsten	מִמְּצֻקוֹתֵיהֶם יוֹשִׁיעֵם׃
und führte sie aus Finsternis und Dunkel	יוֹצִיאֵם מֵחֹשֶׁךְ וְצַלְמָוֶת
und zerriss ihre Bande:	וּמוֹסְרוֹתֵיהֶם יְנַתֵּק׃
Die sollen dem HERRN danken für seine Güte	יוֹדוּ לַיהוָה חַסְדּוֹ
und für seine Wunder, die er an den Menschenkindern tut,	וְנִפְלְאוֹתָיו לִבְנֵי אָדָם׃
dass er zerbricht eherne Türen	כִּי־שִׁבַּר דַּלְתוֹת נְחֹשֶׁת
und zerschlägt eiserne Riegel.	וּבְרִיחֵי בַרְזֶל גִּדֵּעַ׃

107

„Dankt dem TREUEN, denn er ist gut; 1
denn in Ewigkeit bleibt seine Treue!“ –
so sollen, die erlöst sind durch den TREUEN, sprechen, 2
der sie erlöst hat aus dem Griff der Angst
und der sie aus den Ländern eingesammelt hat, 3
vom Morgen- und vom Abendland,
vom Nordgebirge und vom Südmeer.

Die auf öden Wegen in der Wüste irren mussten, 4
eine Stadt, bewohnbar, konnten sie nicht finden,
ausgehungert, gar verdurstet, 5
ihre Kehle drinnen am Verschmachten –

und da schrieen sie zum TREUEN in der Not, die sie bedrängte, 6
aus ihren Bedrängnissen reißt er sie heraus,
und dann ließ er sie geradewegs hinziehen, 7
dass sie auf die Stadt zugehen konnten, die bewohnbar war –

die sollen doch dem TREUEN Dank für seine Treue sagen 8
und für seine Wunder an den Menschen,
hat er doch ihre lechzende Kehle gesättigt, 9
und ihre hungrige Seele hat er mit Gutem gefüllt!

Die im Dunkeln sitzen und ein Schattendasein führen mussten, 10
in Block und Eisen festgekettet,
weil sie sich Gottes Worten widersetzt 11
und den Rat des Höchsten in den Wind geschlagen hatten,
so dass er ihr Herz in Qualen niederdrückte, 12
hingefallen waren sie, und da war keiner, der zu ihnen stand –

und da schrieen sie zum TREUEN in der Not, die sie bedrängte, 13
aus ihren Bedrängnissen befreit er sie,
er führt sie aus dem Dunkeln und dem Schattendasein 14
und sprengt ihre Fesseln –

die sollen doch dem TREUEN Dank für seine Treue sagen 15
und für seine Wunder an den Menschen,
hat er doch eherne Tore zerbrochen, 16
und eiserne Riegel hat er zerhauen!

Die Toren, die geplagt waren	אֱוִלִים מִדֶּרֶךְ פִּשְׁעָם
um ihrer Übertretung und um ihrer Sünde willen,	וּמֵעֲוֺנֹתֵיהֶם יִתְעַנּוּ׃
dass ihnen ekelte vor aller Speise	כָּל־אֹכֶל תְּתַעֵב נַפְשָׁם
und sie todkrank wurden,	וַיַּגִּיעוּ עַד־שַׁעֲרֵי מָוֶת׃
die dann zum HERRN riefen in ihrer Not,	וַיִּזְעֲקוּ אֶל־יְהוָה בַּצַּר לָהֶם
und er half ihnen aus ihren Ängsten,	מִמְּצֻקוֹתֵיהֶם יוֹשִׁיעֵם׃
er sandte sein Wort und machte sie gesund	יִשְׁלַח דְּבָרוֹ וְיִרְפָּאֵם
und errettete sie, dass sie nicht starben:	וִימַלֵּט מִשְּׁחִיתוֹתָם׃
Die sollen dem HERRN danken für seine Güte	׆ יוֹדוּ לַיהוָה חַסְדּוֹ
und für seine Wunder, die er an den Menschenkindern tut,	וְנִפְלְאוֹתָיו לִבְנֵי אָדָם׃
und sollen Dank opfern	׆ וְיִזְבְּחוּ זִבְחֵי תוֹדָה
und seine Werke erzählen mit Freuden.	וִיסַפְּרוּ מַעֲשָׂיו בְּרִנָּה׃
Die mit Schiffen auf dem Meere fuhren	׆ יוֹרְדֵי הַיָּם בָּאֳנִיּוֹת
und trieben ihren Handel auf großen Wassern,	עֹשֵׂי מְלָאכָה בְּמַיִם רַבִּים׃
die des HERRN Werke erfahren haben	׆ הֵמָּה רָאוּ מַעֲשֵׂי יְהוָה
und seine Wunder auf dem Meer,	וְנִפְלְאוֹתָיו בִּמְצוּלָה׃
wenn er sprach und einen Sturmwind erregte,	׆ וַיֹּאמֶר וַיַּעֲמֵד רוּחַ סְעָרָה
der die Wellen erhob,	וַתְּרוֹמֵם גַּלָּיו׃
und sie gen Himmel fuhren und in den Abgrund sanken,	׆ יַעֲלוּ שָׁמַיִם יֵרְדוּ תְהוֹמוֹת
dass ihre Seele vor Angst verzagte,	נַפְשָׁם בְּרָעָה תִתְמוֹגָג׃
dass sie taumelten und wankten wie ein Trunkener	יָחוֹגּוּ וְיָנוּעוּ כַּשִּׁכּוֹר
und wussten keinen Rat mehr,	וְכָל־חָכְמָתָם תִּתְבַּלָּע׃
die dann zum HERRN schrien in ihrer Not,	וַיִּצְעֲקוּ אֶל־יְהוָה בַּצַּר לָהֶם
und er führte sie aus ihren Ängsten	וּמִמְּצוּקֹתֵיהֶם יוֹצִיאֵם׃
und stillte das Ungewitter,	יָקֵם סְעָרָה לִדְמָמָה
dass die Wellen sich legten	וַיֶּחֱשׁוּ גַּלֵּיהֶם׃
und sie froh wurden, dass es still geworden war	וַיִּשְׂמְחוּ כִי־יִשְׁתֹּקוּ
und er sie zum erwünschten Lande brachte:	וַיַּנְחֵם אֶל־מְחוֹז חֶפְצָם׃
Die sollen dem HERRN danken für seine Güte	יוֹדוּ לַיהוָה חַסְדּוֹ
und für seine Wunder, die er an den Menschenkindern tut,	וְנִפְלְאוֹתָיו לִבְנֵי אָדָם׃
und ihn in der Gemeinde preisen	וִירֹמְמוּהוּ בִּקְהַל־עָם
und bei den Alten rühmen.	וּבְמוֹשַׁב זְקֵנִים יְהַלְלוּהוּ׃

Die von Sinnen waren wegen ihres gotteslästerlichen Lebenswandels 17
und in ihren Schuldverstrickungen sich plagen mussten,
ihr Hals weist jede Speise angewidert ab, 18
und sie berührten dabei schon die Todespforten –

und da schrieen sie zum TREUEN in der Not, die sie bedrängte, 19
aus ihren Bedrängnissen befreit er sie,
er schickt sein Wort und heilt sie, 20
und entkommen lässt er sie aus ihren Gruben –

die sollen doch dem TREUEN Dank für seine Treue sagen 21
und für seine Wunder an den Menschen,
und Dankopfer sollen sie bereiten 22
und von seinen Werken mit Begeisterung erzählen!

Die das Meer hinabgefahren sind mit Schiffen, 23
auf großen Wassern ihren Handel treiben wollten,
sie, die des TREUEN Werke sehen konnten 24
und seine Wunder in der Abgrundtiefe,
und er sprach, und schon ließ er den Wirbelsturm erstehen, 25
und der trieb seine Wellen hoch,
sie heben sich hinauf zum Himmel, senken sich zur Chaosflut hinab, 26
ihr Lebensmut löst sich im Unheil auf,
sie tanzen und sie schwanken wie betrunken, 27
und ihre ganze Weisheit schwindet hin –

und da schrieen sie zum TREUEN in der Not, die sie bedrängte, 28
und aus ihren Bedrängnissen führt er sie heraus,
den Sturmwind will er stille stellen, 29
und da legten sich schon ihre Wellen,
und sie waren glücklich, dass die ruhig wurden, 30
und er führte sie zu dem ersehnten Hafen –

die sollen doch dem TREUEN Dank für seine Treue sagen 31
und für seine Wunder an den Menschen,
und sie sollen ihn erheben in der Volksgemeinde 32
und im Rat der Alten sollen sie ihn loben!

Er machte Bäche trocken	יָשֵׂם נְהָרוֹת לְמִדְבָּר
und ließ Wasserquellen versiegen,	וּמֹצָאֵי מַיִם לְצִמָּאוֹן׃
dass fruchtbares Land zur Salzwüste wurde	אֶרֶץ פְּרִי לִמְלֵחָה
wegen der Bosheit derer, die dort wohnten.	מֵרָעַת יֹשְׁבֵי בָהּ׃
Er machte das Trockene wieder wasserreich	יָשֵׂם מִדְבָּר לַאֲגַם־מַיִם
und gab dem dürren Lande Wasserquellen	וְאֶרֶץ צִיָּה לְמֹצָאֵי מָיִם׃
und ließ die Hungrigen dort bleiben,	וַיּוֹשֶׁב שָׁם רְעֵבִים
dass sie eine Stadt bauten, in der sie wohnen konnten,	וַיְכוֹנְנוּ עִיר מוֹשָׁב׃
und Äcker besäten und Weinberge pflanzten,	וַיִּזְרְעוּ שָׂדוֹת וַיִּטְּעוּ כְרָמִים
die jährlich Früchte trugen.	וַיַּעֲשׂוּ פְּרִי תְבוּאָה׃
Und er segnete sie, dass sie sich sehr mehrten,	וַיְבָרְכֵם וַיִּרְבּוּ מְאֹד
und gab ihnen viel Vieh.	וּבְהֶמְתָּם לֹא יַמְעִיט׃
Aber sie wurden gering an Zahl und geschwächt	וַיִּמְעֲטוּ וַיָּשֹׁחוּ
von der Last des Unglücks und des Kummers.	מֵעֹצֶר רָעָה וְיָגוֹן׃
Er schüttete Verachtung aus auf die Fürsten	ן שֹׁפֵךְ בּוּז עַל־נְדִיבִים
und ließ sie irren in der Wüste, wo kein Weg ist;	וַיַּתְעֵם בְּתֹהוּ לֹא־דָרֶךְ׃
aber die Armen schützte er vor Elend	וַיְשַׂגֵּב אֶבְיוֹן מֵעוֹנִי
und mehrte ihr Geschlecht wie eine Herde.	וַיָּשֶׂם כַּצֹּאן מִשְׁפָּחוֹת׃
Das werden die Frommen sehen und sich freuen,	יִרְאוּ יְשָׁרִים וְיִשְׂמָחוּ
und aller Bosheit wird das Maul gestopft werden.	וְכָל־עַוְלָה קָפְצָה פִּיהָ׃
Wer ist weise und behält dies?	מִי־חָכָם וְיִשְׁמָר־אֵלֶּה
Der wird merken, wie viel Wohltaten der HERR erweist.	וְיִתְבּוֹנְנוּ חַסְדֵי יְהוָה׃

107

Er kann Ströme in Wüste verwandeln 33
und sprudelnde Quellen in dürstende Gegend,
Fruchtland in salzige Fläche 34
wegen der Bosheit ihrer Bewohner –
er kann Wüste in Teiche verwandeln 35
und trockenes Land in sprudelnde Quellen.

So ließ er dort die Ausgehungerten wohnen, 36
und sie bauten eine bewohnbare Stadt,
und sie besäten Felder, und sie bepflanzten Weinberge, 37
und die brachten fruchtbaren Ertrag;
und er segnete sie so, dass sie sich sehr vermehrten, 38
und ihren Viehbesitz ließ er nicht wenig werden.

Doch sie wurden immer weniger und wurden tief gebeugt 39
unter der Last von Unglück und von Kummer,
als er über Vornehme Verachtung ausgoss 40
und sie in auswegloser Wildnis irren ließ –
doch er hob Arme aus dem Elend hoch 41
und machte Sippen groß wie die Kleinviehherden.

Die Aufrechten sehen das und freuen sich – 42
und alles Übel hält den Mund;
wer ist weise und beachtet dies? – , 43
und sie verstehen die Liebesbeweise des TREUEN.

Psalm 108

Ein Psalmlied Davids.	שִׁיר מִזְמוֹר לְדָוִד׃

Gott, mein Herz ist bereit,	נָכוֹן לִבִּי אֱלֹהִים
ich will singen und spielen. Wach auf, meine Seele!	אָשִׁירָה וַאֲזַמְּרָה אַף־כְּבוֹדִי׃
Wach auf, Psalter und Harfe!	עוּרָה הַנֵּבֶל וְכִנּוֹר
Ich will das Morgenrot wecken.	אָעִירָה שָּׁחַר׃

Ich will dir danken, HERR, unter den Völkern,	אוֹדְךָ בָעַמִּים ׀ יְהוָה
ich will dir lobsingen unter den Leuten.	וַאֲזַמֶּרְךָ בַּל־אֻמִּים׃
Denn deine Gnade reicht, so weit der Himmel ist,	כִּי־גָדוֹל מֵעַל־שָׁמַיִם חַסְדֶּךָ
und deine Treue, so weit die Wolken gehen.	וְעַד־שְׁחָקִים אֲמִתֶּךָ׃

Erhebe dich, Gott, über den Himmel	רוּמָה עַל־שָׁמַיִם אֱלֹהִים
und deine Herrlichkeit über alle Lande!	וְעַל כָּל־הָאָרֶץ כְּבוֹדֶךָ׃
Lass deine Freunde errettet werden,	לְמַעַן יֵחָלְצוּן יְדִידֶיךָ
dazu hilf mit deiner Rechten und erhöre uns!	הוֹשִׁיעָה יְמִינְךָ וַעֲנֵנִי׃

Gott hat in seinem Heiligtum geredet:	אֱלֹהִים ׀ דִּבֶּר בְּקָדְשׁוֹ

Ich will frohlocken; ich will Sichem verteilen	אֶעְלֹזָה אֲחַלְּקָה שְׁכֶם
und das Tal Sukkot ausmessen.	וְעֵמֶק סֻכּוֹת אֲמַדֵּד׃
Gilead ist mein, Manasse ist auch mein,	לִי גִלְעָד ׀ לִי מְנַשֶּׁה
und Ephraim ist der Schutz meines Haupts,	וְאֶפְרַיִם מָעוֹז רֹאשִׁי
Juda ist mein Zepter.	יְהוּדָה מְחֹקְקִי׃
Moab ist mein Waschbecken,	מוֹאָב ׀ סִיר רַחְצִי
ich will meinen Schuh auf Edom werfen,	עַל־אֱדוֹם אַשְׁלִיךְ נַעֲלִי
über die Philister will ich jauchzen.	עֲלֵי־פְלֶשֶׁת אֶתְרוֹעָע׃

Wer wird mich führen in die feste Stadt?	מִי יֹבִלֵנִי עִיר מִבְצָר
Wer wird mich nach Edom leiten?	מִי נָחַנִי עַד־אֱדוֹם׃
Wirst du es nicht tun, Gott, der du uns verstoßen hast,	הֲלֹא־אֱלֹהִים זְנַחְתָּנוּ
und ziehst nicht aus, Gott, mit unserm Heer?	וְלֹא־תֵצֵא אֱלֹהִים בְּצִבְאֹתֵינוּ׃
Schaff uns Beistand vor dem Feind;	הָבָה־לָּנוּ עֶזְרָת מִצָּר
denn Menschenhilfe ist nichts nütze.	וְשָׁוְא תְּשׁוּעַת אָדָם׃
Mit Gott wollen wir Taten tun.	בֵּאלֹהִים נַעֲשֶׂה־חָיִל
Er wird unsre Feinde niedertreten.	וְהוּא יָבוּס צָרֵינוּ׃

Ein Lied. Ein Psalm Davids. 1

Bereit ist mein Herz, Gott, 2
singen will ich, spielen will ich, ja, mein ganzes Wesen;
so erwache doch, du Harfe samt der Zither, 3
ich möchte das Morgenrot wecken!

Bekennen will ich dich, du TREUER, bei den Völkern, 4
und spielen will ich dir – anders als die Nationen;
reicht deine Gnade doch über den Himmel, 5
und bis zu den Wolken deine Wahrheit!

Gott, so erheb dich doch über den Himmel, 6
und über die ganze Erde mit deiner Herrlichkeit;
damit deine Freunde auch gerettet werden, 7
befreie doch mit deiner Rechten und erhöre mich!

Gott hat in seinem Heiligtum geredet: 8

„Triumphieren will ich, ich will Sichem teilen,
und das Tal von Sukkot werde ich ausmessen,
mein ist Gilead, mein ist Manasse, 9
und Ephraim ist meines Hauptes Schutzhelm,
Juda ist mein Zepter,
Moab ist mein Waschgeschirr, 10
auf Edom werfe ich meinen Schuh,
über das Philisterland erhebe ich den Schlachtruf.“

Wer bringt mich in die feste Stadt, 11
wer hat mich nach Edom geleitet?
Hast du, Gott, uns nicht verstoßen, 12
und ziehst du, Gott, dann nicht mehr aus mit unseren Scharen?
Schaff uns doch Beistand gegen den Bedränger, 13
wo Menschenhilfe wertlos ist!
Bei Gott, da werden wir erst Kraft entfalten, 14
und er selbst tritt unsere Bedränger nieder.

Psalm 109

Ein Psalm Davids,	לַמְנַצֵּחַ
vorzusingen.	לְדָוִד מִזְמוֹר

Gott, mein Ruhm, schweige nicht!	אֱלֹהֵי תְהִלָּתִי אַל־תֶּחֱרַשׁ׃
Denn sie haben ihr gottloses Lügenmaul wider mich aufgetan.	כִּי פִי רָשָׁע וּפִי־מִרְמָה עָלַי פָּתָחוּ
Sie reden wider mich mit falscher Zunge	דִּבְּרוּ אִתִּי לְשׁוֹן שָׁקֶר׃
und reden giftig wider mich allenthalben	וְדִבְרֵי שִׂנְאָה סְבָבוּנִי
und streiten wider mich ohne Grund.	וַיִּלָּחֲמוּנִי חִנָּם׃
Dafür, dass ich sie liebe, feinden sie mich an;	תַּחַת־אַהֲבָתִי יִשְׂטְנוּנִי
ich aber bete.	וַאֲנִי תְפִלָּה׃
Sie erweisen mir Böses für Gutes	וַיָּשִׂימוּ עָלַי רָעָה תַּחַת טוֹבָה
und Hass für Liebe.	וְשִׂנְאָה תַּחַת אַהֲבָתִי׃

Gib ihm einen Gottlosen zum Gegner,	הַפְקֵד עָלָיו רָשָׁע
und ein Verkläger stehe zu seiner Rechten.	וְשָׂטָן יַעֲמֹד עַל־יְמִינוֹ׃
Wenn er gerichtet wird, soll er schuldig gesprochen werden,	בְּהִשָּׁפְטוֹ יֵצֵא רָשָׁע
und sein Gebet werde zur Sünde.	וּתְפִלָּתוֹ תִּהְיֶה לַחֲטָאָה׃
Seiner Tage sollen wenige werden,	יִהְיוּ־יָמָיו מְעַטִּים
und sein Amt soll ein andrer empfangen.	פְּקֻדָּתוֹ יִקַּח אַחֵר׃
Seine Kinder sollen Waisen werden	יִהְיוּ־בָנָיו יְתוֹמִים
und seine Frau eine Witwe.	וְאִשְׁתּוֹ אַלְמָנָה׃

Seine Kinder sollen umherirren und betteln	וְנוֹעַ יָנוּעוּ בָנָיו וְשִׁאֵלוּ
und vertrieben werden aus ihren Trümmern.	וְדָרְשׁוּ מֵחָרְבוֹתֵיהֶם׃
Es soll der Wucherer alles fordern, was er hat,	יְנַקֵּשׁ נוֹשֶׁה לְכָל־אֲשֶׁר־לוֹ
und Fremde sollen seine Güter rauben.	וְיָבֹזּוּ זָרִים יְגִיעוֹ׃
Und niemand soll ihm Gutes tun,	אַל־יְהִי־לוֹ מֹשֵׁךְ חָסֶד
und niemand erbarme sich seiner Waisen.	וְאַל־יְהִי חוֹנֵן לִיתוֹמָיו׃
Seine Nachkommen sollen ausgerottet werden,	יְהִי־אַחֲרִיתוֹ לְהַכְרִית
ihr Name soll schon im zweiten Glied getilgt werden.	בְּדוֹר אַחֵר יִמַּח שְׁמָם׃

Der Schuld seiner Väter soll gedacht werden vor dem HERRN,	יִזָּכֵר ׀ עֲוֺן אֲבֹתָיו אֶל־יְהוָה
und seiner Mutter Sünde soll nicht getilgt werden.	וְחַטַּאת אִמּוֹ אַל־תִּמָּח׃
Der HERR soll sie nie mehr aus den Augen lassen,	יִהְיוּ נֶגֶד־יְהוָה תָּמִיד
und ihr Andenken soll ausgerottet werden auf Erden,	וְיַכְרֵת מֵאֶרֶץ זִכְרָם׃
weil er so gar keine Barmherzigkeit übte,	יַעַן אֲשֶׁר ׀ לֹא זָכַר עֲשׂוֹת חָסֶד
sondern verfolgte den Elenden und Armen	וַיִּרְדֹּף אִישׁ־עָנִי וְאֶבְיוֹן
und den Betrübten, ihn zu töten.	וְנִכְאֵה לֵבָב לְמוֹתֵת׃
Er liebte den Fluch, so komme er auch über ihn;	וַיֶּאֱהַב קְלָלָה וַתְּבוֹאֵהוּ

er wollte den Segen nicht, so bleibe er auch fern von ihm.	וְלֹא־חָפֵץ בִּבְרָכָה וַתִּרְחַק מִמֶּנּוּ׃
Er zog den Fluch an wie sein Hemd;	וַיִּלְבַּשׁ קְלָלָה כְּמַדּוֹ
der dringe in ihn hinein wie Wasser	וַתָּבֹא כַמַּיִם בְּקִרְבּוֹ
und wie Öl in seine Gebeine;	וְכַשֶּׁמֶן בְּעַצְמוֹתָיו׃
er werde ihm wie ein Kleid, das er anhat,	תְּהִי־לוֹ כְּבֶגֶד יַעְטֶה
und wie ein Gürtel, mit dem er allezeit sich gürtet.	וּלְמֵזַח תָּמִיד יַחְגְּרֶהָ׃
So geschehe denen vom HERRN, die wider mich sind	זֹאת פְּעֻלַּת שֹׂטְנַי מֵאֵת יְהוָה
und die Böses reden wider mich.	וְהַדֹּבְרִים רָע עַל־נַפְשִׁי׃

109

Für den Chorleiter. 1
Von David. Ein Psalm.

Gott meines Lobgesangs, schweig nicht, 2
denn sie haben ihren Schurkenmund, ihr Lügenmaul mir gegenüber aufgerissen,
mit falscher Zunge haben sie mit mir geredet,
und sie haben mich umringt mit hasserfüllten Worten; 3
und dabei haben sie mich ohne Grund bekämpft,
für meine Liebe feinden sie mich an – 4
doch ich bin ganz Gebet – ,
und für Gutes haben sie mir Böses zugefügt 5
und für meine Liebe Hass:

„Bestelle einen Schurken gegen ihn, 6
und ein Ankläger stehe ihm zur Rechten,
als Schurke komme er heraus, wenn über ihn verhandelt wird, 7
und sein Einspruch gelte als Versündigung;
zusammenschrumpfen sollen seine Tage, 8
ein anderer soll sein Amt ergreifen,
Waisen werden sollen seine Kinder 9
und eine Witwe seine Frau!

Ganz unstet sollen seine Kinder sein und betteln, 10
und ihre Trümmer sollen sie absuchen,
es soll der Wucherer sich alles, was er hat, erschleichen, 11
und es sollen Fremde, was er sich erworben, plündern;
keinen soll es geben, der ihm weiterhin die Treue hält, 12
und keinen, der sich seinen Waisen zuneigt,
die nach ihm kommen, sollen der Vernichtung anheimfallen, 13
beim kommenden Geschlecht schon sei ihr Name ausgelöscht!

Beim TREUEN bleibe die Verschuldung seiner Väter im Gedächtnis, 14
und seiner Mutter Sünde werde nicht gelöscht,
sind sie doch dem TREUEN stets vor Augen, 15
und er tilge ihr Andenken von der Erde;
denn er hat ja nicht daran gedacht, Liebe zu erweisen, 16
sondern er hat den, der elend war und arm, verfolgt
und den im Herzen Eingeschüchterten, um ihm den Todesstoß zu geben,
und er hat den Fluch geliebt, der ihn dann selber traf! 17

Und weil er am Segen keine Freude hatte, so blieb der ihm fern,
und er zog den Fluch wie sein Gewand an, 18
und der drang wie Wasser in sein Inneres ein
und wie Öl in seine Glieder;
werde er für ihn doch wie ein Kleid, in das er sich einhüllen, 19
und zu einem Gürtel, den er stets umbinden muss!" –
das ist es, was die beim TREUEN selbst erreichen wollen, die mich verklagen 20
und die Übles gegen mich vorbringen.

Psalm 109

Aber du, HERR,	וְאַתָּה ׀ יְהוִה אֲדֹנָי
sei du mit mir um deines Namens willen;	עֲשֵׂה־אִתִּי לְמַעַן שְׁמֶךָ
denn deine Gnade ist mein Trost: Errette mich!	כִּי־טוֹב חַסְדְּךָ הַצִּילֵנִי׃
Denn ich bin arm und elend;	כִּי־עָנִי וְאֶבְיוֹן אָנֹכִי
mein Herz ist zerschlagen in mir.	וְלִבִּי חָלַל בְּקִרְבִּי׃
Ich fahre dahin wie ein Schatten, der schwindet,	כְּצֵל־כִּנְטוֹתוֹ נֶהֱלָכְתִּי
und werde abgeschüttelt wie Heuschrecken.	נִנְעַרְתִּי כָּאַרְבֶּה׃
Meine Knie sind schwach vom Fasten,	בִּרְכַּי כָּשְׁלוּ מִצּוֹם
und mein Leib ist mager und hat kein Fett.	וּבְשָׂרִי כָּחַשׁ מִשָּׁמֶן׃

Ich bin ihnen zum Spott geworden;	וַאֲנִי ׀ הָיִיתִי חֶרְפָּה לָהֶם
wenn sie mich sehen, schütteln sie den Kopf.	יִרְאוּנִי יְנִיעוּן רֹאשָׁם׃
Steh mir bei, HERR, mein Gott!	עָזְרֵנִי יְהוָה אֱלֹהָי
Hilf mir nach deiner Gnade,	הוֹשִׁיעֵנִי כְחַסְדֶּךָ׃
und lass sie innewerden, dass dies deine Hand ist	וְיֵדְעוּ כִּי־יָדְךָ זֹּאת
und du, HERR, das tust.	אַתָּה יְהוָה עֲשִׂיתָהּ׃
Fluchen sie,	יְקַלְלוּ־הֵמָּה
so segne du.	וְאַתָּה תְבָרֵךְ

Erheben sie sich gegen mich, so sollen sie zuschanden werden;	קָמוּ ׀ וַיֵּבֹשׁוּ
aber dein Knecht soll sich freuen.	וְעַבְדְּךָ יִשְׂמָח׃
Meine Widersacher sollen mit Schmach angezogen	יִלְבְּשׁוּ שׂוֹטְנַי כְּלִמָּה
und mit ihrer Schande bekleidet werden wie mit einem Mantel.	וְיַעֲטוּ כַמְעִיל בָּשְׁתָּם׃
Ich will dem HERRN sehr danken mit meinem Munde	אוֹדֶה יְהוָה מְאֹד בְּפִי
und ihn rühmen vor der Menge.	וּבְתוֹךְ רַבִּים אֲהַלְלֶנּוּ׃
Denn er steht dem Armen zur Rechten,	כִּי־יַעֲמֹד לִימִין אֶבְיוֹן
dass er ihm helfe vor denen, die ihn verurteilen.	לְהוֹשִׁיעַ מִשֹּׁפְטֵי נַפְשׁוֹ׃

Doch du, TREUER, du mein Schöpfer, 21
handle du an mir nach deinem Namen,
ist doch deine Treue gut, reiß mich heraus,
da ich ja elend bin und arm 22
und da mein Herz verwundet ist in meiner Brust;
wie ein Schatten länger wird, bin ich dahingefahren, 23
ich bin abgeschüttelt worden wie eine Heuschrecke,
meine Knie sind vom Fasten weich geworden, 24
und mein Leib ist abgemagert, ohne Fett!

Und ich, ich bin für sie doch zum Gespött geworden, 25
sie sehen mich, sie schütteln nur den Kopf –
so steh doch, TREUER, du mein Gott, mir bei, 26
befreie mich, treu wie du bist;
und sie sollen merken, dass dies deine Hand gewesen ist, 27
du, TREUER, du hast es getan,
mögen sie nur fluchen, jene, 28
du jedoch, du segnest!

Sie haben sich erhoben, und dabei haben sie sich bloßgestellt –
dein Knecht jedoch, der kann sich freuen,
meine Widersacher kleiden sich in Schmach, 29
und sie legen ihre Schande an wie einen Mantel;
ich will mit meinem Mund dem TREUEN danken, 30
und ihn will ich loben mitten in der Menge,
dass er zur rechten Hand des Armen steht, 31
um ihn von denen, die sein Leben richten wollen, zu befreien!

Psalm 110

Ein Psalm Davids.	לְדָוִד מִזְמ֥וֹר

Der HERR sprach zu meinem Herrn:	נְאֻ֤ם יְהוָ֨ה ׀ לַֽאדֹנִ֗י
„Setze dich zu meiner Rechten,	שֵׁ֥ב לִֽימִינִ֑י
bis ich deine Feinde	עַד־אָשִׁ֥ית אֹ֝יְבֶ֗יךָ
zum Schemel deiner Füße mache.“	הֲדֹ֣ם לְרַגְלֶֽיךָ׃

Der HERR wird das Zepter deiner Macht	מַטֵּֽה־עֻזְּךָ֗
ausstrecken aus Zion.	יִשְׁלַ֣ח יְ֭הוָה מִצִּיּ֑וֹן
Herrsche mitten unter deinen Feinden!	רְ֝דֵ֗ה בְּקֶ֣רֶב אֹיְבֶֽיךָ׃
Wenn du dein Heer aufbietest,	עַמְּךָ֣ נְדָבֹת֮

wird dir dein Volk willig folgen	בְּי֪וֹם חֵ֫ילֶ֥ךָ
in heiligem Schmuck.	בְּהַדְרֵי־קֹ֭דֶשׁ
Deine Söhne werden dir geboren	מֵרֶ֣חֶם מִשְׁחָ֑ר
wie der Tau aus der Morgenröte.	לְ֝ךָ֗ טַ֣ל יַלְדֻתֶֽיךָ׃

Der HERR hat geschworen,	נִשְׁבַּ֤ע יְהוָ֨ה ׀
und es wird ihn nicht gereuen:	וְלֹ֥א יִנָּחֵ֗ם
„Du bist ein Priester ewiglich	אַתָּֽה־כֹהֵ֥ן לְעוֹלָ֑ם
nach der Weise Melchisedeks.“	עַל־דִּ֝בְרָתִ֗י מַלְכִּי־צֶֽדֶק׃

Der Herr zu deiner Rechten	אֲדֹנָ֥י עַל־יְמִינְךָ֑
wird zerschmettern die Könige am Tage seines Zorns.	מָחַ֖ץ בְּיוֹם־אַפּ֣וֹ מְלָכִֽים׃
Er wird richten unter den Heiden,	יָדִ֣ין בַּ֭גּוֹיִם
wird viele erschlagen,	מָלֵ֣א גְוִיּ֑וֹת

wird Häupter zerschmettern	מָ֥חַץ רֹ֝֗אשׁ
auf weitem Gefilde.	עַל־אֶ֥רֶץ רַבָּֽה׃
Er wird trinken vom Bach auf dem Wege,	מִ֭נַּחַל בַּדֶּ֣רֶךְ יִשְׁתֶּ֑ה
darum wird er das Haupt emporheben.	עַל־כֵּ֝֗ן יָרִ֥ים רֹֽאשׁ׃

Von David. Ein Psalm. 1

Des TREUEN Spruch zu meinem Herrn:
„Setze dich zu meiner Rechten,
bis ich deine Feinde mache
zum Schemel für deine Füße!“

Das Zepter deiner Macht 2
sendet der TREUE vom Zion,
herrsche mitten unter deinen Feinden,
dein Kriegsvolk ganz bereit! 3

Am Tage deines Heereszugs,
in heiliger Ausrüstung,
kommt aus dem Schoß der Morgenröte
Morgentau für dich – deine jungen Leute.

Geschworen hat der TREUE, 4
und es wird ihn nicht gereuen:
„Du bist Priester bis in Ewigkeit
nach Melchisedeks Weise!“

Der Herr waltet über deiner Rechten, 5
der Könige am Tag des Zorns zerschmettert hat,
der Recht schafft bei den Völkern – 6
voller Leichen.

Der zerschmettert hat das Haupt
über ein großes Land,
der vom Bach am Wege trinkt, 7
der wird darum das Haupt erheben.

Psalm 111/112

Halleluja!	הַלְלוּ יָהּ ׀
Ich danke dem HERRN von ganzem Herzen	אוֹדֶה יְהוָה בְּכָל־לֵבָב
im Rate der Frommen und in der Gemeinde.	בְּסוֹד יְשָׁרִים וְעֵדָה׃
Groß sind die Werke des HERRN;	גְּדֹלִים מַעֲשֵׂי יְהוָה
wer sie erforscht, der hat Freude daran.	דְּרוּשִׁים לְכָל־חֶפְצֵיהֶם׃
Was er tut, das ist herrlich und prächtig,	הוֹד־וְהָדָר פָּעֳלוֹ
und seine Gerechtigkeit bleibt ewiglich.	וְצִדְקָתוֹ עֹמֶדֶת לָעַד׃
Er hat ein Gedächtnis gestiftet seiner Wunder,	זֵכֶר עָשָׂה לְנִפְלְאֹתָיו
der gnädige und barmherzige HERR.	חַנּוּן וְרַחוּם יְהוָה׃
Er gibt Speise denen, die ihn fürchten;	טֶרֶף נָתַן לִירֵאָיו
er gedenkt ewig an seinen Bund.	יִזְכֹּר לְעוֹלָם בְּרִיתוֹ׃
Er lässt verkündigen seine gewaltigen Taten seinem Volk,	כֹּחַ מַעֲשָׂיו הִגִּיד לְעַמּוֹ
dass er ihnen gebe das Erbe der Heiden.	לָתֵת לָהֶם נַחֲלַת גּוֹיִם׃
Die Werke seiner Hände sind Wahrheit und Recht;	מַעֲשֵׂי יָדָיו אֱמֶת וּמִשְׁפָּט
alle seine Ordnungen sind beständig.	נֶאֱמָנִים כָּל־פִּקּוּדָיו׃
Sie stehen fest für immer und ewig;	סְמוּכִים לָעַד לְעוֹלָם
sie sind recht und verlässlich.	עֲשׂוּיִם בֶּאֱמֶת וְיָשָׁר׃
Er sendet eine Erlösung seinem Volk;	פְּדוּת ׀ שָׁלַח לְעַמּוֹ
er verheißt, dass sein Bund ewig bleiben soll.	צִוָּה־לְעוֹלָם בְּרִיתוֹ
Heilig und hehr ist sein Name.	קָדוֹשׁ וְנוֹרָא שְׁמוֹ׃
Die Furcht des HERRN ist der Weisheit Anfang.	רֵאשִׁית חָכְמָה ׀ יִרְאַת יְהוָה
Klug sind alle, die danach tun.	שֵׂכֶל טוֹב לְכָל־עֹשֵׂיהֶם
Sein Lob bleibet ewiglich.	תְּהִלָּתוֹ עֹמֶדֶת לָעַד׃
Halleluja!	הַלְלוּ יָהּ ׀
Wohl dem, der den HERRN fürchtet,	אַשְׁרֵי־אִישׁ יָרֵא אֶת־יְהוָה
der große Freude hat an seinen Geboten!	בְּמִצְוֹתָיו חָפֵץ מְאֹד׃
Sein Geschlecht wird gewaltig sein im Lande;	גִּבּוֹר בָּאָרֶץ יִהְיֶה זַרְעוֹ
die Kinder der Frommen werden gesegnet sein.	דּוֹר יְשָׁרִים יְבֹרָךְ׃
Reichtum und Fülle wird in ihrem Hause sein,	הוֹן־וָעֹשֶׁר בְּבֵיתוֹ
und ihre Gerechtigkeit bleibt ewiglich.	וְצִדְקָתוֹ עֹמֶדֶת לָעַד׃
Den Frommen geht das Licht auf in der Finsternis	זָרַח בַּחֹשֶׁךְ אוֹר לַיְשָׁרִים
von dem Gnädigen, Barmherzigen und Gerechten.	חַנּוּן וְרַחוּם וְצַדִּיק׃
Wohl dem, der barmherzig ist und gerne leiht	טוֹב־אִישׁ חוֹנֵן וּמַלְוֶה
und das Seine tut, wie es recht ist!	יְכַלְכֵּל דְּבָרָיו בְּמִשְׁפָּט׃
Denn er wird ewiglich bleiben;	כִּי־לְעוֹלָם לֹא־יִמּוֹט
der Gerechte wird nimmermehr vergessen.	לְזֵכֶר עוֹלָם יִהְיֶה צַדִּיק׃
Vor schlimmer Kunde fürchtet er sich nicht;	מִשְּׁמוּעָה רָעָה לֹא יִירָא
sein Herz hofft unverzagt auf den HERRN.	נָכוֹן לִבּוֹ בָּטֻחַ בַּיהוָה׃
Sein Herz ist getrost und fürchtet sich nicht,	סָמוּךְ לִבּוֹ לֹא יִירָא
bis er auf seine Feinde herabsieht.	עַד אֲשֶׁר־יִרְאֶה בְצָרָיו׃
Er streut aus und gibt den Armen;	פִּזַּר ׀ נָתַן לָאֶבְיוֹנִים
seine Gerechtigkeit bleibt ewiglich.	צִדְקָתוֹ עֹמֶדֶת לָעַד
Seine Kraft wird hoch in Ehren stehen.	קַרְנוֹ תָּרוּם בְּכָבוֹד׃
Der Gottlose wird's sehen, und es wird ihn verdrießen;	רָשָׁע יִרְאֶה ׀ וְכָעָס
mit den Zähnen wird er knirschen und vergehen.	שִׁנָּיו יַחֲרֹק וְנָמָס
Denn was die Gottlosen wollen, das wird zunichte.	תַּאֲוַת רְשָׁעִים תֹּאבֵד׃

Lobt den TREUEN! 1

Dem TREUEN danke ich von ganzem Herzen
im Kreis der Aufrechten und der Gemeinde;
groß sind des TREUEN Werke, 2
von allen zu ergründen, die sich daran freuen.

Was er macht, hat Würde und ist schön, 3
und sein gerechtes Tun hat ewigen Bestand;
ein Gedächtnis seiner Wunder hat er eingerichtet, 4
freundlich und barmherzig ist der TREUE.

Nahrung hat er denen, die ihn ehren, zugeteilt, 5
seinen Bund hält er auf ewig im Gedächtnis;
die Wirkung seiner Werke hat er seinem Volk gezeigt, 6
als er ihnen den Besitz der Völker übergab.

Die Werke seiner Hände sind Beständigkeit und Recht, 7
zuverlässig alle seine Schutzbestimmungen;
fest gestützt für immer und für ewig, 8
sind sie treu und redlich ausführbar.

Erlösung hat er für sein Volk befohlen, 9
für ewig hat er seinen Bund verfügt,
heilig und zu ehren ist sein Name;
der Weisheit Anfang ist die Ehrfurcht vor dem TREUEN, 10
Einsicht in das Gute bringt sie allen, die sich daran halten,
sein Ruhm hat ewigen Bestand.

Lobt den TREUEN! 1

Glücklich, der gerade ihn, den TREUEN, ehrt,
der große Freude hat an dem, was er geboten hat;
als heldenhaft im Lande wird sein Nachwuchs gelten, 2
als ein Geschlecht von Aufrechten gepriesen.

Vermögen, Reichtum ist in seinem Haus, 3
und sein gerechtes Tun hat ewigen Bestand;
den Aufrechten ist er als Licht im Dunkeln aufgegangen, 4
freundlich und barmherzig und gerecht.

Gut ist ein Mensch, der gerne leiht, 5
der sein Geschäft in rechter Weise führt;
er wird gewiss in Ewigkeit nicht wanken, 6
auf ewig bleibt er als Gerechter im Gedächtnis.

Vor üblem Ruf braucht er sich nicht zu fürchten, 7
sein Herz bleibt fest, vertrauensvoll beim TREUEN;
gefasst in seinem Herzen, braucht er sich nicht zu fürchten, 8
bis er auf seine Feinde sehen kann.

Verteilt hat er, gegeben für die Armen, 9
sein gerechtes Tun hat ewigen Bestand,
sein Horn ragt hoch in Ehren;
der Schurke sieht das, und er wird verdrossen, 10
mit den Zähnen knirscht er und ist fassungslos,
die Gier der Schurken endet im Verderben.

Psalm 113

Halleluja!	הַלְלוּ יָהּ ׀
Lobet, ihr Knechte des HERRN,	הַלְלוּ עַבְדֵי יְהוָה
lobet den Namen des HERRN!	הַלְלוּ אֶת־שֵׁם יְהוָה׃
Gelobt sei der Name des HERRN	יְהִי שֵׁם יְהוָה מְבֹרָךְ
von nun an bis in Ewigkeit!	מֵעַתָּה וְעַד־עוֹלָם׃
Vom Aufgang der Sonne bis zu ihrem Niedergang	מִמִּזְרַח־שֶׁמֶשׁ עַד־מְבוֹאוֹ
sei gelobet der Name des HERRN!	מְהֻלָּל שֵׁם יְהוָה׃
Der HERR ist hoch über alle Völker;	רָם עַל־כָּל־גּוֹיִם ׀ יְהוָה
seine Herrlichkeit reicht, so weit der Himmel ist.	עַל הַשָּׁמַיִם כְּבוֹדוֹ׃
Wer ist wie der HERR, unser Gott,	מִי כַּיהוָה אֱלֹהֵינוּ
im Himmel und auf Erden?	הַמַּגְבִּיהִי לָשָׁבֶת׃
Der oben thront in der Höhe,	הַמַּשְׁפִּילִי לִרְאוֹת
der herniederschaut in die Tiefe,	בַּשָּׁמַיִם וּבָאָרֶץ׃
der den Geringen aufrichtet aus dem Staube	מְקִימִי מֵעָפָר דָּל
und erhöht den Armen aus dem Schmutz,	מֵאַשְׁפֹּת יָרִים אֶבְיוֹן׃
dass er ihn setze neben die Fürsten,	לְהוֹשִׁיבִי עִם־נְדִיבִים
neben die Fürsten seines Volkes;	עִם נְדִיבֵי עַמּוֹ׃
der die Unfruchtbare im Hause zu Ehren bringt,	מוֹשִׁיבִי ׀ עֲקֶרֶת הַבַּיִת
dass sie eine fröhliche Kindermutter wird.	אֵם־הַבָּנִים שְׂמֵחָה
Halleluja!	הַלְלוּ־יָהּ׃

Lobt den TREUEN! 1

Lobt, ihr Knechte des TREUEN,
lobt ihn, den Namen des TREUEN!
Es werde der Name des TREUEN gepriesen 2
von jetzt an bis in Ewigkeit!
Vom Sonnenaufgang bis zu ihrem Untergang 3
werde gelobt der Name des TREUEN!

Hoch über allen Völkern steht der TREUE, 4
über den Himmeln seine Herrlichkeit –
wer ist wie der TREUE, unser Gott, 5
der hinaufsteigt, um zu thronen,
der herabsteigt, um zu schaucn 6
im Himmel und auf Erden?

Der aus dem Staub den Niedrigen aufstehen lässt, 7
aus dem Schmutz empor hebt er den Armen,
um ihn bei den Edlen anzusiedeln, 8
bei den Edlen seines Volkes,
der die Unfruchtbare wohnen lässt im Haus, 9
als Mutter, die sich an ihren Kindern freut.

Lobt den TREUEN!

Psalm 114

Als Israel aus Ägypten zog,
das Haus Jakob aus dem fremden Volk,
da wurde Juda sein Heiligtum,
Israel sein Königreich.

בְּצֵאת יִשְׂרָאֵל מִמִּצְרָיִם
בֵּית יַעֲקֹב מֵעַם לֹעֵז׃
הָיְתָה יְהוּדָה לְקָדְשׁוֹ
יִשְׂרָאֵל מַמְשְׁלוֹתָיו׃

Das Meer sah es und floh,
der Jordan wandte sich zurück.
Die Berge hüpften wie die Lämmer,
die Hügel wie die jungen Schafe.

הַיָּם רָאָה וַיָּנֹס
הַיַּרְדֵּן יִסֹּב לְאָחוֹר׃
הֶהָרִים רָקְדוּ כְאֵילִים
גְּבָעוֹת כִּבְנֵי־צֹאן׃

Was war mit dir, du Meer, dass du flohest,
und mit dir, Jordan, dass du dich zurückwandtest?
Ihr Berge, dass ihr hüpftet wie die Lämmer,
ihr Hügel, wie die jungen Schafe?

מַה־לְּךָ הַיָּם כִּי תָנוּס
הַיַּרְדֵּן תִּסֹּב לְאָחוֹר׃
הֶהָרִים תִּרְקְדוּ כְאֵילִים
גְּבָעוֹת כִּבְנֵי־צֹאן׃

Vor dem Herrn erbebe, du Erde,
vor dem Gott Jakobs,
der den Felsen wandelte in einen See
und die Steine in Wasserquellen!

מִלִּפְנֵי אָדוֹן חוּלִי אָרֶץ
מִלִּפְנֵי אֱלוֹהַּ יַעֲקֹב׃
הַהֹפְכִי הַצּוּר אֲגַם־מָיִם
חַלָּמִישׁ לְמַעְיְנוֹ־מָיִם׃

Als Israel herauszog aus Ägypten, 1
Jakobs Haus aus einem fremden Volk,
da wurde Juda ihm zum Heiligtum, 2
Israel sein Territorium.

Das Meer sah hin und floh, 3
der Jordan weicht zurück,
die Berge hüpften wie Widder, 4
die Hügel wie junge Lämmer.

Was ist mit dir, du Meer, denn, dass du fliehst, 5
du Jordan weichst zurück,
ihr Berge hüpft wie Widder, 6
ihr Hügel wie junge Lämmer?

Tanze, Erde, vor dem Angesicht des Schöpfers, 7
vor dem Angesicht des Gottes Jakobs,
der den Fels in einen Wasserteich verwandelt, 8
den Kieselstein zu einer Wasserquelle!

Psalm 115

Nicht uns, HERR, nicht uns,	לֹא לָנוּ יְהוָה לֹא לָנוּ
sondern deinem Namen gib Ehre	כִּי־לְשִׁמְךָ תֵּן כָּבוֹד
um deiner Gnade	עַל־חַסְדְּךָ
und Treue willen!	עַל־אֲמִתֶּךָ׃
Warum sollen die Heiden sagen:	לָמָּה יֹאמְרוּ הַגּוֹיִם
Wo ist denn ihr Gott?	אַיֵּה־נָא אֱלֹהֵיהֶם׃
Unser Gott ist im Himmel;	וֵאלֹהֵינוּ בַשָּׁמָיִם
er kann schaffen, was er will.	כֹּל אֲשֶׁר־חָפֵץ עָשָׂה׃
Ihre Götzen aber sind Silber und Gold,	עֲצַבֵּיהֶם כֶּסֶף וְזָהָב
von Menschenhänden gemacht.	מַעֲשֵׂה יְדֵי אָדָם׃
Sie haben Mäuler und reden nicht,	פֶּה־לָהֶם וְלֹא יְדַבֵּרוּ
sie haben Augen und sehen nicht,	עֵינַיִם לָהֶם וְלֹא יִרְאוּ׃
sie haben Ohren und hören nicht,	אָזְנַיִם לָהֶם וְלֹא יִשְׁמָעוּ
sie haben Nasen und riechen nicht,	אַף לָהֶם וְלֹא יְרִיחוּן׃
sie haben Hände und greifen nicht,	יְדֵיהֶם ׀ וְלֹא יְמִישׁוּן
Füße haben sie und gehen nicht,	רַגְלֵיהֶם וְלֹא יְהַלֵּכוּ
und kein Laut kommt aus ihrer Kehle.	לֹא־יֶהְגּוּ בִּגְרוֹנָם׃
Die solche Götzen machen, sind ihnen gleich,	כְּמוֹהֶם יִהְיוּ עֹשֵׂיהֶם
alle, die auf sie hoffen.	כֹּל אֲשֶׁר־בֹּטֵחַ בָּהֶם׃
Aber Israel hoffe auf den HERRN!	יִשְׂרָאֵל בְּטַח בַּיהוָה
Er ist ihre Hilfe und Schild.	עֶזְרָם וּמָגִנָּם הוּא׃
Das Haus Aaron hoffe auf den HERRN!	בֵּית אַהֲרֹן בִּטְחוּ בַיהוָה
Er ist ihre Hilfe und Schild.	עֶזְרָם וּמָגִנָּם הוּא׃
Die ihr den HERRN fürchtet, hoffet auf den HERRN!	יִרְאֵי יְהוָה בִּטְחוּ בַיהוָה
Er ist ihre Hilfe und Schild.	עֶזְרָם וּמָגִנָּם הוּא׃
Der HERR denkt an uns	יְהוָה זְכָרָנוּ
und segnet uns;	יְבָרֵךְ
er segnet das Haus Israel,	יְבָרֵךְ אֶת־בֵּית יִשְׂרָאֵל
er segnet das Haus Aaron.	יְבָרֵךְ אֶת־בֵּית אַהֲרֹן׃
Er segnet, die den HERRN fürchten,	יְבָרֵךְ יִרְאֵי יְהוָה
die Kleinen und die Großen.	הַקְּטַנִּים עִם־הַגְּדֹלִים׃
Der HERR segne euch je mehr und mehr,	יֹסֵף יְהוָה עֲלֵיכֶם
euch und eure Kinder!	עֲלֵיכֶם וְעַל־בְּנֵיכֶם׃
Ihr seid die Gesegneten des HERRN,	בְּרוּכִים אַתֶּם לַיהוָה
der Himmel und Erde gemacht hat.	עֹשֵׂה שָׁמַיִם וָאָרֶץ׃
Der Himmel ist der Himmel des HERRN;	הַשָּׁמַיִם שָׁמַיִם לַיהוָה
aber die Erde hat er den Menschenkindern gegeben.	וְהָאָרֶץ נָתַן לִבְנֵי־אָדָם׃
Die Toten werden dich, HERR, nicht loben,	לֹא הַמֵּתִים יְהַלְלוּ־יָהּ
keiner, der hinunterfährt in die Stille;	וְלֹא כָּל־יֹרְדֵי דוּמָה׃
aber wir loben den HERRN	וַאֲנַחְנוּ ׀ נְבָרֵךְ יָהּ
von nun an bis in Ewigkeit.	מֵעַתָּה וְעַד־עוֹלָם
Halleluja!	הַלְלוּ־יָהּ׃

115

Nicht uns, du TREUER, nein, nicht uns, 1
vielmehr gib deinem Namen Ehre,
deiner Liebe wegen,
deiner Wahrheit wegen!
Warum soll die Völkerwelt denn sagen: 2
„Wo ist nur ihr Gott?“
Unser Gott, der ist doch im Himmel, 3
alles, was ihm Freude macht, hat er geschaffen.

Ihre Götzen, die sind Silber und sind Gold, 4
Machwerk von Menschenhand,
sie haben einen Mund, doch können sie nicht reden, 5
Augen haben sie, doch können sie nicht sehen,
Ohren haben sie, doch können sie nicht hören, 6
eine Nase haben sie, doch können sie nicht riechen,
ihre Hände, doch können sie nicht tasten, 7
ihre Füße, doch können sie nicht gehen,
sie bringen keinen Laut aus ihrer Kehle.

Wie sie sollen ihre Macher werden, 8
jeder, der auf sie vertraut!
Israel, vertraue auf den TREUEN! 9
Ihr Beistand und ihr Schild ist Er.
Aarons Haus, vertrauet auf den TREUEN! 10
Ihr Beistand und ihr Schild ist Er.
Die ihr den TREUEN fürchtet, vertrauet auf den TREUEN! 11
Ihr Beistand und ihr Schild ist Er.

Der TREUE hat an uns gedacht, 12
er segnet:
Er segnet es, das Haus Israel,
er segnet es, das Haus Aaron,
er segnet, die den TREUEN fürchten, 13
die Kleinen mit den Großen,
der TREUE bringe weiter Segen über euch, 14
über euch und über eure Kinder!

Ihr seid die Gesegneten des TREUEN, 15
des Schöpfers von Himmel und Erde.
Der Himmel ist der Himmel für den TREUEN, 16
die Erde aber übergab er an die Menschenkinder.
Keiner von den Toten kann den TREUEN loben 17
und keiner von denen, die hinabgestiegen sind ins Schweigen.
Wir aber, wir erwidern den Segen des TREUEN, 18
von jetzt an und bis in Ewigkeit.

Lobt den TREUEN!

Psalm 116

Ich liebe den HERRN, denn er hört	אָהַבְתִּי כִּי־יִשְׁמַע ׀ יְהוָה
die Stimme meines Flehens.	אֶת־קוֹלִי תַּחֲנוּנָי׃
Er neigte sein Ohr zu mir;	כִּי־הִטָּה אָזְנוֹ לִי
darum will ich mein Leben lang ihn anrufen.	וּבְיָמַי אֶקְרָא׃
Stricke des Todes hatten mich umfangen,	אֲפָפוּנִי ׀ חֶבְלֵי־מָוֶת
des Totenreichs Schrecken hatten mich getroffen;	וּמְצָרֵי שְׁאוֹל מְצָאוּנִי
ich kam in Jammer und Not.	צָרָה וְיָגוֹן אֶמְצָא׃
Aber ich rief an den Namen des HERRN:	וּבְשֵׁם־יְהוָה אֶקְרָא
Ach, HERR,	אָנָּה יְהוָה
errette mich!	מַלְּטָה נַפְשִׁי׃

Der HERR ist gnädig und gerecht,	חַנּוּן יְהוָה וְצַדִּיק
und unser Gott ist barmherzig.	וֵאלֹהֵינוּ מְרַחֵם׃
Der HERR behütet die Unmündigen;	שֹׁמֵר פְּתָאיִם יְהוָה
wenn ich schwach bin, so hilft er mir.	דַּלּוֹתִי וְלִי יְהוֹשִׁיעַ׃
Sei nun wieder zufrieden, meine Seele;	שׁוּבִי נַפְשִׁי לִמְנוּחָיְכִי
denn der HERR tut dir Gutes.	כִּי־יְהוָה גָּמַל עָלָיְכִי׃
Denn du hast meine Seele vom Tode errettet,	כִּי חִלַּצְתָּ נַפְשִׁי מִמָּוֶת
mein Auge von den Tränen,	אֶת־עֵינִי מִן־דִּמְעָה
meinen Fuß vom Gleiten.	אֶת־רַגְלִי מִדֶּחִי׃
Ich werde wandeln vor dem HERRN	אֶתְהַלֵּךְ לִפְנֵי יְהוָה
im Lande der Lebendigen.	בְּאַרְצוֹת הַחַיִּים׃

Ich glaube, auch wenn ich sage:	הֶאֱמַנְתִּי כִּי אֲדַבֵּר
Ich werde sehr geplagt.	אֲנִי עָנִיתִי מְאֹד׃
Ich sprach in meinem Zagen:	אֲנִי אָמַרְתִּי בְחָפְזִי
Alle Menschen sind Lügner.	כָּל־הָאָדָם כֹּזֵב׃
Wie soll ich dem HERRN vergelten	מָה־אָשִׁיב לַיהוָה
all seine Wohltat, die er an mir tut?	כָּל־תַּגְמוּלוֹהִי עָלָי׃
Ich will den Kelch des Heils nehmen	כּוֹס־יְשׁוּעוֹת אֶשָּׂא
und des HERRN Namen anrufen.	וּבְשֵׁם יְהוָה אֶקְרָא׃
Ich will meine Gelübde dem HERRN erfüllen	נְדָרַי לַיהוָה אֲשַׁלֵּם
vor all seinem Volk.	נֶגְדָה־נָּא לְכָל־עַמּוֹ׃

Der Tod seiner Heiligen	יָקָר בְּעֵינֵי יְהוָה
wiegt schwer vor dem HERRN.	הַמָּוְתָה לַחֲסִידָיו׃
Ach, HERR, ich bin dein Knecht,	אָנָּה יְהוָה כִּי־אֲנִי עַבְדֶּךָ
ich bin dein Knecht, der Sohn deiner Magd;	אֲנִי־עַבְדְּךָ בֶּן־אֲמָתֶךָ
du hast meine Bande zerrissen.	פִּתַּחְתָּ לְמוֹסֵרָי׃
Dir will ich Dank opfern	לְךָ־אֶזְבַּח זֶבַח תּוֹדָה
und des HERRN Namen anrufen.	וּבְשֵׁם יְהוָה אֶקְרָא׃
Ich will meine Gelübde dem HERRN erfüllen	נְדָרַי לַיהוָה אֲשַׁלֵּם
vor all seinem Volk	נֶגְדָה־נָּא לְכָל־עַמּוֹ׃
in den Vorhöfen am Hause des HERRN,	בְּחַצְרוֹת ׀ בֵּית יְהוָה
in dir, Jerusalem.	בְּתוֹכֵכִי יְרוּשָׁלָ͏ִם

Halleluja!	הַלְלוּ־יָהּ׃

116

Liebe habe ich empfunden, denn der TREUE hört 1
auf sie, auf meine Stimme, auf mein Flehen,
hat er doch sein Ohr mir zugewandt, 2
und so rufe ich mein Leben lang ihn an.
Todesstricke hatten sich um mich geschlungen, 3
getroffen hatten mich auch Höllenängste,
so dass ich mich in Drangsal und Kummer befand,
doch in des TREUEN Namen rufe ich: 4
„Ach, TREUER,
rette doch mein Leben!“

Freundlich ist der TREUE, und er ist gerecht, 5
und unser Gott erbarmt sich,
der TREUE ist der Hüter der Arglosen, 6
bin ich ganz klein geworden, so hilft er mir weiter.
Kehre, meine Seele, doch zu deinem Ruheort zurück, 7
hat doch der TREUE gut an dir gehandelt,
hast du meine Seele ja vom Tod befreit, 8
mein Auge auch von Tränen,
auch meinen Fuß vom Fall,
ich kann mein Leben vor dem Angesicht des TREUEN führen 9
in der Landschaft der Lebendigen!

Vertrauen habe ich gefasst, auch wenn ich sagen muss: 10
„Ich, ja ich war tief gebeugt!“
Ich, in meiner Bestürzung sagte ich: 11
„Alle Menschen sind ja Lügner!“
Wie erstatte ich dem TREUEN 12
seine ganze mir erwiesene Wohltat?
Den Kelch des Heils erhebe ich, 13
und in des TREUEN Namen rufe ich:
„Dem TREUEN gebe ich, was ich gelobte, 14
und zwar vor seinem ganzen Volk!“

Schwer wiegt in des TREUEN Augen 15
das Todeslos seiner Getreuen.
Ach, du TREUER, ich bin doch dein Knecht 16
– ich dein Knecht, Sohn deiner Magd –,
du hast meine Fesseln ja gelöst!
Dir bringe ich das Dankfestopfer, 17
und in des TREUEN Namen rufe ich:
„Dem TREUEN gebe ich, was ich gelobte, 18
und zwar vor seinem ganzen Volk
in den Vorhöfen an des TREUEN Haus, 19
in deiner Mitte, Jerusalem!“

Lobt den TREUEN!

Psalm 117

Lobet den HERRN, alle Heiden! Preiset ihn, alle Völker! Denn seine Gnade und Wahrheit waltet über uns in Ewigkeit.	הַֽלְל֣וּ אֶת־יְ֭הוָה כָּל־גּוֹיִ֑ם שַׁ֝בְּח֗וּהוּ כָּל־הָאֻמִּֽים׃ כִּ֤י גָ֘בַ֤ר עָלֵ֨ינוּ ׀ חַסְדּ֗וֹ וֶֽאֱמֶת־יְהוָ֥ה לְעוֹלָ֗ם
Halleluja!	הַֽלְלוּ־יָֽהּ׃

Lobt den TREUEN, alle Völker, 1
preist ihn, alle Nationen!
Denn über uns waltet seine Liebe, 2
und die Wahrheit des TREUEN währt ewig.

Lobt den TREUEN!

Danket dem HERRN; denn er ist freundlich,	הוֹדוּ לַיהוָה כִּי־טוֹב
und seine Güte währet ewiglich.	כִּי לְעוֹלָם חַסְדּוֹ׃
Es sage nun Israel:	יֹאמַר־נָא יִשְׂרָאֵל
Seine Güte währet ewiglich.	כִּי לְעוֹלָם חַסְדּוֹ׃
Es sage nun das Haus Aaron:	יֹאמְרוּ־נָא בֵית־אַהֲרֹן
Seine Güte währet ewiglich.	כִּי לְעוֹלָם חַסְדּוֹ׃
Es sagen nun, die den HERRN fürchten:	יֹאמְרוּ־נָא יִרְאֵי יְהוָה
Seine Güte währet ewiglich.	כִּי לְעוֹלָם חַסְדּוֹ׃

In der Angst rief ich den HERRN an;	מִן־הַמֵּצַר קָרָאתִי יָּהּ
und der HERR erhörte mich und tröstete mich.	עָנָנִי בַמֶּרְחָב יָהּ׃

Der HERR ist mit mir, darum fürchte ich mich nicht;	יְהוָה לִי לֹא אִירָא
was können mir Menschen tun?	מַה־יַּעֲשֶׂה לִי אָדָם׃
Der HERR ist mit mir, mir zu helfen;	יְהוָה לִי בְּעֹזְרָי
und ich werde herabsehen auf meine Feinde.	וַאֲנִי אֶרְאֶה בְשֹׂנְאָי׃
Es ist gut, auf den HERRN vertrauen	טוֹב לַחֲסוֹת בַּיהוָה
und nicht sich verlassen auf Menschen.	מִבְּטֹחַ בָּאָדָם׃
Es ist gut, auf den HERRN vertrauen	טוֹב לַחֲסוֹת בַּיהוָה
und nicht sich verlassen auf Fürsten.	מִבְּטֹחַ בִּנְדִיבִים׃

Alle Heiden umgeben mich;	כָּל־גּוֹיִם סְבָבוּנִי
aber im Namen des HERRN will ich sie abwehren.	בְּשֵׁם יְהוָה כִּי אֲמִילַם׃
Sie umgeben mich von allen Seiten;	סַבּוּנִי גַם־סְבָבוּנִי
aber im Namen des HERRN will ich sie abwehren.	בְּשֵׁם יְהוָה כִּי אֲמִילַם׃
Sie umgeben mich wie Bienen,	סַבּוּנִי כִדְבוֹרִים
sie entbrennen wie ein Feuer in Dornen;	דֹּעֲכוּ כְּאֵשׁ קוֹצִים
aber im Namen des HERRN will ich sie abwehren.	בְּשֵׁם יְהוָה כִּי אֲמִילַם׃
Man stößt mich, dass ich fallen soll;	דַּחֹה דְחִיתַנִי לִנְפֹּל
aber der HERR hilft mir.	וַיהוָה עֲזָרָנִי׃

Der HERR ist meine Macht und mein Psalm	עָזִּי וְזִמְרָת יָהּ
und ist mein Heil.	וַיְהִי־לִי לִישׁוּעָה׃
Man singt mit Freuden	קוֹל ׀ רִנָּה
vom Sieg	וִישׁוּעָה
in den Hütten der Gerechten:	בְּאָהֳלֵי צַדִּיקִים
Die Rechte des HERRN behält den Sieg!	יְמִין יְהוָה עֹשָׂה חָיִל׃
Die Rechte des HERRN ist erhöht;	יְמִין יְהוָה רוֹמֵמָה
die Rechte des HERRN behält den Sieg!	יְמִין יְהוָה עֹשָׂה חָיִל׃

Dankt dem TREUEN, denn er ist gut: 1
Ja, in Ewigkeit bleibt seine Treue!
So soll Israel doch sagen: 2
Ja, in Ewigkeit bleibt seine Treue!
So sollen die von Aarons Haus doch sagen: 3
Ja, in Ewigkeit bleibt seine Treue!
So sollen, die den TREUEN fürchten, sagen: 4
Ja, in Ewigkeit bleibt seine Treue!

Aus der Enge habe ich den TREUEN angerufen – 5
und der TREUE gab mir Antwort mit der Weite.

Der TREUE ist für mich, ich habe keine Furcht, 6
was können Menschen mir da tun?
Der TREUE ist es, der sich zu mir stellt, 7
und ich, ich kann anschauen, die mich hassen.
Besser ist es, in dem TREUEN sich zu bergen, 8
als Menschen zu vertrauen.
Besser ist es, in dem TREUEN sich zu bergen, 9
als Hochgestellten zu vertrauen.

Haben ganze Völkerschwärme mich umzingelt, 10
im Namen des TREUEN, ja, wehre ich sie ab.
Haben sie mich rings umdrängt und mich dabei umzingelt, 11
im Namen des TREUEN, ja, wehre ich sie ab.
Haben sie mich rings umdrängt wie Bienenschwärme, 12
– sie sind wie Feuer im Gestrüpp verloschen – ,
im Namen des TREUEN, ja, wehre ich sie ab.
Gestoßen und gestoßen hattest du mich, dass ich fiele – 13
und doch, der TREUE stand auf meiner Seite!

Mein Schutz und Psalm, das ist der TREUE, 14
und er wurde für mich zur Befreiung –
Jubelruf 15
und Siegesmeldung
in den Zelten der Gerechten:
„Des TREUEN Rechte wirkt mit Macht,
des TREUEN Rechte ist erhoben, 16
des TREUEN Rechte wirkt mit Macht!“

Ich werde nicht sterben, sondern leben	לֹא אָמוּת כִּי־אֶחְיֶה
und des HERRN Werke verkündigen.	וַאֲסַפֵּר מַעֲשֵׂי יָהּ׃
Der HERR züchtigt mich schwer;	יַסֹּר יִסְּרַנִּי יָּהּ
aber er gibt mich dem Tode nicht preis.	וְלַמָּוֶת לֹא נְתָנָנִי׃
Tut mir auf die Tore der Gerechtigkeit,	פִּתְחוּ־לִי שַׁעֲרֵי־צֶדֶק
dass ich durch sie einziehe und dem HERRN danke.	אָבֹא־בָם אוֹדֶה יָהּ׃
Das ist das Tor des HERRN;	זֶה־הַשַּׁעַר לַיהוָה
die Gerechten werden dort einziehen.	צַדִּיקִים יָבֹאוּ בוֹ׃
Ich danke dir, dass du mich erhört hast	אוֹדְךָ כִּי עֲנִיתָנִי
und hast mir geholfen.	וַתְּהִי־לִי לִישׁוּעָה׃
Der Stein, den die Bauleute verworfen haben,	אֶבֶן מָאֲסוּ הַבּוֹנִים
ist zum Eckstein geworden.	הָיְתָה לְרֹאשׁ פִּנָּה׃
Das ist vom HERRN geschehen	מֵאֵת יְהוָה הָיְתָה זֹּאת
und ist ein Wunder vor unsern Augen.	הִיא נִפְלָאת בְּעֵינֵינוּ׃
Dies ist der Tag, den der HERR macht;	זֶה־הַיּוֹם עָשָׂה יְהוָה
lasst uns freuen und fröhlich an ihm sein.	נָגִילָה וְנִשְׂמְחָה בוֹ׃
O HERR, hilf!	אָנָּא יְהוָה הוֹשִׁיעָה נָּא
O HERR, lass wohlgelingen!	אָנָּא יְהוָה הַצְלִיחָה נָּא׃
Gelobt sei, der da kommt im Namen des HERRN!	בָּרוּךְ הַבָּא בְּשֵׁם יְהוָה
Wir segnen euch, die ihr vom Hause des HERRN seid.	בֵּרַכְנוּכֶם מִבֵּית יְהוָה׃
Der HERR ist Gott,	אֵל ׀ יְהוָה
der uns erleuchtet.	וַיָּאֶר לָנוּ
Schmückt das Fest mit Maien	אִסְרוּ־חַג בַּעֲבֹתִים
bis an die Hörner des Altars!	עַד־קַרְנוֹת הַמִּזְבֵּחַ׃
Du bist mein Gott, und ich danke dir;	אֵלִי אַתָּה וְאוֹדֶךָּ
mein Gott, ich will dich preisen.	אֱלֹהַי אֲרוֹמְמֶךָּ׃
Danket dem HERRN; denn er ist freundlich,	הוֹדוּ לַיהוָה כִּי־טוֹב
und seine Güte währet ewiglich.	כִּי לְעוֹלָם חַסְדּוֹ׃

Nicht sterben werde ich, nein, leben werde ich, 17
und ich werde zu erzählen haben von den Werken, die der TREUE tat:
Hart angefasst hat mich der TREUE, 18
doch dem Tode hat er mich nicht ausgeliefert.
Tut mir auf die Tore der Gerechtigkeit, 19
komme ich durch sie hinein, so sage ich dem TREUEN Dank:
Dies ist das Tor zum TREUEN, 20
die Gerechten gehen da hinein.

Ich danke dir dafür, dass du mir Antwort gabst 21
und dass du für mich zur Rettung wurdest:
Der Stein, den die Bauleute weggeworfen haben, 22
der gerade wurde Eckstein.
Vom TREUEN selbst ist das geschehen, 23
in unseren Augen ist das wunderbar:
Dies ist der Tag, den der TREUE schuf, 24
lasst uns an ihm ausgelassen fröhlich sein!

Ach, du TREUER, schenke doch Befreiung, 25
ach, du TREUER, lass es doch gelingen!
Gesegnet, der da ankommt in des TREUEN Namen, 26
wir segnen euch vom Haus des TREUEN her:
Der starke Gott, das ist der TREUE, 27
und er hat uns geleuchtet –
bindet den Reigen mit Seilen
an die Hörner des Altars!

Mein starker Gott bist du, und dir danke ich, 28
mein Gott, dich rühme ich!

Dankt dem TREUEN, denn er ist gut: 29
Ja, in Ewigkeit bleibt seine Treue!

Psalm 119

Wohl denen, die ohne Tadel leben,
die im Gesetz des HERRN wandeln!
Wohl denen, die sich an seine Mahnungen halten,
die ihn von ganzem Herzen suchen,

אַשְׁרֵי תְמִימֵי־דָרֶךְ
הַהֹלְכִים בְּתוֹרַת יְהוָה׃
אַשְׁרֵי נֹצְרֵי עֵדֹתָיו
בְּכָל־לֵב יִדְרְשׁוּהוּ׃

die auf seinen Wegen wandeln
und kein Unrecht tun.
Du hast geboten, fleißig zu halten
deine Befehle.

אַף לֹא־פָעֲלוּ עַוְלָה
בִּדְרָכָיו הָלָכוּ׃
אַתָּה צִוִּיתָה פִקֻּדֶיךָ
לִשְׁמֹר מְאֹד׃

O dass mein Leben deine Gebote
mit ganzem Ernst hielte.
Wenn ich schaue allein auf deine Gebote,
so werde ich nicht zuschanden.

אַחֲלַי יִכֹּנוּ דְרָכָי
לִשְׁמֹר חֻקֶּיךָ׃
אָז לֹא־אֵבוֹשׁ
בְּהַבִּיטִי אֶל־כָּל־מִצְוֺתֶיךָ׃

Ich danke dir mit aufrichtigem Herzen,
dass du mich lehrst die Ordnungen deiner Gerechtigkeit.
Deine Gebote will ich halten;
verlass mich nimmermehr!

אוֹדְךָ בְּיֹשֶׁר לֵבָב
בְּלָמְדִי מִשְׁפְּטֵי צִדְקֶךָ׃
אֶת־חֻקֶּיךָ אֶשְׁמֹר
אַל־תַּעַזְבֵנִי עַד־מְאֹד׃

Wie wird ein junger Mann seinen Weg unsträflich gehen?
Wenn er sich hält an deine Worte.
Ich suche dich von ganzem Herzen;
lass mich nicht abirren von deinen Geboten.

בַּמֶּה יְזַכֶּה־נַּעַר אֶת־אָרְחוֹ
לִשְׁמֹר כִּדְבָרֶךָ׃
בְּכָל־לִבִּי דְרַשְׁתִּיךָ
אַל־תַּשְׁגֵּנִי מִמִּצְוֺתֶיךָ׃

Ich behalte dein Wort in meinem Herzen,
damit ich nicht wider dich sündige.
Gelobet seist du, HERR!
Lehre mich deine Gebote!

בְּלִבִּי צָפַנְתִּי אִמְרָתֶךָ
לְמַעַן לֹא אֶחֱטָא־לָךְ׃
בָּרוּךְ אַתָּה יְהוָה
לַמְּדֵנִי חֻקֶּיךָ׃

Ich will mit meinen Lippen erzählen
alle Weisungen deines Mundes.
Ich freue mich über den Weg, den deine Mahnungen zeigen,
wie über großen Reichtum.

בִּשְׂפָתַי סִפַּרְתִּי
כֹּל מִשְׁפְּטֵי־פִיךָ׃
בְּדֶרֶךְ עֵדְוֺתֶיךָ שַׂשְׂתִּי
כְּעַל כָּל־הוֹן׃

Ich rede von dem, was du befohlen hast,
und schaue auf deine Wege.
Ich habe Freude an deinen Satzungen
und vergesse deine Worte nicht.

בְּפִקֻּדֶיךָ אָשִׂיחָה
וְאַבִּיטָה אֹרְחֹתֶיךָ׃
בְּחֻקֹּתֶיךָ אֶשְׁתַּעֲשָׁע
לֹא אֶשְׁכַּח דְּבָרֶךָ׃

Glücklich die, die ihren Lebensweg vor Gott zielgerichtet gehen, 1
die unterwegs sind in der Wegweisung des TREUEN;
glücklich die, die sich an seine Treueschwüre halten, 2
die mit ganzem Herzen nach ihm fragen!

Sie haben ja auch keine Übeltat begangen, 3
auf seinen Wegen haben sie ihr Leben ja geführt;
denn du, du selbst hast deine Schutzbestimmungen geboten, 4
mit aller Kraft auf sie zu achten.

Ach, dass doch meine Wege Festigkeit gewinnen möchten, 5
deine Grundgesetze zu bewahren;
einst werde ich dann nicht beschämt dastehen, 6
wenn ich alles, was du aufgetragen hast, beachtet habe!

Von Herzen bin ich dir aufrichtig dankbar, 7
wenn ich mich mit deinen richtigen Entscheidungen befasse;
gerade deine Grundgesetze, die bewahre ich, 8
so lass mich dabei doch nicht ganz und gar allein!

Wodurch wird ein junger Mensch gerade seinen Weg rein halten? – 9
indem er sich an deine Worte hält;
mit meinem ganzen Herzen habe ich nach dir gefragt – 10
lass mich von deinen Geboten nicht weichen!

Deinen Zuspruch habe ich in meinem Herzen aufbewahrt, 11
um mich nicht zu versündigen an dir;
der du gepriesen seist, du TREUER, 12
deine Grundgesetze lehre mich!

Mit meinen Lippen habe ich erzählt 13
von allen Entscheidungen deines Mundes;
über den Weg, den deine Treueschwüre zeigen, bin ich froh geworden 14
wie über allen Reichtum sonst.

Über deine Schutzbestimmungen will ich nachsinnen, 15
und ich will auf deine Wege achten;
ist es mir bei deinen Grundgesetzen doch so wohl, 16
nicht werde ich dein Wort vergessen!

Psalm 119

Tu wohl deinem Knecht, dass ich lebe	גְּמֹל עַל־עַבְדְּךָ אֶחְיֶה
und dein Wort halte.	וְאֶשְׁמְרָה דְבָרֶךָ׃
Öffne mir die Augen, dass ich sehe	גַּל־עֵינַי וְאַבִּיטָה
die Wunder an deinem Gesetz.	נִפְלָאוֹת מִתּוֹרָתֶךָ׃

Ich bin ein Gast auf Erden;	גֵּר אָנֹכִי בָאָרֶץ
verbirg deine Gebote nicht vor mir.	אַל־תַּסְתֵּר מִמֶּנִּי מִצְוֹתֶיךָ׃
Meine Seele verzehrt sich vor Verlangen	גָּרְסָה נַפְשִׁי לְתַאֲבָה
nach deinen Ordnungen allezeit.	אֶל־מִשְׁפָּטֶיךָ בְכָל־עֵת׃

Du schiltst die Stolzen;	גָּעַרְתָּ זֵדִים אֲרוּרִים
verflucht sind, die von deinen Geboten abirren.	הַשֹּׁגִים מִמִּצְוֹתֶיךָ׃
Wende von mir Schmach und Verachtung;	גַּל מֵעָלַי חֶרְפָּה וָבוּז
denn ich halte mich an deine Mahnungen.	כִּי עֵדֹתֶיךָ נָצָרְתִּי׃

Fürsten sitzen da und reden wider mich;	גַּם יָשְׁבוּ שָׂרִים בִּי נִדְבָּרוּ
aber dein Knecht sinnt nach über deine Gebote.	עַבְדְּךָ יָשִׂיחַ בְּחֻקֶּיךָ׃
Ich habe Freude an deinen Mahnungen;	גַּם־עֵדֹתֶיךָ שַׁעֲשֻׁעָי
sie sind meine Ratgeber.	אַנְשֵׁי עֲצָתִי׃

Meine Seele liegt im Staube;	דָּבְקָה לֶעָפָר נַפְשִׁי
erquicke mich nach deinem Wort.	חַיֵּנִי כִּדְבָרֶךָ׃
Ich erzähle dir meine Wege, und du erhörst mich;	דְּרָכַי סִפַּרְתִּי וַתַּעֲנֵנִי
lehre mich deine Gebote.	לַמְּדֵנִי חֻקֶּיךָ׃

Lass mich verstehen den Weg deiner Befehle,	דֶּרֶךְ־פִּקּוּדֶיךָ הֲבִינֵנִי
so will ich reden von deinen Wundern.	וְאָשִׂיחָה בְּנִפְלְאוֹתֶיךָ׃
Ich gräme mich, dass mir die Seele verschmachtet;	דָּלְפָה נַפְשִׁי מִתּוּגָה
stärke mich nach deinem Wort.	קַיְּמֵנִי כִּדְבָרֶךָ׃

Halte fern von mir den Weg der Lüge	דֶּרֶךְ־שֶׁקֶר הָסֵר מִמֶּנִּי
und gib mir in Gnaden dein Gesetz.	וְתוֹרָתְךָ חָנֵּנִי׃
Ich habe erwählt den Weg der Wahrheit,	דֶּרֶךְ־אֱמוּנָה בָחָרְתִּי
deine Weisungen hab ich vor mich gestellt.	מִשְׁפָּטֶיךָ שִׁוִּיתִי׃

Ich halte an deinen Mahnungen fest;	דָּבַקְתִּי בְעֵדְוֹתֶיךָ
HERR, lass mich nicht zuschanden werden!	יְהוָה אַל־תְּבִישֵׁנִי׃
Ich laufe den Weg deiner Gebote;	דֶּרֶךְ־מִצְוֹתֶיךָ אָרוּץ
denn du tröstest mein Herz.	כִּי תַרְחִיב לִבִּי׃

Tu deinem Knechte wohl! – ich lebe, 17
und ich kann dein Wort bewahren;
öffne mir die Augen! – und ich kann wahrnehmen 18
Wunder, die von deiner Weisung kommen!

Ein Gast bin ich auf der Erde, 19
verbirg vor mir nicht, was du von mir willst;
hat sich meine Seele vor Verlangen doch verzehrt 20
die ganze Zeit nach dem, was du entschieden hast!

Gescholten hast du die verfluchten Frechen, 21
die von deinen Geboten abgewichen sind;
von mir wälze Schmach ab und Verachtung, 22
denn ich habe mich an deine Treueschwüre ja gehalten!

Auch als die Herren in der Sitzung über mich berieten – 23
dein Knecht denkt über deine Grundgesetze nach;
auch sind ja deine Treuschwüre meine ganze Wonne, 24
meine Ratgeber sind sie.

Meine Seele kommt nicht los vom Staub, 25
lass mich aufleben, deinem Wort gemäß;
du hast mich schon einmal erhört, als ich erzählte, wie es mir ergeht – 26
deine Grundgesetze lehre mich!

Den Weg mit deinen Schutzbestimmungen lass mich verstehen, 27
und dann will ich nachdenken über deine Wunder;
löst sich aber meine Seele auf vor Kummer, 28
so bring mich, deinem Wort gemäß, doch hoch!

Einen lügnerischen Weg, den führe von mir weg 29
und beschenke mich dafür mit deiner Weisung;
den Weg der Treue habe ich erwählt, 30
wofür du dich entschieden hast, das habe ich mir vorgehalten!

Von deinen Treueschwüren komme ich nicht los, 31
du TREUER, lass mich nicht beschämt dastehen;
den Weg deiner Gebote laufe ich, 32
weil du mein Herz weit machst!

Psalm 119

Zeige mir, HERR, den Weg deiner Gebote,	הוֹרֵנִי יְהוָה דֶּרֶךְ חֻקֶּיךָ
dass ich sie bewahre bis ans Ende.	וְאֶצְּרֶנָּה עֵקֶב׃
Unterweise mich, dass ich bewahre dein Gesetz	הֲבִינֵנִי וְאֶצְּרָה תוֹרָתֶךָ
und es halte von ganzem Herzen.	וְאֶשְׁמְרֶנָּה בְכָל־לֵב׃
Führe mich auf dem Steig deiner Gebote;	הַדְרִיכֵנִי בִּנְתִיב מִצְוֺתֶיךָ
denn ich habe Gefallen daran.	כִּי־בוֹ חָפָצְתִּי׃
Neige mein Herz zu deinen Mahnungen	הַט־לִבִּי אֶל־עֵדְוֺתֶיךָ
und nicht zur Habsucht.	וְאַל אֶל־בָּצַע׃
Wende meine Augen ab, dass sie nicht sehen nach unnützer	הַעֲבֵר עֵינַי מֵרְאוֹת שָׁוְא
und erquicke mich auf deinem Wege. [Lehre,	בִּדְרָכֶךָ חַיֵּנִי׃
Erfülle deinem Knecht dein Wort,	הָקֵם לְעַבְדְּךָ אִמְרָתֶךָ
dass ich dich fürchte.	אֲשֶׁר לְיִרְאָתֶךָ׃
Wende von mir die Schmach, die ich scheue;	הַעֲבֵר חֶרְפָּתִי אֲשֶׁר יָגֹרְתִּי
denn deine Ordnungen sind gut.	כִּי מִשְׁפָּטֶיךָ טוֹבִים׃
Siehe, ich begehre deine Befehle;	הִנֵּה תָּאַבְתִּי לְפִקֻּדֶיךָ
erquicke mich mit deiner Gerechtigkeit.	בְּצִדְקָתְךָ חַיֵּנִי׃
HERR, lass mir deine Gnade widerfahren,	וִיבֹאֻנִי חֲסָדֶךָ יְהוָה
deine Hilfe nach deinem Wort,	תְּשׁוּעָתְךָ כְּאִמְרָתֶךָ׃
dass ich antworten kann dem, der mich schmäht;	וְאֶעֱנֶה חֹרְפִי דָבָר
denn ich verlasse mich auf dein Wort.	כִּי־בָטַחְתִּי בִּדְבָרֶךָ׃
Und nimm ja nicht von meinem Munde das Wort der	וְאַל־תַּצֵּל מִפִּי דְבַר־אֱמֶת עַד־מְאֹד
denn ich hoffe auf deine Ordnungen. [Wahrheit;	כִּי לְמִשְׁפָּטֶךָ יִחָלְתִּי׃
Ich will dein Gesetz halten allezeit,	וְאֶשְׁמְרָה תוֹרָתְךָ תָמִיד
immer und ewiglich.	לְעוֹלָם וָעֶד׃
Und ich wandle fröhlich;	וְאֶתְהַלְּכָה בָרְחָבָה
denn ich suche deine Befehle.	כִּי פִקֻּדֶיךָ דָרָשְׁתִּי׃
Ich rede von deinen Zeugnissen vor Königen	וַאֲדַבְּרָה בְעֵדֹתֶיךָ נֶגֶד מְלָכִים
und schäme mich nicht.	וְלֹא אֵבוֹשׁ׃
Ich habe Freude an deinen Geboten,	וְאֶשְׁתַּעֲשַׁע בְּמִצְוֺתֶיךָ
sie sind mir sehr lieb,	אֲשֶׁר אָהָבְתִּי׃
und ich hebe meine Hände auf zu deinen Geboten, die	וְאֶשָּׂא־כַפַּי אֶל־מִצְוֺתֶיךָ אֲשֶׁר אָהָבְתִּי
und rede von deinen Weisungen. [mir lieb sind,	וְאָשִׂיחָה בְחֻקֶּיךָ׃

Weis mir, TREUER, doch den Weg mit deinen Grundgesetzen, 33
und dann will ich ihm auch bis zum Ende folgen;
gib mir Einsicht, und dann will ich deiner Weisung folgen, 34
und dann will ich mich mit ganzem Herzen daran halten!

Lass mich auf dem Pfad deiner Gebote gehen, 35
habe ich daran doch meine Freude;
wende mir mein Herz zu deinen Treueschwüren 36
und nicht auf seinen eigenen Vorteil!

Lenke meine Augen davon ab, auf Nichtiges zu schauen, 37
auf deinem Weg bring mich zum Leben;
stelle deinem Knecht das Wort deiner Verheißung vor, 38
das zur Ehrfurcht vor dir führt!

Lass meine Schmach vorübergehen, die mich eingeschüchtert hat, 39
denn die Entscheidungen, die du getroffen hast, sind gut;
sieh, auf deine Schutzbestimmungen bin ich erpicht, 40
durch dein gerechtes Tun bring mich zum Leben!

Gelangte deine Güte doch zu mir, du TREUER, 41
deine Hilfe, entsprechend deinem Zuspruch;
dann könnte ich dem, der mich schmäht, ein Wort erwidern, 42
weil ich mich auf dein Wort verlassen habe!

Und möchtest du nicht meinem Mund das Wort der Wahrheit ganz und gar entziehen, 43
denn ich habe auf dein Urteil ja gewartet;
und ich will beständig deiner Weisung folgen 44
für immer und auf ewig!

Nun kann ich mich im weiten Raum bewegen, 45
denn ich habe ja nach deinen Schutzbestimmungen gefragt;
nun kann ich vor Königen von deinen Treueschwüren reden, 46
und ich stelle mich dabei nicht bloß.

Nun bin ich glücklich mit deinen Geboten, 47
die ich lieb gewonnen habe;
nun erhebe ich meine Hände zu deinen Geboten, die ich lieb gewonnen habe, 48
und vertiefen will ich mich in deine Grundgesetze!

Psalm 119

Denke an das Wort, das du deinem Knecht gabst,
und lass mich darauf hoffen.
Das ist mein Trost in meinem Elend,
dass dein Wort mich erquickt.

זְכֹר־דָּבָר לְעַבְדֶּךָ
עַל אֲשֶׁר יִחַלְתָּנִי׃
זֹאת נֶחָמָתִי בְעָנְיִי
כִּי אִמְרָתְךָ חִיָּתְנִי׃

Die Stolzen treiben ihren Spott mit mir;
dennoch weiche ich nicht von deinem Gesetz.
HERR, wenn ich an deine ewigen Ordnungen denke,
so werde ich getröstet.

זֵדִים הֱלִיצֻנִי עַד־מְאֹד
מִתּוֹרָתְךָ לֹא נָטִיתִי׃
זָכַרְתִּי מִשְׁפָּטֶיךָ מֵעוֹלָם ׀
יְהוָה וָאֶתְנֶחָם׃

Zorn erfasst mich über die Gottlosen,
die dein Gesetz verlassen.
Deine Gebote sind mein Lied
im Hause, in dem ich Fremdling bin.

זַלְעָפָה אֲחָזַתְנִי מֵרְשָׁעִים
עֹזְבֵי תּוֹרָתֶךָ׃
זְמִרוֹת הָיוּ־לִי חֻקֶּיךָ
בְּבֵית מְגוּרָי׃

HERR, ich denke des Nachts an deinen Namen
und halte dein Gesetz.
Das ist mein Schatz,
dass ich mich an deine Befehle halte.

זָכַרְתִּי בַלַּיְלָה שִׁמְךָ יְהוָה
וָאֶשְׁמְרָה תּוֹרָתֶךָ׃
זֹאת הָיְתָה־לִּי
כִּי פִקֻּדֶיךָ נָצָרְתִּי׃

Ich habe gesagt: HERR, das soll mein Erbe sein,
dass ich deine Worte halte.
Ich suche deine Gunst von ganzem Herzen;
sei mir gnädig nach deinem Wort.

חֶלְקִי יְהוָה אָמַרְתִּי
לִשְׁמֹר דְּבָרֶיךָ׃
חִלִּיתִי פָנֶיךָ בְכָל־לֵב
חָנֵּנִי כְּאִמְרָתֶךָ׃

Ich bedenke meine Wege
und lenke meine Füße zu deinen Mahnungen.
Ich eile und säume nicht,
zu halten deine Gebote.

חִשַּׁבְתִּי דְרָכָי
וָאָשִׁיבָה רַגְלַי אֶל־עֵדֹתֶיךָ׃
חַשְׁתִּי וְלֹא הִתְמַהְמָהְתִּי
לִשְׁמֹר מִצְוֺתֶיךָ׃

Der Gottlosen Stricke umschlingen mich;
aber dein Gesetz vergesse ich nicht.
Zur Mitternacht stehe ich auf, dir zu danken
für die Ordnungen deiner Gerechtigkeit.

חֶבְלֵי רְשָׁעִים עִוְּדֻנִי
תּוֹרָתְךָ לֹא שָׁכָחְתִּי׃
חֲצוֹת־לַיְלָה אָקוּם לְהוֹדוֹת לָךְ
עַל מִשְׁפְּטֵי צִדְקֶךָ׃

Ich halte mich zu allen, die dich fürchten
und deine Befehle halten.
HERR, die Erde ist voll deiner Güte;
lehre mich deine Gebote.

חָבֵר אָנִי לְכָל־אֲשֶׁר יְרֵאוּךָ
וּלְשֹׁמְרֵי פִּקּוּדֶיךָ׃
חַסְדְּךָ יְהוָה מָלְאָה הָאָרֶץ
חֻקֶּיךָ לַמְּדֵנִי׃

Denk an das Wort für deinen Knecht, 49
da du mich einst hast hoffen lassen;
das ist mein Trost in meinem Elend, 50
dass mich dein Zuspruch einst hat leben lassen!

Freche haben mich maßlos verspottet, 51
doch von deiner Weisung bin ich dabei nicht gewichen;
waren mir doch deine Urteile von jeher gegenwärtig, 52
TREUER, und ich habe mich damit getröstet.

Erregung über Schurken hatte mich gepackt, 53
über solche, die deine Weisung hinter sich gelassen haben;
da wurden deine Grundgesetze mir zu Psalmen 54
in der Behausung meiner Heimatlosigkeit.

Ich dachte in der Nacht an deinen Namen, TREUER, 55
und dann konnte ich mich deiner Weisung widmen;
solches ist mir zugefallen, 56
weil ich mich an deine Schutzbestimmungen gehalten habe.

„Mein Erbteil ist der TREUE“, habe ich bekannt, 57
um dabei deine Worte festzuhalten;
so suchte ich mit ganzem Herzen dein Angesicht gnädig zu stimmen, 58
erbarme dich doch über mich, wie du versprochen hast!

Als ich meine Lebenswege überdachte, 59
da beschloss ich, meine Füße deinen Treueschwüren zuzuwenden;
so eilte ich und säumte nicht, 60
deine Gebote zu halten.

Schurkenstricke hatten mich umfangen, 61
deine Weisung aber habe ich dabei doch nicht vergessen;
so erhebe ich mich mitten in der Nacht, um dir zu danken 62
für deine richtigen Entscheidungen.

Verbunden bin ich allen, die dich fürchten 63
und die deine Schutzbestimmungen beachten;
deine Güte, du TREUER, die hat die Erde erfüllt, 64
deine Grundgesetze lehre mich!

Du tust Gutes deinem Knecht,	טוֹב עָשִׂיתָ עִם־עַבְדְּךָ
HERR, nach deinem Wort.	יְהוָה כִּדְבָרֶךָ׃
Lehre mich heilsame Einsicht und Erkenntnis;	טוּב טַעַם וָדַעַת לַמְּדֵנִי
denn ich glaube deinen Geboten.	כִּי בְמִצְוֺתֶיךָ הֶאֱמָנְתִּי׃
Ehe ich gedemütigt wurde, irrte ich;	טֶרֶם אֶעֱנֶה אֲנִי שֹׁגֵג
nun aber halte ich dein Wort.	וְעַתָּה אִמְרָתְךָ שָׁמָרְתִּי׃
Du bist gütig und freundlich,	טוֹב־אַתָּה וּמֵטִיב
lehre mich deine Weisungen.	לַמְּדֵנִי חֻקֶּיךָ׃
Die Stolzen erdichten Lügen über mich,	טָפְלוּ עָלַי שֶׁקֶר זֵדִים
ich aber halte von ganzem Herzen deine Befehle.	אֲנִי בְּכָל־לֵב ׀ אֱצֹּר פִּקּוּדֶיךָ׃
Ihr Herz ist völlig verstockt;	טָפַשׁ כַּחֵלֶב לִבָּם
ich aber habe Freude an deinem Gesetz.	אֲנִי תּוֹרָתְךָ שִׁעֲשָׁעְתִּי׃
Es ist gut für mich, dass du mich gedemütigt hast,	טוֹב־לִי כִי־עֻנֵּיתִי
damit ich deine Gebote lerne.	לְמַעַן אֶלְמַד חֻקֶּיךָ׃
Das Gesetz deines Mundes ist mir lieber	טוֹב־לִי תוֹרַת־פִּיךָ
als viel tausend Stück Gold und Silber.	מֵאַלְפֵי זָהָב וָכָסֶף׃
Deine Hand hat mich gemacht und bereitet;	יָדֶיךָ עָשׂוּנִי וַיְכוֹנְנוּנִי
unterweise mich, dass ich deine Gebote lerne.	הֲבִינֵנִי וְאֶלְמְדָה מִצְוֺתֶיךָ׃
Die dich fürchten, sehen mich und freuen sich;	יְרֵאֶיךָ יִרְאוּנִי וְיִשְׂמָחוּ
denn ich hoffe auf dein Wort.	כִּי לִדְבָרְךָ יִחָלְתִּי׃
HERR, ich weiß, dass deine Urteile gerecht sind;	יָדַעְתִּי יְהוָה כִּי־צֶדֶק מִשְׁפָּטֶיךָ
In deiner Treue hast du mich gedemütigt.	וֶאֱמוּנָה עִנִּיתָנִי׃
Deine Gnade soll mein Trost sein,	יְהִי־נָא חַסְדְּךָ לְנַחֲמֵנִי
wie du deinem Knecht zugesagt hast.	כְּאִמְרָתְךָ לְעַבְדֶּךָ׃
Lass mir deine Barmherzigkeit widerfahren, dass ich lebe;	יְבֹאוּנִי רַחֲמֶיךָ וְאֶחְיֶה
denn ich habe Freude an deinem Gesetz.	כִּי־תוֹרָתְךָ שַׁעֲשֻׁעָי׃
Ach dass die Stolzen zuschanden würden, die mich mit	יֵבֹשׁוּ זֵדִים כִּי־שֶׁקֶר עִוְּתוּנִי
Ich aber sinne nach über deine Befehle. [Lügen niederdrücken!	אֲנִי אָשִׂיחַ בְּפִקּוּדֶיךָ׃
Ach dass sich zu mir hielten, die dich fürchten	יָשׁוּבוּ לִי יְרֵאֶיךָ
und deine Mahnungen kennen!	וידעו ° עֵדֹתֶיךָ׃
Mein Herz bleibe rechtschaffen in deinen Geboten,	יְהִי־לִבִּי תָמִים בְּחֻקֶּיךָ
damit ich nicht zuschanden werde.	לְמַעַן לֹא אֵבוֹשׁ׃

Gut hast du es gemacht mit deinem Knecht, 65
du TREUER, wie es deinem Wort entspricht;
was gut ist an Geschmack und Kenntnis, bring mir bei, 66
denn deinen Geboten habe ich getraut!

Bevor ich angefochten war, ging ich in die Irre, 67
jetzt aber habe ich deinen Zuspruch beachtet;
der du gut bist, der du Gutes tust, 68
lehre mich doch deine Grundgesetze!

Freche haben mich beschmutzt mit Lügen, 69
ich jedoch, mit ganzem Herzen halte ich zu deinen Schutzbestimmungen;
wie von Fett verhärtet ist ihr Herz, 70
ich jedoch, in deiner Weisung habe ich mein Glück gefunden.

Gut war es für mich, dass ich angefochten wurde, 71
damit ich deine Grundgesetze lernte;
gut war sie für mich, die Weisung deines Mundes, 72
besser als in Hülle und in Fülle Gold und Silber.

Deine Hände haben mich geschaffen, und sie haben mich erhalten, 73
mache mich gescheit, dass ich bereit bin, deine Gebote zu lernen;
die dich fürchten, sollen auf mich schauen und sich freuen, 74
dass ich fest auf deinem Wort beharrte.

Ich habe eingesehen, TREUER, deine Urteile sind ja gerecht, 75
und es war richtig, wie du mich da angefochten hast;
möchte deine Treue doch zu meiner Tröstung führen, 76
so wie du es deinem Knecht versprochen hast!

Dein Erbarmen komme zu mir, und ich werde leben, 77
ist doch deine Weisung meine Wonne;
schämen sollen sich die Frechen, dass sie mich mit Lügen zu erpressen suchten, 78
ich aber mache mir Gedanken über deine Schutzbestimmungen!

Zuwenden sollen sich mir, die dich fürchten 79
und die deine Treueschwüre kennen;
möchte doch mein Herz ganz ungeteilt bei deinen Grundgesetzen bleiben, 80
damit ich nicht beschämt dastehen werde!

Meine Seele verlangt nach deinem Heil;	כָּלְתָה לִתְשׁוּעָתְךָ נַפְשִׁי
ich hoffe auf dein Wort.	לִדְבָרְךָ יִחָלְתִּי׃
Meine Augen sehnen sich nach deinem Wort	כָּלוּ עֵינַי לְאִמְרָתֶךָ
und sagen: Wann tröstest du mich?	לֵאמֹר מָתַי תְּנַחֲמֵנִי׃

Ich bin wie ein Weinschlauch im Rauch;	כִּי־הָיִיתִי כְּנֹאד בְּקִיטוֹר
doch deine Gebote vergesse ich nicht.	חֻקֶּיךָ לֹא שָׁכָחְתִּי׃
Wie lange soll dein Knecht noch warten?	כַּמָּה יְמֵי־עַבְדֶּךָ
Wann willst du Gericht halten über meine Verfolger?	מָתַי תַּעֲשֶׂה בְרֹדְפַי מִשְׁפָּט׃

Die Stolzen graben mir Gruben,	כָּרוּ־לִי זֵדִים שִׁיחוֹת
sie, die nicht tun nach deinem Gesetz.	אֲשֶׁר לֹא כְתוֹרָתֶךָ׃
All deine Gebote sind Wahrheit;	כָּל־מִצְוֺתֶיךָ אֱמוּנָה
sie aber verfolgen mich mit Lügen; hilf mir!	שֶׁקֶר רְדָפוּנִי עָזְרֵנִי׃

Sie haben mich fast umgebracht auf Erden;	כִּמְעַט כִּלּוּנִי בָאָרֶץ
ich aber verlasse deine Befehle nicht.	וַאֲנִי לֹא־עָזַבְתִּי פִקֻּדֶיךָ׃
Erquicke mich nach deiner Gnade,	כְּחַסְדְּךָ חַיֵּנִי
dass ich halte die Mahnung deines Mundes.	וְאֶשְׁמְרָה עֵדוּת פִּיךָ׃

HERR, dein Wort bleibt ewiglich,	לְעוֹלָם יְהוָה דְּבָרְךָ
so weit der Himmel reicht;	נִצָּב בַּשָּׁמָיִם׃
deine Wahrheit währet für und für.	לְדֹר וָדֹר אֱמוּנָתֶךָ
Du hast die Erde fest gegründet, und sie bleibt stehen.	כּוֹנַנְתָּ אֶרֶץ וַתַּעֲמֹד׃

Sie steht noch heute nach deinen Ordnungen;	לְמִשְׁפָּטֶיךָ עָמְדוּ הַיּוֹם
denn es muss dir alles dienen.	כִּי הַכֹּל עֲבָדֶיךָ׃
Wenn dein Gesetz nicht mein Trost gewesen wäre,	לוּלֵי תוֹרָתְךָ שַׁעֲשֻׁעָי
so wäre ich vergangen in meinem Elend.	אָז אָבַדְתִּי בְעָנְיִי׃

Ich will deine Befehle nimmermehr vergessen;	לְעוֹלָם לֹא־אֶשְׁכַּח פִּקּוּדֶיךָ
denn du erquickst mich damit.	כִּי בָם חִיִּיתָנִי׃
Ich bin dein, hilf mir;	לְךָ־אֲנִי הוֹשִׁיעֵנִי
denn ich suche deine Befehle.	כִּי פִקּוּדֶיךָ דָרָשְׁתִּי׃

Die Gottlosen lauern mir auf, dass sie mich umbringen;	לִי קִוּוּ רְשָׁעִים לְאַבְּדֵנִי
ich aber merke auf deine Mahnungen.	עֵדֹתֶיךָ אֶתְבּוֹנָן׃
Ich habe gesehen, dass alles ein Ende hat,	לְכָל תִּכְלָה רָאִיתִי קֵץ
aber dein Gebot bleibt bestehen.	רְחָבָה מִצְוָתְךָ מְאֹד׃

Verzehrt nach deiner Hilfe hat sich meine Seele, 81
ich habe auf dein Wort geharrt;
meine Augen haben sich gesehnt nach deinem Zuspruch: 82
Wann wirst du mich endlich trösten?

Bin ich auch geworden wie ein Schlauch im Rauchfang, 83
habe ich doch deine Grundgesetze nicht vergessen;
was aber soll das mit den Tagen deines Knechtes werden, 84
wann denn wirst du über die, die mich verfolgen, die Entscheidung treffen?

Gruben haben Freche mir gegraben, 85
die sich nicht nach deiner Weisung richten;
alles, was du forderst, ist berechtigt, 86
doch haben sie mich mit Verlogenheit verfolgt, steh mir doch bei!

Es hätte gar nicht viel gefehlt, sie hätten mich im Lande umgebracht, 87
doch ich, ich habe deine Schutzbestimmungen nicht aufgegeben;
wie es ja von deiner Treue zu erwarten ist, erhalt mich doch am Leben, 88
und ich will mich dabei an den Treueid deines Mundes halten!

Für alle Zeit, du TREUER, bleibt dein Wort, 89
es hat Bestand im Himmel;
auf Dauer währet deine Treue, 90
hast du doch die Erde so gegründet, dass sie stehen blieb.

Auf Grund deiner Beschlüsse bleiben sie noch heute stehen, 91
steht das Ganze doch in deinem Dienst;
wäre dein Gesetz nicht meine Wonne, 92
wäre ich schon längst in meiner Anfechtung vergangen.

Für alle Zeit vergesse ich nicht deine Schutzbestimmungen, 93
denn durch sie hast du mich leben lassen;
dir gehöre ich, so mache mich doch frei, 94
ich habe ja nach deinen Schutzbestimmungen gefragt!

Mir haben Schurken nachgestellt, mich zu verderben, 95
deine Treueschwüre überdenke ich;
von allem, was vollkommen ist, sah ich ein Ende, 96
dein Gebot jedoch ist unermesslich weit.

Wie habe ich dein Gesetz so lieb!	מָה־אָהַבְתִּי תוֹרָתֶךָ
Täglich sinne ich ihm nach.	כָּל־הַיּוֹם הִיא שִׂיחָתִי:
Du machst mich mit deinem Gebot weiser, als meine Feinde sind;	מֵאֹיְבַי תְּחַכְּמֵנִי מִצְוֹתֶךָ
denn es ist ewiglich mein Schatz.	כִּי לְעוֹלָם הִיא־לִי:

Ich habe mehr Einsicht als alle meine Lehrer;	מִכָּל־מְלַמְּדַי הִשְׂכַּלְתִּי
denn über deine Mahnungen sinne ich nach.	כִּי עֵדְוֹתֶיךָ שִׂיחָה לִי:
Ich bin klüger als die Alten;	מִזְּקֵנִים אֶתְבּוֹנָן
denn ich halte mich an deine Befehle.	כִּי פִקּוּדֶיךָ נָצָרְתִּי:

Ich verwehre meinem Fuß alle bösen Wege,	מִכָּל־אֹרַח רָע כָּלִאתִי רַגְלָי
damit ich dein Wort halte.	לְמַעַן אֶשְׁמֹר דְּבָרֶךָ:
Ich weiche nicht von deinen Ordnungen;	מִמִּשְׁפָּטֶיךָ לֹא־סָרְתִּי
denn du lehrest mich.	כִּי־אַתָּה הוֹרֵתָנִי:

Dein Wort ist meinem Munde	מַה־נִּמְלְצוּ לְחִכִּי
süßer als Honig.	אִמְרָתֶךָ מִדְּבַשׁ לְפִי:
Dein Wort macht mich klug;	מִפִּקּוּדֶיךָ אֶתְבּוֹנָן
darum hasse ich alle falschen Wege.	עַל־כֵּן שָׂנֵאתִי ׀ כָּל־אֹרַח שָׁקֶר:

Dein Wort ist meines Fußes Leuchte	נֵר־לְרַגְלִי דְבָרֶךָ
und ein Licht auf meinem Wege.	וְאוֹר לִנְתִיבָתִי:
Ich schwöre und will's halten:	נִשְׁבַּעְתִּי וָאֲקַיֵּמָה
Die Ordnungen deiner Gerechtigkeit will ich bewahren.	לִשְׁמֹר מִשְׁפְּטֵי צִדְקֶךָ:

Ich bin sehr gedemütigt; HERR,	נַעֲנֵיתִי עַד־מְאֹד יְהוָה
erquicke mich nach deinem Wort!	חַיֵּנִי כִדְבָרֶךָ:
Lass dir gefallen, HERR, das Opfer meines Mundes,	נִדְבוֹת פִּי רְצֵה־נָא יְהוָה
und lehre mich deine Ordnungen.	וּמִשְׁפָּטֶיךָ לַמְּדֵנִי:

Mein Leben ist immer in Gefahr;	נַפְשִׁי בְכַפִּי תָמִיד
aber dein Gesetz vergesse ich nicht.	וְתוֹרָתְךָ לֹא שָׁכָחְתִּי:
Die Gottlosen legen mir Schlingen;	נָתְנוּ רְשָׁעִים פַּח לִי
ich aber irre nicht ab von deinen Befehlen.	וּמִפִּקּוּדֶיךָ לֹא תָעִיתִי:

Deine Mahnungen sind mein ewiges Erbe;	נָחַלְתִּי עֵדְוֹתֶיךָ לְעוֹלָם
denn sie sind meines Herzens Wonne.	כִּי־שְׂשׂוֹן לִבִּי הֵמָּה:
Ich neige mein Herz,	נָטִיתִי לִבִּי לַעֲשׂוֹת חֻקֶּיךָ
zu tun deine Gebote immer und ewiglich.	לְעוֹלָם עֵקֶב:

Wie habe ich doch deine Weisung lieb gewonnen, 97
den ganzen Tag ist sie mein Sinnen;
weiser macht mich dein Gebot als meine Feinde, 98
denn es gehört für alle Zeit zu mir!

Klüger wurde ich als alle meine Lehrer, 99
denn deine Treueschwüre habe ich im Sinn;
verständiger als Greise denke ich, 100
denn ich habe deine Schutzbestimmungen gehalten.

Meine Füße habe ich von jedem üblen Weg zurückgehalten, 101
dass ich dein Wort befolge;
von deinen Urteilen bin ich nicht abgewichen, 102
denn du, du hattest mich ja unterwiesen.

Was ist süß für meinen Gaumen? – 103
süßer noch als Honig ist für meinen Mund dein Zuspruch;
zur Einsicht komme ich durch deine Schutzbestimmungen, 104
darum ist mir jeder lügnerische Weg verhasst.

Dein Wort ist meines Fußes Leuchte 105
und ein Licht für meinen Pfad;
ich habe es geschworen, und ich will auch dazu stehen, 106
mich an deine richtigen Entscheidungen zu halten.

Ich bin schwer angefochten, TREUER, 107
wecke mich nach deinem Wort zum Leben;
die Gaben meines Mundes lass dir doch gefallen, TREUER, 108
und über das, was du entschieden, unterrichte mich!

Mein Leben habe ich zwar stets in meiner Hand, 109
doch deine Weisung habe ich dabei ja nicht vergessen;
Schurken wollten mir zwar eine Falle stellen, 110
doch von deinen Schutzbestimmungen bin ich nicht abgeirrt.

Was du geschworen hast, das habe ich geerbt für alle Zeiten, 111
denn das gerade ist die Freude meines Herzens;
so habe ich mein Herz dazu bewogen, deine Grundgesetze zu befolgen 112
für alle Zeiten bis ans Ende.

Ich hasse die Wankelmütigen	סֵעֲפִים שָׂנֵאתִי
und liebe dein Gesetz.	וְתוֹרָתְךָ אָהָבְתִּי
Du bist mein Schutz und mein Schild;	סִתְרִי וּמָגִנִּי אָתָּה
ich hoffe auf dein Wort.	לִדְבָרְךָ יִחָלְתִּי׃
Weichet von mir, ihr Übeltäter!	סוּרוּ־מִמֶּנִּי מְרֵעִים
Ich will mich halten an die Gebote meines Gottes.	וְאֶצְּרָה מִצְוֺת אֱלֹהָי׃
Erhalte mich durch dein Wort, dass ich lebe,	סָמְכֵנִי כְאִמְרָתְךָ וְאֶחְיֶה
und lass mich nicht zuschanden werden in meiner Hoffnung.	וְאַל־תְּבִישֵׁנִי מִשִּׂבְרִי׃
Stärke mich, dass ich gerettet werde,	סְעָדֵנִי וְאִוָּשֵׁעָה
so will ich stets Freude haben an deinen Geboten.	וְאֶשְׁעָה בְחֻקֶּיךָ תָמִיד׃
Du verwirfst alle, die von deinen Geboten abirren;	סָלִיתָ כָּל־שׁוֹגִים מֵחֻקֶּיךָ
denn ihr Tun ist Lug und Trug.	כִּי־שֶׁקֶר תַּרְמִיתָם׃
Du schaffst alle Gottlosen auf Erden weg wie Schlacken,	סִגִים הִשְׁבַּתָּ כָל־רִשְׁעֵי־אָרֶץ
darum liebe ich deine Mahnungen.	לָכֵן אָהַבְתִּי עֵדֹתֶיךָ׃
Ich fürchte mich vor dir, dass mir die Haut schaudert,	סָמַר מִפַּחְדְּךָ בְשָׂרִי
und ich entsetze mich vor deinen Gerichten.	וּמִמִּשְׁפָּטֶיךָ יָרֵאתִי׃
Ich übe Recht und Gerechtigkeit;	עָשִׂיתִי מִשְׁפָּט וָצֶדֶק
übergib mich nicht denen, die mir Gewalt antun wollen.	בַּל־תַּנִּיחֵנִי לְעֹשְׁקָי׃
Tritt ein für deinen Knecht und tröste ihn,	עֲרֹב עַבְדְּךָ לְטוֹב
dass mir die Stolzen nicht Gewalt antun!	אַל־יַעַשְׁקֻנִי זֵדִים׃
Meine Augen sehnen sich nach deinem Heil	עֵינַי כָּלוּ לִישׁוּעָתֶךָ
und nach dem Wort deiner Gerechtigkeit.	וּלְאִמְרַת צִדְקֶךָ׃
Handle mit deinem Knechte nach deiner Gnade	עֲשֵׂה עִם־עַבְדְּךָ כְחַסְדֶּךָ
und lehre mich deine Gebote.	וְחֻקֶּיךָ לַמְּדֵנִי׃
Ich bin dein Knecht: Unterweise mich,	עַבְדְּךָ־אָנִי הֲבִינֵנִי
dass ich verstehe deine Mahnungen.	וְאֵדְעָה עֵדֹתֶיךָ׃
Es ist Zeit, dass der HERR handelt;	עֵת לַעֲשׂוֹת לַיהוָה
sie haben dein Gesetz zerbrochen.	הֵפֵרוּ תּוֹרָתֶךָ׃
Darum liebe ich deine Gebote	עַל־כֵּן אָהַבְתִּי מִצְוֺתֶיךָ
mehr als Gold und feines Gold.	מִזָּהָב וּמִפָּז׃
Darum halte ich alle deine Befehle für recht,	עַל־כֵּן ׀ כָּל־פִּקּוּדֵי כֹל יִשָּׁרְתִּי
ich hasse alle falschen Wege.	כָּל־אֹרַח שֶׁקֶר שָׂנֵאתִי׃

Die Wankelmütigen sind mir verhasst, 113
doch deine Weisung ist mir lieb geworden;
du bist mein Schutz und bist mein Schild, 114
beharrlich habe ich mich ausgerichtet auf dein Wort.

Weicht weg von mir, ihr Schurken, 115
denn ich will doch die Gebote meines Gottes halten;
gib mir einen festen Halt, wie du versprochen, und ich lebe, 116
und stelle mich nicht meiner Hoffnung wegen bloß!

Gib mir eine feste Stütze, und mir ist geholfen, 117
und dann will ich ohne Unterlass auf deine Grundgesetze schauen;
du hast alle, die von deinen Grundgesetzen weichen, abgelehnt, 118
denn Treubruch ist ihr nachlässiges Handeln!

Als Schlacken hast du alle Schurken dieser Welt beseitigt, 119
darum hänge ich an deinen Treueschwüren;
ich habe Gänsehaut bekommen vor dem Schrecken, den du einjagst, 120
und ich bin in Furcht geraten vor den Worten deines Urteils.

Ich habe mich an Recht und an Gerechtigkeit gehalten, 121
liefere mich doch nicht denen aus, die mir Gewalt antun;
tritt ein für deinen Knecht zum Guten, 122
die Frechen dürfen mir doch nicht Gewalt antun!

Meine Augen haben sich gesehnt nach deiner Freiheit 123
und nach der Verheißung deiner Ordnung;
verfahr mit deinem Knecht nach deiner Treue 124
und bring mir deine Grundgesetze bei!

Dein Knecht bin ich, so führe mich zur Einsicht, 125
denn deine Treueschwüre will ich ja begreifen;
Zeit ist es für den TREUEN, dass er eingreift, 126
sie haben deine Weisung in den Wind geschlagen!

Daher sind mir deine Pflichtgebote lieber noch 127
als Gold, gar reines Gold;
daher habe ich alle umfassenden Schutzbestimmungen richtig befolgt, 128
jeder Schleichweg ist mir verhasst.

Deine Mahnungen sind Wunderwerke;
darum hält sie meine Seele.
Wenn dein Wort offenbar wird, so erfreut es
und macht klug die Unverständigen.

פְּלָאוֹת עֵדְוֺתֶיךָ
עַל־כֵּן נְצָרָתַם נַפְשִׁי׃
פֵּתַח דְּבָרֶיךָ יָאִיר
מֵבִין פְּתָיִים׃

Ich tue meinen Mund weit auf und lechze,
denn mich verlangt nach deinen Geboten.
Wende dich zu mir und sei mir gnädig,
wie du pflegst zu tun denen, die deinen Namen lieben.

פִּי־פָעַרְתִּי וָאֶשְׁאָפָה
כִּי לְמִצְוֺתֶיךָ יָאָבְתִּי׃
פְּנֵה־אֵלַי וְחָנֵּנִי
כְּמִשְׁפָּט לְאֹהֲבֵי שְׁמֶךָ׃

Lass meinen Gang in deinem Wort fest sein
und lass kein Unrecht über mich herrschen.
Erlöse mich von der Bedrückung durch Menschen,
so will ich halten deine Befehle.

פְּעָמַי הָכֵן בְּאִמְרָתֶךָ
וְאַל־תַּשְׁלֶט־בִּי כָל־אָוֶן׃
פְּדֵנִי מֵעֹשֶׁק אָדָם
וְאֶשְׁמְרָה פִּקּוּדֶיךָ׃

Lass dein Antlitz leuchten über deinen Knecht,
und lehre mich deine Gebote.
Meine Augen fließen von Tränen,
weil man dein Gesetz nicht hält.

פָּנֶיךָ הָאֵר בְּעַבְדֶּךָ
וְלַמְּדֵנִי אֶת־חֻקֶּיךָ׃
פַּלְגֵי־מַיִם יָרְדוּ עֵינָי
עַל לֹא־שָׁמְרוּ תוֹרָתֶךָ׃

HERR, du bist gerecht,
und deine Urteile sind richtig.
Du hast deine Mahnungen geboten
in Gerechtigkeit und großer Treue.

צַדִּיק אַתָּה יְהוָה
וְיָשָׁר מִשְׁפָּטֶיךָ׃
צִוִּיתָ צֶדֶק עֵדֹתֶיךָ
וֶאֱמוּנָה מְאֹד׃

Ich habe mich fast zu Tode geeifert,
weil meine Widersacher deine Worte vergessen.
Dein Wort ist ganz durchläutert,
und dein Knecht hat es lieb.

צִמְּתַתְנִי קִנְאָתִי
כִּי־שָׁכְחוּ דְבָרֶיךָ צָרָי׃
צְרוּפָה אִמְרָתְךָ מְאֹד
וְעַבְדְּךָ אֲהֵבָהּ׃

Ich bin gering und verachtet;
ich vergesse aber nicht deine Befehle.
Deine Gerechtigkeit ist eine ewige Gerechtigkeit,
und dein Gesetz ist Wahrheit.

צָעִיר אָנֹכִי וְנִבְזֶה
פִּקֻּדֶיךָ לֹא שָׁכָחְתִּי׃
צִדְקָתְךָ צֶדֶק לְעוֹלָם
וְתוֹרָתְךָ אֱמֶת׃

Angst und Not haben mich getroffen;
ich habe aber Freude an deinen Geboten.
Deine Mahnungen sind gerecht in Ewigkeit;
unterweise mich, so lebe ich.

צַר־וּמָצוֹק מְצָאוּנִי
מִצְוֺתֶיךָ שַׁעֲשֻׁעָי׃
צֶדֶק עֵדְוֺתֶיךָ לְעוֹלָם
הֲבִינֵנִי וְאֶחְיֶה׃

Wunder über Wunder, die Erweise deiner Treue, 129
darum hat sie meine Seele auch bewahrt;
die Eröffnung deiner Worte schafft Erleuchtung, 130
sie bringt Unverständige zur Einsicht.

Ich habe meinen Mund weit aufgemacht, als wenn ich schnappen wollte, 131
denn ich war nach deinen Aufgaben begierig;
wende dich mir zu und sei mir zugetan, 132
wie es recht für die ist, die an deinem Namen hängen!

Mache meine Schritte fest durch deinen Zuspruch, 133
und lass doch nicht allen Wahnsinn über mich regieren;
erlöse mich von der Gewalt der Leute, 134
und an deine Schutzbestimmungen will ich mich halten!

Lass dein Angesicht bei deinem Knechte leuchten, 135
und bring mir doch gerade deine Grundgesetze bei;
Ströme von Wasser rannen mir von den Augen herunter, 136
weil sie deine Weisung nicht beachtet hatten!

Gerecht bist du, du TREUER, 137
und konsequent bei deinen Urteilssprüchen;
du hast die Gültigkeit deiner Treueschwüre geboten, 138
und man kann sich voll und ganz darauf verlassen.

Die Sprache hat es mir verschlagen, mein Ereifern, 139
dass meine Widersacher deine Worte so vergessen konnten;
dein Zuspruch ist dabei so lauter durch und durch, 140
dass dein Knecht ihn lieb gewonnen hat.

Als ich klein war und verachtet, 141
deine Schutzbestimmungen, die konnte ich da nicht vergessen;
dein gerechtes Tun bleibt ja für alle Zeit der rechte Maßstab, 142
und deine Weisung bleibt die Wahrheit.

Bedrängnis und Bedrückung haben mich getroffen, 143
doch deine Gebote bleiben meine Wonne;
die Gültigkeit deiner Treueschwüre bleibt auf ewig, 144
lass mich das verstehen, und ich lebe!

Psalm 119

Ich rufe von ganzem Herzen; erhöre mich, HERR;	קָרָאתִי בְכָל־לֵב עֲנֵנִי יְהוָה
ich will deine Gebote halten.	חֻקֶּיךָ אֶצֹּרָה׃
Ich rufe zu dir, hilf mir;	קְרָאתִיךָ הוֹשִׁיעֵנִי
ich will mich an deine Mahnungen halten.	וְאֶשְׁמְרָה עֵדֹתֶיךָ׃

Ich komme in der Frühe und rufe um Hilfe;	קִדַּמְתִּי בַנֶּשֶׁף וָאֲשַׁוֵּעָה
auf dein Wort hoffe ich.	לדבריך ° יִחָלְתִּי׃
Ich wache auf, wenn's noch Nacht ist,	קִדְּמוּ עֵינַי אַשְׁמֻרוֹת
nachzusinnen über dein Wort.	לָשִׂיחַ בְּאִמְרָתֶךָ׃

Höre meine Stimme nach deiner Gnade;	קוֹלִי שִׁמְעָה כְחַסְדֶּךָ
HERR, erquicke mich nach deinem Recht.	יְהוָה כְּמִשְׁפָּטֶךָ חַיֵּנִי׃
Meine arglistigen Verfolger nahen;	קָרְבוּ רֹדְפֵי זִמָּה
aber sie sind fern von deinem Gesetz.	מִתּוֹרָתְךָ רָחָקוּ׃

HERR, du bist nahe,	קָרוֹב אַתָּה יְהוָה
und alle deine Gebote sind Wahrheit.	וְכָל־מִצְוֹתֶיךָ אֱמֶת׃
Längst weiß ich aus deinen Mahnungen,	קֶדֶם יָדַעְתִּי מֵעֵדֹתֶיךָ
dass du sie für ewig gegründet hast.	כִּי לְעוֹלָם יְסַדְתָּם׃

Sieh doch mein Elend und errette mich;	רְאֵה־עָנְיִי וְחַלְּצֵנִי
denn ich vergesse dein Gesetz nicht.	כִּי־תוֹרָתְךָ לֹא שָׁכָחְתִּי׃
Führe meine Sache und erlöse mich;	רִיבָה רִיבִי וּגְאָלֵנִי
erquicke mich durch dein Wort.	לְאִמְרָתְךָ חַיֵּנִי׃

Das Heil ist fern von den Gottlosen;	רָחוֹק מֵרְשָׁעִים יְשׁוּעָה
denn sie achten deine Gebote nicht.	כִּי־חֻקֶּיךָ לֹא דָרָשׁוּ׃
HERR, deine Barmherzigkeit ist groß;	רַחֲמֶיךָ רַבִּים ׀ יְהוָה
erquicke mich nach deinem Recht.	כְּמִשְׁפָּטֶיךָ חַיֵּנִי׃

Meiner Verfolger und Widersacher sind viele;	רַבִּים רֹדְפַי וְצָרָי
ich weiche aber nicht von deinen Mahnungen.	מֵעֵדְוֺתֶיךָ לֹא נָטִיתִי׃
Ich sehe die Verächter und es tut mir wehe,	רָאִיתִי בֹגְדִים וָאֶתְקוֹטָטָה
dass sie dein Wort nicht halten.	אֲשֶׁר אִמְרָתְךָ לֹא שָׁמָרוּ׃

Siehe, ich liebe deine Befehle;	רְאֵה כִּי־פִקּוּדֶיךָ אָהָבְתִּי
HERR, erquicke mich nach deiner Gnade.	יְהוָה כְּחַסְדְּךָ חַיֵּנִי׃
Dein Wort ist nichts als Wahrheit,	רֹאשׁ־דְּבָרְךָ אֱמֶת
alle Ordnungen deiner Gerechtigkeit währen ewiglich.	וּלְעוֹלָם כָּל־מִשְׁפַּט צִדְקֶךָ׃

Von ganzem Herzen habe ich gerufen: „Erhöre mich, du TREUER!“ – 145
deine Grundgesetze will ich ja bewahren;
gerufen habe ich zu dir: „Befreie mich!“ – 146
und an deine Treueschwüre will ich mich auch halten.

Früh dran war ich in der Dämmerung, als ich um Hilfe schreien musste, 147
auf deine Worte habe ich dabei gehofft;
früh kamen meine Augen schon den Nachtwachen zuvor, 148
um über deinen Zuspruch nachzusinnen.

Auf meine Stimme höre doch nach deiner Treue, 149
du TREUER, lass mich doch nach deinem Urteil leben;
genaht sind sie, die mir mit List nachstellen, 150
sie haben sich entfernt von deiner Weisung!

Nahe bist du, TREUER, 151
und alle deine Gebote sind sinnvoll;
aus deinen Treueschwüren weiß ich es schon lange, 152
dass du sie für alle Zeit gegründet hast.

Sieh dir mein Elend an und rette mich heraus, 153
habe ich doch deine Weisung nicht vergessen;
führe meinen Rechtsstreit und erlöse mich, 154
im Blick auf deinen Zuspruch lass mich leben!

Fern von Schurken ist die Freiheit, 155
denn sie haben ja nach deinen Grundgesetzen nicht gefragt;
doch groß ist dein Erbarmen, TREUER, 156
deinen Entscheidungen gemäß lass mich am Leben!

Waren die, die mich verfolgten und mich in die Enge trieben, zahlreich, 157
habe ich mich doch nicht abgewandt von deinen Treueschwüren;
habe ich Betrügern zugesehen, musste ich mich ekeln, 158
weil die sich an deinen Zuspruch nicht gehalten haben.

Sieh, dass ich sie lieb gewonnen habe, deine Schutzbestimmungen, 159
du TREUER, nach deiner Treue lass mich leben;
der Grundsatz deines Wortes ist ja feste Wahrheit, 160
und jede deiner richtigen Entscheidungen bleibt ewig gültig!

Fürsten verfolgen mich ohne Grund;	שָׂרִים רְדָפוּנִי חִנָּם
aber mein Herz fürchtet sich nur vor deinen Worten.	ומדבריך ° פָּחַד לִבִּי׃
Ich freue mich über dein Wort	שָׂשׂ אָנֹכִי עַל־אִמְרָתֶךָ
wie einer, der große Beute macht.	כְּמוֹצֵא שָׁלָל רָב׃
Lügen bin ich Feind, und sie sind mir ein Gräuel;	שֶׁקֶר שָׂנֵאתִי וָאֲתַעֵבָה
aber dein Gesetz habe ich lieb.	תּוֹרָתְךָ אָהָבְתִּי׃
Ich lobe dich des Tages siebenmal	שֶׁבַע בַּיּוֹם הִלַּלְתִּיךָ
um deiner gerechten Ordnungen willen.	עַל מִשְׁפְּטֵי צִדְקֶךָ׃
Großen Frieden haben, die dein Gesetz lieben;	שָׁלוֹם רָב לְאֹהֲבֵי תוֹרָתֶךָ
sie werden nicht straucheln.	וְאֵין־לָמוֹ מִכְשׁוֹל׃
HERR, ich warte auf dein Heil	שִׂבַּרְתִּי לִישׁוּעָתְךָ יְהוָה
und tue nach deinen Geboten.	וּמִצְוֺתֶיךָ עָשִׂיתִי׃
Meine Seele hält sich an deine Mahnungen	שָׁמְרָה נַפְשִׁי עֵדֹתֶיךָ
und liebt sie sehr.	וָאֹהֲבֵם מְאֹד׃
Ich halte deine Befehle und deine Mahnungen;	שָׁמַרְתִּי פִקּוּדֶיךָ וְעֵדֹתֶיךָ
denn alle meine Wege liegen offen vor dir.	כִּי כָל־דְּרָכַי נֶגְדֶּךָ׃
HERR, lass mein Klagen vor dich kommen;	תִּקְרַב רִנָּתִי לְפָנֶיךָ יְהוָה
unterweise mich nach deinem Wort.	כִּדְבָרְךָ הֲבִינֵנִי׃
Lass mein Flehen vor dich kommen;	תָּבוֹא תְּחִנָּתִי לְפָנֶיךָ
errette mich nach deinem Wort.	כְּאִמְרָתְךָ הַצִּילֵנִי׃
Meine Lippen sollen dich loben;	תַּבַּעְנָה שְׂפָתַי תְּהִלָּה
denn du lehrst mich deine Gebote.	כִּי תְלַמְּדֵנִי חֻקֶּיךָ׃
Meine Zunge soll singen von deinem Wort;	תַּעַן לְשׁוֹנִי אִמְרָתֶךָ
denn alle deine Gebote sind gerecht.	כִּי כָל־מִצְוֺתֶיךָ צֶּדֶק׃
Lass deine Hand mir beistehen;	תְּהִי־יָדְךָ לְעָזְרֵנִי
denn ich habe erwählt deine Befehle.	כִּי פִקּוּדֶיךָ בָחָרְתִּי׃
HERR, mich verlangt nach deinem Heil,	תָּאַבְתִּי לִישׁוּעָתְךָ יְהוָה
und an deinem Gesetz habe ich Freude.	וְתוֹרָתְךָ שַׁעֲשֻׁעָי׃
Lass meine Seele leben, dass sie dich lobe,	תְּחִי־נַפְשִׁי וּתְהַלְלֶךָּ
und dein Recht mir helfen. [Knecht,	וּמִשְׁפָּטֶךָ יַעֲזְרֻנִי׃
Ich bin wie ein verirrtes und verlorenes Schaf; suche deinen	תָּעִיתִי כְּשֶׂה אֹבֵד בַּקֵּשׁ עַבְדֶּךָ
denn ich vergesse deine Gebote nicht.	כִּי מִצְוֺתֶיךָ לֹא שָׁכָחְתִּי׃

Die Herren haben mich verfolgt – vergeblich, 161
vor deinen Worten aber hat mein Herz gebebt;
ich bin so glücklich über deinen Zuspruch 162
wie ein Mensch, der eine große Beute findet.

Betrug ist mir verhasst, ja, widerwärtig ist er mir, 163
doch deine Weisung ist mir lieb geworden;
siebenmal am Tage habe ich dir Lob gesungen 164
wegen deiner richtigen Entscheidungen.

Großen Frieden haben die, die deine Weisung lieben, 165
und sie kommen nicht zu Fall;
so habe ich, du TREUER, auf dein Heil gehofft, 166
und deine Gebote habe ich befolgt.

An deinen Treueschwüren hielt ich leidenschaftlich fest, 167
waren sie mir doch sehr lieb;
an deinen Schutzbestimmungen wie deinen Treueschwüren hielt ich fest, 168
alle meine Wege liegen ja vor dir ganz offen.

Mein Klagen nähere sich deinem Angesicht, du TREUER, 169
deinem Wort entsprechend gib mir Klarheit;
mein Flehen komme vor dein Angesicht, 170
deinem Zuspruch folgend reiß mich doch heraus!

Ein Loblied sollen meine Lippen sprudeln lassen, 171
weil du mich deine Grundgesetze lehrst;
deinem Zuspruch möge meine Zunge Antwort geben, 172
weil alle deine Gebote die Gerechtigkeit verkörpern!

Sei doch deine Hand bereit, mir beizustehen, 173
denn ich habe mich für deine Schutzbestimmungen entschieden;
ich habe mich gesehnt nach deiner Freiheit, TREUER, 174
ist doch deine Weisung meine Wonne!

Möge meine Seele leben und dich preisen, 175
und dein Recht soll mir beistehen;
bin ich verirrt wie ein verlorenes Schaf, so suche deinen Knecht, 176
denn deine Gebote habe ich ja nicht vergessen!

Psalm 120

Ein Wallfahrtslied.	שִׁיר הַֽמַּעֲלוֹת
Ich rufe zu dem HERRN in meiner Not	אֶל־יְהוָה בַּצָּרָתָה לִּי
und er erhört mich.	קָרָאתִי וַֽיַּעֲנֵנִי׃
HERR, errette mich	יְהוָה הַצִּילָה נַפְשִׁי
von den Lügenmäulern,	מִשְּׂפַת־שֶׁקֶר
von den falschen Zungen.	מִלָּשׁוֹן רְמִיָּה׃
Was soll ich dir antun,	מַה־יִּתֵּן לְךָ
du falsche Zunge,	וּמַה־יֹּסִיף לָךְ
und was dir noch geben?	לָשׁוֹן רְמִיָּה׃
Scharfe Pfeile eines Starken	חִצֵּי גִבּוֹר שְׁנוּנִים
und feurige Kohlen!	עִם גַּחֲלֵי רְתָמִים׃
Weh mir, dass ich weilen muss unter Meschech;	אוֹיָה־לִי כִּי־גַרְתִּי מֶשֶׁךְ
ich muss wohnen bei den Zelten Kedars!	שָׁכַנְתִּי עִם־אָהֳלֵי קֵדָר׃
Es wird meiner Seele lang,	רַבַּת שָׁכְנָה־לָּהּ נַפְשִׁי
zu wohnen bei denen, die den Frieden hassen.	עִם שׂוֹנֵא שָׁלוֹם׃
Ich halte Frieden;	אֲנִי־שָׁלוֹם
aber wenn ich rede,	וְכִי אֲדַבֵּר
so fangen sie Streit an.	הֵמָּה לַמִּלְחָמָה׃

Ein Wallfahrtslied. 1

Zum TREUEN, als ich sehr in Not war,
habe ich gerufen, und er gab mir Antwort.
Du TREUER, rette mich doch 2
vor der Lügenlippe,
vor der falschen Zunge!

Was bringt es dir, 3
was mehrt es dir,
du falsche Zunge?
Geschärfte Kriegerpfeile 4
samt feurigen Ginsterkohlen.

Wehe mir, dass ich bei Mäschäch weilen musste, 5
zusammen wohnen mit den Zelten Kedars!
Für mich zu lange wohnte ich 6
mit dem zusammen, der den Frieden hasst;
ich bin für den Frieden, 7
doch ich brauche nur zu reden,
da suchen sie den Streit.

Psalm 121

Ein Wallfahrtslied.

שִׁיר לַמַּעֲלוֹת

Ich hebe meine Augen auf zu den Bergen.
Woher kommt mir Hilfe?
Meine Hilfe kommt vom HERRN,
der Himmel und Erde gemacht hat.

אֶשָּׂא עֵינַי אֶל־הֶהָרִים
מֵאַיִן יָבֹא עֶזְרִי׃
עֶזְרִי מֵעִם יְהוָה
עֹשֵׂה שָׁמַיִם וָאָרֶץ׃

Er wird deinen Fuß nicht gleiten lassen,
und der dich behütet, schläft nicht.
Siehe, der Hüter Israels
schläft und schlummert nicht.

אַל־יִתֵּן לַמּוֹט רַגְלֶךָ
אַל־יָנוּם שֹׁמְרֶךָ׃
הִנֵּה לֹא־יָנוּם וְלֹא יִישָׁן
שׁוֹמֵר יִשְׂרָאֵל׃

Der HERR behütet dich;
der HERR ist dein Schatten über deiner rechten Hand,
dass dich des Tages die Sonne nicht steche
noch der Mond des Nachts.

יְהוָה שֹׁמְרֶךָ
יְהוָה צִלְּךָ עַל־יַד יְמִינֶךָ׃
יוֹמָם הַשֶּׁמֶשׁ לֹא־יַכֶּכָּה
וְיָרֵחַ בַּלָּיְלָה׃

Der HERR behüte dich vor allem Übel,
er behüte deine Seele.
Der HERR behüte deinen Ausgang und Eingang
von nun an bis in Ewigkeit!

יְהוָה יִשְׁמָרְךָ מִכָּל־רָע
יִשְׁמֹר אֶת־נַפְשֶׁךָ׃
יְהוָה יִשְׁמָר־צֵאתְךָ וּבוֹאֶךָ
מֵעַתָּה וְעַד־עוֹלָם׃

Ein Lied für Wallfahrten. 1

Ich hebe meine Augen zu den Bergen auf:
Von woher wird mein Beistand kommen?
Mein Beistand kommt vonseiten des TREUEN, 2
dem Schöpfer von Himmel und Erde.

Nicht lasse er deinen Fuß wanken, 3
nicht schlummere dein Hüter!
Siehe, er schlummert nicht, und er schläft nicht, 4
der Hüter Israels!

Der TREUE ist dein Hüter, 5
der TREUE ist dein Schatten über deiner rechten Hand:
Am Tag sticht dich die Sonne nicht
und der Mond nicht in der Nacht.

Der TREUE, der behütet dich vor allem Bösen, 7
er behütet es, dein Leben;
der TREUE, der behütet dein Gehen und dein Kommen
von jetzt an bis in Ewigkeit.

Psalm 122

Von David,
ein Wallfahrtslied.

שִׁיר הַמַּעֲלוֹת
לְדָוִד

Ich freute mich über die, die mir sagten:
Lasset uns ziehen zum Hause des HERRN!
Nun stehen unsere Füße
in deinen Toren, Jerusalem.

שָׂמַחְתִּי בְּאֹמְרִים לִי
בֵּית יְהוָה נֵלֵךְ׃
עֹמְדוֹת הָיוּ רַגְלֵינוּ
בִּשְׁעָרַיִךְ יְרוּשָׁלִָם׃

Jerusalem ist gebaut
als eine Stadt, in der man zusammenkommen soll,
wohin die Stämme hinaufziehen,
die Stämme des HERRN,

יְרוּשָׁלִַם הַבְּנוּיָה
כְּעִיר שֶׁחֻבְּרָה־לָּהּ יַחְדָּו׃
שֶׁשָּׁם עָלוּ שְׁבָטִים
שִׁבְטֵי־יָהּ

wie es geboten ist dem Volke Israel,
zu preisen den Namen des HERRN.
Denn dort stehen die Throne zum Gericht,
die Throne des Hauses David.

עֵדוּת לְיִשְׂרָאֵל
לְהֹדוֹת לְשֵׁם יְהוָה׃
כִּי שָׁמָּה ׀ יָשְׁבוּ כִסְאוֹת לְמִשְׁפָּט
כִּסְאוֹת לְבֵית דָּוִד׃

Wünschet Jerusalem Glück!
Es möge wohlgehen denen, die dich lieben!
Es möge Friede sein in deinen Mauern
und Glück in deinen Palästen!

שַׁאֲלוּ שְׁלוֹם יְרוּשָׁלִָם
יִשְׁלָיוּ אֹהֲבָיִךְ׃
יְהִי־שָׁלוֹם בְּחֵילֵךְ
שַׁלְוָה בְּאַרְמְנוֹתָיִךְ׃

Um meiner Brüder und Freunde willen
will ich dir Frieden wünschen.
Um des Hauses des HERRN willen, unseres Gottes,
will ich dein Bestes suchen.

לְמַעַן אַחַי וְרֵעָי
אֲדַבְּרָה־נָּא שָׁלוֹם בָּךְ׃
לְמַעַן בֵּית־יְהוָה אֱלֹהֵינוּ
אֲבַקְשָׁה טוֹב לָךְ׃

Ein Wallfahrtslied. 1
Von David.

Voll Freude war ich über die, die zu mir sagten:
„Zum Haus des TREUEN ziehen wir!"
Wir standen mit eigenen Füßen 2
in deinen Toren, Jerusalem!

Jerusalem, die Auferbaute, 3
als eine Stadt, die fest in sich gefügt ist,
wo die Stämme hinaufgezogen sind, 4
die Stämme des TREUEN.

Es blieb verbürgtes Recht für Israel,
dem Namen des TREUEN zu danken,
weil man dort auf Thronen zum Regieren saß, 5
auf Thronen des Hauses Davids.

Bittet um Jerusalems Frieden, 6
Ruhe sollen haben, die dich lieben,
in deinen starken Mauern herrsche Frieden, 7
in deinen hohen Häusern Ruhe!

Um meiner Brüder und um meiner Freunde willen 8
will ich es immer wieder sagen: „Friede sei in dir!"
Um des TREUEN, unseres Gottes, Hauses willen 9
will ich dein Bestes suchen!

Psalm 123

Ein Wallfahrtslied.	שִׁיר הַמַּעֲלוֹת
Ich hebe meine Augen auf zu dir,	אֵלֶיךָ נָשָׂאתִי אֶת־עֵינַי
der du im Himmel wohnest.	הַיֹּשְׁבִי בַּשָּׁמָיִם׃
Siehe, wie die Augen der Knechte	הִנֵּה כְעֵינֵי עֲבָדִים
auf die Hände ihrer Herren sehen,	אֶל־יַד אֲדוֹנֵיהֶם
wie die Augen der Magd	כְּעֵינֵי שִׁפְחָה
auf die Hände ihrer Frau,	אֶל־יַד גְּבִרְתָּהּ
so sehen unsre Augen	כֵּן עֵינֵינוּ
auf den HERRN, unsern Gott,	אֶל־יְהוָה אֱלֹהֵינוּ
bis er uns gnädig werde.	עַד שֶׁיְּחָנֵּנוּ׃
Sei uns gnädig, HERR, sei uns gnädig;	חָנֵּנוּ יְהוָה חָנֵּנוּ
denn allzu sehr litten wir Verachtung.	כִּי־רַב שָׂבַעְנוּ בוּז׃
Allzu sehr litt unsere Seele	רַבַּת שָׂבְעָה־לָּהּ נַפְשֵׁנוּ
den Spott der Stolzen	הַלַּעַג הַשַּׁאֲנַנִּים
und die Verachtung der Hoffärtigen.	הַבּוּז לגאיונם׃

Ein Wallfahrtslied. 1

Zu dir habe ich sie, meine Augen, erhoben,
der du im Himmel thronst:

Sieh, wie Augen von Knechten 2
auf die Hand ihrer Herren,
wie Augen einer Magd
auf die Hand ihrer Herrin,
so sind unsere Augen ausgerichtet
auf den TREUEN, unseren Gott:

Bis er sich uns zuneigt –
so neige dich uns zu, du TREUER, neige dich uns zu, 3
denn wir haben die Verachtung reichlich satt,
reich gesättigt hat sich unsere Seele 4
am Gelächter, an den Selbstgefälligen,
an der Verachtung durch die Überheblichen!

Psalm 124

Von David,
ein Wallfahrtslied.

Wäre der HERR nicht bei uns
– so sage Israel –,
wäre der HERR nicht bei uns,
wenn Menschen wider uns aufstehen,
so verschlängen sie uns lebendig,
wenn ihr Zorn über uns entbrennt;
so ersäufte uns Wasser,
Ströme gingen über unsre Seele,
es gingen Wasser
hoch über uns hinweg.

Gelobt sei der HERR,
dass er uns nicht gibt zum Raub in ihre Zähne!
Unsre Seele ist entronnen wie ein Vogel
dem Netze des Vogelfängers;
das Netz ist zerrissen
und wir sind frei.
Unsre Hilfe steht im Namen des HERRN,
der Himmel und Erde gemacht hat.

שִׁיר הַמַּעֲלוֹת
לְדָוִד

לוּלֵי יְהוָה שֶׁהָיָה לָנוּ
יֹאמַר־נָא יִשְׂרָאֵל׃
לוּלֵי יְהוָה שֶׁהָיָה לָנוּ
בְּקוּם עָלֵינוּ אָדָם׃
אֲזַי חַיִּים בְּלָעוּנוּ
בַּחֲרוֹת אַפָּם בָּנוּ׃
אֲזַי הַמַּיִם שְׁטָפוּנוּ
נַחְלָה עָבַר עַל־נַפְשֵׁנוּ׃
אֲזַי עָבַר עַל־נַפְשֵׁנוּ
הַמַּיִם הַזֵּידוֹנִים׃

בָּרוּךְ יְהוָה
שֶׁלֹּא נְתָנָנוּ טֶרֶף לְשִׁנֵּיהֶם׃
נַפְשֵׁנוּ כְּצִפּוֹר נִמְלְטָה
מִפַּח יוֹקְשִׁים
הַפַּח נִשְׁבָּר
וַאֲנַחְנוּ נִמְלָטְנוּ׃
עֶזְרֵנוּ בְּשֵׁם יְהוָה
עֹשֵׂה שָׁמַיִם וָאָרֶץ׃

Ein Wallfahrtslied. 1
Von David.

Wäre es der TREUE nicht, der für uns war
– soll Israel doch sagen – ,
wäre es der TREUE nicht, der für uns war, 2
als sich die Menschen gegen uns erhoben,
dann hätten sie uns bei lebendigem Leib verschlungen 3
in ihrem glühenden Zorn auf uns,
dann hätten uns die Wasser überflutet, 4
ein Sturzbach wäre über unser Leben hingeschossen –
dann wären über unser Leben hingeschossen 5
die wilden Wasserwogen!

Gepriesen sei der TREUE, 6
dass er uns ihren Zähnen nicht zum Fraß gegeben hat!
Unsere Seele ist davongekommen wie ein Vogel 7
aus dem Netz von Fallenstellern;
das Netz, es ist zerrissen,
und wir, wir sind davongekommen.
Unseren Beistand haben wir im Namen des TREUEN, 8
des Schöpfers von Himmel und Erde.

Psalm 125

Ein Wallfahrtslied.	שִׁיר הַמַּעֲלוֹת
Die auf den HERRN hoffen, werden nicht fallen,	הַבֹּטְחִים בַּיהוָה כְּהַר־צִיּוֹן
sondern ewig bleiben wie der Berg Zion.	לֹא־יִמּוֹט לְעוֹלָם יֵשֵׁב׃
Wie um Jerusalem Berge sind,	יְרוּשָׁלִַם הָרִים סָבִיב לָהּ
so ist der HERR um sein Volk her	וַיהוָה סָבִיב לְעַמּוֹ
von nun an bis in Ewigkeit.	מֵעַתָּה וְעַד־עוֹלָם׃
Denn der Gottlosen Zepter wird nicht bleiben	כִּי לֹא יָנוּחַ שֵׁבֶט הָרֶשַׁע
über dem Erbteil der Gerechten,	עַל גּוֹרַל הַצַּדִּיקִים
damit die Gerechten ihre Hand	לְמַעַן לֹא־יִשְׁלְחוּ הַצַּדִּיקִים
nicht ausstrecken zur Ungerechtigkeit.	בְּעַוְלָתָה יְדֵיהֶם׃
HERR, tu wohl den Guten	הֵיטִיבָה יְהוָה לַטּוֹבִים
und denen, die frommen Herzens sind.	וְלִישָׁרִים בְּלִבּוֹתָם׃
Die aber abweichen auf ihre krummen Wege,	וְהַמַּטִּים עֲקַלְקַלּוֹתָם
wird der HERR dahinfahren lassen mit den Übeltätern.	יוֹלִיכֵם יְהוָה אֶת־פֹּעֲלֵי הָאָוֶן
Friede sei über Israel!	שָׁלוֹם עַל־יִשְׂרָאֵל׃

Ein Wallfahrtslied. 1

Die auf den TREUEN ihr Vertrauen setzen, die sind wie der Zionsberg,
der wankt nicht, thront in Ewigkeit:
Jerusalem, Berge um die Stadt 2
und der TREUE um sein Volk
von nun an bis in Ewigkeit.

Fürwahr, nicht soll sich das Schurkenzepter niederlassen 3
auf dem Erbland der Gerechten,
damit sie nicht ausstrecken, die Gerechten,
ihre Hände, um zu freveln!

Tu doch, TREUER, Gutes an den Guten 4
und an denen, die in ihrem Herzen redlich sind!
Doch die zu ihren krummen Wegen neigen, 5
die führe der TREUE mit den Übeltätern zusammen.

Frieden über Israel!

Psalm 126

Ein Wallfahrtslied.

Wenn der HERR die Gefangenen Zions erlösen wird,
so werden wir sein wie die Träumenden.
Dann wird unser Mund voll Lachens
und unsre Zunge voll Rühmens sein.
Dann wird man sagen unter den Heiden:
Der HERR hat Großes an ihnen getan!
Der HERR hat Großes an uns getan;
des sind wir fröhlich.

HERR, bringe zurück unsre Gefangenen,
wie du die Bäche wiederbringst im Südland.
Die mit Tränen säen,
werden mit Freuden ernten.
Sie gehen hin und weinen
und streuen ihren Samen
und kommen mit Freuden
und bringen ihre Garben.

שִׁ֗יר הַֽמַּ֫עֲל֥וֹת

בְּשׁ֣וּב יְ֭הוָה אֶת־שִׁיבַ֣ת צִיּ֑וֹן
הָ֝יִ֗ינוּ כְּחֹלְמִֽים׃
אָ֤ז יִמָּלֵ֪א שְׂח֡וֹק פִּינוּ֮
וּלְשׁוֹנֵ֪נוּ רִ֫נָּ֥ה
אָ֭ז יֹאמְר֣וּ בַגּוֹיִ֑ם
הִגְדִּ֥יל יְ֝הוָ֗ה לַעֲשׂ֥וֹת עִם־אֵֽלֶּה׃
הִגְדִּ֣יל יְ֭הוָה לַעֲשׂ֣וֹת עִמָּ֑נוּ
הָיִ֥ינוּ שְׂמֵחִֽים׃

שׁוּבָ֣ה יְ֭הוָה אֶת־שבותנו°
כַּאֲפִיקִ֥ים בַּנֶּֽגֶב׃
הַזֹּרְעִ֥ים בְּדִמְעָ֗ה
בְּרִנָּ֥ה יִקְצֹֽרוּ׃
הָ֘ל֤וֹךְ יֵלֵ֨ךְ ׀ וּבָכֹה֮
נֹשֵׂ֪א מֶֽשֶׁךְ־הַ֫זָּ֥רַע
בֹּֽא־יָבֹ֥א בְרִנָּ֑ה
נֹ֝שֵׂ֗א אֲלֻמֹּתָֽיו׃

126

Ein Wallfahrtslied. 1

Als der TREUE sie, die Schicksalswende Zions, brachte,
waren wir wie Träumende;
damals war von Lachen unser Mund erfüllt 2
und von Jubel unsere Zunge,
damals sprach man bei den Völkern:
„Großes hat der TREUE da getan an denen!“
Großes hat der TREUE da getan an uns, 3
wir waren glücklich!

Bring sie doch, TREUER, unsere Gefangenen, zurück 4
so wie die Wasserfluten im Südland!
Die unter Tränen ihre Saat ausstreuen müssen, 5
sollen unter Jubel ihre Ernte schneiden;
der mit Weinen seinen Weg zu gehen hat, 6
den Beutel mit dem Saatgut tragend,
unter Jubel soll er daherkommen,
seine vollen Garben tragend.

Psalm 127

Von Salomo,	שִׁיר הַמַּעֲלוֹת
ein Wallfahrtslied.	לִשְׁלֹמֹה
Wenn der HERR nicht das Haus baut,	אִם־יְהוָה ׀ לֹא־יִבְנֶה בַיִת
so arbeiten umsonst, die daran bauen.	שָׁוְא ׀ עָמְלוּ בוֹנָיו בּוֹ
Wenn der HERR nicht die Stadt behütet,	אִם־יְהוָה לֹא־יִשְׁמָר־עִיר
so wacht der Wächter umsonst.	שָׁוְא ׀ שָׁקַד שׁוֹמֵר׃
Es ist umsonst, dass ihr früh aufsteht	שָׁוְא לָכֶם ׀ מַשְׁכִּימֵי קוּם
und hernach lange sitzet	מְאַחֲרֵי־שֶׁבֶת
und esset euer Brot mit Sorgen;	אֹכְלֵי לֶחֶם הָעֲצָבִים
denn seinen Freunden gibt er es im Schlaf.	כֵּן יִתֵּן לִידִידוֹ שֵׁנָא׃
Siehe, Kinder sind eine Gabe des HERRN,	הִנֵּה נַחֲלַת יְהוָה בָּנִים
und Leibesfrucht ist ein Geschenk.	שָׂכָר פְּרִי הַבָּטֶן׃
Wie Pfeile in der Hand eines Starken,	כְּחִצִּים בְּיַד־גִּבּוֹר
so sind die Söhne der Jugendzeit.	כֵּן בְּנֵי הַנְּעוּרִים׃
Wohl dem, der seinen Köcher	אַשְׁרֵי הַגֶּבֶר אֲשֶׁר מִלֵּא
mit ihnen gefüllt hat!	אֶת־אַשְׁפָּתוֹ מֵהֶם
Sie werden nicht zuschanden, wenn sie mit ihren Feinden	לֹא־יֵבֹשׁוּ כִּי־יְדַבְּרוּ
verhandeln im Tor.	אֶת־אוֹיְבִים בַּשָּׁעַר׃

Ein Wallfahrtslied. 1
Von Salomo.

Wenn der TREUE nicht das Haus baut,
haben sich umsonst bemüht, die daran bauen,
wenn der TREUE nicht die Stadt behütet,
hat umsonst der Wächter gewacht,
es ist umsonst für euch, dass ihr Frühaufsteher seid 2
und keinen Feierabend macht
und das mit Quälerei erworbene Brot verzehrt –
so ist es doch: Er schenkt es seinem Freund im Schlaf.

Sieh, das vom TREUEN verliehene Erbe sind Kinder, 3
Lohn ist die Frucht des Mutterleibes,
Pfeilen gleich in eines Starken Hand, 4
so sind die Kinder der Jugendzeit.
Wohl dem Mann, der sich gefüllt hat 5
davon seinen Köcher!
Die sind nicht verlegen, wenn sie verhandeln müssen
im Tor mit den Feinden.

Psalm 128

Ein Wallfahrtslied.

שִׁיר הַֽמַּֽעֲלוֹת

Wohl dem, der den HERRN fürchtet
und auf seinen Wegen geht!
Du wirst dich nähren von deiner Hände Arbeit;
wohl dir, du hast's gut.
Deine Frau wird sein wie ein fruchtbarer Weinstock
drinnen in deinem Hause,
deine Kinder wie junge Ölbäume
um deinen Tisch her.

אַ֭שְׁרֵי כָּל־יְרֵ֣א יְהוָ֑ה
הַ֝הֹלֵ֗ךְ בִּדְרָכָֽיו׃
יְגִ֣יעַ כַּ֭פֶּיךָ כִּ֣י תֹאכֵ֑ל
אַ֝שְׁרֶ֗יךָ וְט֣וֹב לָֽךְ׃
אֶשְׁתְּךָ֤ ׀ כְּגֶ֥פֶן פֹּרִיָּה֮
בְּיַרְכְּתֵ֪י בֵ֫יתֶ֥ךָ
בָּ֭נֶיךָ כִּשְׁתִלֵ֣י זֵיתִ֑ים
סָ֝בִ֗יב לְשֻׁלְחָנֶֽךָ׃

Siehe, so
wird gesegnet der Mann,
der den HERRN fürchtet.
Der HERR wird dich segnen aus Zion,
dass du siehst das Glück Jerusalems
dein Leben lang
und siehst Kinder deiner Kinder.
Friede sei über Israel!

הִנֵּ֣ה כִי־כֵ֭ן
יְבֹ֣רַךְ גָּ֑בֶר
יְרֵ֣א יְהוָֽה׃
יְבָרֶכְךָ֥ יְהוָ֗ה מִצִּ֫יּ֥וֹן
וּ֭רְאֵה בְּט֣וּב יְרוּשָׁלִָ֑ם
כֹּ֝֗ל יְמֵ֣י חַיֶּֽיךָ׃
וּרְאֵֽה־בָנִ֥ים לְבָנֶ֑יךָ
שָׁ֝ל֗וֹם עַל־יִשְׂרָאֵֽל׃

128

Ein Wallfahrtslied. 1

Wohl jedem, der den TREUEN fürchtet,
der auf seinen Wegen wandelt:
Den Ertrag deiner Hände, dass du ihn genießt, 2
wohl dir und Glück für dich!
Deine Frau wird wie der Weinstock fruchtbar sein 3
in den Gemächern deines Hauses,
deine Kinder werden sein wie Ölbaumschösslinge
um deinen Tisch herum.

Siehe, ja, so ist's: 4
Gesegnet wird der Mann,
der den TREUEN fürchtet –
der TREUE segne dich von Zion her! 5
Dann schaue auf das Glück Jerusalems
die ganzen Tage deines Lebens,
dann schaue Kinder deiner Kinder – 6
Frieden über Israel!

Psalm 129

Ein Wallfahrtslied.	שִׁיר הַמַּעֲלוֹת
Sie haben mich oft bedrängt von meiner Jugend auf	רַבַּת צְרָרוּנִי מִנְּעוּרָי
– so sage Israel –,	יֹאמַר־נָא יִשְׂרָאֵל׃
sie haben mich oft bedrängt von meiner Jugend auf;	רַבַּת צְרָרוּנִי מִנְּעוּרָי
aber sie haben mich nicht überwältigt.	גַּם לֹא־יָכְלוּ לִי׃
Die Pflüger haben auf meinem Rücken geackert	עַל־גַּבִּי חָרְשׁוּ חֹרְשִׁים
und ihre Furchen lang gezogen.	הֶאֱרִיכוּ למענותם° ׃
Der HERR, der gerecht ist,	יְהוָה צַדִּיק
hat der Gottlosen Stricke zerhauen.	קִצֵּץ עֲבוֹת רְשָׁעִים
Ach dass zuschanden würden und zurückwichen	יֵבֹשׁוּ וְיִסֹּגוּ אָחוֹר
alle, die Zion gram sind!	כֹּל שֹׂנְאֵי צִיּוֹן׃
Ach dass sie würden wie das Gras auf den Dächern,	יִהְיוּ כַּחֲצִיר גַּגּוֹת
das verdorrt, ehe man es ausrauft,	שֶׁקַּדְמַת שָׁלַף יָבֵשׁ׃
mit dem der Schnitter seine Hand nicht füllt	שֶׁלֹּא מִלֵּא כַפּוֹ קוֹצֵר
noch der Garbenbinder seinen Arm;	וְחִצְנוֹ מְעַמֵּר׃
und keiner, der vorübergeht, soll sprechen:	וְלֹא אָמְרוּ ׀ הָעֹבְרִים
Der Segen des HERRN sei über euch!	בִּרְכַּת־יְהוָה אֲלֵיכֶם
Wir segnen euch im Namen des HERRN.	בֵּרַכְנוּ אֶתְכֶם בְּשֵׁם יְהוָה׃

Ein Wallfahrtslied. 1

Reichlich haben sie mir zugesetzt von Jugend auf
– soll Israel doch sagen – ,
reichlich haben sie mir zugesetzt von Jugend auf, 2
doch sie haben mich nicht überwältigt.
Gepflügt auf meinem Rücken haben Pflüger, 3
sie haben ihre Furchen lang gezogen –
der TREUE ist gerecht, 4
er hat den Strick der Schurken durchgeschnitten.

Würden doch zuschanden und wichen doch zurück 5
alle, die Zion hassen!
Sie sollen werden wie das Gras auf Dächern, 6
das schon, ehe man es ausgerissen hat, verdorrt ist,
mit dem der Schnitter seine Hand nicht füllen konnte 7
noch der Garbenbinder seinen Bausch!
Und dann werden die Vorübergehenden nicht sagen: 8
„Der Segen des TREUEN komme zu euch!“

Euch aber haben wir gesegnet im Namen des TREUEN!

Psalm 130

Ein Wallfahrtslied.	שִׁיר הַמַּעֲלוֹת
Aus der Tiefe rufe ich, HERR, zu dir.	מִמַּעֲמַקִּים קְרָאתִיךָ יְהוָה׃
Herr, höre meine Stimme!	אֲדֹנָי שִׁמְעָה בְקוֹלִי
Lass deine Ohren merken	תִּהְיֶינָה אָזְנֶיךָ קַשֻּׁבוֹת
auf die Stimme meines Flehens!	לְקוֹל תַּחֲנוּנָי׃
Wenn du, HERR, Sünden anrechnen willst –	אִם־עֲוֺנוֹת תִּשְׁמָר־יָהּ
Herr, wer wird bestehen?	אֲדֹנָי מִי יַעֲמֹד׃
Denn bei dir ist die Vergebung,	כִּי־עִמְּךָ הַסְּלִיחָה
dass man dich fürchte.	לְמַעַן תִּוָּרֵא׃
Ich harre des HERRN,	קִוִּיתִי יְהוָה
meine Seele harret,	קִוְּתָה נַפְשִׁי
und ich hoffe auf sein Wort.	וְלִדְבָרוֹ הוֹחָלְתִּי׃
Meine Seele wartet auf den Herrn	נַפְשִׁי לַאדֹנָי
mehr als die Wächter auf den Morgen;	מִשֹּׁמְרִים לַבֹּקֶר
mehr als die Wächter auf den Morgen	שֹׁמְרִים לַבֹּקֶר׃
hoffe Israel auf den HERRN!	יַחֵל יִשְׂרָאֵל אֶל־יְהוָה
Denn bei dem HERRN ist die Gnade	כִּי־עִם־יְהוָה הַחֶסֶד
und viel Erlösung bei ihm.	וְהַרְבֵּה עִמּוֹ פְדוּת׃
Und er wird Israel erlösen	וְהוּא יִפְדֶּה אֶת־יִשְׂרָאֵל
aus allen seinen Sünden.	מִכֹּל עֲוֺנֹתָיו׃

130

Ein Wallfahrtslied. 1

Aus Abgrundtiefen habe ich dich angerufen, TREUER:
„Mein Vater, höre doch auf meine laute Stimme, 2
möchten deine Ohren doch aufmerksam werden
auf mein lautes Flehen!
Wenn du auf Vergehen achtest, TREUER, 3
mein Vater, wer kann dann bestehen?
Nein, bei dir ist die Vergebung, 4
damit du gefürchtet wirst!“

Auf den TREUEN habe ich gehofft, 5
hat mein Innerstes gehofft,
und ich habe auf sein Wort geharrt,
mein Innerstes auf meinen Vater, 6
mehr als Wächter auf den Morgen!

Wie Wächter auf den Morgen
harre, Israel, doch auf den TREUEN! 7
Denn die Liebe ist ja bei dem TREUEN,
und Erlösung, eine Menge ist bei ihm;
er nämlich, er wird gerade Israel erlösen 8
von allen seinen Schuldverstrickungen.

Psalm 131

Von David,
ein Wallfahrtslied.

שִׁ֥יר הַֽמַּֽעֲל֗וֹת
לְדָ֫וִ֥ד

HERR, mein Herz ist nicht hoffärtig,
und meine Augen sind nicht stolz.
Ich gehe nicht um mit großen Dingen,
die mir zu wunderbar sind.

יְהוָ֤ה ׀ לֹא־גָבַ֣הּ לִ֭בִּי
וְלֹא־רָמ֣וּ עֵינַ֑י
וְלֹֽא־הִלַּ֓כְתִּי ׀ בִּגְדֹל֖וֹת
וּבְנִפְלָא֣וֹת מִמֶּֽנִּי׃

Fürwahr, meine Seele ist still
und ruhig geworden
wie ein kleines Kind bei seiner Mutter;
wie ein kleines Kind, so ist meine Seele in mir.

אִם־לֹ֤א שִׁוִּ֨יתִי ׀
וְדוֹמַ֗מְתִּי נַ֫פְשִׁ֥י
כְּ֭גָמֻל עֲלֵ֣י אִמּ֑וֹ
כַּגָּמֻ֖ל עָלַ֣י נַפְשִֽׁי׃

Israel hoffe auf den HERRN
von nun an bis in Ewigkeit!

יַחֵ֣ל יִ֭שְׂרָאֵל אֶל־יְהוָ֑ה
מֵ֝עַתָּ֗ה וְעַד־עוֹלָֽם׃

Ein Wallfahrtslied. 1
Von David.

Nicht hoch hinaus, du TREUER, hat mein Herz gewollt,
und nicht haben meine Augen sich erhoben,
und nicht mit großen Dingen bin ich umgegangen
und mit solchen, die zu wunderbar für mich gewesen sind –

nein, besänftigt habe ich 2
und beruhigt habe ich mich,
wie ein kleines Kind auf seiner Mutter,
wie das kleine Kind auf mir bin ich.

Harre, Israel, doch auf den TREUEN 3
von jetzt an bis in Ewigkeit!

Psalm 132

Ein Wallfahrtslied.	שִׁיר הַֽמַּעֲלוֹת
Gedenke, HERR, an David	זְכוֹר־יְהוָה לְדָוִד
und an all seine Mühsal,	אֵת כָּל־עֻנּוֹתוֹ׃
der dem HERRN einen Eid schwor	אֲשֶׁר נִשְׁבַּע לַיהוָה
und gelobte dem Mächtigen Jakobs:	נָדַר לַאֲבִיר יַעֲקֹב׃
Ich will nicht in mein Haus gehen	אִם־אָבֹא בְּאֹהֶל בֵּיתִי
noch mich aufs Lager meines Bettes legen,	אִם־אֶעֱלֶה עַל־עֶרֶשׂ יְצוּעָי׃
ich will meine Augen nicht schlafen lassen	אִם־אֶתֵּן שְׁנַת לְעֵינָי
noch meine Augenlider schlummern,	לְעַפְעַפַּי תְּנוּמָה׃
bis ich eine Stätte finde für den HERRN,	עַד־אֶמְצָא מָקוֹם לַיהוָה
eine Wohnung für den Mächtigen Jakobs.	מִשְׁכָּנוֹת לַאֲבִיר יַעֲקֹב׃
Siehe, wir hörten von ihr in Efrata,	הִנֵּה־שְׁמַעֲנוּהָ בְאֶפְרָתָה
wir haben sie gefunden im Gefilde von Jaar.	מְצָאנוּהָ בִּשְׂדֵי־יָעַר׃
Wir wollen in seine Wohnung gehen	נָבוֹאָה לְמִשְׁכְּנוֹתָיו
und anbeten vor dem Schemel seiner Füße.	נִשְׁתַּחֲוֶה לַהֲדֹם רַגְלָיו׃
HERR, mache dich auf zur Stätte deiner Ruhe,	קוּמָה יְהוָה לִמְנוּחָתֶךָ
du und die Lade deiner Macht!	אַתָּה וַאֲרוֹן עֻזֶּךָ׃
Deine Priester lass sich kleiden mit Gerechtigkeit	כֹּהֲנֶיךָ יִלְבְּשׁוּ־צֶדֶק
und deine Heiligen sich freuen.	וַחֲסִידֶיךָ יְרַנֵּנוּ׃
Weise nicht ab das Antlitz deines Gesalbten	בַּעֲבוּר דָּוִד עַבְדֶּךָ
um deines Knechtes David willen!	אַל־תָּשֵׁב פְּנֵי מְשִׁיחֶךָ׃
Der HERR hat David einen Eid geschworen,	נִשְׁבַּע־יְהוָה ׀ לְדָוִד
davon wird er sich wahrlich nicht wenden:	אֱמֶת לֹא־יָשׁוּב מִמֶּנָּה
Ich will dir auf deinen Thron setzen einen,	מִפְּרִי בִטְנְךָ
der von deinem Leibe kommt.	אָשִׁית לְכִסֵּא־לָךְ׃
Werden deine Söhne meinen Bund halten	אִם־יִשְׁמְרוּ בָנֶיךָ ׀ בְּרִיתִי
und mein Gebot, das ich sie lehren werde,	וְעֵדֹתִי זוֹ אֲלַמְּדֵם
so sollen auch ihre Söhne	גַּם־בְּנֵיהֶם עֲדֵי־עַד
auf deinem Thron sitzen ewiglich.	יֵשְׁבוּ לְכִסֵּא־לָךְ׃
Denn der HERR hat Zion erwählt,	כִּי־בָחַר יְהוָה בְּצִיּוֹן
und es gefällt ihm, dort zu wohnen.	אִוָּהּ לְמוֹשָׁב לוֹ׃
„Dies ist die Stätte meiner Ruhe ewiglich;	זֹאת־מְנוּחָתִי עֲדֵי־עַד
hier will ich wohnen, denn das gefällt mir.	פֹּה־אֵשֵׁב כִּי אִוִּתִיהָ׃
Ich will ihre Speise segnen	צֵידָהּ בָּרֵךְ אֲבָרֵךְ
und ihren Armen Brot genug geben.	אֶבְיוֹנֶיהָ אַשְׂבִּיעַ לָחֶם׃
Ihre Priester will ich mit Heil kleiden,	וְכֹהֲנֶיהָ אַלְבִּישׁ יֶשַׁע
und ihre Heiligen sollen fröhlich sein.	וַחֲסִידֶיהָ רַנֵּן יְרַנֵּנוּ׃
Dort soll dem David aufgehen ein mächtiger Spross,	שָׁם אַצְמִיחַ קֶרֶן לְדָוִד
ich habe meinem Gesalbten eine Leuchte zugerichtet;	עָרַכְתִּי נֵר לִמְשִׁיחִי׃
seine Feinde will ich in Schande kleiden,	אוֹיְבָיו אַלְבִּישׁ בֹּשֶׁת
aber über ihm soll blühen seine Krone.“	וְעָלָיו יָצִיץ נִזְרוֹ׃

Ein Wallfahrtslied. 1

Denk, du TREUER, doch an David,
an sie, an alle seine Mühe,
der geschworen hat dem TREUEN, 2
gelobt dem Starken Jakobs:
„Nicht betrete ich das Wohnzelt meines Hauses, 3
nicht besteige ich die Bettstatt meines Lagers,
ich gönne meinen Augen keinen Schlaf 4
noch Schlummer meinen Lidern,
bis ich eine Stätte finde für den TREUEN, 5
eine Wohnung für den Starken Jakobs!“

Siehe, von ihr haben wir gehört in Efrata, 6
wir haben sie gefunden im Gefilde Jaars,
lasst uns zu seiner Wohnung kommen, 7
wir wollen vor dem Schemel seiner Füße niederfallen:
„Erheb dich doch zu deiner Ruhestatt, du TREUER, 8
du und die Lade deiner Macht,
deine Priester sollen sich nach rechter Ordnung kleiden, 9
und deine Frommen sollen jubeln,
um Davids, deines Knechtes, willen 10
weis das Gesicht deines Gesalbten doch nicht ab!“

Geschworen hat der TREUE dem David, 11
zuverlässig, davon geht er nicht mehr ab:
„Von der Frucht aus deinem Leibe
setze ich dir einen auf den Thron.
Wenn deine Söhne meinen Bund bewahren 12
und meine Selbstverpflichtung, welche ich sie lehre,
dann werden ihre Söhne auch für alle Zeit
für dich auf den Thron zu sitzen kommen!“
Hat doch der TREUE Zion auserwählt, 13
sie für sich als Sitz gewünscht:

„Dies ist meine Ruhestatt für alle Zeit, 14
hier bleibe ich, sie habe ich mir ja gewünscht.
Ihre Nahrung werde ich ganz zuverlässig segnen, 15
ihre Armen werde ich mit Brot satt machen,
und ihre Priester werde ich mit Heil einkleiden, 16
und ihre Frommen werden unablässig jubeln.
Dort werde ich ein Horn für David sprießen lassen, 17
eine Leuchte habe ich bereitgemacht für meinen Gesalbten,
seine Feinde werde ich mit Schande kleiden, 18
doch auf ihm, da wird sein Diadem erglänzen!“

Psalm 133

Von David,	שִׁיר הַמַּעֲלוֹת
ein Wallfahrtslied.	לְדָוִד
Siehe, wie fein und lieblich ist's,	הִנֵּה מַה־טּוֹב וּמַה־נָּעִים
wenn Brüder einträchtig beieinander wohnen!	שֶׁבֶת אַחִים גַּם־יָחַד׃
Es ist wie das feine Salböl	כַּשֶּׁמֶן הַטּוֹב ׀ עַל־הָרֹאשׁ
auf dem Haupte Aarons,	יֹרֵד עַל־הַזָּקָן
das herabfließt in seinen Bart,	זְקַן־אַהֲרֹן
das herabfließt zum Saum seines Kleides,	שֶׁיֹּרֵד עַל־פִּי מִדּוֹתָיו׃
wie der Tau, der vom Hermon	כְּטַל־חֶרְמוֹן
herabfällt auf die Berge Zions!	שֶׁיֹּרֵד עַל־הַרְרֵי צִיּוֹן
Denn dort verheißt der HERR den Segen	כִּי שָׁם ׀ צִוָּה יְהוָה אֶת־הַבְּרָכָה
und Leben bis in Ewigkeit.	חַיִּים עַד־הָעוֹלָם׃

Ein Wallfahrtslied. 1
Von David.

Sieh da, wie gut und wie lieblich es ist,
wo Brüder auch zusammenbleiben!

Das ist, wie das gute Salböl auf dem Kopf 2
herabfließt auf den Bart,
auf Aarons Bart,
der herabfließt auf den Saum seiner Gewänder,
das ist wie der Tau des Hermon, 3
der herabfließt auf die Berge Zions.

Denn dort hat der TREUE ihm, dem Segen, ja geboten:
Leben bis zur Ewigkeit!

Psalm 134

Ein Wallfahrtslied.

שִׁיר הַמַּעֲלוֹת

Wohlan, lobet den HERRN,
alle Knechte des HERRN,
die ihr steht des Nachts
im Hause des HERRN!
Hebet eure Hände auf im Heiligtum
und lobet den HERRN!
Der HERR segne dich aus Zion,
der Himmel und Erde gemacht hat!

הִנֵּה ׀ בָּרְכוּ אֶת־יְהוָה
כָּל־עַבְדֵי יְהוָה
הָעֹמְדִים בְּבֵית־יְהוָה
בַּלֵּילוֹת׃
שְׂאוּ־יְדֵכֶם קֹדֶשׁ
וּבָרְכוּ אֶת־יְהוָה׃
יְבָרֶכְךָ יְהוָה מִצִּיּוֹן
עֹשֵׂה שָׁמַיִם וָאָרֶץ׃

Ein Wallfahrtslied. 1

Auf, preist ihn, den TREUEN,
alle ihr Knechte des TREUEN,
die ihr steht im Haus des TREUEN
in den Nächten,
erhebt eure Hände zum Heiligtum 2
und preist ihn, den TREUEN!
Segnet doch der TREUE dich von Zion aus, 3
der Schöpfer von Himmel und Erde.

Psalm 135

Halleluja!	הַלְלוּ יָהּ ׀
Lobet den Namen des HERRN,	הַלְלוּ אֶת־שֵׁם יְהוָה
lobet, ihr Knechte des HERRN,	הַלְלוּ עַבְדֵי יְהוָה׃
die ihr steht im Hause des HERRN,	שֶׁעֹמְדִים בְּבֵית יְהוָה
in den Vorhöfen am Hause unsres Gottes!	בְּחַצְרוֹת בֵּית אֱלֹהֵינוּ׃
Lobet den HERRN, denn der HERR ist freundlich;	הַלְלוּ־יָהּ כִּי־טוֹב יְהוָה
lobsinget seinem Namen, denn er ist lieblich!	זַמְּרוּ לִשְׁמוֹ כִּי נָעִים׃
Denn der HERR hat sich Jakob erwählt,	כִּי־יַעֲקֹב בָּחַר לוֹ יָהּ
Israel zu seinem Eigentum.	יִשְׂרָאֵל לִסְגֻלָּתוֹ׃
Ja, ich weiß, dass der HERR groß ist	כִּי אֲנִי יָדַעְתִּי כִּי־גָדוֹל יְהוָה
und unser Herr über allen Göttern.	וַאֲדֹנֵינוּ מִכָּל־אֱלֹהִים׃
Alles, was er will,	כֹּל אֲשֶׁר־חָפֵץ יְהוָה
das tut er im Himmel und auf Erden,	עָשָׂה בַּשָּׁמַיִם וּבָאָרֶץ
im Meer und in allen Tiefen;	בַּיַּמִּים וְכָל־תְּהוֹמוֹת׃
der die Wolken lässt aufsteigen vom Ende der Erde,	מַעֲלֶה נְשִׂאִים מִקְצֵה הָאָרֶץ
der die Blitze samt dem Regen macht,	בְּרָקִים לַמָּטָר עָשָׂה
der den Wind herausführt aus seinen Kammern;	מוֹצֵא־רוּחַ מֵאוֹצְרוֹתָיו׃
der die Erstgeburten schlug in Ägypten	שֶׁהִכָּה בְּכוֹרֵי מִצְרָיִם
bei den Menschen und beim Vieh	מֵאָדָם עַד־בְּהֵמָה׃
und ließ Zeichen und Wunder kommen	שָׁלַח ׀ אֹתוֹת וּמֹפְתִים
über dich, Ägyptenland,	בְּתוֹכֵכִי מִצְרָיִם
über den Pharao und alle seine Knechte;	בְּפַרְעֹה וּבְכָל־עֲבָדָיו׃
der viele Völker schlug	שֶׁהִכָּה גּוֹיִם רַבִּים
und tötete mächtige Könige,	וְהָרַג מְלָכִים עֲצוּמִים׃
Sihon, den König der Amoriter,	לְסִיחוֹן ׀ מֶלֶךְ הָאֱמֹרִי
und Og, den König von Baschan,	וּלְעוֹג מֶלֶךְ הַבָּשָׁן
und alle Königreiche in Kanaan,	וּלְכֹל מַמְלְכוֹת כְּנָעַן׃
und gab ihr Land zum Erbe,	וְנָתַן אַרְצָם נַחֲלָה
zum Erbe seinem Volk Israel.	נַחֲלָה לְיִשְׂרָאֵל עַמּוֹ׃

Lobt den TREUEN! 1

Lobt ihn, den Namen des TREUEN,
lobt, ihr Knechte des TREUEN,
die ihr steht im Haus des TREUEN, 2
in den Höfen des Hauses unseres Gottes –
lobt den TREUEN, ist der TREUE doch gütig, 3
spielt seinem Namen, ist er doch lieblich!

Hat er Jakob doch sich auserwählt, der TREUE, 4
Israel zu seinem Schatz,
weiß doch ich es, dass der TREUE groß ist 5
und unser Vater größer als die ganze Götterwelt –
alles, was dem TREUEN Freude macht, 6
schuf er im Himmel und auf Erden,
in den Meeren und allen Fluten.

Der vom Rand der Erde Wolken hochbringt, 7
Blitze machte er zu Regen,
der den Wind aus seinen Kammern ziehen lässt,
der die Erstgeburten von Ägypten schlug, 8
vom Menschen bis zum Vieh –
der sandte Zeichen und Wunder 9
in deine Mitte, Ägypten,
zum Pharao sowie zu allen seinen Knechten.

Der ungezählte Völker schlug 10
und dabei starke Könige getötet hat –
das gilt für Sichon, den König der Amoriter, 11
und Og, den König von Basan,
und alle Königreiche Kanaans – ,
der hat auch ihr Land als Erbbesitz vergeben, 12
als Erbbesitz für Israel, sein Volk.

Psalm 135

HERR, dein Name währet ewiglich,	יְהוָה שִׁמְךָ לְעוֹלָם
dein Ruhm, HERR, währet für und für.	יְהוָה זִכְרְךָ לְדֹר־וָדֹר׃
Denn der HERR schafft Recht seinem Volk	כִּי־יָדִין יְהוָה עַמּוֹ
und wird seinen Knechten gnädig sein.	וְעַל־עֲבָדָיו יִתְנֶחָם׃
Die Götzen der Heiden sind Silber und Gold,	עֲצַבֵּי הַגּוֹיִם כֶּסֶף וְזָהָב
gemacht von Menschenhänden.	מַעֲשֵׂה יְדֵי אָדָם׃
Sie haben Mäuler und reden nicht,	פֶּה־לָהֶם וְלֹא יְדַבֵּרוּ
sie haben Augen und sehen nicht,	עֵינַיִם לָהֶם וְלֹא יִרְאוּ׃
sie haben Ohren und hören nicht,	אָזְנַיִם לָהֶם וְלֹא יַאֲזִינוּ
auch ist kein Odem in ihrem Munde.	אַף אֵין־יֶשׁ־רוּחַ בְּפִיהֶם׃
Die solche Götzen machen, sind ihnen gleich,	כְּמוֹהֶם יִהְיוּ עֹשֵׂיהֶם
alle, die auf sie hoffen.	כֹּל אֲשֶׁר־בֹּטֵחַ בָּהֶם׃
Das Haus Israel lobe den HERRN!	בֵּית יִשְׂרָאֵל בָּרְכוּ אֶת־יְהוָה
Lobet den HERRN, ihr vom Hause Aaron!	בֵּית אַהֲרֹן בָּרְכוּ אֶת־יְהוָה׃
Ihr vom Hause Levi, lobet den HERRN!	בֵּית הַלֵּוִי בָּרְכוּ אֶת־יְהוָה
Die ihr den HERRN fürchtet, lobet den HERRN!	יִרְאֵי יְהוָה בָּרְכוּ אֶת־יְהוָה׃
Gelobt sei der HERR aus Zion,	בָּרוּךְ יְהוָה מִצִּיּוֹן
der zu Jerusalem wohnt!	שֹׁכֵן יְרוּשָׁלָם
Halleluja!	הַלְלוּ־יָהּ׃

Dein Name, TREUER, bleibt in Ewigkeit, 13
dein Gedächtnis, TREUER, reicht von Geschlecht zu Geschlecht;
denn Recht schafft der TREUE für sein Volk, 14
und er leidet mit seinen Knechten mit –
doch die Götzen der Völker sind Silber und Gold, 15
Machwerk von Menschenhänden:

Sie haben einen Mund und können doch nicht reden, 16
Augen haben sie und können doch nicht sehen,
Ohren haben sie und können doch nicht hören, 17
auch ist kein Atem in ihren Mündern –
wie sie werden ihre Macher sein, 18
jeder, der auf sie vertraut.

Haus Israel, preist ihn, den TREUEN, 19
Haus Aaron, preist ihn, den TREUEN,
Haus der Leviten, preist ihn, den TREUEN, 20
die den TREUEN fürchten, preist ihn, den TREUEN –
gepriesen sei der TREUE von Zion, 21
der in Jerusalem wohnt!

Lobt den TREUEN!

Psalm 136

Danket dem HERRN; denn er ist freundlich,	הוֹדוּ לַיהוָה כִּי־טוֹב
denn seine Güte währet ewiglich.	כִּי לְעוֹלָם חַסְדּוֹ׃
Danket dem Gott aller Götter,	הוֹדוּ לֵאלֹהֵי הָאֱלֹהִים
denn seine Güte währet ewiglich.	כִּי לְעוֹלָם חַסְדּוֹ׃
Danket dem Herrn aller Herren,	הוֹדוּ לַאֲדֹנֵי הָאֲדֹנִים
denn seine Güte währet ewiglich.	כִּי לְעוֹלָם חַסְדּוֹ׃

Der allein große Wunder tut,	לְעֹשֵׂה נִפְלָאוֹת גְּדֹלוֹת לְבַדּוֹ
denn seine Güte währet ewiglich.	כִּי לְעוֹלָם חַסְדּוֹ׃
Der die Himmel mit Weisheit gemacht hat,	לְעֹשֵׂה הַשָּׁמַיִם בִּתְבוּנָה
denn seine Güte währet ewiglich.	כִּי לְעוֹלָם חַסְדּוֹ׃
Der die Erde über den Wassern ausgebreitet hat,	לְרֹקַע הָאָרֶץ עַל־הַמָּיִם
denn seine Güte währet ewiglich.	כִּי לְעוֹלָם חַסְדּוֹ׃

Der große Lichter gemacht hat,	לְעֹשֵׂה אוֹרִים גְּדֹלִים
denn seine Güte währet ewiglich:	כִּי לְעוֹלָם חַסְדּוֹ׃
die Sonne, den Tag zu regieren,	אֶת־הַשֶּׁמֶשׁ לְמֶמְשֶׁלֶת בַּיּוֹם
denn seine Güte währet ewiglich;	כִּי לְעוֹלָם חַסְדּוֹ׃
den Mond und die Sterne, die Nacht zu regieren,	אֶת־הַיָּרֵחַ וְכוֹכָבִים לְמֶמְשְׁלוֹת בַּלָּיְלָה
denn seine Güte währet ewiglich.	כִּי לְעוֹלָם חַסְדּוֹ׃

Der die Erstgeborenen schlug in Ägypten,	לְמַכֵּה מִצְרַיִם בִּבְכוֹרֵיהֶם
denn seine Güte währet ewiglich;	כִּי לְעוֹלָם חַסְדּוֹ׃
und führte Israel von dort heraus,	וַיּוֹצֵא יִשְׂרָאֵל מִתּוֹכָם
denn seine Güte währet ewiglich;	כִּי לְעוֹלָם חַסְדּוֹ׃
mit starker Hand und ausgerecktem Arm,	בְּיָד חֲזָקָה וּבִזְרוֹעַ נְטוּיָה
denn seine Güte währet ewiglich.	כִּי לְעוֹלָם חַסְדּוֹ׃

Der das Schilfmeer teilte in zwei Teile,	לְגֹזֵר יַם־סוּף לִגְזָרִים
denn seine Güte währet ewiglich;	כִּי לְעוֹלָם חַסְדּוֹ׃
und ließ Israel mitten hindurchgehen,	וְהֶעֱבִיר יִשְׂרָאֵל בְּתוֹכוֹ
denn seine Güte währet ewiglich;	כִּי לְעוֹלָם חַסְדּוֹ׃
der den Pharao und sein Heer ins Schilfmeer stieß,	וְנִעֵר פַּרְעֹה וְחֵילוֹ בְיַם־סוּף
denn seine Güte währet ewiglich.	כִּי לְעוֹלָם חַסְדּוֹ׃

Der sein Volk führte durch die Wüste,	לְמוֹלִיךְ עַמּוֹ בַּמִּדְבָּר
denn seine Güte währet ewiglich.	כִּי לְעוֹלָם חַסְדּוֹ׃
Der große Könige schlug,	לְמַכֵּה מְלָכִים גְּדֹלִים
denn seine Güte währet ewiglich;	כִּי לְעוֹלָם חַסְדּוֹ׃
und brachte mächtige Könige um,	וַיַּהֲרֹג מְלָכִים אַדִּירִים
denn seine Güte währet ewiglich;	כִּי לְעוֹלָם חַסְדּוֹ׃

136

Dankt dem TREUEN, denn er ist gut 1
– denn in Ewigkeit bleibt seine Treue –,
dankt dem Gott der Götter 2
– denn in Ewigkeit bleibt seine Treue –,
dankt dem Herrn der Herren 3
– denn in Ewigkeit bleibt seine Treue:

Dem, der große Wunderwerke schuf, nur er allein 4
– denn in Ewigkeit bleibt seine Treue –,
dem, der den Himmel schuf mit Durchblick 5
– denn in Ewigkeit bleibt seine Treue –,
dem, der die Erde auf den Wassern festtrat 6
– denn in Ewigkeit bleibt seine Treue!

Dem, der große Lichter schuf 7
– denn in Ewigkeit bleibt seine Treue –,
die Sonne, sie zum Regiment am Tag 8
– denn in Ewigkeit bleibt seine Treue –,
ihn, den Mond, und Sterne auch zu Regimenten in der Nacht 9
– denn in Ewigkeit bleibt seine Treue!

Dem, der die Ägypter schlug an ihren Erstgeburten 10
– denn in Ewigkeit bleibt seine Treue –,
und er hat Israel herausgeführt aus ihrer Mitte 11
– denn in Ewigkeit bleibt seine Treue –,
mit starker Hand und ausgestrecktem Arm 12
– denn in Ewigkeit bleibt seine Treue!

Dem, der das Schilfmeer in Stücke zerteilte 13
– denn in Ewigkeit bleibt seine Treue –,
und er hat Israel hindurchgeführt durch dessen Mitte 14
– denn in Ewigkeit bleibt seine Treue –,
und er hat den Pharao samt seiner Streitmacht in das Schilfmeer abgeschüttelt 15
– denn in Ewigkeit bleibt seine Treue!

Dem Wegbereiter seines Volkes durch die Wüste 16
– denn in Ewigkeit bleibt seine Treue –,
dem, der große Könige geschlagen hat 17
– denn in Ewigkeit bleibt seine Treue –,
und dabei hat er starke Könige erschlagen 18
– denn in Ewigkeit bleibt seine Treue!

Psalm 136

Sihon, den König der Amoriter,	לְ֭סִיחוֹן מֶ֣לֶךְ הָאֱמֹרִ֑י
denn seine Güte währet ewiglich;	כִּ֖י לְעוֹלָ֣ם חַסְדּֽוֹ׃
und Og, den König von Baschan,	וּ֭לְעוֹג מֶ֣לֶךְ הַבָּשָׁ֑ן
denn seine Güte währet ewiglich;	כִּ֖י לְעוֹלָ֣ם חַסְדּֽוֹ׃
und gab ihr Land zum Erbe,	וְנָתַ֣ן אַרְצָ֣ם לְנַחֲלָ֑ה
denn seine Güte währet ewiglich;	כִּ֖י לְעוֹלָ֣ם חַסְדּֽוֹ׃
zum Erbe seinem Knecht Israel,	נַ֭חֲלָה לְיִשְׂרָאֵ֣ל עַבְדּ֑וֹ
denn seine Güte währet ewiglich.	כִּ֖י לְעוֹלָ֣ם חַסְדּֽוֹ׃

Der an uns dachte, als wir unterdrückt waren,	שֶׁ֭בְּשִׁפְלֵנוּ זָ֣כַר לָ֑נוּ
denn seine Güte währet ewiglich;	כִּ֖י לְעוֹלָ֣ם חַסְדּֽוֹ׃
und uns erlöste von unsern Feinden,	וַיִּפְרְקֵ֥נוּ מִצָּרֵ֑ינוּ
denn seine Güte währet ewiglich.	כִּ֖י לְעוֹלָ֣ם חַסְדּֽוֹ׃
Der Speise gibt allem Fleisch,	נֹתֵ֣ן לֶ֭חֶם לְכָל־בָּשָׂ֑ר
denn seine Güte währet ewiglich.	כִּ֖י לְעוֹלָ֣ם חַסְדּֽוֹ׃
Danket dem Gott des Himmels,	ה֭וֹדוּ לְאֵ֣ל הַשָּׁמָ֑יִם
denn seine Güte währet ewiglich.	כִּ֖י לְעוֹלָ֣ם חַסְדּֽוֹ׃

Das gilt für Sihon, den König der Amoriter 19
– denn in Ewigkeit bleibt seine Treue – ,
oder Og, den König des Basan 20
– denn in Ewigkeit bleibt seine Treue – ,
und er hat ihr Land zum Erbbesitz gegeben 21
– denn in Ewigkeit bleibt seine Treue – ,
zum Erbbesitz für Israel, für seinen Knecht 22
– denn in Ewigkeit bleibt seine Treue!

Der in unserer Niedrigkeit an uns gedacht hat 23
– denn in Ewigkeit bleibt seine Treue – ,
der hat uns auch losgerissen von unseren Bedrängern 24
– denn in Ewigkeit bleibt seine Treue – ,
der allem Nahrung gibt, was leiblich ist 25
– denn in Ewigkeit bleibt seine Treue – ,
dankt dem starken Gott des Himmels 26
– denn in Ewigkeit bleibt seine Treue!

Psalm 137

An den Wassern zu Babel saßen wir	עַל נַהֲרוֹת ׀ בָּבֶל שָׁם יָשַׁבְנוּ
und weinten, wenn wir an Zion gedachten.	גַּם־בָּכִינוּ בְּזָכְרֵנוּ אֶת־צִיּוֹן׃
Unsere Harfen hängten wir	עַל־עֲרָבִים בְּתוֹכָהּ
an die Weiden dort im Lande.	תָּלִינוּ כִּנֹּרוֹתֵינוּ׃
Denn die uns gefangen hielten,	כִּי שָׁם שְׁאֵלוּנוּ
hießen uns dort singen	שׁוֹבֵינוּ דִּבְרֵי־שִׁיר
und in unserm Heulen fröhlich sein:	וְתוֹלָלֵינוּ שִׂמְחָה
„Singet uns ein Lied von Zion!“	שִׁירוּ לָנוּ מִשִּׁיר צִיּוֹן׃
Wie könnten wir des HERRN Lied singen	אֵיךְ נָשִׁיר אֶת־שִׁיר־יְהוָה
in fremdem Lande?	עַל אַדְמַת נֵכָר׃
Vergesse ich dich, Jerusalem,	אִם־אֶשְׁכָּחֵךְ יְרוּשָׁלָ͏ִם
so verdorre meine Rechte.	תִּשְׁכַּח יְמִינִי׃
Meine Zunge soll an meinem Gaumen kleben,	תִּדְבַּק־לְשׁוֹנִי ׀ לְחִכִּי
wenn ich deiner nicht gedenke,	אִם־לֹא אֶזְכְּרֵכִי
wenn ich nicht lasse Jerusalem	אִם־לֹא אַעֲלֶה אֶת־יְרוּשָׁלַ͏ִם
meine höchste Freude sein.	עַל רֹאשׁ שִׂמְחָתִי׃
HERR, vergiss den Söhnen Edom nicht,	זְכֹר יְהוָה ׀ לִבְנֵי אֱדוֹם
was sie sagten am Tage Jerusalems:	אֵת יוֹם יְרוּשָׁלָ͏ִם הָאֹמְרִים
„Reißt nieder, reißt nieder bis auf den Grund!“	עָרוּ ׀ עָרוּ עַד הַיְסוֹד בָּהּ׃
Tochter Babel, du Verwüsterin,	בַּת־בָּבֶל הַשְּׁדוּדָה
wohl dem, der dir vergilt,	אַשְׁרֵי שֶׁיְשַׁלֶּם־לָךְ
was du uns angetan hast!	אֶת־גְּמוּלֵךְ שֶׁגָּמַלְתְּ לָנוּ׃
Wohl dem, der deine jungen Kinder nimmt	אַשְׁרֵי ׀ שֶׁיֹּאחֵז וְנִפֵּץ
und sie am Felsen zerschmettert!	אֶת־עֹלָלַיִךְ אֶל־הַסָּלַע׃

137

Dort, an den Strömen Babels, saßen wir, 1
wir mussten dabei weinen, dachten wir an sie, an Zion,
an die Weiden in ihrer Mitte 2
hatten wir unsere Harfen gehängt;
verlangten sie doch dort von uns, 3
unsere Häscher Liederverse,
unsere Treiber Frohsinn:
„Singt uns doch ein Lied von Zions Liedern!“

Wie singen wir gerade dies, des TREUEN Lied, 4
auf fremdem Boden?
Sollte ich dich je, Jerusalem, vergessen, 5
so möge meine rechte Hand verdorren,
meine Zunge klebe mir am Gaumen, 6
wenn ich nicht mehr an dich denke,
wenn ich nicht mehr sie, Jerusalem, erhebe
über meine höchste Freude!

Halt den Söhnen Edoms vor, du TREUER, 7
gerade jenen Tag Jerusalems, an dem sie sagten:
„Legt bloß, legt bloß bis zu ihrem Fundament,
du Tochter Babel, die Verheerte!“ – 8
wohl dem, der dir heimzahlt
eben deine Übeltat, die du uns angetan hast,
wohl dem, der packt und der zerschmettert 9
eben deine Säuglinge am Fels!

Psalm 138

Von David.	לְדָוִד ׀
Ich danke dir von ganzem Herzen,	אוֹדְךָ֥ בְכׇל־לִבִּ֑י
vor den Göttern will ich dir lobsingen.	נֶ֖גֶד אֱלֹהִ֣ים אֲזַמְּרֶֽךָּ׃
Ich will anbeten vor deinem heiligen Tempel	אֶשְׁתַּחֲוֶ֨ה אֶל־הֵיכַ֪ל קׇדְשְׁךָ֡
und deinen Namen preisen	וְא֘וֹדֶ֤ה אֶת־שְׁמֶ֗ךָ
für deine Güte und Treue;	עַל־חַסְדְּךָ֥ וְעַל־אֲמִתֶּ֑ךָ
denn du hast deinen Namen und dein Wort herrlich	כִּֽי־הִגְדַּ֥לְתָּ עַל־כׇּל־שִׁ֝מְךָ֗ אִמְרָתֶֽךָ׃
Wenn ich dich anrufe, so erhörst du mich [gemacht über alles.	בְּי֣וֹם קָ֭רָאתִי וַֽתַּעֲנֵ֑נִי
und gibst meiner Seele große Kraft.	תַּרְהִבֵ֖נִי בְנַפְשִׁ֣י עֹֽז׃
Es danken dir, HERR, alle Könige auf Erden,	יוֹד֣וּךָ יְ֭הֹוָה כׇּל־מַלְכֵי־אָ֑רֶץ
dass sie hören das Wort deines Mundes;	כִּ֥י שָׁ֝מְע֗וּ אִמְרֵי־פִֽיךָ׃
sie singen von den Wegen des HERRN,	וְ֭יָשִׁירוּ בְּדַרְכֵ֣י יְהֹוָ֑ה
dass die Herrlichkeit des HERRN so groß ist.	כִּ֥י גָ֝ד֗וֹל כְּב֣וֹד יְהֹוָֽה׃
Denn der HERR ist hoch und sieht auf den Niedrigen	כִּי־רָ֣ם יְ֭הֹוָה וְשָׁפָ֣ל יִרְאֶ֑ה
und kennt den Stolzen von ferne.	וְ֝גָבֹ֗הַּ מִמֶּרְחָ֥ק יְיֵדָֽע׃
Wenn ich mitten in der Angst wandle, so erquickest du mich	אִם־אֵלֵ֤ךְ ׀ בְּקֶ֥רֶב צָרָ֗ה תְּחַ֫יֵּ֥נִי
und reckst deine Hand gegen den Zorn meiner Feinde	עַ֤ל אַ֣ף אֹ֭יְבַי תִּשְׁלַ֣ח יָדֶ֑ךָ
und hilfst mir mit deiner Rechten.	וְ֝ת֥וֹשִׁיעֵ֗נִי יְמִינֶֽךָ׃
Der HERR wird meine Sache hinausführen.	יְֽהֹוָ֗ה יִגְמֹ֫ר בַּעֲדִ֥י
HERR, deine Güte ist ewig.	יְ֭הֹוָה חַסְדְּךָ֣ לְעוֹלָ֑ם
Das Werk deiner Hände wollest du nicht lassen.	מַעֲשֵׂ֖י יָדֶ֣יךָ אַל־תֶּֽרֶף׃

Von David. 1

Ich will dir von ganzem Herzen danken,
vor den Göttern spielen will ich dir,
anbeten will ich vor deinem heiligen Tempel, 2
und ich will ihn, deinen Namen, preisen,
deiner Gnade, deiner Wahrheit wegen,
denn du hast noch über deinen Ruf hinaus dein Wort so groß gemacht;
am Tage, als ich rief, da hast du mich erhört – 3
du spornst mich an in meinem Innersten mit Kraft.

Es preisen dich, du TREUER, alle Könige der Erde, 4
denn die Worte deines Mundes haben sie vernommen,
und sie singen von den Wegen des TREUEN: 5
„Ja, groß ist die Ehre des TREUEN,
ja, erhaben ist der TREUE, und doch sieht er den Niedrigen, 6
den Hochmütigen jedoch durchschaut er schon von fern!"

Ob ich auch mitten durch Angst hindurch muss, du lässt mich aufleben, 7
gegen den Zorn meiner Feinde streckst du deine Hand aus,
und mit deiner Rechten führst du mich ins Freie;
der TREUE wird's für mich vollenden – 8
du TREUER, deine Treue bleibe ewig,
die Werke deiner Hände lass nicht los!

Psalm 139

Ein Psalm Davids,	לַמְנַצֵּחַ
vorzusingen.	לְדָוִד מִזְמוֹר
HERR, du erforschest mich	יְהוָה חֲקַרְתַּנִי
und kennest mich.	וַתֵּדָע׃ אַתָּה
Ich sitze oder stehe auf, so weißt du es;	יָדַעְתָּ שִׁבְתִּי וְקוּמִי
du verstehst meine Gedanken von ferne.	בַּנְתָּה לְרֵעִי מֵרָחוֹק׃
Ich gehe oder liege, so bist du um mich	אָרְחִי וְרִבְעִי זֵרִית
und siehst alle meine Wege.	וְכָל־דְּרָכַי הִסְכַּנְתָּה׃
Denn siehe, es ist kein Wort auf meiner Zunge,	כִּי אֵין מִלָּה בִּלְשׁוֹנִי
das du, HERR, nicht schon wüsstest.	הֵן יְהוָה יָדַעְתָּ כֻלָּהּ׃
Von allen Seiten umgibst du mich	אָחוֹר וָקֶדֶם צַרְתָּנִי
und hältst deine Hand über mir.	וַתָּשֶׁת עָלַי כַּפֶּכָה׃
Diese Erkenntnis ist mir zu wunderbar und zu hoch,	פלאיה דַעַת מִמֶּנִּי
ich kann sie nicht begreifen.	נִשְׂגְּבָה לֹא־אוּכַל לָהּ׃
Wohin soll ich gehen vor deinem Geist,	אָנָה אֵלֵךְ מֵרוּחֶךָ
und wohin soll ich fliehen vor deinem Angesicht?	וְאָנָה מִפָּנֶיךָ אֶבְרָח׃
Führe ich gen Himmel, so bist du da;	אִם־אֶסַּק שָׁמַיִם שָׁם אָתָּה
bettete ich mich bei den Toten, siehe, so bist du auch da.	וְאַצִּיעָה שְּׁאוֹל הִנֶּךָּ׃
Nähme ich Flügel der Morgenröte	אֶשָּׂא כַנְפֵי־שָׁחַר
und bliebe am äußersten Meer,	אֶשְׁכְּנָה בְּאַחֲרִית יָם׃
so würde auch dort deine Hand mich führen	גַּם־שָׁם יָדְךָ תַנְחֵנִי
und deine Rechte mich halten.	וְתֹאחֲזֵנִי יְמִינֶךָ׃
Spräche ich: Finsternis möge mich decken	וָאֹמַר אַךְ־חֹשֶׁךְ יְשׁוּפֵנִי
und Nacht statt Licht um mich sein –	וְלַיְלָה אוֹר בַּעֲדֵנִי׃
so wäre auch Finsternis nicht finster bei dir,	גַּם־חֹשֶׁךְ לֹא־יַחְשִׁיךְ מִמֶּךָ
und die Nacht leuchtete wie der Tag.	וְלַיְלָה כַּיּוֹם יָאִיר
Finsternis ist wie das Licht.	כַּחֲשֵׁיכָה כָּאוֹרָה׃

Für den Chorleiter. 1
Von David. Ein Psalm.

Du TREUER, du hast mich ergründet,
und erkannt hast du mich, | du; 2
du hast mein Sitzen und mein Aufstehen schon wahrgenommen,
du hast mein Ansinnen von ferne schon durchschaut!

Mein Gehen und mein Liegen, das hast du bemessen, 3
und mit allen meinen Wegen bist du längst vertraut;
ja, es ist kein Wort auf meiner Zunge, 4
sieh, du TREUER, es ist dir ganz und gar bekannt!

Hinten, vorn hast du mich fest umschlossen, 5
und schützend hast du deine Hand auf mich gelegt;
zu wunderbar für mich ist solches Wissen, 6
zu hoch, ich kann nicht damit fertig werden!

Wohin gehe ich vor deinem Geist, 7
und wohin fliehe ich vor deinem Angesicht?
Steige ich hinauf zum Himmel, da bist du, 8
und lege ich mich nieder in der Totenwelt, sieh, du bist da!

Erhebe ich der Morgenröte Flügel, 9
lasse mich am Meeresende nieder –
auch da wird deine Hand mich leiten, 10
und halten wird mich deine Rechte.

Und wenn ich sagte: „Nur noch Finsternis soll mich ergreifen 11
und Nacht statt Licht um mich her sein!“ –
auch Finsternis, von dir her kann sie keine Finsternis verbreiten, 12
und Nacht, sie leuchtet wie der Tag,
die Finsternis ist wie das Licht.

Psalm 139

Denn du hast meine Nieren bereitet	כִּֽי־אַתָּה קָנִיתָ כִלְיֹתָי
und hast mich gebildet im Mutterleibe.	תְּסֻכֵּנִי בְּבֶטֶן אִמִּי׃
Ich danke dir dafür, dass ich wunderbar gemacht bin;	אוֹדְךָ עַל כִּי נוֹרָאוֹת נִפְלֵיתִי
wunderbar sind deine Werke;	נִפְלָאִים מַעֲשֶׂיךָ
das erkennt meine Seele.	וְנַפְשִׁי יֹדַעַת מְאֹד׃
Es war dir mein Gebein nicht verborgen,	לֹא־נִכְחַד עָצְמִי מִמֶּךָּ
als ich im Verborgenen gemacht wurde,	אֲשֶׁר־עֻשֵּׂיתִי בַסֵּתֶר
als ich gebildet wurde unten in der Erde.	רֻקַּמְתִּי בְּתַחְתִּיּוֹת אָרֶץ׃
Deine Augen sahen mich, als ich noch nicht bereitet war,	גָּלְמִי ׀ רָאוּ עֵינֶיךָ
und alle Tage waren in dein Buch geschrieben,	וְעַל־סִפְרְךָ כֻּלָּם יִכָּתֵבוּ
die noch werden sollten	יָמִים יֻצָּרוּ
und von denen keiner da war.	ולא אֶחָד בָּהֶם׃
Aber wie schwer sind für mich, Gott, deine Gedanken!	וְלִי מַה־יָּקְרוּ רֵעֶיךָ
Wie ist ihre Summe so groß!	אֵל מֶה עָצְמוּ רָאשֵׁיהֶם׃
Wollte ich sie zählen, so wären sie mehr als der Sand:	אֶסְפְּרֵם מֵחוֹל יִרְבּוּן
Am Ende bin ich noch immer bei dir.	הֱקִיצֹתִי וְעוֹדִי עִמָּךְ׃
Ach Gott, wolltest du doch die Gottlosen töten!	אִם־תִּקְטֹל אֱלוֹהַּ ׀ רָשָׁע
Dass doch die Blutgierigen von mir wichen!	וְאַנְשֵׁי דָמִים סוּרוּ מֶנִּי׃
Denn sie reden von dir lästerlich,	אֲשֶׁר יֹאמְרֻךָ לִמְזִמָּה
und deine Feinde erheben sich mit frechem Mut.	נָשֻׂא לַשָּׁוְא עָרֶיךָ׃
Sollte ich nicht hassen, HERR, die dich hassen,	הֲלוֹא־מְשַׂנְאֶיךָ יְהוָה ׀ אֶשְׂנָא
und verabscheuen, die sich gegen dich erheben?	וּבִתְקוֹמְמֶיךָ אֶתְקוֹטָט׃
Ich hasse sie mit ganzem Ernst;	תַּכְלִית שִׂנְאָה שְׂנֵאתִים
sie sind mir zu Feinden geworden.	לְאוֹיְבִים הָיוּ לִי׃
Erforsche mich, Gott, und erkenne mein Herz;	חָקְרֵנִי אֵל וְדַע לְבָבִי
prüfe mich und erkenne, wie ich's meine.	בְּחָנֵנִי וְדַע שַׂרְעַפָּי׃
Und sieh, ob ich auf bösem Wege bin,	וּרְאֵה אִם־דֶּרֶךְ־עֹצֶב בִּי
und leite mich auf ewigem Wege.	וּנְחֵנִי בְּדֶרֶךְ עוֹלָם׃

Ja du, du hast meine Nieren doch geschaffen, 13
du schützt mich doch im Leibe meiner Mutter;
ich danke dir dafür, dass ich so erschreckend wunderbar gemacht bin, 14
wunderbar sind deine Werke!

Und ich bin mir dessen ganz bewusst:
Nicht war mein Gebein vor dir verborgen, 15
als ich geschaffen wurde im Geheimen,
geflochten wurde in den Erdentiefen.

Als Keim schon haben deine Augen mich gesehen, 16
und allesamt sind sie in deinem Buche aufgeschrieben,
die Tage, die gestaltet worden sind,
als noch nicht einer unter ihnen da war.

Ja, wie kostbar sind für mich doch deine Pläne, 17
Gott, wie gewaltig sind doch ihre Summen;
suche ich sie aufzuzählen, sind sie mehr als Sand – 18
bin ich erwacht, so bin ich immer noch bei dir.

Wenn du doch, Gott, den Schurken töten wolltest – 19
ja, ihr Mörder, weicht von mir,
die zur Schandtat sich auf dich berufen, 20
zum Missbrauch benutzt durch deine Widersacher!

Soll ich denn die, die dich, du TREUER, hassen, nicht auch hassen 21
und von denen, die sich gegen dich erheben, denn nicht angewidert sein?
Mit schrankenlosem Hasse lernte ich sie hassen, 22
zu Feinden sind sie ja für mich geworden.

Ergründe mich, Gott, und nimm wahr mein klopfendes Herz, 23
prüfe mich, und nimm wahr meine ruhelosen Gedanken,
und sieh, ob es der Weg ist, der mir Qual bereitet, 24
und leite mich auf dem Weg, der ewige Zukunft hat!

Psalm 140

Ein Psalm Davids,	לַמְנַצֵּח
vorzusingen.	מִזְמוֹר לְדָוִד׃
Errette mich, HERR, von den bösen Menschen;	חַלְּצֵנִי יְהוָה מֵאָדָם רָע
behüte mich vor den Gewalttätigen,	מֵאִישׁ חֲמָסִים תִּנְצְרֵנִי׃
die Böses planen in ihrem Herzen	אֲשֶׁר חָשְׁבוּ רָעוֹת בְּלֵב
und täglich Streit erregen.	כָּל־יוֹם יָגוּרוּ מִלְחָמוֹת׃
Sie haben scharfe Zungen wie Schlangen,	שָׁנְנוּ לְשׁוֹנָם כְּמוֹ־נָחָשׁ
Otterngift ist unter ihren Lippen. Sela.	חֲמַת עַכְשׁוּב תַּחַת שְׂפָתֵימוֹ סֶלָה׃
Bewahre mich, HERR, vor der Hand der Gottlosen;	שָׁמְרֵנִי יְהוָה ׀ מִידֵי רָשָׁע
behüte mich vor den Gewalttätigen,	מֵאִישׁ חֲמָסִים תִּנְצְרֵנִי
die mich zu Fall bringen wollen.	אֲשֶׁר חָשְׁבוּ לִדְחוֹת פְּעָמָי׃
Die Hoffärtigen legen mir Schlingen	טָמְנוּ־גֵאִים ׀ פַּח לִי
und breiten Stricke aus zum Netz	וַחֲבָלִים פָּרְשׂוּ רֶשֶׁת
und stellen mir Fallen auf den Weg. Sela.	לְיַד־מַעְגָּל מֹקְשִׁים שָׁתוּ־לִי סֶלָה׃
Ich aber sage zum HERRN: Du bist mein Gott;	אָמַרְתִּי לַיהוָה אֵלִי אָתָּה
HERR, vernimm die Stimme meines Flehens!	הַאֲזִינָה יְהוָה קוֹל תַּחֲנוּנָי׃
HERR, meine starke Hilfe,	יְהוִה אֲדֹנָי עֹז יְשׁוּעָתִי
du beschirmst mein Haupt zur Zeit des Streits.	סַכֹּתָה לְרֹאשִׁי בְּיוֹם נָשֶׁק׃
HERR, gib dem Gottlosen nicht, was er begehrt!	אַל־תִּתֵּן יְהוָה מַאֲוַיֵּי רָשָׁע
Was er sinnt; lass nicht gelingen,	זְמָמוֹ אַל־תָּפֵק
sie könnten sich sonst überheben. Sela.	יָרוּמוּ סֶלָה׃ רֹאשׁ מְסִבָּי
Das Unglück, über das meine Feinde beraten, komme über	עֲמַל שְׂפָתֵימוֹ יכסומו׃
Er möge feurige Kohlen über sie schütten; [sie selber.	מיטו עֲלֵיהֶם גֶּחָלִים בָּאֵשׁ
er möge sie stürzen in Gruben, dass sie nicht mehr auf-	יַפִּלֵם בְּמַהֲמֹרוֹת בַּל־יָקוּמוּ׃
Ein böses Maul wird kein Glück haben auf Erden; [stehen.	אִישׁ לָשׁוֹן בַּל־יִכּוֹן בָּאָרֶץ
ein frecher, böser Mensch wird verjagt und gestürzt [werden.	אִישׁ־חָמָס רָע יְצוּדֶנּוּ לְמַדְחֵפֹת׃
Denn ich weiß, dass der HERR des Elenden Sache führen	ידעת כִּי־יַעֲשֶׂה יְהוָה
und den Armen Recht schaffen wird.	דִּין עָנִי מִשְׁפַּט אֶבְיֹנִים׃
Ja, die Gerechten werden deinen Namen preisen,	אַךְ צַדִּיקִים יוֹדוּ לִשְׁמֶךָ
und die Frommen werden vor deinem Angesicht bleiben.	יֵשְׁבוּ יְשָׁרִים אֶת־פָּנֶיךָ׃

Für den Chorleiter. 1
Ein Psalm Davids.

Errette mich, TREUER, vor üblen Menschen, 2
bewahre mich vor Männern, die Gewalt anwenden,
die im Herzen Schlimmes planten, 3
die ganze Zeit nur Streitereien schüren,
ihre Zungen haben sie wie Schlangen zugespitzt, 4
Otterngift sitzt unter ihren Lippen! Sälah

Behüte, TREUER, mich vor Schurkenhänden, 5
vor Männern, die Gewalt anwenden, sollst du mich bewahren,
die planten, meine Schritte zu durchkreuzen,
mir in ihrem Hochmut heimlich eine Falle stellten, 6
und aus Schlingen haben sie ein Netz gespannt,
am Wegrand haben sie Fallstricke für mich ausgelegt! Sälah

Ich sagte zu dem TREUEN: „Mein starker Gott bist du, 7
so höre doch, du TREUER, auf mein lautes Flehen,
du TREUER, du mein Vater, du Garant meiner Befreiung, 8
du hast mir das Haupt geschützt am Tag des Kampfes,
gib nicht nach, du TREUER, dem Gelüst des Schurken, 9
seine Absicht lass ihn nicht erreichen!“

Erheben – Sälah – sie | um mich herum das Haupt, 10
so soll die Quälerei von ihren Lippen auf sie selber kommen,
Kohlen, die im Feuer liegen, sollen auf sie kippen, 11
man werfe sie in Wassergruben, tauchten sie nur nicht mehr auf!
Ein Verleumder – der sollte doch im Lande nicht bestehen, 12
ein Gewaltmensch – den sollte doch das Übel jagen, Schlag auf Schlag!

Ich kam zu der Erkenntnis, dass der TREUE es in seine Hand nimmt: 13
das Verfahren des Bedrückten, den Prozess der Armen.
Ja, die Gerechten werden deinen Namen preisen, 14
die Aufrichtigen haben ihren Platz in deiner Gegenwart!

Psalm 141

Ein Psalm Davids.	מִזְמ֗וֹר לְדָ֫וִ֥ד
HERR, ich rufe zu dir, eile zu mir;	יְהוָ֣ה קְ֭רָאתִיךָ ח֣וּשָׁה לִּ֑י
vernimm meine Stimme, wenn ich dich anrufe.	הַאֲזִ֥ינָה ק֝וֹלִ֗י בְּקָרְאִי־לָֽךְ׃
Mein Gebet möge dir gelten als ein Räucheropfer,	תִּכּ֤וֹן תְּפִלָּתִ֣י קְטֹ֣רֶת לְפָנֶ֑יךָ
das Aufheben meiner Hände als ein Abendopfer.	מַֽשְׂאַ֥ת כַּ֝פַּ֗י מִנְחַת־עָֽרֶב׃
HERR, behüte meinen Mund	שִׁיתָ֣ה יְ֭הוָה שָׁמְרָ֣ה לְפִ֑י
und bewahre meine Lippen!	נִ֝צְּרָ֗ה עַל־דַּ֥ל שְׂפָתָֽי׃
Neige mein Herz nicht zum Bösen,	אַל־תַּט־לִבִּ֨י ׀ לְדָ֤בָר ׀ רָ֗ע
gottlos zu leben	לְהִתְע֘וֹלֵ֤ל עֲלִל֨וֹת ׀ בְּרֶ֗שַׁע
mit den Übeltätern;	אֶת־אִישִׁ֥ים פֹּֽעֲלֵי־אָ֑וֶן
ich mag nicht essen von ihren leckeren Speisen.	וּבַל־אֶ֝לְחַ֗ם בְּמַנְעַמֵּיהֶֽם׃
Der Gerechte schlage mich freundlich [dem Haupte.	יֶֽהֶלְמֵֽנִי־צַדִּ֨יק ׀ חֶ֡סֶד
und weise mich zurecht; das wird mir wohltun wie Balsam auf	וְֽיוֹכִיחֵ֗נִי שֶׁ֣מֶן רֹ֭אשׁ
Mein Haupt wird sich dagegen nicht wehren.	אַל־יָנִ֣י רֹאשִׁ֑י כִּי־ע֥וֹד
Doch ich bete stets, dass jene mir nicht Schaden tun.	וּ֝תְפִלָּתִ֗י בְּרָעוֹתֵיהֶֽם׃
Ihre Anführer sollen hinabgestürzt werden vom Felsen; [sind.	נִשְׁמְט֣וּ בִֽידֵי־סֶ֭לַע שֹׁפְטֵיהֶ֑ם
dann wird man merken, wie richtig meine Worte gewesen	וְשָׁמְע֥וּ אֲ֝מָרַ֗י כִּ֣י נָעֵֽמוּ׃
Ihre Gebeine werden zerstreut bis zur Pforte des Todes,	כְּמ֣וֹ פֹלֵ֣חַ וּבֹקֵ֣עַ בָּאָ֑רֶץ
wie wenn einer das Land pflügt und zerwühlt.	נִפְזְר֥וּ עֲ֝צָמֵ֗ינוּ לְפִ֣י שְׁאֽוֹל׃
Ja, auf dich, HERR, sehen meine Augen;	כִּ֤י אֵלֶ֨יךָ ׀ יְהוִ֣ה אֲדֹנָ֣י עֵינָ֑י
ich traue auf dich, gib mich nicht in den Tod dahin.	בְּכָ֥ה ח֝סִ֗יתִי אַל־תְּעַ֥ר נַפְשִֽׁי׃
Bewahre mich vor der Schlinge, die sie mir gelegt haben,	שָׁמְרֵ֣נִי מִ֣ידֵי פַ֭ח יָ֣קְשׁוּ לִ֑י
und vor der Falle der Übeltäter.	וּ֝מֹקְשׁ֗וֹת פֹּ֣עֲלֵי אָֽוֶן׃
Die Gottlosen sollen miteinander in ihr eigenes Netz fallen;	יִפְּל֣וּ בְמַכְמֹרָ֣יו רְשָׁעִ֑ים יַ֥חַד
mich aber lass entrinnen.	אָ֝נֹכִ֗י עַד־אֶֽעֱבֽוֹר׃

Ein Psalm Davids. 1

Du TREUER, ich habe dich gerufen, eile doch zu mir,
höre doch auf meine Stimme, wenn ich zu dir rufe!
Als Weihrauch habe mein Gebet vor deinem Angesicht Bestand, 2
als Abendopfer das Erheben meiner Hände.
Stelle, TREUER, mir vor meinen Mund doch eine Wache, 3
einen Posten vor die Türe meiner Lippen!

Lass mein Herz sich nicht zu einem bösen Worte neigen, 4
sich in Schurkereien zu verwickeln
im Verein mit Männern, die sich Frevel leisten,
dass ich nicht auch von ihren Schlemmereien zehre;
hämmerte der Gerechte auf mich ein – es wäre Liebe, 5
und züchtigte er mich – es wäre Öl aufs Haupt!

Mein Haupt soll sich nicht wehren – dennoch bleibe es dabei,
bei meinem Hilferuf vor ihrem bösen Treiben;
verschlüge es doch ihre Richter einmal in die Felsengegend, 6
und hörten sie sich meine Worte an, die sind ja maßvoll:
„Das ist ja so wie da, wo einer gräbt, die Erde aufreißt – 7
hingestreut sind unsere Knochen für das Maul der Hölle!“

Ja, da richten sich auf dich, du TREUER, du mein Vater, meine Augen, 8
bei dir habe ich Asyl gesucht, vergieß doch nicht mein Blut,
bewahre mich doch vor den Klappnetzfängen, die sie mir gestellt, 9
und vor den Stolperfallen dieser Übeltäter –
mögen doch die Schurken miteinander in die eigenen Schlingen fallen, 10
bis dagegen ich vorüber bin!

Psalm 142

Eine Unterweisung Davids,
als er in der Höhle war,
ein Gebet.

מַשְׂכִּיל לְדָוִד
בִּהְיוֹתוֹ בַמְּעָרָה
תְפִלָּה׃

Ich schreie zum HERRN mit meiner Stimme,
ich flehe zum HERRN mit meiner Stimme.
Ich schütte meine Klage vor ihm aus
und zeige an vor ihm meine Not.
Wenn mein Geist in Ängsten ist,
so nimmst du dich meiner an.

קוֹלִי אֶל־יְהוָה אֶזְעָק
קוֹלִי אֶל־יְהוָה אֶתְחַנָּן׃
אֶשְׁפֹּךְ לְפָנָיו שִׂיחִי
צָרָתִי לְפָנָיו אַגִּיד׃
בְּהִתְעַטֵּף עָלַי ׀ רוּחִי
וְאַתָּה יָדַעְתָּ נְתִיבָתִי

Sie legen mir Schlingen
auf dem Wege, den ich gehe.
Schau zur Rechten und sieh:
da will niemand mich kennen.
Ich kann nicht entfliehen,
niemand nimmt sich meiner an.

בְּאֹרַח־זוּ אֲהַלֵּךְ
טָמְנוּ פַח לִי׃
הַבֵּיט יָמִין ׀ וּרְאֵה
וְאֵין־לִי מַכִּיר
אָבַד מָנוֹס מִמֶּנִּי
אֵין דּוֹרֵשׁ לְנַפְשִׁי׃

HERR, zu dir schreie ich
und sage:
Du bist meine Zuversicht,
mein Teil im Lande der Lebendigen.
Höre auf meine Klage,
denn ich werde sehr geplagt.

זָעַקְתִּי אֵלֶיךָ
יְהוָה אָמַרְתִּי
אַתָּה מַחְסִי
חֶלְקִי בְּאֶרֶץ הַחַיִּים׃
הַקְשִׁיבָה ׀ אֶל־רִנָּתִי
כִּי־דַלּוֹתִי מְאֹד

Errette mich von meinen Verfolgern,
denn sie sind mir zu mächtig.
Führe mich aus dem Kerker,
dass ich preise deinen Namen.
Die Gerechten werden sich zu mir sammeln,
wenn du mir wohltust.

הַצִּילֵנִי מֵרֹדְפַי
כִּי אָמְצוּ מִמֶּנִּי׃
הוֹצִיאָה מִמַּסְגֵּר ׀ נַפְשִׁי
לְהוֹדוֹת אֶת־שְׁמֶךָ
בִּי יַכְתִּרוּ צַדִּיקִים
כִּי תִגְמֹל עָלָי׃

Ein Lehrgedicht Davids. 1
Als er in der Höhle war.
Ein Gebet.

Zu dem TREUEN schreie ich, so laut ich kann, 2
mit lauter Stimme flehe ich zum TREUEN um Erbarmen,
ich schütte vor ihm meinen Kummer aus, 3
meine Angst bekunde ich vor ihm –
ist mein Geist auch über mich verzweifelt, 4
so weißt doch du, wie es weitergehen kann mit mir.

Auf dem Wege, den ich gehe,
stellten sie mir heimlich eine Falle –
schaue nur nach rechts und sieh doch hin, 5
da ist ja keiner, der sich um mich kümmert,
jede Zuflucht ist für mich verstellt,
keiner, der nach meinem Leben fragt!

Geschrieen habe ich zu dir: 6
„Du TREUER", habe ich gesagt,
„mein Zufluchtsort bist du,
mein Anteil in dem Land der Lebenden –
so merke doch auf mein Gestöhne, 7
hänge ich ja nur ganz schlaff herum!

Rette mich vor denen, die mir auf den Fersen sind,
die sind mir ja zu mächtig,
bring meine Seele aus dem Kerker doch heraus, 8
dass ich ihn preise, deinen Namen –
mich werden die Gerechten dann umringen,
da du mir Gutes tust."

Psalm 143

Ein Psalm Davids.	מִזְמוֹר לְדָוִד
HERR, erhöre mein Gebet,	יְהוָה ׀ שְׁמַע תְּפִלָּתִי
vernimm mein Flehen	הַאֲזִינָה אֶל־תַּחֲנוּנַי
um deiner Treue willen, erhöre mich um deiner Gerechtig-	בֶּאֱמֻנָתְךָ עֲנֵנִי בְּצִדְקָתֶךָ׃
und geh nicht ins Gericht mit deinem Knecht; [keit willen,	וְאַל־תָּבוֹא בְמִשְׁפָּט אֶת־עַבְדֶּךָ
denn vor dir ist kein Lebendiger gerecht.	כִּי לֹא־יִצְדַּק לְפָנֶיךָ כָל־חָי׃
Denn der Feind verfolgt meine Seele	כִּי רָדַף אוֹיֵב ׀ נַפְשִׁי
und schlägt mein Leben zu Boden,	דִּכָּא לָאָרֶץ חַיָּתִי
er legt mich ins Finstere wie die, die lange schon	הוֹשִׁיבַנִי בְמַחֲשַׁכִּים כְּמֵתֵי עוֹלָם׃
Und mein Geist ist in Ängsten, [tot sind.	וַתִּתְעַטֵּף עָלַי רוּחִי
mein Herz ist erstarrt in meinem Leibe.	בְּתוֹכִי יִשְׁתּוֹמֵם לִבִּי׃
Ich denke an die früheren Zeiten;	זָכַרְתִּי יָמִים מִקֶּדֶם
ich sinne nach über all deine Taten	הָגִיתִי בְכָל־פָּעֳלֶךָ
und spreche von den Werken deiner Hände.	בְּמַעֲשֵׂה יָדֶיךָ אֲשׂוֹחֵחַ׃
Ich breite meine Hände aus zu dir,	פֵּרַשְׂתִּי יָדַי אֵלֶיךָ
meine Seele dürstet nach dir wie ein dürres Land. Sela.	נַפְשִׁי ׀ כְּאֶרֶץ־עֲיֵפָה לְךָ סֶלָה׃
HERR, erhöre mich bald,	מַהֵר עֲנֵנִי ׀ יְהוָה
mein Geist vergeht;	כָּלְתָה רוּחִי
verbirg dein Antlitz nicht vor mir,	אַל־תַּסְתֵּר פָּנֶיךָ מִמֶּנִּי
dass ich nicht gleich werde denen, die in die Grube fahren.	וְנִמְשַׁלְתִּי עִם־יֹרְדֵי בוֹר׃
Lass mich am Morgen hören deine Gnade;	הַשְׁמִיעֵנִי בַבֹּקֶר ׀ חַסְדֶּךָ
denn ich hoffe auf dich.	כִּי־בְךָ בָטָחְתִּי
Tu mir kund den Weg, den ich gehen soll;	הוֹדִיעֵנִי דֶּרֶךְ־זוּ אֵלֵךְ
denn mich verlangt nach dir.	כִּי־אֵלֶיךָ נָשָׂאתִי נַפְשִׁי׃
Errette mich, mein Gott, von meinen Feinden;	הַצִּילֵנִי מֵאֹיְבַי ׀ יְהוָה
zu dir nehme ich meine Zuflucht.	אֵלֶיךָ כִסִּתִי׃
Lehre mich tun nach deinem Wohlgefallen,	לַמְּדֵנִי ׀ לַעֲשׂוֹת רְצוֹנֶךָ
denn du bist mein Gott;	כִּי־אַתָּה אֱלוֹהָי
dein guter Geist führe mich auf ebner Bahn.	רוּחֲךָ טוֹבָה תַּנְחֵנִי בְּאֶרֶץ מִישׁוֹר׃
HERR, erquicke mich um deines Namens willen;	לְמַעַן־שִׁמְךָ יְהוָה תְּחַיֵּנִי
führe mich aus der Not um deiner Gerechtigkeit willen,	בְּצִדְקָתְךָ ׀ תּוֹצִיא מִצָּרָה נַפְשִׁי׃
und vernichte meine Feinde um deiner Güte willen	וּבְחַסְדְּךָ תַּצְמִית אֹיְבָי
und bringe alle um, die mich bedrängen;	וְהַאֲבַדְתָּ כָּל־צֹרֲרֵי נַפְשִׁי
denn ich bin dein Knecht.	כִּי אֲנִי עַבְדֶּךָ׃

Ein Psalm Davids. 1

Du TREUER, höre mein Gebet,
richte deine Ohren auf mein Flehen,
in deiner Treue gib mir Antwort, in deiner Gerechtigkeit,
und geh nicht ins Gericht mit deinem Knecht, 2
ist ja vor deinem Angesicht kein Lebender gerecht!

Ja, der Feind war hinter meinem Leben her, 3
schlug meine Lebenskraft zu Boden,
versetzte mich in Finsternis wie solche, die für immer tot sind,
so dass über mich mein Geist verzweifeln wollte, 4
mein Herz krampft sich in meinem Inneren zusammen.

Ich habe an die Tage früher denken müssen, 5
mich besinnen auf dein ganzes Tun,
über das Werk deiner Hände denke ich nach,
ich habe meine Hände nach dir ausgestreckt, 6
meine Seele sehnt sich wie verdorrtes Land nach dir. Sälah

Schnell gib mir doch Antwort, TREUER, 7
mein Geist ist ganz am Ende,
verbirg dein Angesicht doch nicht vor mir,
sonst bin ich mit denen zu vergleichen, die ins Grab hinuntersinken,
lass mich am Morgen doch von deiner Treue hören – 8
denn auf dich habe ich vertraut!

Mache mich doch mit dem Weg vertraut, den ich gehen soll,
erhob ich meine Seele doch zu dir,
reiß mich doch weg von meinen Feinden, TREUER, 9
zu dir hin suchte ich nach Deckung,
lehre mich doch, dass ich deinen Willen tue – 10
bist du doch mein Gott!

Dein guter Geist, der leite mich auf ebenem Land,
getreu deinem Namen, TREUER, schenke er mir Leben, 11
in deiner Gerechtigkeit führe meine Seele aus der Angst heraus,
und in deiner Liebe bring meine Feinde zum Verstummen, 12
und lass ins Leere laufen alle, die mich in die Enge treiben –
denn ich bin ja dein Knecht!

Psalm 144

Von David.	לְדָוִד
Gelobt sei der HERR, mein Fels,	בָּרוּךְ יְהוָה ׀ צוּרִי
der meine Hände kämpfen lehrt	הַֽמְלַמֵּד יָדַי לַקְרָב
und meine Fäuste, Krieg zu führen,	אֶצְבְּעוֹתַי לַמִּלְחָמָה׃
meine Hilfe und meine Burg,	חַסְדִּי וּמְצוּדָתִי
mein Schutz und mein Erretter,	מִשְׂגַּבִּי וּֽמְפַלְטִי לִי
mein Schild, auf den ich traue,	מָגִנִּי וּבוֹ חָסִיתִי
der Völker unter mich zwingt.	הָרוֹדֵד עַמִּי תַחְתָּי׃
HERR, was ist der Mensch, dass du dich seiner annimmst,	יְהוָה מָה־אָדָם וַתֵּדָעֵהוּ
und des Menschen Kind, dass du ihn so beachtest?	בֶּן־אֱנוֹשׁ וַתְּחַשְּׁבֵהוּ׃
Ist doch der Mensch gleich wie nichts;	אָדָם לַהֶבֶל דָּמָה
seine Zeit fährt dahin wie ein Schatten.	יָמָיו כְּצֵל עוֹבֵר׃
HERR, neige deinen Himmel und fahre herab;	יְהוָה הַט־שָׁמֶיךָ וְתֵרֵד
rühre die Berge an, dass sie rauchen.	גַּע בֶּהָרִים וְיֶעֱשָׁנוּ׃
Sende Blitze und streue sie aus,	בְּרוֹק בָּרָק וּתְפִיצֵם
schick deine Pfeile und jage sie dahin,	שְׁלַח חִצֶּיךָ וּתְהֻמֵּם׃
streck aus deine Hand von der Höhe. Erlöse mich	שְׁלַח יָדֶיךָ מִמָּרוֹם פְּצֵנִי
und errette mich aus großen Wassern, aus der	וְהַצִּילֵנִי מִמַּיִם רַבִּים מִיַּד בְּנֵי נֵכָר׃
deren Mund unnütz redet [Hand der Fremden,	אֲשֶׁר פִּיהֶם דִּבֶּר־שָׁוְא
und deren rechte Hand trügt.	וִימִינָם יְמִין שָׁקֶר׃
Gott, ich will dir ein neues Lied singen,	אֱלֹהִים שִׁיר חָדָשׁ אָשִׁירָה לָּךְ
ich will dir spielen auf dem Psalter von zehn Saiten,	בְּנֵבֶל עָשׂוֹר אֲזַמְּרָה־לָּךְ׃
der du den Königen Sieg gibst	הַנּוֹתֵן תְּשׁוּעָה לַמְּלָכִים
und erlösest deinen Knecht David	הַפּוֹצֶה אֶת־דָּוִד עַבְדּוֹ
vom mörderischen Schwert. | Erlöse mich	מֵחֶרֶב רָעָה׃ פְּצֵנִי
und errette mich aus der Hand der Fremden,	וְהַצִּילֵנִי מִיַּד בְּנֵי־נֵכָר
deren Mund Falsches redet	אֲשֶׁר פִּיהֶם דִּבֶּר־שָׁוְא
und deren rechte Hand trügt.	וִימִינָם יְמִין שָׁקֶר׃
Unsere Söhne seien wie Pflanzen,	אֲשֶׁר בָּנֵינוּ ׀ כִּנְטִעִים
die aufschießen in ihrer Jugendkraft –	מְגֻדָּלִים בִּנְעוּרֵיהֶם
unsere Töchter wie Säulen,	בְּנוֹתֵינוּ כְזָוִיֹּת
geschnitzt für Paläste –	מְחֻטָּבוֹת תַּבְנִית הֵיכָל׃
unsere Kammern gefüllt,	מְזָוֵינוּ מְלֵאִים
dass sie Vorrat geben einen nach dem andern –	מְפִיקִים מִזַּן אֶל־זַן
unsere Schafe, dass sie Tausende werfen	צֹאונֵנוּ מַאֲלִיפוֹת
und Zehntausende auf unsern Triften –	מְרֻבָּבוֹת בְּחוּצוֹתֵינוּ׃
unsere Rinder, dass sie tragen	אַלּוּפֵינוּ מְסֻבָּלִים
ohne Schaden und Verlust –	אֵין־פֶּרֶץ וְאֵין יוֹצֵאת
und kein Klagegeschrei sei auf unsern Gassen. –	וְאֵין צְוָחָה בִּרְחֹבֹתֵינוּ׃
Wohl dem Volk, dem es so ergeht!	אַשְׁרֵי הָעָם שֶׁכָּכָה לּוֹ
Wohl dem Volk, dessen Gott der HERR ist!	אַשְׁרֵי הָעָם שֶׁיְהוָה אֱלֹהָיו׃

Von David. 1

Gelobt der TREUE, der mein Fels ist,
der meine Hände tüchtig macht zum Kampf
und meine Finger für den Streit,
meine Zuverlässigkeit und meine feste Burg, 2
mein Hochsitz und mein Retter, für mich da,
mein Schutzschild, fand ich doch bei ihm Asyl,
der mein Volk mir unterstellt –
du TREUER, was ist doch der Mensch, dass du ihn anerkannt, 3
das Menschenwesen, dass du es beachtet hast,
der Mensch, dem Hauch gleich, 4
dessen Tage sind wie Schatten, der vorüberzieht!

Du TREUER, neige deinen Himmel, dass du niederfährst, 5
rühre an die Berge, dass sie rauchen,
lass Blitze blitzen, dass du sie zerstreust, 6
schieß deine Pfeile, dass du sie verwirrst;
strecke deine Hände aus der Höhe, hole mich heraus 7
und rette mich aus großen Wassermassen, aus der Gewalt von Fremden,
deren Mund Wahnwitz geredet hat 8
und deren rechte Hand der Lüge Rechte ist!

Gott, ein neues Lied will ich dir singen, 9
auf der Harfe mit zehn Saiten will ich für dich spielen,
der du den Königen zum Sieg verholfen hast, 10
der du ihn, David, deinen Knecht, befreit hast –
vor bösem Schwert | befreie mich 11
und rette mich aus der Gewalt von Fremden,
deren Mund Wahnwitz geredet hat
und deren rechte Hand der Lüge Rechte ist!

Doch unsere Söhne sind wie Pflanzen, 12
gezogen während ihrer Jugend,
unsere Töchter sind wie Säulen,
getrieben nach dem Vorbild des Palastes,
unsere Speicher angefüllt, 13
Sorten über Sorten spendend,
unsere Schafe tausendfach sich mehrend,
verzehntausendfacht auf unseren Weiden,
unsere Rinder trächtig, 14
ohne Bruch und ohne Abgang –
und nichts zu klagen weit und breit!

Wohl dem Volke, dem es so ergeht, 15
wohl dem Volke, dessen Gott der TREUE ist!

Psalm 145

Ein Loblied Davids.	תְּהִלָּה לְדָוִד
Ich will dich erheben, mein Gott, du König,	אֲרוֹמִמְךָ אֱלוֹהַי הַמֶּלֶךְ
und deinen Namen loben immer und ewiglich.	וַאֲבָרְכָה שִׁמְךָ לְעוֹלָם וָעֶד׃
Ich will dich täglich loben	בְּכָל־יוֹם אֲבָרְכֶךָּ
und deinen Namen rühmen immer und ewiglich.	וַאֲהַלְלָה שִׁמְךָ לְעוֹלָם וָעֶד׃
Der HERR ist groß und sehr zu loben,	גָּדוֹל יְהוָה וּמְהֻלָּל מְאֹד
und seine Größe ist unausforschlich.	וְלִגְדֻלָּתוֹ אֵין חֵקֶר׃
Kindeskinder werden deine Werke preisen	דּוֹר לְדוֹר יְשַׁבַּח מַעֲשֶׂיךָ
und deine gewaltigen Taten verkündigen.	וּגְבוּרֹתֶיךָ יַגִּידוּ׃
Sie sollen reden von deiner hohen, herrlichen Pracht	הֲדַר כְּבוֹד הוֹדֶךָ
und deinen Wundern nachsinnen;	וְדִבְרֵי נִפְלְאוֹתֶיךָ אָשִׂיחָה׃
sie sollen reden von deinen mächtigen Taten	וֶעֱזוּז נוֹרְאֹתֶיךָ יֹאמֵרוּ
und erzählen von deiner Herrlichkeit;	וגדולתיך אֲסַפְּרֶנָּה׃
sie sollen preisen deine große Güte	זֵכֶר רַב־טוּבְךָ יַבִּיעוּ
und deine Gerechtigkeit rühmen.	וְצִדְקָתְךָ יְרַנֵּנוּ׃
Gnädig und barmherzig ist der HERR,	חַנּוּן וְרַחוּם יְהוָה
geduldig und von großer Güte.	אֶרֶךְ אַפַּיִם וּגְדָל־חָסֶד׃
Der HERR ist allen gütig	טוֹב־יְהוָה לַכֹּל
und erbarmt sich aller seiner Werke.	וְרַחֲמָיו עַל־כָּל־מַעֲשָׂיו׃
Es sollen dir danken, HERR, alle deine Werke	יוֹדוּךָ יְהוָה כָּל־מַעֲשֶׂיךָ
und deine Heiligen dich loben	וַחֲסִידֶיךָ יְבָרְכוּכָה׃
und die Ehre deines Königtums rühmen	כְּבוֹד מַלְכוּתְךָ יֹאמֵרוּ
und von deiner Macht reden,	וּגְבוּרָתְךָ יְדַבֵּרוּ׃
dass den Menschen deine gewaltigen Taten kundwerden	לְהוֹדִיעַ ׀ לִבְנֵי הָאָדָם גְּבוּרֹתָיו
und die herrliche Pracht deines Königtums.	וּכְבוֹד הֲדַר מַלְכוּתוֹ׃
Dein Reich ist ein ewiges Reich,	מַלְכוּתְךָ מַלְכוּת כָּל־עֹלָמִים
und deine Herrschaft währet für und für.	וּמֶמְשַׁלְתְּךָ בְּכָל־דּוֹר וָדוֹר׃
Der HERR hält alle, die da fallen,	סוֹמֵךְ יְהוָה לְכָל־הַנֹּפְלִים
und richtet alle auf, die niedergeschlagen sind.	וְזוֹקֵף לְכָל־הַכְּפוּפִים׃
Aller Augen warten auf dich,	עֵינֵי־כֹל אֵלֶיךָ יְשַׂבֵּרוּ
und du gibst ihnen ihre Speise zur rechten Zeit.	וְאַתָּה נוֹתֵן־לָהֶם אֶת־אָכְלָם בְּעִתּוֹ׃
Du tust deine Hand auf	פּוֹתֵחַ אֶת־יָדֶךָ
und sättigst alles, was lebt, nach deinem Wohlgefallen.	וּמַשְׂבִּיעַ לְכָל־חַי רָצוֹן׃
Der HERR ist gerecht in allen seinen Wegen	צַדִּיק יְהוָה בְּכָל־דְּרָכָיו
und gnädig in allen seinen Werken.	וְחָסִיד בְּכָל־מַעֲשָׂיו׃
Der HERR ist nahe allen, die ihn anrufen,	קָרוֹב יְהוָה לְכָל־קֹרְאָיו
allen, die ihn ernstlich anrufen.	לְכֹל אֲשֶׁר יִקְרָאֻהוּ בֶאֱמֶת׃
Er tut, was die Gottesfürchtigen begehren,	רְצוֹן־יְרֵאָיו יַעֲשֶׂה
und hört ihr Schreien und hilft ihnen.	וְאֶת־שַׁוְעָתָם יִשְׁמַע וְיוֹשִׁיעֵם׃
Der HERR behütet alle, die ihn lieben,	שׁוֹמֵר יְהוָה אֶת־כָּל־אֹהֲבָיו
und wird vertilgen alle Gottlosen.	וְאֵת כָּל־הָרְשָׁעִים יַשְׁמִיד׃
Mein Mund soll des HERRN Lob verkündigen,	תְּהִלַּת יְהוָה יְדַבֶּר־פִּי
und alles Fleisch lobe seinen heiligen Namen	וִיבָרֵךְ כָּל־בָּשָׂר שֵׁם קָדְשׁוֹ
immer und ewiglich.	לְעוֹלָם וָעֶד׃

Ein Loblied Davids. 1

Erheben will ich dich, mein Gott, du König,
und deinen Namen will ich preisen ohne Ende und auf ewig,
an jedem Tage will ich dich, dich preisen, 2
und deinen Namen will ich loben ohne Ende und auf ewig:
Groß ist der TREUE, und er ist hoch zu loben, 3
und seine Größe lässt sich nicht ausforschen.

Ein Geschlecht rühmt vor dem anderen deine Werke, 4
und sie verkünden deine starken Taten –
von der Pracht des Glanzes deiner Hoheit 5
und von den Geschichten deiner Wunder will ich reden;
denn von deinen mächtigen Erschütterungen reden sie, 6
und deine großen Taten will auch ich erzählen.

Die Erinnerung an deine große Güte sprudeln sie heraus, 7
und über dein gerechtes Handeln jubeln sie:
Freundlich und barmherzig ist der TREUE, 8
langmütig und groß an Liebe,
gut ist der TREUE allen gegenüber, 9
und sein Erbarmen liegt auf seinen Werken.

Danken werden dir, du TREUER, alle deine Werke, 10
und deine Treuen dich, dich preisen sie,
sie werden von dem Glanze deines Königreiches reden 11
und von deiner Stärke sprechen –
den Menschenkindern seine starken Taten zu bekunden 12
und den Prachtglanz seines Königreiches.

Dein Königreich, das ist ein Reich für alle Zeiten, 13
und deine Herrschaft dauert in jedem Geschlecht –
alle, die zu fallen drohen, stützt der TREUE, 14
und er richtet alle, die gebeugt sind, auf.

Aller Augen richten sich auf dich, 15
bist du es doch, der sie ihnen, ihre Speise, reicht zu ihrer Zeit,
der du sie, deine Hand, auftust 16
und alles, was lebendig ist, satt und zufrieden machst –
der TREUE ist gerecht auf allen seinen Wegen, 17
und er bleibt sich treu in allen seinen Werken.

Nahe ist der TREUE allen, die ihn rufen, 18
allen, die ihn in Treue rufen,
den Willen derer, die ihn achten, tut er, 19
und ihr Angstgeschrei gerade hört er, und er führt sie in die Weite;
der TREUE bleibt ihr Hüter, aller, die ihn lieben, 20
sie aber, alle Schurken tilgt er aus.

Das Lob des TREUEN soll mein Mund aussprechen, 21
und jeder Mensch soll seinen heiligen Namen preisen,
ohne Ende und auf ewig!

Psalm 146

Halleluja!	הַֽלְלוּ־יָהּ
Lobe den HERRN, meine Seele!	הַלְלִי נַפְשִׁי אֶת־יְהוָה׃
Ich will den HERRN loben, solange ich lebe,	אֲהַלְלָה יְהוָה בְּחַיָּי
und meinem Gott lobsingen, solange ich bin.	אֲזַמְּרָה לֵאלֹהַי בְּעוֹדִי׃
Verlasset euch nicht auf Fürsten;	אַל־תִּבְטְחוּ בִנְדִיבִים
sie sind Menschen, die können ja nicht helfen.	בְּבֶן־אָדָם ׀ שֶׁאֵין לוֹ תְשׁוּעָה׃
Denn des Menschen Geist muss davon, und er muss wieder	תֵּצֵא רוּחוֹ יָשֻׁב לְאַדְמָתוֹ
dann sind verloren alle seine Pläne. [zu Erde werden;	בַּיּוֹם הַהוּא אָבְדוּ עֶשְׁתֹּנֹתָיו׃
Wohl dem, dessen Hilfe der Gott Jakobs ist,	אַשְׁרֵי שֶׁאֵל יַעֲקֹב בְּעֶזְרוֹ
der seine Hoffnung setzt auf den HERRN, seinen Gott,	שִׂבְרוֹ עַל־יְהוָה אֱלֹהָיו׃
der Himmel und Erde gemacht hat,	עֹשֶׂה ׀ שָׁמַיִם וָאָרֶץ
das Meer und alles, was darinnen ist;	אֶת־הַיָּם וְאֶת־כָּל־אֲשֶׁר־בָּם
der Treue hält ewiglich,	הַשֹּׁמֵר אֱמֶת לְעוֹלָם׃
der Recht schafft denen, die Gewalt leiden,	עֹשֶׂה מִשְׁפָּט ׀ לָעֲשׁוּקִים
der die Hungrigen speiset.	נֹתֵן לֶחֶם לָרְעֵבִים
Der HERR macht die Gefangenen frei.	יְהוָה מַתִּיר אֲסוּרִים׃
Der HERR macht die Blinden sehend.	יְהוָה ׀ פֹּקֵחַ עִוְרִים
Der HERR richtet auf, die niedergeschlagen sind.	יְהוָה זֹקֵף כְּפוּפִים
Der HERR liebt die Gerechten.	יְהוָה אֹהֵב צַדִּיקִים׃
Der HERR behütet die Fremdlinge	יְהוָה ׀ שֹׁמֵר אֶת־גֵּרִים
und erhält Waisen und Witwen;	יָתוֹם וְאַלְמָנָה יְעוֹדֵד
aber die Gottlosen führt er in die Irre.	וְדֶרֶךְ רְשָׁעִים יְעַוֵּת׃
Der HERR ist König ewiglich,	יִמְלֹךְ יְהוָה ׀ לְעוֹלָם
dein Gott, Zion, für und für.	אֱלֹהַיִךְ צִיּוֹן לְדֹר וָדֹר
Halleluja!	הַֽלְלוּ־יָהּ׃

146

Lobt den TREUEN, 1
lobe ihn, den TREUEN, meine Seele!
Mein Leben lang will ich den TREUEN loben, 2
solange ich noch bin, will ich für meinen Gott aufspielen!

Verlasst euch nicht auf Fürsten, 3
auf den Menschen, bei dem keine Rettung ist –
geht sein Atem aus, kehrt er zurück zu seiner Erde, 4
an jenem Tag sind seine Pläne längst verflogen!

Wohl dem, der Jakobs Gott zu seinem Beistand hat, 5
dessen Hoffnung auf dem TREUEN, seinem Gott, ruht,
der den Himmel und die Erde schafft, 6
das Meer selbst und gar alles, was darinnen ist!

Der für immer Treue hält,
schafft den Unterdrückten Recht, 7
teilt Brot aus für die Hungrigen,
der TREUE lässt Gefangene frei.

Der TREUE öffnet Blinden Augen, 8
der TREUE bringt Gebeugte hoch,
der TREUE mag Gerechte,
der TREUE achtet besonders auf Fremde. 9

Der die Waisen und die Witwen wieder auf die Beine bringt
und den Weg der Schurken ablenkt,
er, der TREUE, ist für immer König, 10
dein Gott, Zion, für die Dauer der Geschlechter.

Lobt den TREUEN!

Psalm 147

Halleluja! Lobet den HERRN!

Denn unsern Gott loben, das ist ein köstlich Ding,
ihn loben ist lieblich und schön.
Der HERR baut Jerusalem auf
und bringt zusammen die Verstreuten Israels.
Er heilt, die zerbrochenen Herzens sind,
und verbindet ihre Wunden.

Er zählt die Sterne
und nennt sie alle mit Namen.
Unser Herr ist groß und von großer Kraft,
und unbegreiflich ist, wie er regiert.
Der HERR richtet die Elenden auf
und stößt die Gottlosen zu Boden.

Singt dem HERRN ein Danklied
und lobt unsern Gott mit Harfen,
der den Himmel mit Wolken bedeckt
und Regen gibt auf Erden;
der Gras auf den Bergen wachsen lässt,

der dem Vieh sein Futter gibt,
den jungen Raben, die zu ihm rufen.
Er hat keine Freude an der Stärke des Rosses
und kein Gefallen an den Schenkeln des Mannes.
Der HERR hat Gefallen an denen, die ihn fürchten,
die auf seine Güte hoffen.

Preise, Jerusalem, den HERRN;
lobe, Zion, deinen Gott!
Denn er macht fest die Riegel deiner Tore
und segnet deine Kinder in deiner Mitte.
Er schafft deinen Grenzen Frieden
und sättigt dich mit dem besten Weizen.

Er sendet sein Gebot auf die Erde,
sein Wort läuft schnell.
Er gibt Schnee wie Wolle,
er streut Reif wie Asche.
Er wirft seine Schloßen herab wie Brocken;
wer kann bleiben vor seinem Frost?

Er sendet sein Wort, da schmilzt der Schnee;
er lässt seinen Wind wehen, da taut es.
Er verkündigt Jakob sein Wort,
Israel seine Gebote und sein Recht.
So hat er an keinem Volk getan;
sein Recht kennen sie nicht.

Halleluja!

הַֽלְלוּ יָהּ ׀

כִּֽי־טוֹב זַמְּרָה אֱלֹהֵינוּ
כִּֽי־נָעִים נָאוָה תְהִלָּה׃
בּוֹנֵה יְרוּשָׁלַםִ יְהוָה
נִדְחֵי יִשְׂרָאֵל יְכַנֵּס׃
הָרֹפֵא לִשְׁבוּרֵי לֵב
וּמְחַבֵּשׁ לְעַצְּבוֹתָם׃

מוֹנֶה מִסְפָּר לַכּוֹכָבִים
לְכֻלָּם שֵׁמוֹת יִקְרָא׃
גָּדוֹל אֲדוֹנֵינוּ וְרַב־כֹּחַ
לִתְבוּנָתוֹ אֵין מִסְפָּר׃
מְעוֹדֵד עֲנָוִים יְהוָה
מַשְׁפִּיל רְשָׁעִים עֲדֵי־אָרֶץ׃

עֱנוּ לַיהוָה בְּתוֹדָה
זַמְּרוּ לֵאלֹהֵינוּ בְכִנּוֹר׃
הַֽמְכַסֶּה שָׁמַיִם ׀ בְּעָבִים
הַמֵּכִין לָאָרֶץ מָטָר
הַמַּצְמִיחַ הָרִים חָצִיר׃

נוֹתֵן לִבְהֵמָה לַחְמָהּ
לִבְנֵי עֹרֵב אֲשֶׁר יִקְרָאוּ׃
לֹא בִגְבוּרַת הַסּוּס יֶחְפָּץ
לֹא־בְשׁוֹקֵי הָאִישׁ יִרְצֶה׃
רוֹצֶה יְהוָה אֶת־יְרֵאָיו
אֶת־הַמְיַחֲלִים לְחַסְדּוֹ׃

שַׁבְּחִי יְרוּשָׁלַםִ אֶת־יְהוָה
הַלְלִי אֱלֹהַיִךְ צִיּוֹן׃
כִּֽי־חִזַּק בְּרִיחֵי שְׁעָרָיִךְ
בֵּרַךְ בָּנַיִךְ בְּקִרְבֵּךְ׃
הַשָּׂם־גְּבוּלֵךְ שָׁלוֹם
חֵלֶב חִטִּים יַשְׂבִּיעֵךְ׃

הַשֹּׁלֵחַ אִמְרָתוֹ אָרֶץ
עַד־מְהֵרָה יָרוּץ דְּבָרוֹ׃
הַנֹּתֵן שֶׁלֶג כַּצָּמֶר
כְּפוֹר כָּאֵפֶר יְפַזֵּר׃
מַשְׁלִיךְ קַרְחוֹ כְפִתִּים
לִפְנֵי קָרָתוֹ מִי יַעֲמֹד׃

יִשְׁלַח דְּבָרוֹ וְיַמְסֵם
יַשֵּׁב רוּחוֹ יִזְּלוּ־מָיִם׃
מַגִּיד דברו ° לְיַעֲקֹב
חֻקָּיו וּמִשְׁפָּטָיו לְיִשְׂרָאֵל׃
לֹא עָשָׂה כֵן ׀ לְכָל־גּוֹי
וּמִשְׁפָּטִים בַּל־יְדָעוּם

הַֽלְלוּ־יָהּ׃

Lobt den TREUEN! 1

Ja, eine Wohltat ist es, unserem Gott zu spielen,
ja, ein Glücksgefühl, ein Loblied schön zu singen –
der Erbauer von Jerusalem, der TREUE, 2
er sammelt Israels Versprengte ein,
er, der die mit zerbrochenem Herzen heilt 3
und ihre schmerzenden Wunden verbindet!

Der den Sternen ihre Zahl bestimmt, 4
ruft sie allesamt beim Namen,
groß, wie unser Vater ist und reich an Kraft, 5
seine Einsicht kennt kein Maß –
der TREUE ist es, der die Unterdrückten wieder auf die Beine bringt, 6
der die Schurken, bis sie ganz am Boden sind, erniedrigt.

Gebt dem TREUEN Antwort im Bekenntnis, 7
unserem Gott spielt auf der Zither –
er ist es, der den Himmel überzieht mit Wolken, 8
er ist es, der der Erde Regen bereitet,
er ist es, der die Berge Gras sprossen lässt!

Der dem Vieh sein Futter gibt, 9
jungen Raben das, wonach sie krähen,
der hat an Pferdestärke keine Freude, 10
der hat an Männerschenkeln kein Gefallen –
Gefallen hat der TREUE nur an denen, die Ehrfurcht vor ihm haben, 11
nur an denen, die beharrlich auf seine Treue warten.

Preis ihn, Jerusalem, den TREUEN, 12
lobe, Zion, deinen Gott –
hat er doch die Riegel deiner Tore festgemacht, 13
deine Kinder mittendrin in dir gesegnet;
der dein Gebiet bestimmt zum Frieden, 14
sättigt dich mit fettem Weizen!

Er ist es, der seine Botschaft auf die Erde sendet, 15
eilig läuft sein Wort daher,
er ist es, der Schnee bringt, weißer Wolle gleich, 16
Reif streut er wie Asche,
der sein Eis als Brocken wirft – 17
wer hält es aus vor seinem Frost?

Der sein Wort sendet und sie schmelzen lässt, 18
der seinen Wind dreinwehen lässt, dass Wasser rieseln,
der tut sein Wort für Jakob kund, 19
seine Grundgesetze und Entscheidungen für Israel –
so hat er mit keinem Volk gehandelt; 20
doch mit dem Recht, gar nicht sind sie damit vertraut!

Lobt den TREUEN!

Psalm 148

Halleluja!	הַלְלוּ יָהּ ׀
Lobet im Himmel den HERRN,	הַלְלוּ אֶת־יְהוָה מִן־הַשָּׁמַיִם
lobet ihn in der Höhe!	הַלְלוּהוּ בַּמְּרוֹמִים׃
Lobet ihn, alle seine Engel,	הַלְלוּהוּ כָל־מַלְאָכָיו
lobet ihn, all sein Heer!	הַלְלוּהוּ כָּל־צבאו׃
Lobet ihn, Sonne und Mond,	הַלְלוּהוּ שֶׁמֶשׁ וְיָרֵחַ
lobet ihn, alle leuchtenden Sterne!	הַלְלוּהוּ כָּל־כּוֹכְבֵי אוֹר׃
Lobet ihn, ihr Himmel aller Himmel	הַלְלוּהוּ שְׁמֵי הַשָּׁמָיִם
und ihr Wasser über dem Himmel!	וְהַמַּיִם אֲשֶׁר ׀ מֵעַל הַשָּׁמָיִם׃
Die sollen loben den Namen des HERRN;	יְהַלְלוּ אֶת־שֵׁם יְהוָה
denn er gebot, da wurden sie geschaffen.	כִּי הוּא צִוָּה וְנִבְרָאוּ׃
Er lässt sie bestehen für immer und ewig;	וַיַּעֲמִידֵם לָעַד לְעוֹלָם
er gab eine Ordnung, die dürfen sie nicht überschreiten.	חָק־נָתַן וְלֹא יַעֲבוֹר׃
Lobet den HERRN auf Erden,	הַלְלוּ אֶת־יְהוָה מִן־הָאָרֶץ
ihr großen Fische und alle Tiefen des Meeres,	תַּנִּינִים וְכָל־תְּהֹמוֹת׃
Feuer, Hagel, Schnee und Nebel,	אֵשׁ וּבָרָד שֶׁלֶג וְקִיטוֹר
Sturmwinde, die sein Wort ausrichten,	רוּחַ סְעָרָה עֹשָׂה דְבָרוֹ׃
ihr Berge und alle Hügel,	הֶהָרִים וְכָל־גְּבָעוֹת
fruchttragende Bäume und alle Zedern,	עֵץ פְּרִי וְכָל־אֲרָזִים׃
ihr Tiere und alles Vieh,	הַחַיָּה וְכָל־בְּהֵמָה
Gewürm und Vögel,	רֶמֶשׂ וְצִפּוֹר כָּנָף׃
ihr Könige auf Erden und alle Völker,	מַלְכֵי־אֶרֶץ וְכָל־לְאֻמִּים
Fürsten und alle Richter auf Erden,	שָׂרִים וְכָל־שֹׁפְטֵי אָרֶץ׃
Jünglinge und Jungfrauen,	בַּחוּרִים וְגַם־בְּתוּלוֹת
Alte mit den Jungen!	זְקֵנִים עִם־נְעָרִים׃
Die sollen loben den Namen des HERRN;	יְהַלְלוּ ׀ אֶת־שֵׁם יְהוָה
denn sein Name allein ist hoch,	כִּי־נִשְׂגָּב שְׁמוֹ לְבַדּוֹ
seine Herrlichkeit reicht, so weit Himmel und Erde ist.	הוֹדוֹ עַל־אֶרֶץ וְשָׁמָיִם׃
Er erhöht die Macht seines Volkes.	וַיָּרֶם קֶרֶן ׀ לְעַמּוֹ
Alle seine Heiligen sollen loben,	תְּהִלָּה לְכָל־חֲסִידָיו
die Kinder Israel, das Volk; das ihm dient.	לִבְנֵי יִשְׂרָאֵל עַם־קְרֹבוֹ
Halleluja!	הַלְלוּ־יָהּ׃

148

Lobt den TREUEN! 1

Lobt ihn, den TREUEN, vom Himmel her,
lobt ihn in den Höhen,
lobt ihn, alle seine Engel, 2
lobt ihn, seine ganze Heerschar!

Lobt ihn, Sonne und Mond, 3
lobt ihn, alle lichten Sterne,
lobt ihn, Himmel der Himmel 4
und die Wasser, die über den Himmeln!

Loben sollen sie ihn, des TREUEN Namen, 5
denn er, er gebot, und sie waren erschaffen,
und er ließ sie für immer und ewig bestehen, 6
eine Ordnung gab er, und sie wird nicht vergehen.

Lobt ihn, den TREUEN, von der Erde her, 7
Seeungetüme und alle Meeresfluten,
Feuer und Hagel, Schnee und Nebel, 8
Sturmwind, der sein Wort ausführt,
die Berge und alle Hügel, 9
Obstbäume und alle Zedern!

Die wilden und alle zahmen Tiere, 10
was da kreucht und zirpt und fleucht,
Könige der Erde und alle Nationen, 11
Herrscher und alle Richter der Erde,
junge Männer und auch junge Frauen, 12
Alte zusammen mit Jungen!

Loben sollen sie ihn doch, des TREUEN Namen, 13
denn erhaben ist sein Name ganz allein,
seine Hoheit steht über Erde und Himmel;
hat er doch ein Zeichen seiner Macht erstehen lassen für sein Volk, 14
Ruhm für alle seine Treuen,
für die Kinder Israels, das Volk seiner Nähe.

Lobt den TREUEN!

Psalm 149

Halleluja!	הַלְלוּ יָהּ ׀
Singet dem HERRN ein neues Lied;	שִׁירוּ לַיהוָה שִׁיר חָדָשׁ
die Gemeinde der Heiligen soll ihn loben.	תְּהִלָּתוֹ בִּקְהַל חֲסִידִים׃
Israel freue sich seines Schöpfers,	יִשְׂמַח יִשְׂרָאֵל בְּעֹשָׂיו
die Kinder Zions seien fröhlich über ihren König.	בְּנֵי־צִיּוֹן יָגִילוּ בְמַלְכָּם׃
Sie sollen loben seinen Namen im Reigen,	יְהַלְלוּ שְׁמוֹ בְמָחוֹל
mit Pauken und Harfen sollen sie ihm spielen.	בְּתֹף וְכִנּוֹר יְזַמְּרוּ־לוֹ׃
Denn der HERR hat Wohlgefallen an seinem Volk,	כִּי־רוֹצֶה יְהוָה בְּעַמּוֹ
er hilft den Elenden herrlich.	יְפָאֵר עֲנָוִים בִּישׁוּעָה׃
Die Heiligen sollen fröhlich sein und preisen	יַעְלְזוּ חֲסִידִים בְּכָבוֹד
und rühmen auf ihren Lagern.	יְרַנְּנוּ עַל־מִשְׁכְּבוֹתָם׃
Ihr Mund soll Gott erheben;	רוֹמְמוֹת אֵל בִּגְרוֹנָם
sie sollen scharfe Schwerter in ihren Händen halten,	וְחֶרֶב פִּיפִיּוֹת בְּיָדָם׃
dass sie Vergeltung üben unter den Heiden,	לַעֲשׂוֹת נְקָמָה בַּגּוֹיִם
Strafe unter den Völkern,	תּוֹכֵחֹת בַּל־אֻמִּים׃
ihre Könige zu binden mit Ketten	לֶאְסֹר מַלְכֵיהֶם בְּזִקִּים
und ihre Edlen mit eisernen Fesseln,	וְנִכְבְּדֵיהֶם בְּכַבְלֵי בַרְזֶל׃
dass sie an ihnen vollziehen das Gericht, wie geschrieben ist.	לַעֲשׂוֹת בָּהֶם מִשְׁפָּט כָּתוּב
Solche Ehre werden alle seine Heiligen haben.	הָדָר הוּא לְכָל־חֲסִידָיו
Halleluja!	הַלְלוּ־יָהּ׃

Lobt den TREUEN! 1

Singt dem TREUEN doch ein neues Lied,
sein Lob in der Gemeinde der Getreuen;
Freude habe Israel an seinem Schöpfer, 2
Zions Kinder sollen jubeln über ihren König,
loben sollen sie mit Reigen seinen Namen, 3
ihm mit Pauke und mit Zither spielen!

Denn der TREUE hat an seinem Volk Gefallen, 4
schmückt er doch die Erniedrigten mit Freiheit;
da frohlocken die Getreuen in festlichem Glanz, 5
da jubilieren sie auf ihren Lagern,
Lobgesänge für den starken Gott in ihrer Kehle 6
und ein zweischneidiges Schwert in ihrer Hand:

Es den Eingesessenen heimzuzahlen 7
und die Anmaßenden zu strafen,
ihre Könige mit Stricken festzubinden 8
und mit Eisenketten ihre Würdenträger,
verfasstes Recht bei ihnen anzuwenden – 9
eine Ehre ist das ja für alle, die ihm treu sind.

Lobt den TREUEN!

Psalm 150

Halleluja!	הַלְלוּ יָהּ ׀
Lobet Gott in seinem Heiligtum,	הַלְלוּ־אֵל בְּקָדְשׁוֹ
lobet ihn in der Feste seiner Macht!	הַלְלוּהוּ בִּרְקִיעַ עֻזּוֹ׃
Lobet ihn für seine Taten,	הַלְלוּהוּ בִגְבוּרֹתָיו
lobet ihn in seiner großen Herrlichkeit!	הַלְלוּהוּ כְּרֹב גֻּדְלוֹ׃
Lobet ihn mit Posaunen,	הַלְלוּהוּ בְּתֵקַע שׁוֹפָר
lobet ihn mit Psalter und Harfen!	הַלְלוּהוּ בְּנֵבֶל וְכִנּוֹר׃
Lobet ihn mit Pauken und Reigen,	הַלְלוּהוּ בְתֹף וּמָחוֹל
lobet ihn mit Saiten und Pfeifen!	הַלְלוּהוּ בְּמִנִּים וְעוּגָב׃
Lobet ihn mit hellen Zimbeln,	הַלְלוּהוּ בְצִלְצְלֵי־שָׁמַע
lobet ihn mit klingenden Zimbeln!	הַלְלוּהוּ בְּצִלְצְלֵי תְרוּעָה׃
Alles, was Odem hat, lobe den HERRN!	כֹּל הַנְּשָׁמָה תְּהַלֵּל יָהּ
Halleluja!	הַלְלוּ־יָהּ׃

Lobt den TREUEN! 1

Lobt den starken Gott in seinem Heiligtum,
lobt ihn in der Feste seiner Macht,
lobt ihn bei seinen starken Taten, 2
lobt ihn nach dem Reichtum seiner Größe,
lobt ihn mit einem Stoß ins Horn, 3
lobt ihn mit Harfe und mit Zither,
lobt ihn mit Pauke und mit Reigen, 4
lobt ihn mit Saiten und mit Flöte,
lobt ihn mit leisen Zimbeln, 5
lobt ihn mit lauten Zimbeln!

Alles, was atmet, lobe den TREUEN: 6
„Lobt den TREUEN!“

Übersetzen – kann man das?

‚Wie soll man *qādôš* denn übersetzen?', fragte man den Rabbiner.
‚qādôš, qādôš, qādôš ... – sagen Sie doch einfach: *qādôš*!'

Demnach ein geschlossener Kreis – doch wie ist der jüdische Gelehrte da hineingekommen? Was verbindet er mit diesem Wort *qādôš*, das wir mit *heilig* wiedergeben? Sollte jene Tautologie anzeigen, dass auch er nicht weiß, wovon er redet? Es sei denn, ein anderer hätte für ihn übersetzt, der Eine, auf den wir in jeder Sprache angewiesen wären, wir lebten alle von der ersten Übersetzung unseres Schöpfers: *Und Gott sprach / Am Anfang war das Wort* – daher versteht der Mensch mehr als ein Sterbenswörtlein, verstehen wir das Wort vom Leben, so wahr *Gott sprach, und es geschah / Das Wort ward Fleisch und wohnte unter uns.*

Das Selbstverständlichste der Welt, das stammte demnach von Gott selber, das Verständliche, die Sprache, die verständlich ist, der Schöpfer wäre unser Lehrer, ganz elementar der Lehrer, bei dem wir nämlich unser LMN – denn so beginnt im Äthiopischen das ‚Alphabeth' – gelernt, das ABC verstanden hätten, selbst auf die Gefahr hin, dass wir es bis hin zur diabolischen Verkehrung einer ABC-Bewaffnung gegen alle LMN-te unserer Schöpfung haben bringen können. Doch am Anfang, *bĕrê`šîth* und *'en 'archē* und *in principiis*, ursprünglich setzte der *Poiētēs* seiner Schöpfung, der Poet der Welt, zu seinen Menschen über, er setzte zu uns über, als er herausgerückt ist mit der Sprache; am Anfang war das Wort, mit dem er so zu uns her übersetzte, dass wir es, ihn hören und verstehen, dass wir es und ihn vernehmen und annehmen können, mit dem Wort vom Anfang kam die Übersetzung, will das Wort ja seinem Wesen nach stets weiter, Wort will wirken, Wort will Willen wecken, und so will das Wort, fernab von jedem Zauber und Zinnober, wesentlich verstanden werden.

Übersetzen – kann man das?

Man muss es! Wo wären wir mit unserer Tradition denn hingekommen, hätte man uns diese heiligen Texte nur hebräisch und nur griechisch rezitiert, anstatt sie uns zu übersetzen. Hatten doch die Juden, die im Hellenismus lebten, ihre Septuaginta, und die Kirche mit Latein vermochte spätestens mit der Vulgata die ganze Schrift zu lesen und auch zu verstehen.

Übersetzen – kann man das?

Und nun speziell die Psalmen? ‚Eine Übersetzung unserer Psalmen? Die haben wir doch schon!' – wer wollte das bestreiten! Wer wollte je mit Luther konkurrieren! Aber neben ihm herlaufen, das darf man doch? Mit der schweren hebräischen Bibel auf den Armen seine Fragen an den großen Meister stellen und dabei nicht außer Atem kommen, wenn der Schüler ihm zu widersprechen wagt, und ruhig auch einmal ganz anders gliedern, wo der Bibeltext sich deutlicher entfalten will, auch wenn sich die Strophen nicht selten recht widerborstig gegen Luthers Satzzeichen stellen. Der unbestrittene Vorrang des für Herz und Sinn und Liturgie kanonisierten Luthertextes, dessen poetische Kraft im Deutschen kein Versuch erreicht, sollte vor einer neuen Übersetzungsvariante durch seine Stellung auf der ersten Seite und durch seine graphische Gestaltung unterstrichen werden. Wer beim Gedenken und beim Danken aber auch noch weiterdenken und auf überraschende Gedanken kommen will, der mag auf der anderen Seite jene Übersetzung mit bedenken, die ebenso unter den Augen des dazwischen wachenden Urtextes steht – wohl dem, der sich auch dem noch widmen kann und will und aus der frischen Quelle trinkt! Doch Vorbedingung ist das nicht; wer seine Lutherbibel liebt, ist, wie die Theologenschaft, die sich auch am Urtext freut, gebeten, mit den Blättern etwas anzufangen, für sich anzufangen, bis am Ende seine eigene Übersetzung stehen mag – dann ist der Übersetzungsvorschlag ganz am Ziel. An einem Ziel jedoch ist der, der diesen Vorschlag macht, insofern auch, als er natürlich das, was er bis jetzt mit Sorgfalt wahrnimmt, mit Entschiedenheit vertritt.

Und doch schließt das nicht aus, dass man, lebendig wie die Texte sind, auch wieder neu ans Übersetzen muss und neu entscheiden; denn selbst ganz bekannte und vertraute Sätze sind ja nie ganz fertig übersetzt. *Der HERR ist mein Hirte …* – wer kennt nicht diesen Psalm! Kinder lernen ihn ja spielend, wenn man ihn mit ihnen abends betet, und Sterbende selbst bringen diesen Vers noch bebend über ihre Lippen: *Der HERR ist mein Hirte, mir wird nichts mangeln.* Dieser Psalm, so wie ihn Martin Luther uns geschenkt hat, ist in seiner Form und Sprache einfach gültig, an diesem Text ist nicht zu rütteln, so wenig wie an einem Vers von Hermann Hesse oder Hölderlin, von Mörike, von Schiller, um im Land zu bleiben. Er ist aus einem Guss, der Lutherpsalm, wer wollte an der Glocke feilen!

Doch schließt das aus, dass ich die fest geprägten Worte, fest eingeprägt in Kopf und Herz, erneut bedenke und betrachte, meditiere? Was ist das für ein Bild: *Der TREUE ist mein Hirte*? Hoch im Schwarzwald, wo ich wohne, kann ich das noch sehen, einen Hirten, der beizeiten eine Weide von den Wegen abgrenzt, eine Fläche, die zum Grasen und zum Lagern ausreicht, absteckt, dafür sorgt, dass unser Teinachbächlein in der Nähe zu erreichen bleibt – doch schon für Städter in der Gegend, gar für Großstadtkinder, ist das schlichte Bild ja selber umzusetzen, auszulegen. Gehört das aber schon zur Übersetzung eines Textes? So weit ich sehe, jede Übersetzung hat das Bild des Hirten festgehalten.

Welche Übersetzung aber kann es dabei schaffen, die Nuance mitzubringen, dass im Urtext eine Wortform steht, die nicht nur den Beruf, das Amt des Hirten meint, vielmehr auch den Vorgang seiner Tätigkeit bezeichnet im Beruf des Hirten, seine Amtsausübung, wie sie vor sich geht? Man könnte wiedergeben: *Der TREUE ist der mich Hütende, der unablässig hütend für mich tätig ist, der ständig für mich auf der Hut ist.* Niemand wird bestreiten, dass das alles in dem Satz enthalten ist: *Der TREUE ist mein Hirte;* denn als der gute Hirte wird er mich natürlich hüten, und, wenn die Wölfe kommen, nicht verlassen, wie es Jesus dann von sich verspricht. Die Griechen wie auch die Lateiner zeigen, dass eine Übersetzung sich auch für die andere Möglichkeit entscheiden kann, indem sie statt des Zustands jenen Vorgang wiedergeben: *Der Herr weidet mich.*

Im Urtext schwingt noch eine andere Nuance mit. Im Unterschied nicht nur zum Deutschen setzt die alte Sprache keine Kopula, kein Verb, kein *ist* zwischen dem Subjekt *der TREUE* und dem Prädikat *mein Hirte*; syntaktisch offen heißt es wörtlich nur: *Der TREUE – mein Hirte.* Die Zeiten bleiben offen; der Satz gibt zum Vertrauen auch die Hoffnung: *Der TREUE wird mein Hirte sein.* Das Bekenntnis trägt nicht nur für diesen Augenblick, es trägt auch über meinen Horizont hinaus, auch über jene Schwelle, auch ‚nach drüben', wohin doch ‚die Aussicht uns verrannt' ist: *Der TREUE ist mein Hirte, der TREUE wird mein Hirte bleiben, der TREUE wird beständig für mich auf der Hut sein.*

Und daraus kann ich schließen, dass *mir nichts mangeln wird* – oder sollte ich nicht besser übersetzen, dass *mir jetzt nichts mangelt*? Sprachlich ist das nach der Verbform im Hebräischen genauso möglich, bei der Parallele sogar eher zu erwarten: *ER ist mein Hirt, / mir mangelts nicht*, so lese ich bei Martin Buber, der als Jude Seinen Namen mit dem großen *ER* umschreibt. Getreu folgt ihm dabei der Schweizer Josua Boesch, *D Psalme, Züritüütsch: ER isch miin hirt, iich chume nöd z chuurz* – in jedem Fall ist die Erfahrung gegenwärtig, und ich höre das Wort des guten Hirten, als Jesus seine Jünger fragt: ... *habt ihr da je Mangel gehabt?* (Lukas 22,35)

Sehen wir am Ende noch nach jener glücklichen Erfüllung (V.5): *Du ... schenkest mir voll ein.* Bei dieser Fülle durfte man nicht einmal in der neuen Revision modernisieren und, das weiträumige ‚e' womöglich streichend, nur ‚schenkst' sagen; nein: *Du schenkest mir voll ein.* Was aber steht im Urtext Wort für Wort? *Mein Becher Überfülle!* Die Griechen fingen damit nicht viel an, sie lasen kurzerhand *dein Becher* und nahmen die zwei Wörter, die zum nächsten Vers gehören, noch hinzu: *Dein Becher macht trunken, vorzüglich wie er ist.* Doch bleiben wir getrost beim festen Text des Verses, bei Buber schlicht gefasst: *mein Kelch ist Genügen;* aber Zunz genügt das nicht, er übersetzt, und, wie mir scheint, mit Recht: *mein Kelch fließt über* – eine alte Berner Bibel aber holt sich diese Überfülle ganz herein in ihre Welt: ... *und schenkst mir schwibbeli-schwabbeli voll ein.* Wörtlich ist das ja im Grunde nicht – aber ist es nicht gerade so ganz nah beim Wort der Schrift?

Martin Luther hat sich im Zusammenhang mit seinem großen Übersetzungswerk den Kopf zerbrochen über die Probleme, die dabei entstehen. In seinem ‚Sendbrief vom Dolmetschen' (1530) schreibt er: „Ich habe mich beim Dolmetschen darum bemüht, reines und klares Deutsch wiederzugeben. Es ist uns oft genug begegnet, dass wir vierzehn Tage, drei, ja vier Wochen lang ein einziges Wort gesucht und erfragt haben, und haben es doch bisweilen nicht gefunden. Im Buch Hiob hatten wir, M. Philippus, Aurogallus und ich, solche Arbeit, dass wir in vier Tagen zuweilen kaum drei Zeilen fertig bringen konnten. Mein Lieber, nun, da es verdeutscht und fertig ist, kann es ein jeder lesen und kritisieren. Es läuft einer jetzt mit den Augen über drei, vier Blätter hin und stößt nicht ein einziges Mal an, wird aber nicht gewahr, welche Wacken und Klötze da gelegen sind, wo er jetzt darüber hingeht wie über ein gehobeltes Brett, wo wir haben schwitzen und uns ängstigen müssen, ehe wir solche Wacken und Klötze aus dem Weg geräumt hatten, damit man so mühelos dahergehen konnte."
(O. Clemen, Luthers Werke, Band IV, S.183 <'übersetzt'>)

Zu drei Punkten, die Luther wichtig waren, seien ein paar eigene Beispiele aus dem Propheten Deuterojesaja angeführt, womit unterstrichen wird, dass sich die Übersetzungsprobleme nicht auf die Psalmen beschränken.

1) Luther spricht in seinem Sendbrief davon, dass der Dolmetscher den Leuten *auf das Maul sehen* (S.184) muss. Das haben doch die Schweizer ganz besonders gut beherzigt mit dem *schwibbeli-schwabbeli voll*! Nicht so originell ist im bekannten Lied vom Gottesknecht die Übersetzung jenes Wortes, das Luther, seiner Zeit sehr nahe, wiedergibt mit *martern* statt *bedrängen*; doch *foltern* bringt heute das zum Ausdruck, was für Luther *martern* war und für die Zeitgenossen jenes leidenden Gerechten die hebräische Wurzel *nāgas* in der Erinnerung an jene brutalen Aufseher in Ägypten:

Wir alle taumelten umher wie Schafe,
jeder wandte sich zu seinem Weg.

Doch der TREUE ließ ihn treffen
die Schuld von uns allen.
***Foltern** ließ er sich, ja er, er ließ sich quälen,*
und dabei tut er seinen Mund nicht auf
so wie das Lamm, das man zur Schlachtbank führt,
und wie ein Mutterschaf verstummt vor seinen Scherern –
und dabei tut er seinen Mund nicht auf. (53,6.7)

Spannend wird es bei dem ganz zentralen Wort der Bibel: *‚näfäsch' (nfš)*, unser *‚schnaufen' (šnf)* ist damit verwandt wie unser *‚wünschen' (w<f>nš)*; tatsächlich meint ja *näfäsch* auch das *Atmen*, über die Bedeutung *Kehle, Gurgel, Hals* dann sogar auch *Appetit, Verlangen, Gier* – alles das kann *näfäsch* heißen; daraus wachsen dann Bedeutungen wie *Leben, Lebewesen* und *Person* – im Allgemeinen übersetzt man: *Seele*. So wird den Gefangenen verheißen (51,22.23):

Meinen wuchtigen Zorneskelch,
nicht mehr sollst du ihn künftig trinken,
vielmehr gebe ich ihn in die Hand deiner Bedränger,
*die zu **deiner Seele** sagen: ‚Bücke dich, wir wollen drüberschreiten ...'* –

doch wer sagt denn heute noch: *zu deiner Seele sagen*? Heißt das denn in gutem Deutsch nicht schlicht mit Luther: die *zu dir* sagen? Aber warum steht dann im Hebräischen nicht kurz und knapp: *zu dir*? Will die Umschreibung hier: *zu deiner Seele* mehr zum Ausdruck bringen? Etwa dies: *die zu dir, dich in der Tiefe treffend, sagen: ‚Bücke dich, wir wollen drüberschreiten ...'*.

Die Wörter, oft vielschichtig und vielseitig, können sich von Text zu Text verwandeln, so wie wir Menschen, mitbestimmt vom jeweiligen Kontext der Begegnung, uns verschieden geben, ohne unseren Grundcharakter zu verlieren; beispielsweise *ădōnāj*, fast selbstverständlich übersetzt als *(mein) Herr*, gibt dem Zusammenhang entsprechend manchmal seine schöne Grundbedeutung *(mein) Vater* her, nicht nur in der Torah (etwa 1. Mose 18,3.27.30.31.32) wie in den Psalmen (etwa 90,1.17; 130,2.3.6; 8,2.10 <*unser Vater*>), sondern auch bei dem Propheten:

Und Zion sprach: ‚Der TREUE hat mich treulos sitzen lassen,
*und **mein Vater**, der hat mich vergessen!'*
Könnte eine Frau ihren Säugling vergessen,
ohne Erbarmen für das Kind ihres Leibes?
Selbst wenn diese (Frauen) vergessen sollten,
so werde ich doch, ich dich nicht vergessen! (49,14.15)

Hier allerdings wird nicht zuerst den Leuten *auf das Maul gesehen*, vielmehr dem Text, wie dieser im Zusammenhang den Mund aufmachen will und sagen, dass sich der Vater mütterlich verhält.

In Luthers Art den Leuten *auf das Maul* zu *sehen* und dabei doch nicht einfach modernistisch die Nuancen eines Textes wegzubügeln – Luther hat auch diese Seite stark betont:

2) „Doch habe ich wiederum die Buchstaben nicht allzu frei fahren lassen, sondern mit meinen Gehilfen zusammen mit großer Sorgfalt darauf geachtet, und, wenn an einer Stelle etwas davon abhing, habe ich mich *an den Buchstaben gehalten* und bin nicht so frei davon abge-

gangen ... ." (S.187) Es kann durchaus einmal geboten sein, buchstäblich am Hebräischen zu haften, will man nicht bloß blass verallgemeinern. So nennt Luther 51,9.10 jene mythische Gestalt, das Ungeheuer Rahab, ausdrücklich noch beim Namen; die verwandten Götter aber, Tannin, Jam und Tiamat, die zeigt er nur noch in Funktion. Der Anruf des prophetischen Vorbeters der Gefangenen in Babel aber will mit den vier Götternamen sozusagen alle Himmelsrichtungen, aus denen jene Religionen sie bedrängen, in den Blick bekommen, um den Machtbereich des TREUEN zu bezeichnen:

Wach auf, wach auf,
zieh dich doch an, du Macht des TREUEN,
wach auf wie in den alten Tagen,
wie in Olims Zeiten!
Bist du es nicht, der ***Rahab, Ägyptens Bedränger,*** *zerhieb,*
der ***Tannin, den ugaritischen Drachen,*** *durchbohrte,*
bist du es nicht, der ***Jam, den phönizischen Meergott,*** *austrocknen ließ,*
die Fluten ***der riesigen Tiamat Babels****?*

Wörtlichkeit der Übersetzung ist an dieser Stelle unabdingbar; jene Namen Rahab, Tannin, Jam und Tiamat, die haben dort und damals so für sich gesprochen wie in unseren Zeiten Hakenkreuz, Hammer und Sichel, Jakobinermütze, Ketzerhut. Sind also jene göttlichen Symbolgestalten auch im Deutschen festzuhalten, so verlangt die Wörtlichkeit zugleich, die in den Wörtern, in den Namen mitgesagten, mitgehörten Herkunftsvölker mitzuführen, da wir sonst die Dimensionen dieses Textes nicht ermessen können: Ägypten, Ugarit, Phönizien, Babel.

Dazu noch ein ganz verwandtes Beispiel aus dem Kontext (44,2), wo der Prophet von *Jakob* spricht, der dann in der Parallele *Jeschurun* genannt wird; der letzte Name findet sich nur selten, hier jedoch besagt er viel. Gleich zu Beginn des Buches klingt mit der frohen Botschaft etwas davon an (40,3-5):

Eine Stimme ruft: ‚In der Wüste räumt den Weg des TREUEN,
richtet in der Steppe eine Straße unserem Gott!
Jedes Tal erhebe sich,
und jeder Berg und Hügel soll sich senken;
die ***Krümmung*** *werde zur* ***Geraden***
und was höckerig zur Ebene:
Des TREUEN Herrlichkeit wird offenbart,
und alles Fleisch zusammen wird sie sehen ...!' –

die ***Krümmung*** *werde zur* ***Geraden*** –

die Wurzeln dieser beiden Wörter *krumm/gerade* sind im Hebräischen *‚'āqab'/‚jāšar'*, die beiden Wurzeln, die exakt dem Doppelnamen *‚Ja'ăqōb'* und *‚Jĕšūrûn'* zu Grunde liegen; die beiden Namen, auch ins Deutsche wörtlich aufgenommen, sagen uns zunächst nicht viel – doch mit dem in jenen Worten und gerade hier an dieser Stelle ganz präzis gemeinten Sinn, so meine ich, ist eine Übersetzung erst am Ziel, wenn der Zusammenhang mit *Jakob* auf den *krummen* Wegen, bis ihn schließlich Gott zum *Jeschurun begradigt,* als Pointe deutlich wird:

Jetzt aber höre, Jakob, du mein Knecht,
und Israel, den ich erwählt,
so spricht der TREUE, dein Schöpfer
und von Mutterleib dein Bildner, der dir beisteht:

‚Fürchte dich doch nicht, mein Knecht, du ***krummer Jakob****,*
und mein ***gerader Jeschurun****, den ich erwählt!*
Denn ich gieße Wasser auf das Durstige
und Fluten auf das Trockene.'

Selbst da, wo Luther eher einmal freier übersetzen wollte, habe ich mich bewusst nach dessen Regel *an den Buchstaben gehalten*; doch habe ich es wiederum gewagt, wo nötig, auch ein Wort hinzuzufügen, aber eben nicht aus Willkür oder Besserwisserei, vielmehr weil dieses Wort, nicht ausgeschrieben, doch in dem geschriebenen enthalten ist. Gerade damit aber habe ich die volle Unterstützung Luthers, wo es gilt, *dass der Text gleichwohl den Sinn in sich hat*:

3) Luther hatte man ja vorgeworfen, er habe Römer 3,28 ein Wörtlein, das nicht dasteht, eingetragen, jenes ganz berühmte Zusatzwort *allein* an jenem Gipfelpunkt des Römerbriefs: *allein durch den Glauben: So halten wir nun dafür, dass der Mensch gerecht wird ohne des Gesetzes Werke, allein durch den Glauben.* Luther wehrt sich ganz entschieden gegen jenen Vorwurf. Natürlich weiß er das: „Diese vier Buchstaben *sola* stehen nicht drinnen"; seine Kritiker „sehen aber nicht, *dass der Text gleichwohl den Sinn in sich hat,* und wenn man klar und eindrücklich verdeutschen will, so gehört es hinein; denn ich habe deutsch, nicht lateinisch noch griechisch reden wollen, da ich mir vorgenommen hatte, beim Dolmetschen deutsch zu reden. Das ist aber die Art unserer deutschen Sprache: Wenn sie von zwei Dingen spricht, von denen man eins bejaht und das andere verneint, so gebraucht man das dem lateinischen ‚solum' entsprechende Wort ‚allein' neben dem Wort ‚nicht' oder ‚kein', wie man etwa sagt: ‚Der Bauer bringt allein Korn und kein Geld' – oder: ‚Nein, ich habe wirklich jetzt kein Geld, sondern allein Korn' – oder: ‚Ich habe allein gegessen und noch nicht getrunken' ... ." (S.184) Wir würden heute statt *allein* wohl eher *nur* einfügen – und damit Luther wiederum zu übersetzen haben: ‚Der Bauer bringt *nur* Korn und kein Geld.' – *So halten wir nun dafür, dass der Mensch gerecht wird ohne des Gesetzes Werke,* ***nur*** *durch den Glauben.*

Fürchte dich nicht; denn ich habe dich erlöst,
ich habe dich bei deinem Namen gerufen; du bist mein! (43,1)

Wo wir im Deutschen logisch sagen: *denn*, steht im Hebräischen ein Wort, das einen Hinweis gibt: *Da!* – man müsste mit dem Urtext in den Ohren sagen:

Fürchte dich nicht! ***Da!*** *Ich habe dich erlöst!*
Daraus wird in unserer Art zu denken:
Fürchte dich nicht, ***da*** *ich dich erlöst habe!*
Am Ende können dann zwei ganze Sätze daraus werden:
Fürchte dich nicht; ***denn*** *ich habe dich erlöst!*

Dieser vertrauten Übersetzung soll nichts genommen werden. *Da!* Sie stammt von Luther.
Dieser vertrauten Übersetzung soll nichts genommen werden, *da* sie von Luther stammt.
Dieser vertrauten Übersetzung soll nichts genommen werden; *denn* sie stammt von Luther.

Wer dieses starke *Da!* beim Übersetzen nicht verlieren will, mag es vielleicht in unseren Sprachbereich herüberretten durch ein betontes *Ja*, das, mehr gefühlsbetont, auch seine Logik hat, wenn auch nicht so verkopft wie unser *denn*; dann aber könnte man auch umgekehrt im deutschen Vordersatz ein Wörtlein einfügen, welches das Hebräische schon in sich trägt, wenn auch die freundlich uns ermunternde Partikel *doch* so wenig nachzuweisen ist wie Luthers *sola* im berühmten *sola fide*, sein *allein*:

*Fürchte dich nicht! **Ja**, ich habe dich erlöst!*
*Fürchte dich nicht, ich habe dich **ja** erlöst!*
*Fürchte dich **doch** nicht; ich habe dich **ja** erlöst!*

Im Zusammenhang der ganzen Strophe (43,1.2) klänge das dann so:

Aber jetzt, so spricht der TREUE,
der dich, Jakob, schafft und der dich, Israel, gestaltet:
*‚Fürchte dich **doch** nicht; ich habe dich **ja** erlöst,*
bei deinem Namen habe ich dich gerufen; mir gehörst du!
Musst du durch Wasser durch, ich bin mit dir,
durch Ströme durch, sie können dich nicht überfluten;
musst du durch Feuer gehen, du wirst nicht verbrennen,
und die Flamme, sie versengt dich nicht.'

Schließlich an bekannten Versen aus dem Psalter noch drei klare Beispiele dafür, wie Luther selber praktiziert, was Übersetzen für ihn heißt:

(1) Sehen, *dass der Text gleichwohl den Sinn in sich hat*, auch wenn das Wörtlein fehlt:

Der berühmte Vers Psalm 37,5, den Paul Gerhardt zum Merksatz seines zwölfstrophigen Vertrauensliedes genommen hat: *Befiehl du deine Wege* – dieser Vers heißt wörtlich so:

Wälze deine Wege auf den TREUEN
und hoffe auf ihn, er wird's machen.

Wie in Römer 3,18 sein *allein,* so hat Luther auch hier textgemäß ein Wörtlein eingesetzt, ein *wohl* im Sinn des Liedes: *Was Gott tut, das ist **wohl**getan*:

Befiehl dem HERRN deine Wege
*und hoffe auf ihn, er wird's **wohl**machen.*

(2) Sich beim Text *an den Buchstaben gehalten* haben:

Du erhörst Gebet;
*darum kommt alles **Fleisch** zu dir.*

Man mag in der Liturgie beim Abschluss des Gebets der Stille mit diesem Psalmvers 65,3 statt *alles Fleisch* doch lieber *alle Menschen* sagen oder *alle Welt*, was sachlich richtig übersetzt ist; doch Luther hatte hier wohl den Zusammenhang im Blick, in dem es um den vom *Fleisch* bestimmten, schuldverstrickten Menschen geht:

Gott, man lobt dich in der Stille zu Zion,
und dir hält man Gelübde.
Du erhörst Gebet;
*darum kommt alles **Fleisch** zu dir.*
Unsre Missetat drückt uns hart;
du wollest unsre Sünde vergeben.

(3) Den Leuten *auf das Maul sehen*:

Psalm 73,25.26 könnte, ‚wörtlich' übersetzt, so lauten:

Wer ist für mich im Himmel?
Und bin ich bei dir, habe ich an der Erde keine Freude.
Ist auch mein Fleisch sowie mein Herz vergangen,
der Felsen meines Herzens und mein Erbteil
ist für immer Gott.

Man kann aber auch so übersetzen:

Wen sonst habe ich im Himmel?
Und bin ich mit dir zusammen, habe ich an der Erde keine Freude.
Wenn mir Leib und Seele schwinden,
meines Herzens Halt, mein Lebensanteil
bleibt für immer Gott.

Bei Luther aber klingt das unnachahmlich trostvoll:

Wenn ich nur dich habe,
so frage ich nichts nach Himmel und Erde.
Wenn mir gleich Leib und Seele verschmachtet,
so bist du doch, Gott, allezeit
meines Herzens Trost und mein Teil.

Übersetzen – kann man das?

Man muss es doch –
und in der Lehre Luthers können wir es immer neu versuchen mit dieser unmöglichen Notwendigkeit.